高等学校会计实务

朱莲美 管华宇 朱靖华 陈 盈 著

中国财经出版传媒集团
经济科学出版社
Economic Science Press

图书在版编目（CIP）数据

高等学校会计实务/朱莲美等著. —北京：经济科学出版社，2019.6
ISBN 978-7-5218-0613-7

Ⅰ.①高… Ⅱ.①朱… Ⅲ.①高等学校-会计实务-案例 Ⅳ.①G647.5

中国版本图书馆CIP数据核字（2019）第115735号

责任编辑：李　磊
责任校对：刘　昕
责任印制：邱　天

高等学校会计实务

朱莲美　管华宇　朱靖华　陈　盈　著
经济科学出版社出版、发行　新华书店经销
社址：北京市海淀区阜成路甲28号　邮编：100142
总编部电话：010-88191217　发行部电话：010-88191522
网址：www.esp.com.cn
电子邮件：esp@esp.com.cn
天猫网店：经济科学出版社旗舰店
网址：http：//jjkxcbs.tmall.com
固安华明印业有限公司印装
787×1092　16开　23.25印张　520000字
2019年6月第1版　2019年6月第1次印刷
ISBN 978-7-5218-0613-7　定价：68.00元
（图书出现印装问题，本社负责调换。电话：010-88191510）
（版权所有　侵权必究　打击盗版　举报热线：010-88191661
QQ：2242791300　营销中心电话：010-88191537
电子邮箱：dbts@esp.com.cn）

前　言

2014年12月，国务院批准了财政部《权责发生制政府综合财务报告制度改革方案》，掀起了我国政府会计改革的大幕，明确了政府会计改革的目标、原则、内容和实施路线图。改革后的我国政府会计标准体系将由政府会计基本准则、政府会计具体准则及应用指南、政府会计制度共同组成。2015年，财政部公布《政府会计准则——基本准则》，统驭政府会计具体准则和政府会计制度的制定，为编制政府财务报告提供基础标准。此后财政部陆续发布《存货》《投资》《固定资产》《无形资产》《公共基础设施》《政府储备物资》《会计调整》《负债》《财务报表编制和列报》九项具体准则以及固定资产准则应用指南。2017年，财政部公布《政府会计制度》，要求从2019年1月1日起行政事业单位全面施行，原《高等学校会计制度》等制度均不再执行。

《政府会计制度》构建了预算会计和财务会计适度分离并相互衔接的会计核算体系，实现了各级各类行政事业单位会计制度的统一，全面引入权责发生制强化财务会计功能，优化完善预算会计功能，整合基本建设核算，体现了新《预算法》和财政体制改革的精神，具有重要的里程碑意义，必将对高等学校财务工作产生重大而深远的影响。

本书基于《政府会计制度》，结合编者多年的高等学校教学研究、会计实务与财务管理工作经验，以高等学校常见经济业务为切入点，对政府会计制度中的基本概念、基本原理进行深入阐述，并通过大量高校会计实际业务，深入解析政府会计制度下高等学校"财务会计和预算会计适度分离并相互衔接的会计核算模式"，旨在为高等学校贯彻执行政府会计制度起到参考作用。

本书共分十八章，密切联系高等学校经济业务实际，内容全面，操作性强。全书涵盖了高校会计工作的主要经济业务。在对政府会计改革和高等学校会计基本理论阐述之后，分别对预算会计、货币资金、应收及预付账款、存货、投资、固定资产和无形资产、基本建设工程、负债、净资产、收入、费用、财务报表、预算会计报表等项目进行了专门的阐述，列举大量高等学校会计业务进行分析。注重兼顾高等学校财务、预算、资产、成本等方面管理的需要，力争促使高校的财务状况、事业成果、预算执行情况得到全面、真实的反映。

  本书具有鲜明的高等学校行业特色。除包含政府会计制度内容外，还针对高等学校自身特点，有针对性地增加了科研经费管理、学生培养、高等学校新旧制度衔接、高等学校会计核算体系等章节内容，对高等学校的实用性强，有助于帮助高等学校做好会计制度的实施衔接落地工作，提升高等学校会计信息质量和财会管理水平。

  本书既可以作为高等学校会计实务工作者的教材和工具书，也可以作为财经类专业师生教学参考资料，还可以作为高等学校管理人员和会计师事务所等其他人员了解高等学校会计工作的参考书。

  本书由中国矿业大学（北京）朱莲美教授、华北科技学院财务处副处长管华宇、北京地震局财务室会计师朱靖华、中国人民公安大学财务处陈盈著。

  尽管我们为本书付出了不懈努力，但由于水平有限，书中难免有错误和疏漏之处，恳请读者批评指正。

作　者
2019 年 2 月

目　　录

第一章　总论 ... 1
第一节　政府会计改革 ... 1
第二节　政府会计标准体系 ... 6
第三节　政府会计制度 ... 9
第四节　高等学校会计 ... 12

第二章　预算会计 ... 20
第一节　预算会计概述 ... 20
第二节　预算收入类 ... 20
第三节　预算支出类 ... 28
第四节　预算结余类 ... 39

第三章　货币资金 ... 51
第一节　货币资金概述 ... 51
第二节　库存现金 ... 52
第三节　银行存款 ... 56
第四节　零余额账户用款额度 ... 64
第五节　其他货币资金 ... 72

第四章　应收及预付款项 ... 73
第一节　应收及预付款项概述 ... 73
第二节　财政应返还额度 ... 73
第三节　应收票据 ... 75
第四节　应收账款 ... 79
第五节　预付账款 ... 82
第六节　其他应收款 ... 84

第五章 存货 ... 87

- 第一节 存货概述 ... 87
- 第二节 存货计价方法 ... 88
- 第三节 在途物品 ... 92
- 第四节 库存物品 ... 93
- 第五节 加工物品 ... 99
- 第六节 存货的清查 ... 100

第六章 投资 ... 104

- 第一节 投资概述 ... 104
- 第二节 短期投资 ... 105
- 第三节 长期债权投资 ... 107
- 第四节 长期股权投资 ... 110

第七章 固定资产和无形资产 ... 116

- 第一节 固定资产概述 ... 116
- 第二节 固定资产初始计量 ... 117
- 第三节 固定资产取得的核算 ... 118
- 第四节 固定资产折旧 ... 126
- 第五节 固定资产的处置 ... 130
- 第六节 固定资产清查 ... 133
- 第七节 无形资产 ... 135

第八章 基本建设工程 ... 143

- 第一节 基建工程概述 ... 143
- 第二节 基建工程核算 ... 145

第九章 负债 ... 157

- 第一节 负债概述 ... 157
- 第二节 短期和长期借款 ... 158
- 第三节 应付职工薪酬 ... 162
- 第四节 应交增值税 ... 164
- 第五节 其他应交税费 ... 169
- 第六节 应付其他款项 ... 172

目　录

第十章　净资产 …………………………………………………………… 181
　　第一节　净资产概述 ……………………………………………………… 181
　　第二节　累计盈余 ………………………………………………………… 181
　　第三节　专用基金 ………………………………………………………… 182
　　第四节　权益法调整 ……………………………………………………… 183
　　第五节　本期盈余 ………………………………………………………… 184
　　第六节　本年盈余分配 …………………………………………………… 184
　　第七节　无偿调拨净资产 ………………………………………………… 185
　　第八节　以前年度盈余调整 ……………………………………………… 186

第十一章　收入 …………………………………………………………… 187
　　第一节　高等学校收入概述 ……………………………………………… 187
　　第二节　财政拨款收入 …………………………………………………… 189
　　第三节　事业收入 ………………………………………………………… 192
　　第四节　上级补助收入 …………………………………………………… 194
　　第五节　附属单位上缴收入 ……………………………………………… 195
　　第六节　经营收入 ………………………………………………………… 196
　　第七节　非同级财政拨款收入 …………………………………………… 198
　　第八节　投资收益 ………………………………………………………… 198
　　第九节　捐赠收入 ………………………………………………………… 199
　　第十节　利息收入及租金收入 …………………………………………… 200
　　第十一节　其他收入 ……………………………………………………… 201

第十二章　费用 …………………………………………………………… 204
　　第一节　高等学校费用概述 ……………………………………………… 204
　　第二节　业务活动费用 …………………………………………………… 206
　　第三节　单位管理费用 …………………………………………………… 208
　　第四节　经营费用 ………………………………………………………… 209
　　第五节　资产处置费用 …………………………………………………… 210
　　第六节　上缴上级费用 …………………………………………………… 212
　　第七节　对附属单位补助费用 …………………………………………… 213
　　第八节　所得税费用 ……………………………………………………… 214
　　第九节　其他费用 ………………………………………………………… 215

第十三章　科研经费管理 ………………………………………………… 218
　　第一节　高等学校科研概述 ……………………………………………… 218

第二节	科研事业收入	219
第三节	科研项目管理费或间接费	221
第四节	转拨科研合作项目款	223
第五节	科研经费支出	224

第十四章 学生培养 — 229

- 第一节 高等学校学生培养概述 — 229
- 第二节 教育事业收入 — 229
- 第三节 招生就业经费 — 230
- 第四节 学生资助经费 — 231
- 第五节 学生活动经费 — 233

第十五章 财务报表 — 234

- 第一节 财务报表概述 — 234
- 第二节 资产负债表 — 237
- 第三节 收入费用表 — 248
- 第四节 净资产变动表 — 255
- 第五节 现金流量表 — 258
- 第六节 财务报表附注 — 263

第十六章 预算会计报表 — 276

- 第一节 预算收支表 — 276
- 第二节 预算结转结余变动表 — 281
- 第三节 财政拨款预算收入支出表 — 285

第十七章 高等学校新旧制度衔接 — 288

- 第一节 高等学校新旧制度衔接要求 — 288
- 第二节 高等学校财务会计科目的新旧衔接 — 294
- 第三节 高等学校预算会计科目的新旧衔接 — 300
- 第四节 财务报表和预算会计报表的新旧衔接 — 304

第十八章 高等学校会计核算体系构建 — 305

- 第一节 高等学校项目、部门编码设置规则 — 305
- 第二节 高等学校会计科目设置 — 310

第一章 总　　论

第一节　政府会计改革

党的十八届三中全会提出"建立权责发生制的政府综合财务报告制度"的战略部署。新修订的《中华人民共和国预算法》规定"各级政府财政部门应当按年度编制以权责发生制为基础的政府综合财务报告"。2014年12月，国务院印发《国务院关于批转财政部权责发生制政府综合财务报告制度改革方案的通知》（国发〔2014〕63号，以下简称"改革方案"），这是我国政府会计改革的统领性文件，具有重要的里程碑意义。文件明确了改革目标、原则、内容和实施路线图。权责发生制的政府综合财务报告制度，有助于全面准确反映各级政府整体财务状况、运行情况和财政中长期可持续性。

一、建立权责发生制政府综合财务报告制度的意义

我国原政府财政报告制度实行以收付实现制政府会计核算为基础的决算报告制度，主要反映政府年度预算执行情况的结果，对准确反映预算收支情况、加强预算管理和监督发挥了重要作用。但随着经济社会发展，仅实行决算报告制度，无法科学、全面、准确地反映政府资产负债和成本费用，不利于强化政府资产管理、降低行政成本、提升运行效率、有效防范财政风险，难以满足建立现代财政制度、促进财政长期可持续发展和推进国家治理现代化的要求。因此，必须推进政府会计改革，建立全面反映政府资产负债、收入费用、运行成本、现金流量等财务信息的权责发生制政府综合财务报告制度。

二、政府会计改革总体目标和基本原则

（一）总体目标

权责发生制政府综合财务报告制度改革是基于政府会计规则的重大改革，总

体目标是通过构建统一、科学、规范的政府会计准则体系，建立健全政府财务报告编制办法，适度分离政府财务会计与预算会计、政府财务报告与决算报告功能，全面、清晰反映政府财务信息和预算执行信息，为开展政府信用评级、加强资产负债管理、改进政府绩效监督考核、防范财政风险等提供支持，促进政府财务管理水平的提高和经济可持续发展。

（二）基本原则

1. 立足中国国情，借鉴国际经验。在充分考虑我国政府财政财务管理特点的基础上，积极借鉴我国企业会计改革的成功做法，吸收国际公共部门会计准则、有关国家政府财务报告制度改革的有益经验，构建具有中国特色的政府综合财务报告制度。

2. 坚持继承发展，注重改革创新。积极吸收近年来完善现行政府会计制度、行政事业单位会计改革以及政府综合财务报告试编中取得的经验，注重制度创新，强化信息技术支撑，准确反映政府资产负债状况和运行成本，促进政府规范管理和有效监督。

3. 坚持公开透明，便于社会监督。按照政府信息公开要求，规范公开内容和程序，促进公开常态化、规范化和法制化，满足各有关方面对政府财务状况信息的需求，进一步增强政府透明度。

4. 做好总体规划，稳妥有序推进。科学合理设计改革总体框架和目标，指导改革有序推进。充分考虑改革的复杂性和艰巨性，先行试点，由易到难，分步实施，积极稳妥地推进改革。

三、改革的主要任务

（一）建立健全政府会计核算体系

推进财务会计与预算会计适度分离并相互衔接，在完善预算会计功能基础上，增强政府财务会计功能，夯实政府财务报告核算基础，为中长期财政发展、宏观调控和政府信用评级服务。

（二）建立健全政府财务报告体系

政府财务报告主要包括政府部门财务报告和政府综合财务报告。政府部门编制部门财务报告，反映本部门的财务状况和运行情况；财政部门编制政府综合财务报告，反映政府整体的财务状况、运行情况和财政中长期可持续性。

（三）建立健全政府财务报告审计和公开机制

政府综合财务报告和部门财务报告按规定接受审计。审计后的政府综合财务报

第一章 总 论

告与审计报告依法报本级人民代表大会常务委员会备案，并按规定向社会公开。

（四）建立健全政府财务报告分析应用体系

以政府财务报告反映的信息为基础，采用科学方法，系统分析政府的财务状况、运行成本和财政中长期可持续发展水平。充分利用政府财务报告反映的信息，识别和管理财政风险，更好地加强政府预算、资产和绩效管理，并将政府财务状况作为评价政府受托责任履行情况的重要指标。

四、改革的具体内容

（一）建立政府会计准则体系和政府财务报告制度框架体系

1. 制定政府会计基本准则和具体准则及应用指南。基本准则用于规范政府会计目标、政府会计主体、政府会计信息质量要求、政府会计核算基础，以及政府会计要素定义、确认和计量原则、列报要求等原则事项。基本准则指导具体准则的制定，并为政府会计实务问题提供处理原则。具体准则依据基本准则制定，用于规范政府发生的经济业务或事项的会计处理，详细规定经济业务或事项引起的会计要素变动的确认、计量、记录和报告。应用指南是对具体准则的实际应用作出的操作性规定。

2. 健全完善政府会计制度。政府会计科目设置要实现预算会计和财务会计双重功能。预算会计科目应准确完整反映政府预算收入、预算支出和预算结余等预算执行信息；财务会计科目应全面准确反映政府的资产、负债、净资产、收入、费用等财务信息。条件成熟时，推行政府成本会计，规定政府运行成本归集和分摊方法等，反映政府向社会提供公共服务支出和机关运行成本等财务信息。

3. 制定政府财务报告编制办法和操作指南。政府财务报告编制办法应当对政府财务报告的主要内容、编制要求、报送流程、数据质量审查、职责分工等作出规定。政府财务报告编制操作指南应当对政府财务报告编制和财务信息分析的具体方法等作出规定。

4. 建立健全政府财务报告审计和公开制度。政府财务报告审计制度应当对审计的主体、对象、内容、权限、程序、法律责任等作出规定。政府财务报告公开制度应当对政府财务报告公开的主体、对象、内容、形式、程序、时间要求、法律责任等作出规定。

（二）编报政府部门财务报告

1. 清查核实资产负债。各部门、各单位要按照统一要求有计划、有步骤清查核实固定资产、无形资产以及代表政府管理的储备物资、公共基础设施、企业国有资产、应收税款等资产,按规定界定产权归属、开展价值评估;分类清查核实部门负债情况。清查核实后的资产负债统一按规定进行核算和反映。

2. 编制政府部门财务报告。各单位应在政府会计准则体系和政府财务报告制度框架体系内,按时编制以资产负债表、收入费用表等财务报表为主要内容的财务报告。各部门应合并本部门所属单位的财务报表,编制部门财务报告。

3. 开展政府部门财务报告审计。部门财务报告应保证报告信息的真实性、完整性及合规性,接受审计。

4. 报送并公开政府部门财务报告。部门财务报告及其审计报告应报送本级政府财政部门,并按规定向社会公开。

5. 加强部门财务分析。各部门应充分利用财务报告反映的信息,加强对资产状况、债务风险、成本费用、预算执行情况的分析,促进预算管理、资产负债管理和绩效管理有机衔接。

(三) 编报政府综合财务报告

1. 清查核实财政直接管理的资产负债。财政部门要清查核实代表政府持有的相关国际组织和企业的出资人权益;代表政府发行的国债、地方政府债券,举借的国际金融组织和外国政府贷款、其他政府债务以及或有债务。清查核实后的资产负债统一按规定进行核算和反映。

2. 编制政府综合财务报告。各级政府财政部门应合并各部门和其他纳入合并范围主体的财务报表,编制以资产负债表、收入费用表等财务报表为主要内容的本级政府综合财务报告。县级以上政府财政部门要合并汇总本级政府综合财务报告和下级政府综合财务报告,编制本行政区政府综合财务报告。

3. 开展政府综合财务报告审计。政府综合财务报告应保证报告信息的真实性、完整性及合规性,接受审计。

4. 报送并公开政府综合财务报告。政府综合财务报告及其审计报告,应依法报送本级人民代表大会常务委员会备案,并按规定向社会公开。

5. 应用政府综合财务报告信息。政府综合财务报告中的相关信息可作为考核地方政府绩效、分析政府财务状况、开展地方政府信用评级、编制全国和地方资产负债表以及制定财政中长期规划和其他相关规划的重要依据。

五、改革的配套措施

(一) 推动修订相关法律法规

推动修订《中华人民共和国会计法》《中华人民共和国预算法实施条例》等,为推进改革提供法律保障。

（二）修订完善相关财务制度

根据需要，进一步完善相关行政事业单位财务制度和《行政单位国有资产管理暂行办法》《事业单位国有资产管理暂行办法》等，保证改革顺利实施。

（三）进一步完善决算报告制度

进一步完善决算报表体系，侧重反映预算收支执行情况，与政府财务报告有机衔接。

（四）优化政府财政管理信息系统

构建覆盖政府财政管理业务全流程的一体化信息系统，不断提高政府财政管理的效率和有效性。

（五）加强政府财务报告编报内部控制

按规定建立和实施行政事业单位内部控制机制，设置充足的财务会计管理岗位，加强政府财务报告编报内部控制，保证政府财务报告真实、完整、合规。

六、改革的时间表和路线图

建立权责发生制的政府综合财务报告制度涉及面广，技术性、政策性、敏感性较强，改革将逐步推进。政府会计规则尚未全面建立之前，在现行政府会计制度的基础上，暂按照权责发生制原则和相关报告标准，编制出反映一级政府整体财务状况的财务报告，为加强地方政府性债务管理、开展政府信用评级等提供信息支撑。与此同时，加快推进政府会计改革，建立审计、公开机制和分析应用体系，落实相关配套措施，力争在2020年前建立具有中国特色的政府会计准则体系和权责发生制政府综合财务报告制度。

（一）2014~2015年工作

（1）组建政府会计准则委员会。（2）修订发布财政总预算会计制度。（3）制定发布政府会计基本准则。（4）研究起草政府会计相关具体准则及应用指南。（5）制定发布政府财务报告编制办法和操作指南。（6）开展政府资产负债清查核实工作。（7）完善行政事业单位国有资产管理办法等。（8）开展财政管理信息系统一体化建设。

（二）2016~2017年工作

（1）制定发布政府会计相关具体准则及应用指南。（2）开展政府财务报告编制试点。(3) 研究建立政府综合财务报告分析指标体系。

(三) 2018~2020 年工作

(1) 制定发布政府会计相关具体准则及应用指南，基本建成具有中国特色的政府会计准则体系。(2) 完善行政事业单位财务制度和会计制度、财政总预算会计制度等。(3) 对政府财务报告编制试点情况进行评估，适时修订政府财务报告编制办法和操作指南。(4) 全面开展政府财务报告编制工作。(5) 研究推行政府成本会计。(6) 建立健全政府财务报告分析应用体系。(7) 制定发布政府财务报告审计制度、公开制度。

第二节 政府会计标准体系

政府会计改革后，我国的政府会计标准体系包括：(1) 政府会计基本准则；(2) 政府会计具体准则及应用指南；(3) 政府会计制度。

基本准则主要对政府会计目标、会计主体、会计信息质量要求、会计核算基础，以及会计要素定义、确认和计量原则、列报要求等作出规定。具体准则主要规定政府发生的经济业务或事项的会计处理原则，具体规定经济业务或事项引起的会计要素变动的确认、计量和报告。应用指南主要对具体准则的实际应用作出操作性规定。政府会计制度主要规定政府会计科目及其使用说明、会计报表格式及其编制说明等，便于会计人员进行日常核算。

一、政府会计基本准则

为了构建统一、科学、规范的政府会计标准体系和权责发生制政府综合财务报告制度，2015 年 10 月 23 日，财政部部长令第 78 号公布《政府会计准则——基本准则》(以下称《基本准则》)，自 2017 年 1 月 1 日起施行。《基本准则》作为政府会计的"概念框架"，统驭政府会计具体准则和政府会计制度的制定，并为政府会计实务问题提供处理原则，为编制政府财务报告提供基础标准。

(一) 主要内容

《基本准则》共六章 62 条。

第一章为总则，规定了立法目的和制定依据、适用范围、政府会计体系与核算基础、基本准则定位、报告目标和使用者、会计基本假设和记账方法等。

第二章为政府会计信息质量要求，明确了政府会计信息应当满足的 7 个方面质量要求，即可靠性、全面性、相关性、及时性、可比性、可理解性和实质重于

第一章 总　　论

形式。

第三章为政府预算会计要素，规定了预算收入、预算支出和预算结余3个预算会计要素的定义、确认和计量标准，以及列示要求。

第四章为政府财务会计要素，规定了资产、负债、净资产、收入和费用5个财务会计要素的定义、确认标准、计量属性和列示要求。

第五章为政府决算报告和财务报告，规定了决算报告、财务报告和财务报表的定义、主要内容和构成。

第六章为附则，规定了相关基本概念的定义，明确了施行日期。

（二）制度理论创新

《基本准则》是多年来我国政府会计理论研究和改革成果的重要体现，其重大制度理论创新主要有以下几点：

一是构建了政府预算会计和财务会计适度分离并相互衔接的政府会计核算体系。相对于实行多年的预算会计核算体系，《基本准则》强化了政府财务会计核算，即政府会计由预算会计和财务会计构成，前者一般实行收付实现制，后者实行权责发生制。通过预算会计核算形成决算报告，通过财务会计核算形成财务报告，全面、清晰反映政府预算执行信息和财务信息。

二是确立了"3+5要素"的会计核算模式。《基本准则》规定预算收入、预算支出和预算结余3个预算会计要素和资产、负债、净资产、收入和费用5个财务会计要素。其中，首次提出收入、费用两个要素，有别于现行预算会计中的收入和支出要素，主要是为了准确反映政府会计主体的运行成本，科学评价政府资源管理能力和绩效。同时，按照政府会计改革最新理论成果对资产、负债要素进行了重新定义。

三是科学界定了会计要素的定义和确认标准。《基本准则》针对每个会计要素，规范了其定义和确认标准，为在政府会计具体准则和政府会计制度层面规范政府发生的经济业务或事项的会计处理提供了基本原则，保证了政府会计标准体系的内在一致性。特别是，《基本准则》对政府资产和负债进行界定时，充分考虑了当前财政管理的需要，例如，在界定政府资产时，特别强调了"服务潜力"，除了自用的固定资产等以外，将公共基础设施、政府储备资产、文化文物资产、保障性住房和自然资源资产等纳入政府会计核算范围；对政府负债进行界定时，强调了"现时义务"，将政府因承担担保责任而产生的预计负债也纳入会计核算范围。

四是明确了资产和负债的计量属性及其应用原则。《基本准则》提出，资产的计量属性主要包括历史成本、重置成本、现值、公允价值和名义金额，负债的计量属性主要包括历史成本、现值和公允价值。同时，《基本准则》强调了历史成本计量原则，即政府会计主体对资产和负债进行计量时，一般应当采用历史成本。采用其他计量属性的,应当保证所确定的金额能够持续、可靠计量。这样规定,既体现了资产负债计量的前瞻性,也充分考虑了政府会计实务的现状。

五是构建了政府财务报告体系。《基本准则》要求政府会计主体除按财政部要求编制决算报表外,至少还应编制资产负债表、收入费用表和现金流量表,并按规定编制合并财务报表。同时强调,政府财务报告包括政府综合财务报告和政府部门财务报告,构建了满足现代财政制度需要的政府财务报告体系。

二、政府会计具体准则及应用指南

目前,财政部已出台了《政府会计准则第1号——存货》《政府会计准则第2号——投资》《政府会计准则第3号——固定资产》《政府会计准则第4号——无形资产》《政府会计准则第5号——公共基础设施》《政府会计准则第6号——政府储备物资》《政府会计准则第7号——会计调整》《政府会计准则第8号——负债》《政府会计准则第9号——财务报表编制和列报》,以及固定资产准则应用指南。

《政府会计准则第1号——存货》所规范的存货,是指政府会计主体在开展业务活动及其他活动中为耗用或出售而储存的资产,如材料、产品、包装物和低值易耗品等,以及未达到固定资产标准的用具、装具、动植物等。

《政府会计准则第2号——投资》所规范的投资,是指政府会计主体按规定以货币资金、实物资产、无形资产等方式形成的债权或股权投资。

《政府会计准则第3号——固定资产》所规范的固定资产,是指政府会计主体为满足自身开展业务活动或其他活动需要而控制的,使用年限超过1年(不含1年)、单位价值在规定标准以上,并在使用过程中基本保持原有物质形态的资产,一般包括房屋及构筑物、专用设备、通用设备等。单位价值虽未达到规定标准,但是使用年限超过1年(不含1年)的大批同类物资,如图书、家具、用具、装具等,应当确认为固定资产。

《政府会计准则第4号——无形资产》所规范的无形资产,是指政府会计主体控制的没有实物形态的可辨认非货币性资产,如专利权、商标权、著作权、土地使用权、非专利技术等。

《政府会计准则第5号——公共基础设施》所规范的公共基础设施,主要包括市政基础设施、交通基础设施、水利基础设施和其他公共基础设施。

《政府会计准则第6号——政府储备物资》所规范的政府储备物资,包括战略及能源物资、抢险抗灾救灾物资、农产品、医药物资和其他重要商品物资,通常情况下由政府会计主体委托承储单位存储。

《政府会计准则第7号——会计调整》所规范的会计调整,是指政府会计主体按照法律、行政法规和政府会计准则制度的要求,或者在特定情况下对其原采

第一章 总 论

用的会计政策、会计估计,以及发现的会计差错、发生的报告日后事项等所作的调整。会计政策,是指政府会计主体在会计核算时所遵循的特定原则、基础以及所采用的具体会计处理方法。特定原则,是指政府会计主体按照政府会计准则制度所制定的、适合于本政府会计主体的会计处理原则。具体会计处理方法,是指政府会计主体从政府会计准则制度规定的诸多可选择的会计处理方法中所选择的、适合于本政府会计主体的会计处理方法。会计估计,是指政府会计主体对结果不确定的经济业务或者事项以最近可利用的信息为基础所作的判断,如固定资产、无形资产的预计使用年限等。会计差错,是指政府会计主体在会计核算时,在确认、计量、记录、报告等方面出现的错误,通常包括计算或记录错误、应用会计政策错误、疏忽或曲解事实产生的错误、财务舞弊等。报告日后事项,是指自报告日(年度报告日通常为12月31日)至报告批准报出日之间发生的需要调整或说明的事项,包括调整事项和非调整事项两类。

《政府会计准则第8号——负债》所规范的负债,是指政府会计主体过去的经济业务或者事项形成的,预期会导致经济资源流出政府会计主体的现时义务。现时义务,是指政府会计主体在现行条件下已承担的义务。未来发生的经济业务或者事项形成的义务不属于现时义务,不应当确认为负债。

《政府会计准则第9号——财务报表编制和列报》所规范的财务报表,是对政府会计主体财务状况、运行情况和现金流量等信息的结构性表述。财务报表至少包括:资产负债表、收入费用表、附注。政府会计主体可以根据实际情况自行选择编制现金流量表。

第三节 政府会计制度

为了适应权责发生制政府综合财务报告制度改革需要,规范行政事业单位会计核算,提高会计信息质量,根据《中华人民共和国会计法》《中华人民共和国预算法》《政府会计准则——基本准则》等法律、行政法规和规章,财政部2017年10月24日公布了《政府会计制度——行政事业单位会计科目和报表》(财会〔2017〕25号),自2019年1月1日起施行。

《政府会计制度》反映了政府会计改革发展的内在需要和发展方向,相比原制度有以下重大变化与创新:

1. 重构了政府会计核算模式。在系统总结分析传统单系统预算会计体系的利弊基础上,《政府会计制度》按照《改革方案》和《基本准则》的要求,构建了"财务会计和预算会计适度分离并相互衔接"的会计核算模式。所谓"适度分离",是指适度分离政府预算会计和财务会计功能,决算报告和财务报告功能,全面反映政府会计主体的预算执行信息和财务信息。主要体现在以下几个方面:

高等学校会计实务

一是"双功能",在同一会计核算系统中实现财务会计和预算会计双重功能,通过资产、负债、净资产、收入、费用5个要素进行财务会计核算,通过预算收入、预算支出和预算结余3个要素进行预算会计核算。二是"双基础",财务会计采用权责发生制,预算会计采用收付实现制,国务院另有规定的,依照其规定。三是"双报告",通过财务会计核算形成财务报告,通过预算会计核算形成决算报告。所谓"相互衔接",是指在同一会计核算系统中政府预算会计要素和相关财务会计要素相互协调,决算报告和财务报告相互补充,共同反映政府会计主体的预算执行信息和财务信息。主要体现在:一是对纳入部门预算管理的现金收支进行"平行记账"。对于纳入部门预算管理的现金收支业务,在进行财务会计核算的同时也应当进行预算会计核算。对于其他业务,仅需要进行财务会计核算。二是财务报表与预算会计报表之间存在勾稽关系。通过编制"本期预算结余与本期盈余差异调节表"并在附注中进行披露,反映单位财务会计和预算会计因核算基础和核算范围不同所产生的本年盈余数(即本期收入与费用之间的差额)与本年预算结余数(本年预算收入与预算支出的差额)之间的差异,从而揭示财务会计和预算会计的内在联系。这种会计核算模式兼顾了现行部门决算报告制度的需要,又能满足部门编制权责发生制财务报告的要求,对于规范政府会计行为,夯实政府会计主体预算和财务管理基础,强化政府绩效管理具有深远的影响。

2. 统一了现行各项单位会计制度。《政府会计制度》有机整合了《行政单位会计制度》《事业单位会计制度》和医院、基层医疗卫生机构、高等学校、中小学校、科学事业单位、彩票机构、地勘单位、测绘单位、林业(苗圃)等行业事业单位会计制度的内容。在科目设置、科目和报表项目说明中,一般情况下,不再区分行政和事业单位,也不再区分行业事业单位;在核算内容方面,基本保留了现行各项制度中的通用业务和事项,同时根据改革需要增加各级各类行政事业单位的共性业务和事项;在会计政策方面,对同类业务尽可能作出同样的处理规定。通过会计制度的统一,大大提高了政府各部门、各单位会计信息的可比性,为合并单位、部门财务报表和逐级汇总编制部门决算奠定了坚实的制度基础。

3. 强化了财务会计功能。《政府会计制度》在财务会计核算中全面引入了权责发生制,在会计科目设置和账务处理说明中着力强化财务会计功能,如增加了收入和费用两个财务会计要素的核算内容,并原则上要求按照权责发生制进行核算;增加了应收款项和应付款项的核算内容,对长期股权投资采用权益法核算,确认自行开发形成的无形资产的成本,要求对固定资产、公共基础设施、保障性住房和无形资产计提折旧或摊销,引入坏账准备等减值概念,确认预计负债、待摊费用和预提费用等。在政府会计核算中强化财务会计功能,对于科学编制权责发生制政府财务报告、准确反映单位财务状况和运行成本等情况具有重要的意义。

第一章 总　　论

4. 扩大了政府资产负债核算范围。《政府会计制度》在现行制度基础上，扩大了资产负债的核算范围。除按照权责发生制核算原则增加有关往来账款的核算内容，在资产方面，增加了公共基础设施、政府储备物资、文物文化资产、保障性住房和受托代理资产的核算内容，以全面核算单位控制的各类资产；增加了"研发支出"科目，以准确反映单位自行开发无形资产的成本。在负债方面，增加了预计负债、受托代理负债等核算内容，以全面反映单位所承担的现时义务。此外，为了准确反映单位资产扣除负债之后的净资产状况，《政府会计制度》立足单位会计核算需要、借鉴国际公共部门会计准则相关规定，将净资产按照主要来源分类为累计盈余和专用基金，并根据净资产其他来源设置了权益法调整、无偿调拨净资产等会计科目。资产负债核算范围的扩大，有利于全面规范政府单位各项经济业务和事项的会计处理，准确反映政府"家底"信息，为相关决策提供更加有用的信息。

5. 改进了预算会计功能。《政府会计制度》对预算会计科目及其核算内容进行了调整和优化，以进一步完善预算会计功能。在核算内容上，预算会计仅需核算预算收入、预算支出和预算结余。在核算基础上，预算会计除按《预算法》要求的权责发生制事项外，均采用收付实现制核算，有利于避免原制度下存在的虚列预算收支的问题。在核算范围上，为了体现新《预算法》的精神和部门综合预算的要求，《政府会计制度》将依法纳入部门预算管理的现金收支均纳入预算会计核算范围，如增设了债务预算收入、债务还本支出、投资支出等。调整完善后的预算会计，能够更好贯彻落实《预算法》的相关规定，更加准确反映部门和单位预算收支情况，更加满足部门、单位预算和决算管理的需要。

6. 整合了基建会计核算。按照原制度规定，单位对于基本建设投资的会计核算除遵循相关会计制度规定外，还应当按照国家有关基本建设会计核算的规定单独建账、单独核算，但同时应将基建账相关数据按期并入单位"大账"。《制度》依据《基本建设财务规则》和相关预算管理规定，在充分吸收《国有建设单位会计制度》合理内容的基础上对单位建设项目会计核算进行了规定。单位对基本建设投资按照本制度规定统一进行会计核算，不再单独建账，大大简化了单位基本建设业务的会计核算，有利于提高单位会计信息的完整性。

7. 完善了报表体系和结构。《政府会计制度》将报表分为预算会计报表和财务报表两大类。预算会计报表由预算收入表、预算结转结余变动表和财政拨款预算收入支出表组成，是编制部门决算报表的基础。财务报表由会计报表和附注构成，会计报表由资产负债表、收入费用表、净资产变动表和现金流量表组成，其中，单位可自行选择编制现金流量表。此外，《政府会计制度》针对新的核算内容和要求对报表结构进行了调整和优化，对报表附注应当披露的内容进行了细化，对会计报表重要项目说明提供了可参考的披露格式、要求按经济分类披露费用信息、要求披露本年预算结余和本年盈余的差异调节过程等。调整完善后的报表体系，对于全面反映单位财务信息和预算执行信息，提高部门、单位会计信息的透明度和决策有用性具有重要的意义。

8. 增强了制度的可操作性。《政府会计制度》在附录中采用列表方式，以《政府会计制度》中规定的会计科目使用说明为依据，按照会计科目顺序对单位通用业务或共性业务和事项的账务处理进行了举例说明。在举例说明时，对同一项业务或事项，在表格中列出财务会计分录的同时，平行列出相对应的预算会计分录（如果有）。通过对经济业务和事项举例说明，能够充分反映《政府会计制度》所要求的财务会计和预算会计"平行记账"的核算要求，便于会计人员学习和理解政府会计8要素的记账规则，也有利于单位会计核算信息系统的开发或升级改造。

第四节 高等学校会计

一、高等学校会计的基本概念

高等学校是开展高等教育、科学研究及相关业务活动的社会组织。按照学校性质，高等学校可分为普通高等学校、成人高等学校。普通高等教育是主要招收高中毕业生进行全日制学习的学历教育，形式主要有普通专科、普通本科，后来增加了初中起点的五年一贯制和三二分段制等普通教育形式。成人高等学校指按照国家规定的设置标准和审批程序批准举办的，通过全国成人高等学校统一招生考试（成人高考），招收普通高中或同等学力的在职从业人员为主要培养对象，一般实行非全日制教学，利用函授、业余、脱产等多种形式对其实施高等学历教育的学校，主要包括广播电视大学、职工大学、业余大学、职工医学院、管理干部学院、教育学院、普通高等学校的成人（继续）教育学院等。按照学校隶属关系，我国的高等学校可划分为公立高等学校（又称国有高等学校）和私立高等学校（又称民办高等学校）。公立高等学校是国家或其他单位利用国有资产举办的高等学校，国家根据经济建设和社会发展的需要，制定高等学校发展规划，举办高等学校。私立高等学校是社会其他组织或个人出资举办的高等学校。

高等学校会计是高等学校按照国家有关法规、制度的要求，对各项经济业务和事项进行核算、反映和监督，为国家财政预算资金管理和学校管理提供有用信息的专业会计。公立高等学校是由国家出资举办，以财政拨款为主要资金来源，各项收支纳入财政预算管理，其会计核算要求反映预算的执行情况。因此，我国的公立高等学校会计纳入预算会计体系，具有事业单位会计特点。高等学校财务管理的主要任务是：合理编制学校预算，有效控制预算执行，完整、准确编制学

第一章 总 论

校决算，真实反映学校财务状况；依法多渠道筹集资金，努力节约支出；建立健全学校财务制度，加强经济核算，实施绩效评价，提高资金使用效益；加强资产管理，真实完整地反映资产使用状况，合理配置和有效利用资产，防止资产流失；加强对学校经济活动的财务控制和监督，防范财务风险。

按照《政府会计制度》规定，自2019年1月1日起，高等学校执行《政府会计制度》后，不再执行《高等学校会计制度》《国有建设单位会计制度》等制度。本书根据财政部《政府会计制度》规定，结合高等学校会计业务的特点，着重阐述公立高等学校会计的内容及其要求。高等学校对基本建设投资应当按照该制度规定统一进行会计核算，不再单独建账，但是应当按项目单独核算，并保证项目资料完整。

高等学校应当根据政府会计准则（包括基本准则和具体准则）规定的原则和《政府会计制度》的要求，对其发生的各项经济业务或事项进行会计核算。高等学校会计核算应当具备财务会计与预算会计双重功能，实现财务会计与预算会计适度分离并相互衔接，全面、清晰反映单位财务信息和预算执行信息。

根据现行的行政事业单位管理体制，预算拨款关系和单位财务收支计划的编报程序，行政事业单位会计组织系统分为三级，如图1-1所示。

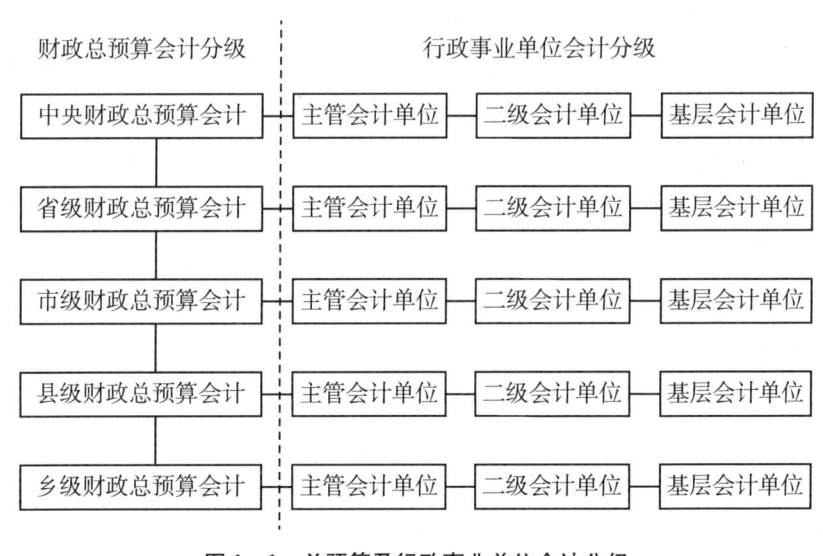

财政总预算会计分级	行政事业单位会计分级		
中央财政总预算会计	主管会计单位	二级会计单位	基层会计单位
省级财政总预算会计	主管会计单位	二级会计单位	基层会计单位
市级财政总预算会计	主管会计单位	二级会计单位	基层会计单位
县级财政总预算会计	主管会计单位	二级会计单位	基层会计单位
乡级财政总预算会计	主管会计单位	二级会计单位	基层会计单位

图1-1 总预算及行政事业单位会计分级

1. 主管会计单位。与同级财政部门直接发生经费领报关系或财务关系，并有所属会计单位的，为主管会计单位。

2. 二级会计单位。与主管会计单位或上级会计单位发生经费领报关系、财务收支计划与会计预决算审批关系，并有所属会计单位的，为二级会计单位。二级会计单位下面没有所属会计单位的，也视同基层会计单位。

3. 基层会计单位。与主管会计单位或二级会计单位直接发生经费领报关系、财务收支计划与会计预决算审批关系，下面没有附属会计单位的，为基层会计单位。

高等学校会计是行政事业单位会计的重要组成部分，属于行政事业单位会计组织系统中的基层单位会计。必须实行完整的会计核算制度，对各项经济业务和事项进行核算、反应和监督，为国家财政预算资金管理和学校管理提供有用信息。

二、高等学校会计的目标

会计目标是会计活动所应达到的目的和状态，定位的恰当性直接关系到会计系统运行的效率及其实现的可能性。会计目标影响会计主体对会计报表体系的设计，提供信息的范围和质量规范，进而影响到会计要素确认和计量等会计政策的选择。

高等学校会计的基本目标在于向会计信息使用者提供与高等学校财务状况、事业成果、预算执行等有关的会计信息，反映高等学校受托责任的履行情况，有助于会计信息使用者进行社会管理、作出经济决策。具体包括：核算财政财务收支情况，促进计划实现，保证行政事业任务完成；分析财政财务收支执行进度，合理调度资金，调节资金供需关系；检查财政财务收支计划执行结果，实行会计监督，维护国家财经纪律。

三、高等学校会计基本假设

高等学校会计的基本前提，又称高等学校会计基本假设，它规定了会计核算的时空范围及核算基础，是组织高等学校会计工作必须具备的前提条件。高等学校会计的基本前提有会计主体、持续运行、会计分期和货币计量。

1. 会计主体。会计主体是指预算会计工作为其服务的特定单位或组织，它规定了会计工作的空间范围和界限。明确会计主体这一前提，才能将主体的业务活动与其他单位的业务活动区分开来。资产、负债等会计要素都是同特定的单位相联系的，如果主体不明确，资产和负债就无法界定，收入和支出就无法衡量。高等学校会计的主体是指会计为之服务的高等学校，在经济上是独立的。

会计主体与法律主体并不是同一概念。法律主体通常指对外能够独立承担民事责任的经济实体，其经济上必然是独立的，因而都是会计主体。会计主体是指会计工作为其服务的特定单位或组织，可以是法律主体，也可以是不具备独立法人资格的实体。例如，高等学校后勤部门开展经营业务，虽不是独立法人，但出

第一章 总 论

于经营考核的需要通常独立核算，也是会计主体。因此，高等学校在编制年度财务报表时，应当将校内不具有法人资格的独立核算单位的会计信息，纳入学校财务报表反映。

2. 持续运行。持续运行是指会计主体的业务活动能够持续不断地运行下去。高等学校会计应以能够持续不断地运行下去作为组织正常会计核算的基本前提。持续运行是一致性、可比性等会计信息质量要求的依据。只有在持续运行的前提下，会计处理才能按照正常的会计核算程序和方法进行，单位的债务才能合理有序的清偿，才能采用通常的方式提供会计信息。

3. 会计分期。这是指将会计主体持续运行的时间人为地划分成时间阶段，以便分阶段结算账目，编制会计报表。高等学校财务报表分为年度财务报表和中期财务报表。以短于一个完整的会计年度的期间（如半年度、季度和月度）编制的财务报表称为中期财务报表。年度财务报表是以整个会计年度为基础编制的财务报表。按我国《会计法》规定，我国会计年度自公历1月1日起至12月31日止。

4. 货币计量。货币计量是指高等学校会计的核算以人民币作为记账本位币。如果发生外币收支业务，应当按照中国人民银行公布的当日人民币外汇汇率折算为人民币核算。业务收支以外币为主的高等学校，也可以选定某种外币作为记账本位币。但编制报表时，应按照编报日期的人民币外汇汇率折算为人民币反映。货币计量包含币值稳定不变的假定。高等学校在币值稳定的前提下，对财产物资采用历史成本属性进行计量。

四、高等学校会计信息质量要求

1. 高等学校会计核算应当为各类信息使用者提供基础会计信息，全面反映高等学校预算执行情况和财务状况、运行情况、现金流量等，为使用者提供决策、管理、监督的信息支持。

2. 高等学校会计核算应当以实际发生的经济业务或事项为对象，以合法、相关的原始凭证和文件为依据准确判断经济活动性质，正确使用会计科目，准确、完整、及时地对经济业务或事项进行确认和计量。

3. 高等学校进行会计核算和提供会计信息应当符合一定的质量要求，主要包括可靠性、全面性、相关性、及时性、可比性、可理解性和实质重于形式。

4. 高等学校提供的会计信息应当能够反映高等学校经济活动的整体情况，以及每项经济业务或事项活动的具体情况，并且能够根据需要提供学校分部门、分项目、分类别、分层次、分期间的会计信息。这些会计信息包括但不限于以下内容：(1) 学校各类资产、负债和净资产的信息，以及评价学校财务状况的信息；(2) 学校办学经费的来源、分配、使用及结余情况；(3) 学校内部各部门经费的来源、分配、使用及结余情况；（4）学校各类具有专门用途和管理要求的项目经费的来源、分配、使用信息，以及评价专项资金管理情况的信息；（5）学校各类经济决策或者管理过程中所需要的其他会计信息；（6）学校接受外部监督时所需要提供的其他会计信息。

五、高等学校会计核算的基本程序与方法

高等学校会计的最终工作成果就是会计报表，因此会计核算的基本程序与方法，就是指高等学校为了实现会计目标而对经济业务进行处理与加工的程序与方法。会计报表的生成是经过一系列步骤完成的。首先取得原始凭证并进行审核，根据审核无误的原始凭证编制记账凭证，其次根据记账凭证登记日记账、分类账，最后根据账簿资料编制会计报表。在这一系列步骤中主要通过包括确认、计量、记录和报告四个环节；在这些步骤和环节中主要运用的会计核算方法是设置会计科目、复式记账、填制和审核会计凭证、登记账簿、成本计算、财产清查和编制会计报表七种方法。会计核算的基本程序与方法之间既有区别，又有联系，共同构成一个处理、加工会计信息的程序与方法体系。

（一）高等学校会计核算的基本程序

1. 会计确认。会计确认是指高等学校依据一定的标准，对高等学校发生的各项经济业务予以辨认，并确定哪些数据能够进入以及何时进入会计核算系统的工作。之所以需要"会计确认"是因为，每一会计主体产生的经济信息纷繁复杂、数量巨大。在众多的经济业务中，有些是属于会计核算和监督的内容，有些则不属于会计核算和监督的范围，如高等学校签订的合同、教职工的构成等。它们中有些虽然是高等学校的经济业务，对高等学校的收支情况可能会产生影响，但无法按照会计核算系统的特有方法直接进行加工处理。因此，在会计核算系统正式接收、记录经济业务的有关数据之前，应进行必要的确认，以排除不属于会计核算范围的经济数据，如对原始凭证进行审核即是会计确认。会计确认贯穿于会计核算的全过程。会计确认包括要素确认和期间确认。所谓要素确认是指高等学校发生的经济活动要进行必要的识别、判断，排除那些非会计对象的数据，将属于会计对象的业务确认为资产、负债、净资产、收入、支出等会计要素。所谓期间确认是指要判断发生的经济业务属于哪一个会计期间。会计确认的标准是会计要素的定义和会计核算的基本前提与原则。

2. 会计计量。高等学校发生的各项经济业务能否进入会计核算系统，除了要符合会计要素定义外还要能以货币进行会计计量。会计计量是指在会计核算中对经济活动进行量化的过程，即运用一定的计量单位，选择被计量对象的合理属性，计算、确定应予记录的各项经济业务的金额的过程。例如，在编制记账凭证

第一章 总　论

时，除了指定经济业务涉及的会计要素具体项目外还要确定金额。会计计量的对象是会计要素，对会计要素进行计量时，一是要运用计量单位，即主要以货币为计量单位；二是选择计量属性，如历史成本、重置成本等计量属性。

3. 会计记录。会计记录是指高等学校根据一定的账务处理程序，对经过确认、计量的经济业务在账簿上进行登记，以便对会计数据进一步加工处理的过程。例如，记账凭证只是指定经济业务涉及的会计要素具体项目和金额，反映的信息是零散的，因此还需要根据记账凭证登记日记账、明细账和总分类账，以汇总某类信息，反映某类经济业务增减变动情况及其结果。

4. 会计报告。会计报告是指高等学校根据会计信息使用者的要求，按照一定的格式把账簿记录加工成财务指标体系，提供（报告）给会计信息使用者，据以进行分析、预测和决策。虽然账簿资料汇总了每一类经济业务增减变动情况及其结果，但相对而言还是零散的，因此需要对账簿资料进行进一步概括，编制成会计报表向会计信息使用者报告（提供）高等学校的相关信息。

（二）高等学校会计核算的方法

会计方法，指会计在核算和监督经济活动过程中所使用的各种技术方法。会计核算方法是会计方法中最基本的方法。会计核算的方法是对高等学校经济活动进行连续、系统、完整地核算和监督所应用的专门方法，主要包括设置会计科目和账户、复式记账、填制和审核凭证、登记账簿、财产清查和编制会计报表6种方法。

1. 设置会计科目和账户。设置会计科目和账户是对会计核算的具体内容进行分类核算和监督的一种专门方法。高等学校会计核算的具体内容即是资产、负债、净资产、收入和支出五个要素。会计科目就是将会计核算的具体内容即会计要素，按照管理的要求所做的进一步分类，它是在账簿中开设账户的依据。账户的名称就是会计科目。通过账户可以分类、连续、系统地记录各项经济业务，以提供各种不同性质的核算指标。

2. 复式记账。复式记账是一种具有科学原理的记账方法。应用这种方法，对于发生的每一项经济业务，都要以相等的金额在两个或两个以上相互联系的账户中进行登记，表明它们的对应关系。通过复式记账，可以了解每笔经济业务的来龙去脉及其相互关系，核对账簿记录是否正确。

3. 填制和审核凭证。记账必须有依据，这种依据就是凭证。凭证是会计凭证的简称，是用来记录经济业务、明确经济责任的书面证明。每一项经济业务发生或完成时，都应取得或填制原始凭证，并经过审核无误后，应用复式记账原理，将经济业务填制在记账凭证上，作为登记账簿的依据。通过凭证的填制和审核，可以提供既真实可靠，又合理合法的记账依据。它是保证会计核算质量的必要手段，也是实行会计监督的重要方面。

4. 登记账簿。登记账簿就是在账簿上连续、完整、科学地记录和反映经济业务的一种方法。登记账簿必须以记账凭证为依据，利用账户和复式记账原理，将经济业务分门别类地登记到账簿中去，并定期进行结账和对账，为编制会计报表提供完整而又系统的会计数据。

5. 财产清查。财产清查就是通过盘点实物、核实账面数额，来确定账实是否相符的一种方法。在清查财产时，如发现财产物资和资金的实有数与账面数不一致时，应查明原因，通过一定审批手续后，进行必要的处理，并及时调整账簿记录，使账面数额与实际数额保持一致，以保证会计核算指标的正确性和真实性。

6. 编制会计报表。编制会计报表是定期总括地反映高等学校财务状况和各项收支情况及结果的一种专门方法。会计报表主要是根据账簿记录，经过加工整理而产生的一套完整的指标体系。会计报表所提供的各项指标，不仅是高等学校外部会计信息使用者进行各种决策的重要依据，而且也是高等学校内部考核计划、预算执行情况及结果，并进行各种决策的重要依据。

（三）高等学校会计核算程序和方法的关系及会计循环

高等学校会计核算的四个基本程序和会计核算的六种方法之间不是孤立存在的，而是相互联系、一环扣一环地构成了一个完整的会计信息加工处理的程序和方法体系。在这个体系中，会计核算的方法是通过会计基本程序来实现的。

1. 会计确认实际上就是确定已发生的经济业务应该采用哪一个会计科目的过程，而会计计量实际上就是确定记账金额的过程。会计确认和计量就是将原始经济业务用会计语言描述的过程，即编制记账凭证环节所做的工作。

2. 会计记录的内容是将经过确认、计量的经济业务，运用预先设置的账户，按照复式记账法的要求，根据记账凭证上所反映的会计分录，把经济业务分门别类地记录到账簿中去。通过会计记录，把会计对象的具体内容进行详细的描述和量化，又对会计数据进行分类汇总及加工处理，使之转化为连续的会计信息。会计记录程序要运用复式记账、登记账簿等方法。

3. 会计的目标是把信息传递给使用者，其传递的手段就是财务报告。通过会计记录生成的会计信息反映在账簿中，其数量既多又分散，不便于会计信息使用者总括了解企业的情况，因此必须对账簿信息进行加工提炼，重新归类汇总，并按规定的格式编制会计报表，这样便于会计信息使用者了解高等学校在某一时点的财务状况和一定期间各项收支情况及结果。

会计核算方法体系中，就其主要工作程序或工作过程来说包括三个环节，即填制会计凭证、登记会计账簿和编制会计报表。在一个会计期间内，所有经济业务的发生，都要通过这三个环节来处理会计核算工作。前一个会计期间结束，后一个会计期间开始，这三个环节循环往复。因此，一般就把这三个会计

第一章 总　　论

核算工作的程序，称为会计核算工作循环，简称会计循环。所有的会计指标，都要通过这个会计循环来取得。脱离这个循环的正常轨道，会计核算工作就会发生混乱。

会计循环的基本内容是：经济业务发生后，首先，由业务经办人填制原始凭证，并由会计人员遵循有关会计制度的规定，认真加以审核和整理。按照所设置的账户，运用复式记账法，编制记账凭证。其次，根据审核的记账凭证，按照凭证上指明账户的名称（即会计科目）、记账方向、实际金额和对应关系，登记各种账簿。在会计期末，通过财产清查，将账面金额和实际金额进行核对，核对无误后进行结账，并编制试算平衡表。最后，在此基础上，定期编制会计报表。这样，一个会计期间的核算工作就告结束，下一会计期间的核算，又这样周而复始，循环不已。

第二章 预算会计

第一节 预算会计概述

高等学校会计核算应当具备财务会计与预算会计双重功能,实现财务会计与预算会计适度分离并相互衔接,全面、清晰反映高等学校财务信息和预算执行信息。

高等学校预算会计核算实行收付实现制,国务院另有规定的,依照其规定。

高等学校对于纳入部门预算管理的现金收支业务,在采用财务会计核算的同时应当进行预算会计核算;对于其他业务,仅需进行财务会计核算。

高等学校预算会计要素包括预算收入、预算支出和预算结余。

高等学校应当按照下列规定编制预算会计报表:

1. 预算会计报表的编制主要以收付实现制为基础,以高等学校预算会计核算生成的数据为准。

2. 预算会计报表至少包括预算收入支出表、预算结转结余变动表和财政拨款预算收入支出表。

3. 高等学校位应当至少按照年度编制预算会计报表。

4. 高等学校应当根据本制度规定编制真实、完整的预算会计报表,不得违反本制度规定随意改变预算会计报表的编制基础、编制依据、编制原则和方法,不得随意改变制度规定的预算会计报表有关数据的会计口径。

5. 预算会计报表应当根据登记完整、核对无误的账簿记录和其他有关资料编制,做到数字真实、计算准确、内容完整、编报及时。

6. 预算会计报表应当由高等学校负责人和主管会计工作的负责人、会计机构负责人(会计主管人员)签名并盖章。

第二节 预算收入类

高等学校的预算收入,是指高等学校在预算年度内开展教学、科研及其他活

第二章 预算会计

动依法取得并纳入预算管理的现金流入。预算收入按资金性质、来源渠道不同，分为财政拨款预算收入、事业预算收入、上级补助预算收入、附属单位上缴预算收入、经营预算收入、债务预算收入、非同级财政拨款预算收入、投资预算收益、其他预算收入。

一、财政拨款预算收入

高等学校应设置"财政拨款预算收入"科目，核算从同级政府财政部门取得的各类财政拨款。本科目应当设置"基本支出"和"项目支出"两个明细科目，并按照《政府收支分类科目》中"支出功能分类科目"的项级科目进行明细核算；同时，在"基本支出"明细科目下按照"人员经费"和"日常公用经费"进行明细核算，在"项目支出"明细科目下按照具体项目进行明细核算。

有一般公共预算财政拨款、政府性基金预算财政拨款等两种或两种以上财政拨款的单位，还应当按照财政拨款的种类进行明细核算。财政拨款预算收入的主要账务处理如下：

1. 在财政直接支付方式下，高等学校根据收到的"财政直接支付入账通知书"及相关原始凭证，按照通知书中的直接支付金额，借记"事业支出"等科目，贷记本科目。

年末，根据本年度财政直接支付预算指标数与当年财政直接支付实际支出数的差额，借记"资金结存——财政应返还额度"科目，贷记本科目。

【例2-1】东方矿业大学2×19年获批财政拨款"图书馆修缮"项目，修缮图书馆发生工程款1 600万元，款项由财政直接支付，已收到财政直接支付入账通知书。会计账务处理如下：

借：事业支出　　　　　　　　　　　　　　　　　16 000 000
　　贷：财政拨款预算收入——项目支出——图书馆修缮　16 000 000

2. 在财政授权支付方式下，高等学校根据收到的"财政授权支付额度到账通知书"，按照通知书中的授权支付额度，借记"资金结存——零余额账户用款额度"科目，贷记本科目。

年末，单位本年度财政授权支付预算指标数大于零余额账户用款额度下达数的，按照两者差额，借记"资金结存——财政应返还额度"科目，贷记本科目。

【例2-2】东方矿业大学2×19年6月财政拨款基本支出人员经费到账1 200万元，已收到财政授权支付入账通知书。会计账务处理如下：

借：资金结存——零余额账户用款额度　　　　　　　12 000 000
　　贷：财政拨款预算收入——基本支出——人员经费　　12 000 000

3. 其他方式下，高等学校按照本期预算收到财政拨款预算收入时，按照实际收到的金额，借记"资金结存——货币资金"科目，贷记本科目。

高等学校收到下期预算的财政预拨款,应当在下个预算期,按照预收的金额,借记"资金结存——货币资金"科目,贷记本科目。

4. 因差错更正、购货退回等发生国库直接支付款项退回的,属于本年度支付的款项,按照退回金额,借记本科目,贷记"事业支出"等科目。

5. 年末,将本科目本年发生额转入财政拨款结转,借记本科目,贷记"财政拨款结转——本年收支结转"科目。

年末结转后,本科目应无余额。

二、事业预算收入

高等学校的事业预算收入,按照内容不同可分为教育事业预算收入和科研事业预算收入。

教育事业预算收入应根据高等学校学历和非学历教育学费、住宿费、委托培养费、考试考务费、培训费等不同业务分类确认。纳入财政专户管理的教育事业收入,在国库核拨资金时再确认为教育事业预算收入。

科研事业预算收入是高等学校开展科研活动及其辅助活动取得的现金流入。不包括高等学校从同级财政部门取得的财政拨款,但包括从非同级财政部门取得的科研经费拨款和企事业单位取得的科研经费。

高等学校应设置"事业预算收入"科目,并在该科目下设置"教育事业预算收入"和"科研事业预算收入"两个明细科目。"教育事业预算收入"科目核算高等学校开展教学活动及其辅助活动取得的现金流入。"科研事业预算收入"科目核算高等学校开展科研活动及其辅助活动取得的现金流入。

本科目应当按照事业预算收入类别、项目、来源、《政府收支分类科目》中"支出功能分类科目"项级科目等进行明细核算。对于因开展科研及其辅助活动从非同级政府财政部门取得的经费拨款,应当在本科目下单设"非同级财政拨款"明细科目进行明细核算;事业预算收入中如有专项资金收入,还应按照具体项目进行明细核算。事业预算收入的主要账务处理如下:

1. 采用财政专户返还方式管理的事业预算收入,收到从财政专户返还的事业预算收入时,按照实际收到的返还金额,借记"资金结存——货币资金"科目,贷记本科目。

【例2-3】东方矿业大学发生以下事业收入相关业务。要求:编制预算会计记账的会计分录。

(1) 2×19年9月新学年开学,收到学费5 600万元,存入学校银行账户。

预算会计不做账务处理。

(2) 2×19年9月上缴教育收费5 600万元到财政专户。

预算会计不做账务处理。

(3) 2×19年11月从财政专户全额返回上述款项,已收到银行到账通知书。

借:资金结存——货币资金　　　　　　　　　　56 000 000
　　贷:事业预算收入　　　　　　　　　　　　　　　　56 000 000

2. 收到其他事业预算收入时,按照实际收到的款项金额,借记"资金结存——货币资金"科目,贷记本科目。

3. 年末,将本科目本年发生额中的专项资金收入转入非财政拨款结转,借记本科目下各专项资金收入明细科目,贷记"非财政拨款结转——本年收支结转"科目;将本科目本年发生额中的非专项资金收入转入其他结余,借记本科目下各非专项资金收入明细科目,贷记"其他结余"科目。

年末结转后,本科目应无余额。

三、上级补助预算收入

高等学校应设置"上级补助预算收入"科目,用于核算从主管部门和上级单位取得的非财政补助现金流入。本科目应当按照发放补助单位、补助项目和《政府收支分类科目》中"支出功能分类科目"的项级科目等进行明细核算。上级补助预算收入中如有专项资金收入,还应按照具体项目进行明细核算。上级补助预算收入的主要账务处理如下:

1. 收到上级补助预算收入时,按照实际收到的金额,借记"资金结存——货币资金"科目,贷记本科目。

2. 年末,将本科目本年发生额中的专项资金收入转入非财政拨款结转,借记本科目下各专项资金收入明细科目,贷记"非财政拨款结转——本年收支结转"科目;将本科目本年发生额中的非专项资金收入转入其他结余,借记本科目下各非专项资金收入明细科目,贷记"其他结余"科目。年末结转后,本科目应无余额。

【例2-4】东方矿业大学2×19年从主管部门取得非财政补助经费1 200万元,其中:专项资金1 000万元,非专项资金200万元。年末结转收入会计账务处理如下:

借:上级补助预算收入　　　　　　　　　　　　12 000 000
　　贷:非财政拨款结转——本年收支结转　　　　　　10 000 000
　　　　其他结余　　　　　　　　　　　　　　　　　　2 000 000

四、附属单位上缴预算收入

高等学校应设置"附属单位上缴预算收入"科目,核算高等学校取得附属独立核算单位根据有关规定上缴的现金流入。本科目应当按照附属单位、缴款项目、《政府收支分类科目》中"支出功能分类科目"的项级科目等进行明细核算。附属单位上缴预算收入中如有专项资金收入，还应按照具体项目进行明细核算。

高等学校代附属单位垫付的水电费等，收到附属单位补偿垫付款，应当冲减相应支出，而不能作为附属单位上缴预算收入处理。

附属单位上缴预算收入的主要账务处理如下：

1. 收到附属单位缴来款项时，按照实际收到的金额，借记"资金结存——货币资金"科目，贷记本科目。

2. 年末，将本科目本年发生额中的专项资金收入转入非财政拨款结转，借记本科目下各专项资金收入明细科目，贷记"非财政拨款结转——本年收支结转"科目；将本科目本年发生额中的非专项资金收入转入其他结余，借记本科目下各非专项资金收入明细科目，贷记"其他结余"科目。

年末结转后，本科目应无余额。

五、经营预算收入

高等学校应设置"经营预算收入"科目，用于核算高等学校在专业业务活动及其辅助活动之外开展非独立核算经营活动取得的现金流入。

本科目应当按照经营活动类别、项目和《政府收支分类科目》中"支出功能分类科目"的项级科目等进行明细核算。经营预算收入的主要账务处理如下：

1. 收到经营预算收入时，按照实际收到的金额，借记"资金结存——货币资金"科目，贷记本科目。

2. 年末，将本科目本年发生额转入经营结余，借记本科目，贷记"经营结余"科目。

年末结转后，本科目应无余额。

六、债务预算收入

高等学校应设置"债务预算收入"科目，用于核算高等学校按照规定从银行和其他金融机构等借入的、纳入部门预算管理的、不以财政资金作为偿还来源的债务本金。

高等学校应当建立健全财务风险控制机制，规范和加强借入款项管理，严格执行审批程序，不得违反规定举借债务和提供担保。

本科目应当按照贷款单位、贷款种类和《政府收支分类科目》中"支出功能分类科目"的项级科目等进行明细核算。债务预算收入中如有专项资金收入，还应按照具体项目进行明细核算。债务预算收入的主要账务处理如下：

第二章 预算会计

1. 高等学校借入各项短期或长期借款时，按照实际借入的金额，借记"资金结存——货币资金"科目，贷记本科目。

2. 年末，将本科目本年发生额中的专项资金收入转入非财政拨款结转，借记本科目下各专项资金收入明细科目，贷记"非财政拨款结转——本年收支结转"科目；将本科目本年发生额中的非专项资金收入转入其他结余，借记本科目下各非专项资金收入明细科目，贷记"其他结余"科目。

年末结转后，本科目应无余额。

【例2-5】东方矿业大学2×19年10月31日向银行贷款2 000万元，贷款期限6个月，年利率8%，到期一次还本付息，用于流动资金周转，贷款款项已经存入银行。预算会计账务处理如下：

（1）取得贷款时：
借：资金结存——货币资金   20 000 000
    贷：债务预算收入   20 000 000

（2）年末结转时：
借：债务预算收入   20 000 000
    贷：其他结余   20 000 000

（3）到期归还本金时：
借：债务还本支出   20 000 000
    贷：资金结存——货币资金 20 000 000

（4）到期归还利息：
借：其他支出   800 000
    贷：资金结存——货币资金 800 000

七、非同级财政拨款预算收入

高等学校应设置"非同级财政拨款预算收入"科目，用于核算高等学校从非同级政府财政部门取得的财政拨款，包括本级横向转拨财政款和非本级财政拨款。对于因开展科研及其辅助活动从非同级政府财政部门取得的经费拨款，应当通过"事业预算收入——非同级财政拨款"科目进行核算，不通过本科目核算。本科目应当按照非同级财政拨款预算收入的类别、来源和《政府收支分类科目》中"支出功能分类科目"的项级科目等进行明细核算。非同级财政拨款预算收入中如有专项资金收入，还应按照具体项目进行明细核算。非同级财政拨款预算收入的主要账务处理如下：

1. 取得非同级财政拨款预算收入时，按照实际收到的金额，借记"资金结存——货币资金"科目，贷记本科目。

2. 年末，将本科目本年发生额中的专项资金收入转入非财政拨款结转，借记本科目下各专项资金收入明细科目，贷记"非财政拨款结转——本年收支结转"科目；将本科目本年发生额中的非专项资金收入转入其他结余，借记本科目下各非专项资金收入明细科目，贷记"其他结余"科目。

年末结转后，本科目应无余额。

八、投资预算收益

高等学校应设置"投资预算收益"科目，用于核算高等学校取得的按照规定纳入部门预算管理的属于投资收益性质的现金流入，包括股权投资收益、出售或收回债券投资所取得的收益和债券投资利息收入。

本科目应当按照《政府收支分类科目》中"支出功能分类科目"的项级科目等进行明细核算。投资预算收益的主要账务处理如下：

1. 出售或到期收回本年度取得的短期、长期债券，按照实际取得的价款或实际收到的本息金额，借记"资金结存——货币资金"科目，按照取得债券时"投资支出"科目的发生额，贷记"投资支出"科目，按照其差额，贷记或借记本科目。

出售或到期收回以前年度取得的短期、长期债券，按照实际取得的价款或实际收到的本息金额，借记"资金结存——货币资金"科目，按照取得债券时"投资支出"科目的发生额，贷记"其他结余"科目，按照其差额，贷记或借记本科目。

出售、转让以货币资金取得的长期股权投资的，其账务处理参照出售或到期收回债券投资。

2. 持有的短期投资以及分期付息、一次还本的长期债券投资收到利息时，按照实际收到的金额，借记"资金结存——货币资金"科目，贷记本科目。

3. 持有长期股权投资取得被投资单位分派的现金股利或利润时，按照实际收到的金额，借记"资金结存——货币资金"科目，贷记本科目。

4. 出售、转让以非货币性资产取得的长期股权投资时，按照实际取得的价款扣减支付的相关费用和应缴财政款后的余额（按照规定纳入单位预算管理的），借记"资金结存——货币资金"科目，贷记本科目。

5. 年末，将本科目本年发生额转入其他结余，借记或贷记本科目，贷记或借记"其他结余"科目。

年末结转后，本科目应无余额。

九、其他预算收入

高等学校应设置"其他预算收入"科目，用于核算高等学校除财政拨款预算

第二章 预 算 会 计

收入、事业预算收入、上级补助预算收入、附属单位上缴预算收入、经营预算收入、债务预算收入、非同级财政拨款预算收入、投资预算收益之外的纳入部门预算管理的现金流入,包括捐赠预算收入、利息预算收入、租金预算收入、现金盘盈收入等。本科目应当按照其他收入类别和《政府收支分类科目》中"支出功能分类科目"的项级科目等进行明细核算。

高等学校可在该科目下,结合业务需要设置二级明细科目进行核算:

1. "现金盘盈预算收入",本科目核算高等学校现金盘盈收入。

2. "科技成果转化预算收入",本科目核算高等学校按照规定纳入单位预算管理的科技成果转化收入。

3. "捐赠预算收入",本科目核算高等学校取得的按照规定纳入部门预算管理的捐赠收入。年末结转后,本科目应无余额。本科目应当按照捐赠收入类别和《政府收支分类科目》中"支出功能分类科目"的项级科目等进行明细核算。捐赠预算收入中如有专项资金收入,还应按照具体项目进行明细核算。接受捐赠固定资产、无形资产等非流动资产,不通过本科目核算。

4. "利息预算收入",本科目核算高等学校取得的纳入学校预算管理的银行存款利息收入。

5. "租金预算收入",本科目核算高等学校取得的按照规定纳入部门预算管理的租金收入。年末结转后,本科目应无余额。本科目应当按照租金收入类别和《政府收支分类科目》中"支出功能分类科目"的项级科目等进行明细核算。租金预算收入中如有专项资金收入,还应按照具体项目进行明细核算。

6. "其他",本科目核算高等学校取得的除上述收入以外的其他收入。

其他预算收入的主要账务处理如下:

1. 接受捐赠现金资产、收到银行存款利息、收到资产承租人支付的租金时,按照实际收到的金额,借记"资金结存——货币资金"科目,贷记"其他预算收入——捐赠预算收入"。

2. 每日现金账款核对中如发现现金溢余,按照溢余的现金金额,借记"资金结存——货币资金"科目,贷记"其他预算收入——现金盘盈预算收入"。经核实,属于应支付给有关个人和单位的部分,按照实际支付的金额,借记"其他预算收入——现金盘盈预算收入"科目,贷记"资金结存——货币资金"科目。

【例2-6】东方矿业大学2×19年9月1日新学年收学生学费,盘点发现现金溢余800元。预算会计账务处理如下:

借:资金结存——货币资金　　　　　　　　　　　　800
　　贷:其他预算收入——现金盘盈预算收入　　　　　　800

3. 收到其他预算收入时,按照收到的金额,借记"资金结存——货币资金"科目,贷记本科目。

4. 年末,将本科目本年发生额中的专项资金收入转入非财政拨款结转,借记本科目下各专项资金收入明细科目,贷记"非财政拨款结转——本年收支结转"科目;将本科目本年发生额中的非专项资金收入转入其他结余,借记本科目下各非专项资金收入明细科目,贷记"其他结余"科目。

年末结转后,本科目应无余额。

第三节 预算支出类

高等学校的预算支出,是指在预算年度内开展教学、科研及其他活动依法发生并纳入预算管理的现金流出。根据高等学校预算支出内容不同,可以分为事业支出、经营支出、上缴上级支出、对附属单位补助支出、投资支出、债务还本支出和其他支出。

一、事业支出

高等学校应设置"事业支出"科目,用于核算高等学校开展专业业务活动及其辅助活动实际发生的各项现金流出。本科目应当分别按照"财政拨款支出""非财政专项资金支出""其他资金支出""基本支出""项目支出"等进行明细核算。有一般公共预算财政拨款、政府性基金预算财政拨款等两种或两种以上财政拨款的高等学校,还应当在"财政拨款支出"明细科目下按照财政拨款的种类进行明细核算。高等学校根据自身情况下设明细科目,明细科目下应当按照《政府收支分类科目》中的"支出经济分类"的款级科目进行明细核算。

《财政部关于印发高等学校执行〈政府会计制度——行政事业单位会计科目和报表〉补充规定和衔接规定的通知》(财会〔2018〕19号)规定,高等学校应当在新制度规定的"7201事业支出"科目下设置"720101教育支出""720102科研支出""720103行政管理支出""720104后勤保障支出""720105离退休支出""720109其他事业支出"明细科目。

1. "720101教育支出"科目核算高等学校开展教学及其辅助活动、学生事务等活动实际发生的各项现金流出。

2. "720102科研支出"科目核算高等学校开展科研及其辅助活动实际发生的各项现金流出。

3. "720103行政管理支出"科目核算高等学校开展单位的行政管理活动实际发生的各项现金流出。

4. "720104后勤保障支出"科目核算高等学校开展后勤保障活动实际发生的各项现金流出。

5. "720105离退休支出"科目核算高等学校实际发生的用于离退休人员的

第二章 预算会计

各项现金流出。

6. "720109 其他事业支出"科目核算高等学校发生的除教学、科研、后勤保障、行政管理、离退休支出之外的其他各项事业支出。

事业支出的主要账务处理如下：

1. 支付单位职工（经营部门职工除外）薪酬。高等学校向职工个人支付薪酬时，按照实际支付的数额，借记本科目，贷记"财政拨款预算收入""资金结存"科目。

按照规定代扣代缴个人所得税以及代扣代缴或为职工缴纳职工社会保险费、住房公积金等时，按照实际缴纳的金额，借记本科目，贷记"财政拨款预算收入""资金结存"科目。

【例 2-7】东方矿业大学 2×19 年 10 月初，发放行政管理人员 9 月份工资，代扣个人所得税 80 万元后实际支付给职工工资 600 万元。预算会计账务处理如下：

（1）支付工资时：

借：事业支出——行政管理支出　　　　　　6 000 000
　　贷：资金结存——货币资金　　　　　　　　　　6 000 000

（2）代缴个人所得税时：

借：事业支出——行政管理支出　　　　　　　800 000
　　贷：资金结存——货币资金　　　　　　　　　　　800 000

2. 高等学校为专业业务活动及其辅助活动支付外部人员劳务费，按照实际支付给外部人员个人的金额，借记本科目，贷记"财政拨款预算收入""资金结存"科目。按照规定代扣代缴个人所得税时，按照实际缴纳的金额，借记本科目，贷记"财政拨款预算收入""资金结存"科目。

3. 高等学校开展专业业务活动及其辅助活动过程中为购买存货、固定资产、无形资产等以及在建工程支付相关款项时，按照实际支付的金额，借记本科目，贷记"财政拨款预算收入""资金结存"科目。

4. 高等学校开展专业业务活动及其辅助活动过程中发生预付账款时，按照实际支付的金额，借记本科目，贷记"财政拨款预算收入""资金结存"科目。

对于暂付款项，在支付款项时可不做预算会计处理，待结算或报销时，按照结算或报销的金额，借记本科目，贷记"资金结存"科目。

5. 高等学校开展专业业务活动及其辅助活动过程中缴纳的相关税费以及发生的其他各项支出，按照实际支付的金额，借记本科目，贷记"财政拨款预算收入""资金结存"科目。

6. 高等学校开展专业业务活动及其辅助活动过程中因购货退回等发生款项退回，或者发生差错更正的，属于当年支出收回的，按照收回或更正金额，借记"财政拨款预算收入""资金结存"科目，贷记本科目。

7. 年末，高等学校将本科目本年发生额中的财政拨款支出转入财政拨款结转，借记"财政拨款结转——本年收支结转"科目，贷记本科目下各财政拨款支出明细科目；将本科目本年发生额中的非财政专项资金支出转入非财政拨款结转，借记"非财政拨款结转——本年收支结转"科目，贷记本科目下各非财政专项资金支出明细科目；将本科目本年发生额中的其他资金支出（非财政非专项资金支出）转入其他结余，借记"其他结余"科目，贷记本科目下其他资金支出明细科目。年末结转后，本科目应无余额。

二、经营支出

高等学校应设置"经营支出"科目，用于核算高等学校在专业业务活动及其辅助活动之外开展非独立核算经营活动实际发生的各项现金流出。

本科目应当按照经营活动类别、项目和《政府收支分类科目》中"支出功能分类科目"的项级科目和"部门预算支出经济分类科目"的款级科目等进行明细核算。对于预付款项，可通过在本科目下设置"待处理"明细科目进行明细核算，待确认具体支出项目后再转入本科目下相关明细科目。年末结账前，应将本科目"待处理"明细科目余额全部转入本科目下相关明细科目。

经营支出的主要账务处理如下：

1. 支付经营部门职工薪酬。高等学校向职工个人支付薪酬时，按照实际的金额，借记本科目，贷记"资金结存"科目。按照规定代扣代缴个人所得税以及代扣代缴或为职工缴纳职工社会保险费、住房公积金时，按照实际缴纳的金额，借记本科目，贷记"资金结存"科目。

2. 为经营活动支付外部人员劳务费。高等学校按照实际支付给外部人员个人的金额，借记本科目，贷记"资金结存"科目。按照规定代扣代缴个人所得税时，按照实际缴纳的金额，借记本科目，贷记"资金结存"科目。

3. 高等学校开展经营活动过程中为购买存货、固定资产、无形资产等以及在建工程支付相关款项时，按照实际支付的金额，借记本科目，贷记"资金结存"科目。

【例2-8】东方矿业大学食堂是按照经营部门管理，2×19年10月，购买食堂所用设备，金额110万元。预算会计账务处理如下：

　　借：经营支出　　　　　　　　　　　　　　　1 100 000
　　　　贷：资金结存——货币资金　　　　　　　　　　　1 100 000

4. 高等学校开展经营活动过程中发生预付账款时，按照实际支付的金额，借记本科目，贷记"资金结存"科目。对于暂付款项，在支付款项时可不做预算会计处理，待结算或报销时，按照结算或报销的金额，借记本科目，贷记"资金结存"科目。

5. 高等学校因开展经营活动缴纳的相关税费以及发生的其他各项支出，按照实际支付的金额，借记本科目，贷记"资金结存"科目。

6. 高等学校开展经营活动中因购货退回等发生款项退回，或者发生差错更正的，属于当年支出收回的，按照收回或更正金额，借记"资金结存"科目，贷记本科目。

7. 年末，将本科目本年发生额转入经营结余，借记"经营结余"科目，贷记本科目。

年末结转后，本科目应无余额。

三、上缴上级支出

高等学校应设置"上缴上级支出"科目，用于核算高等学校按照财政部门和主管部门的规定上缴上级单位款项发生的现金流出。

本科目应当按照收缴款项单位、缴款项目、《政府收支分类科目》中"支出功能分类科目"的项级科目和"部门预算支出经济分类科目"的款级科目等进行明细核算。

上缴上级支出的主要账务处理如下：

1. 按照规定将款项上缴上级单位的，按照实际上缴的金额，借记本科目，贷记"资金结存"科目。

2. 年末，将本科目本年发生额转入其他结余，借记"其他结余"科目，贷记本科目。

年末结转后，本科目应无余额。

四、对附属单位补助支出

高等学校应设置"对附属单位补助支出"科目，用于核算高等学校用财政拨款预算收入之外的收入对附属单位补助发生的现金流出。

本科目应当按照接受补助单位、补助项目、《政府收支分类科目》中"支出功能分类科目"的项级科目和"部门预算支出经济分类科目"的款级科目等进行明细核算。

对附属单位补助支出的主要账务处理如下：

1. 发生对附属单位补助支出的，按照实际补助的金额，借记本科目，贷记"资金结存"科目。

2. 年末，将本科目本年发生额转入其他结余，借记"其他结余"科目，贷记本科目。

年末结转后，本科目应无余额。

五、投资支出

高等学校应设置"投资支出"科目,用于核算高等学校以货币资金对外投资发生的现金流出。

高等学校应当严格控制对外投资。在保证学校正常运转和事业发展的前提下,按照国家有关规定可以对外投资的,应当履行有关审批程序。

高等学校不得使用财政拨款及其结余进行对外投资,不得从事股票、期货、基金、企业债券等投资。国家另有规定的除外。

本科目应当按照投资类型、投资对象、《政府收支分类科目》中"支出功能分类科目"的项级科目和"部门预算支出经济分类科目"的款级科目等进行明细核算。

投资支出的主要账务处理如下:

1. 以货币资金对外投资时,按照投资金额和所支付的相关税费金额的合计数,借记本科目,贷记"资金结存"科目。

2. 出售、对外转让或到期收回本年度以货币资金取得的对外投资的,如果按规定将投资收益纳入单位预算,按照实际收到的金额,借记"资金结存"科目,按照取得投资时"投资支出"科目的发生额,贷记本科目,按照其差额,贷记或借记"投资预算收益"科目;如果按规定将投资收益上缴财政的,按照取得投资时"投资支出"科目的发生额,借记"资金结存"科目,贷记本科目。

出售、对外转让或到期收回以前年度以货币资金取得的对外投资的,如果按规定将投资收益纳入单位预算,按照实际收到的金额,借记"资金结存"科目,按照取得投资时"投资支出"科目的发生额,贷记"其他结余"科目,按照其差额,贷记或借记"投资预算收益"科目;如果按规定将投资收益上缴财政的,按照取得投资时"投资支出"科目的发生额,借记"资金结存"科目,贷记"其他结余"科目。

3. 年末,将本科目本年发生额转入其他结余,借记"其他结余"科目,贷记本科目。

年末结转后,本科目应无余额。

六、债务还本支出

高等学校应设置"债务还本支出"科目,用于核算高等学校偿还自身承担的纳入预算管理的从金融机构举借的债务本金的现金流出。

本科目应当按照贷款单位、贷款种类、《政府收支分类科目》中"支出功能分类科目"的项级科目和"部门预算支出经济分类科目"的款级科目等进行明细核算。

债务还本支出的主要账务处理如下:

1. 偿还各项短期或长期借款时,按照偿还的借款本金,借记本科目,贷记"资金结存"科目。

2. 年末,将本科目本年发生额转入其他结余,借记"其他结余"科目,贷记本科目。

年末结转后,本科目应无余额。

七、其他支出

本科目核算高等学校除行政支出、事业支出、经营支出、上缴上级支出、对附属单位补助支出、投资支出、债务还本支出以外的各项现金流出,包括利息支出、对外捐赠现金支出、现金盘亏损失、接受捐赠(调入)和对外捐赠(调出)非现金资产发生的税费支出、资产置换过程中发生的相关税费支出、罚没支出等。

本科目应当按照其他支出的类别,"财政拨款支出""非财政专项资金支出""其他资金支出"以及《政府收支分类科目》中"支出功能分类科目"的项级科目和"部门预算支出经济分类科目"的款级科目等进行明细核算。其他支出中如有专项资金支出,还应按照具体项目进行明细核算。

有一般公共预算财政拨款、政府性基金预算财政拨款等两种或两种以上财政拨款的高等学校,还应当在"财政拨款支出"明细科目下按照财政拨款的种类进行明细核算。

高等学校发生利息支出、捐赠支出等其他支出金额较大或业务较多的,可单独设置"7901 利息支出""7902 捐赠支出"等科目。

其他支出的主要账务处理如下:

1. 利息支出。支付银行借款利息时,按照实际支付金额,借记本科目,贷记"资金结存"科目。

2. 对外捐赠现金资产。对外捐赠现金资产时,按照捐赠金额,借记本科目,贷记"资金结存——货币资金"科目。

3. 现金盘亏损失。每日现金账款核对中如发现现金短缺,按照短缺的现金金额,借记本科目,贷记"资金结存——货币资金"科目。经核实,属于应当由有关人员赔偿的,按照收到的赔偿金额,借记"资金结存——货币资金"科目,贷记本科目。

4. 接受捐赠(无偿调入)和对外捐赠(无偿调出)非现金资产发生的税费支出。接受捐赠(无偿调入)非现金资产发生的归属于捐入方(调入方)的相关税费、运输费等,以及对外捐赠(无偿调出)非现金资产发生的归属于捐出方(调出方)的相关税费、运输费等,按照实际支付金额,借记本科目,贷记"资金结存"科目。

5. 资产置换过程中发生的相关税费支出。资产置换过程中发生的相关税费，按照实际支付金额，借记本科目，贷记"资金结存"科目。

6. 其他支出。发生罚没等其他支出时，按照实际支出金额，借记本科目，贷记"资金结存"科目。

【例2－9】2×19年10月东方矿业大学在税务大检查中，因为漏税被税务局罚款10万元。会计账务处理如下：

　　借：其他支出　　　　　　　　　　　　　　　　　　　　100 000
　　　　贷：资金结存——货币资金　　　　　　　　　　　　　　100 000

7. 年末，将本科目本年发生额中的财政拨款支出转入财政拨款结转，借记"财政拨款结转——本年收支结转"科目，贷记本科目下各财政拨款支出明细科目；将本科目本年发生额中的非财政专项资金支出转入非财政拨款结转，借记"非财政拨款结转——本年收支结转"科目，贷记本科目下各非财政专项资金支出明细科目；将本科目本年发生额中的其他资金支出（非财政非专项资金支出）转入其他结余，借记"其他结余"科目，贷记本科目下各其他资金支出明细科目。

年末结转后，本科目应无余额。

八、高等学校支出经济分类

高等学校支出经济分类科目的设置、编码、使用说明见表2－1。

表2－1　　　　　　　高等学校支出经济分类科目使用说明表

科目编码		科目名称	说明
类	款		
301		工资福利支出	反映高等学校开支的在职职工和编制外长期聘用人员的各类劳动报酬，以及为上述人员缴纳的各项社会保险费等
	01	基本工资	反映按规定发放的基本工资，包括高等学校工作人员的岗位工资、薪级工资；各类学校毕业生试用期（见习期）工资、新参加工作工人学徒期、熟练期工资等
	02	津贴补贴	反映高等学校按规定发放的津贴、补贴，包括工作人员特殊岗位津贴补贴，以及提租补贴、购房补贴、采暖补贴、物业服务补贴等
	03	奖金	反映高等学校按规定发放的奖金
	06	伙食补助费	反映高等学校发给职工的伙食补助费，因公负伤等住院治疗、住疗养院期间的伙食补助费等

第二章 预算会计

续表

科目编码		科目名称	说明
类	款		
	07	绩效工资	反映高等学校工作人员的绩效工资
	08	机关事业单位基本养老保险缴费	反映高等学校为职工缴纳的基本养老保险费。由单位代扣的工作人员基本养老保险缴费,不在此科目反映
	09	职业年金缴费	反映高等学校为职工实际缴纳的职业年金(含职业年金补记支出)。由单位代扣的工作人员职业年金缴费,不在此科目反映
	10	职工基本医疗保险缴费	反映高等学校为职工缴纳的基本医疗保险费
	12	其他社会保障缴费	反映高等学校为职工缴纳的失业、工伤、生育等社会保险费,残疾人就业保障金。生育保险和职工基本医疗保险合并实施的地区,相关缴费不在此科目反映
	13	住房公积金	反映高等学校按规定为职工缴纳的住房公积金
	14	医疗费	反映未参加医疗保险的高等学校的医疗经费和高等学校按规定为职工支出的其他医疗费用
	99	其他工资福利支出	反映上述科目未包括的工资福利支出,如各种加班工资、病假两个月以上期间的人员工资,职工探亲旅费,困难职工生活补助,编制外长期聘用人员(不包括劳务派遣人员)劳务报酬及社保缴费等
302		商品和服务支出	反映高等学校购买商品和服务的支出,不包括用于购置固定资产等资本性支出
	01	办公费	反映高等学校购买日常办公用品、书报杂志等支出
	02	印刷费	反映高等学校的印刷费支出
	03	咨询费	反映高等学校咨询方面的支出
	04	手续费	反映高等学校的各类手续费支出
	05	水费	反映高等学校的水费、污水处理费等支出
	06	电费	反映高等学校的电费支出
	07	邮电费	反映高等学校开支的信函、包裹、货物等物品的邮寄费及电话费、电报费、传真费、网络通信费等
	08	取暖费	反映高等学校取暖用燃料费、热力费、炉具购置费、锅炉临时工的工资、节煤奖以及由高等学校支付的未实行职工住房采暖补贴改革的在职职工和离退休人员宿舍取暖费等

高等学校会计实务

续表

科目编码		科目名称	说明
类	款		
	09	物业管理费	反映高等学校开支的教学科研用房、办公用房以及未实行职工住宅物业服务改革的在职职工和离退休人员宿舍等的物业管理费,包括综合治理、绿化、卫生等方面的支出
	11	差旅费	反映高等学校工作人员国(境)内出差发生的城市间交通费、住宿费、伙食补助费和市内交通费
	12	因公出国(境)费用	反映高等学校公务出国(境)的国际旅费、国外城市间交通费、住宿费、伙食费、培训费、公杂费等支出
	13	维修(护)费	反映高等学校日常开支的固定资产(不包括车船等交通工具)修理和维护费用,网络信息系统运行与维护费用,以及按规定提取的修购基金
	14	租赁费	反映高等学校租赁办公用房、教学科研用房、宿舍、专用通信网以及其他设备等方面的费用
	15	会议费	反映高等学校在会议期间按规定开支的住宿费、伙食费、会议场地租金、交通费、文件印刷费、医药费等
	16	培训费	反映高等学校除因公出国(境)培训费以外的,在培训期间发生的师资费、住宿费、伙食费、培训场地费、培训资料费、交通费等各类培训费用
	17	公务接待费	反映高等学校按规定开支的各类公务接待(含外宾接待)费用。高等学校校级管理部门发生的公务接待费用纳入三公经费管理
	18	专用材料费	反映高等学校购买日常专用材料的支出
	26	劳务费	反映高等学校支付给外单位和校外人员的劳务费用,如临时聘用人员、钟点工工资,稿费、翻译费、评审费等
	27	委托业务费	反映高等学校因委托外单位办理业务而支付的委托业务费。如测试加工费、科研协作费、数据采集费、委托试验费等
	28	工会经费	反映高等学校按规定提取或安排的工会经费
	29	福利费	反映高等学校按规定提取的职工福利费
	31	公务用车运行维护费	反映高等学校按规定保留的公务用车燃料费、维修费、过桥过路费、保险费、安全奖励费用等支出。高等学校校级管理部门发生的按规定保留的公务用车运行维护费纳入三公经费管理
	39	其他交通费用	反映高等学校除公务用车运行维护费以外的其他交通费用。如租车费用、出租车费用,飞机、船舶等的燃料费、维修费、保险费等

第二章 预算会计

续表

科目编码		科目名称	说明
类	款		
	40	税金及附加费用	反映高等学校提供劳务或销售产品应负担的税金及附加费用，包括消费税、城市维护建设税、资源税和教育费附加等
	99	其他商品和服务支出	反映高等学校上述科目未包括的日常公用支出。如诉讼费、国内组织的会员费、来访费、广告宣传费以及离休人员特需费、离退休人员公用经费等
303		对个人和家庭的补助	反映高等学校用于对个人和家庭的补助支出
	01	离休费	反映高等学校离休人员的离休费、护理费以及提租补贴、购房补贴、采暖补贴、物业服务补贴等补贴
	02	退休费	反映高等学校退休人员的退休费以及提租补贴、购房补贴、采暖补贴、物业服务补贴等补贴
	03	退职（役）费	反映高等学校退职人员的生活补贴，一次性支付给职工的退职补助
	04	抚恤金	反映高等学校按规定开支的烈士遗属、牺牲病故人员遗属等一次性和定期抚恤金，伤残人员的抚恤金，离退休人员等其他人员的各项抚恤金，以及按规定开支的职工和离退休人员丧葬费
	05	生活补助	反映高等学校按规定开支的优抚对象定期定量生活补助费，职工遗属生活补助
	07	医疗费补助	反映高等学校离退休人员的医疗费，学生医疗费，优抚对象医疗补助等
	08	助学金	反映高等学校学生助学金、奖学金、学生贷款、出国留学（实习）人员生活费及按照协议由我方负担或享受我方奖学金的来华留学生、进修生生活费等
	09	奖励金	反映高等学校的奖励支出，如独生子女父母奖励等
	99	其他对个人和家庭的补助支出	反映高等学校未包括在上述科目的对个人和家庭的补助支出，如婴幼儿补贴等
307		债务利息支出	反映高等学校的债务利息支出
	01	国内债务付息	反映高等学校用于偿还国内债务利息的支出
	02	国外债务付息	反映高等学校用于偿还国外债务利息的支出
309		资本性支出（基本建设）	反映由发展改革部门安排的基本建设支出

高等学校会计实务

续表

科目编码		科目名称	说明
类	款		
	01	房屋建筑物购建	反映高等学校用于购买、自行建造办公用房、仓库、职工生活用房、教学科研用房、学生宿舍、食堂等建筑物（含附属设施，如电梯、通信线路、水气管道等）的支出
	02	办公设备购置	反映高等学校用于购置并按财务会计制度规定纳入固定资产核算范围的办公家具和办公设备的支出
	03	专用设备购置	反映高等学校用于购置有专门用途、并按财务会计制度规定纳入固定资产核算范围的各类专用设备的支出
	05	基础设施建设	反映高等学校用于公共基础设施建设方面的支出
	06	大型修缮	反映高等学校按财务会计制度规定允许资本化的各类设备、建筑物、公共基础设施等大型修缮的支出
	07	信息网络及软件购置更新	反映高等学校用于信息网络和软件方面的支出。如服务器购置、软件购置、开发、应用支出等，如果购置的相关硬件、软件等不符合财务会计制度规定的固定资产确认标准的，不在此科目反映
	19	其他交通工具购置	反映高等学校除公务用车外的其他各类交通工具购置支出（含车辆购置税、牌照费）
	21	文物和陈列品购置	反映高等学校文物和陈列品购置支出
	22	无形资产购置	反映高等学校著作权、商标权、专利权、土地使用权等无形资产购置支出。软件购置、开发、应用支出不在此科目反映
	99	其他基本建设支出	反映上述科目中未包括的资本性支出
310		资本性支出	反映高等学校安排的资本性支出。由发展改革部门安排的基本建设支出不在此科目反映
	01	房屋建筑物购建	反映高等学校用于购买、自行建造办公用房、仓库、职工生活用房、教学科研用房、学生宿舍、食堂等建筑物（含附属设施，如电梯、通信线路、水气管道等）的支出
	02	办公设备购置	反映高等学校用于购置并按财务会计制度规定纳入固定资产核算范围的办公家具和办公设备的支出
	03	专用设备购置	反映高等学校用于购置具有专门用途、并按财务会计制度规定纳入固定资产核算范围的各类专用设备的支出

第二章 预算会计

续表

科目编码		科目名称	说明
类	款		
	05	基础设施建设	反映高等学校用于公共基础设施建设方面的支出
	06	大型修缮	反映高等学校按财务会计制度规定允许资本化的各类设备、建筑物、公共基础设施等大型修缮的支出
	07	信息网络构建及软件购置更新	反映高等学校用于信息网络和软件方面的支出。如服务器购置、软件购置、开发、应用支出等，如果购置的相关硬件、软件等不符合财务会计制度规定的固定资产确认标准的，不在此科目反映
	13	公务用车购置	反映高等学校公务用车购置支出（含车辆购置税、牌照费）。高等学校校级管理部门发生的公务用车购置费纳入三公经费管理
	19	其他交通工具购置	反映高等学校除公务用车外的其他各类交通工具购置支出（含车辆购置税、牌照费）
	21	文物和陈列品购置	反映高等学校文物和陈列品购置支出
	22	无形资产购置	反映高等学校著作权、商标权、专利权、土地使用权等无形资产购置支出。软件购置、开发、应用支出不在此科目反映
	99	其他资本性支出	反映上述科目中未包括的资本性支出

第四节 预算结余类

高等学校预算结余，是指预算年度内预算收入扣除预算支出后的资金余额，以及历年滚存的资金余额。按照预算管理的要求不同，可分为结转资金和结余资金；按照预算资金性质不同，可以分为财政拨款结转、财政拨款结余、非财政拨款结转、非财政拨款结余、专用结余和其他结余。

一、资金结存

高等学校应设置"资金结存"科目，用于核算高等学校纳入部门预算管理的资金的流入、流出、调整和滚存等情况。

本科目应当设置下列明细科目：

1. "货币资金"：本明细科目核算高等学校以库存现金、银行存款、其他货币资金形态存在的资金。本明细科目年末借方余额，反映单位尚未使用的货币资金。

2. "零余额账户用款额度"：本明细科目核算实行国库集中支付的高等学校根据财政部门批复的用款计划收到和支用的零余额账户用款额度。

年末结账后，本明细科目应无余额。

3. "财政应返还额度"：本明细科目核算实行国库集中支付的高等学校可以使用的以前年度财政直接支付资金额度和财政应返还的财政授权支付资金额度。本明细科目下可设置"财政直接支付""财政授权支付"两个明细科目进行明细核算。"财政直接支付"明细科目核算实行国库集中支付的高等学校可以使用的以前年度财政直接支付资金额度。"财政授权支付"明细科目核算实行国库集中支付的高等学校可以使用的以前年度财政应返还的财政授权支付资金额度。本明细科目年末借方余额，反映单位应收财政返还的资金额度。

资金结存的主要账务处理如下：

1. 在财政授权支付方式下，高等学校根据代理银行转来的财政授权支付额度到账通知书，按照通知书中的授权支付额度，借记本科目（零余额账户用款额度），贷记"财政拨款预算收入"科目。

以国库集中支付以外的其他支付方式取得预算收入时，按照实际收到的金额，借记本科目（货币资金），贷记"财政拨款预算收入""事业预算收入""经营预算收入"等科目。

2. 在财政授权支付方式下，发生相关支出时，按照实际支付的金额，借记"行政支出""事业支出"等科目，贷记本科目（零余额账户用款额度）。

从零余额账户提取现金时，借记本科目（货币资金），贷记本科目（零余额账户用款额度）。退回现金时，做相反会计分录。

使用以前年度财政直接支付额度发生支出时，按照实际支付金额，借记"行政支出""事业支出"等科目，贷记本科目（财政应返还额度）。

在国库集中支付以外的其他支付方式下，发生相关支出时，按照实际支付的金额，借记"事业支出""经营支出"等科目，贷记本科目（货币资金）。

3. 按照规定上缴财政拨款结转结余资金或注销财政拨款结转结余资金额度的，按照实际上缴资金数额或注销的资金额度数额，借记"财政拨款结转——归集上缴"或"财政拨款结余——归集上缴"科目，贷记本科目（财政应返还额度、零余额账户用款额度、货币资金）。

按规定向原资金拨入单位缴回非财政拨款结转资金的，按照实际缴回资金数额，借记"非财政拨款结转——缴回资金"科目，贷记本科目（货币资金）。

收到从其他单位调入的财政拨款结转资金的，按照实际调入资金数额，借记本科目（财政应返还额度、零余额账户用款额度、货币资金），贷记"财政拨款结转——归集调入"科目。

第二章 预算会计

4. 按照规定使用专用基金时，按照实际支付金额，借记"专用结余"科目［从非财政拨款结余中提取的专用基金］或"事业支出"等科目［从预算收入中计提的专用基金］，贷记本科目（货币资金）。

5. 因购货退回、发生差错更正等退回国库直接支付、授权支付款项或者收回货币资金的，属于本年度支付的，借记"财政拨款预算收入"科目或本科目（零余额账户用款额度、货币资金），贷记相关支出科目；属于以前年度支付的，借记本科目（财政应返还额度、零余额账户用款额度、货币资金），贷记"财政拨款结转""财政拨款结余""非财政拨款结转""非财政拨款结余"科目。

6. 有企业所得税缴纳义务的高等学校缴纳所得税时，按照实际缴纳金额，借记"非财政拨款结余——累计结余"科目，贷记本科目（货币资金）。

7. 年末，根据本年度财政直接支付预算指标数与当年财政直接支付实际支出数的差额，借记本科目（财政应返还额度），贷记"财政拨款预算收入"科目。

8. 年末，单位依据代理银行提供的对账单作注销额度的相关账务处理，借记本科目（财政应返还额度），贷记本科目（零余额账户用款额度）；本年度财政授权支付预算指标数大于零余额账户用款额度下达数的，根据未下达的用款额度，借记本科目（财政应返还额度），贷记"财政拨款预算收入"科目。

下年初，单位依据代理银行提供的额度恢复到账通知书作恢复额度的相关账务处理，借记本科目（零余额账户用款额度），贷记本科目（财政应返还额度）。单位收到财政部门批复的上年末未下达零余额账户用款额度的，借记本科目（零余额账户用款额度），贷记本科目（财政应返还额度）。

本科目年末借方余额，反映单位预算资金的累计滚存情况。

二、财政拨款结转

高等学校应设置"财政拨款结转"科目，用于核算高等学校取得的同级财政拨款结转资金的调整、结转和滚存情况。

按照财政部 2016 年颁布的《中央部门结转和结余资金管理办法》（财预［2016］18 号）规定：结转资金是指预算未全部执行或未执行，下年需按原用途继续使用的预算资金。

本科目应当设置下列明细科目：

1. 与会计差错更正、以前年度支出收回相关的明细科目。"年初余额调整"：本明细科目核算因发生会计差错更正、以前年度支出收回等原因，需要调整财政拨款结转的金额。

年末结账后，本明细科目应无余额。

2. 与财政拨款调拨业务相关的明细科目。

（1）"归集调入"：本明细科目核算按照规定从其他单位调入财政拨款结转

资金时，实际调增的额度数额或调入的资金数额。

年末结账后，本明细科目应无余额。

（2）"归集调出"：本明细科目核算按照规定向其他单位调出财政拨款结转资金时，实际调减的额度数额或调出的资金数额。

年末结账后，本明细科目应无余额。

（3）"归集上缴"：本明细科目核算按照规定上缴财政拨款结转资金时，实际核销的额度数额或上缴的资金数额。

年末结账后，本明细科目应无余额。

（4）"单位内部调剂"：本明细科目核算经财政部门批准对财政拨款结余资金改变用途，调整用于本学校其他未完成项目等的调整金额。

年末结账后，本明细科目应无余额。

3. 与年末财政拨款结转业务相关的明细科目。

（1）"本年收支结转"：本明细科目核算高等学校本年度财政拨款收支相抵后的余额。年末结账后，本明细科目应无余额。

（2）"累计结转"：本明细科目核算高等学校滚存的财政拨款结转资金。

本明细科目年末贷方余额，反映高等学校财政拨款滚存的结转资金数额。

本科目还应当设置"基本支出结转""项目支出结转"两个明细科目，并在"基本支出结转"明细科目下按照"人员经费""日常公用经费"进行明细核算，在"项目支出结转"明细科目下按照具体项目进行明细核算；同时，本科目还应按照《政府收支分类科目》中"支出功能分类科目"的相关科目进行明细核算。

有一般公共预算财政拨款、政府性基金预算财政拨款等两种或两种以上财政拨款的，还应当在本科目下按照财政拨款的种类进行明细核算。

财政拨款结转的主要账务处理如下：

1. 与会计差错更正、以前年度支出收回相关的账务处理。

（1）因发生会计差错更正退回以前年度国库直接支付、授权支付款项或财政性货币资金，或者因发生会计差错更正增加以前年度国库直接支付、授权支付支出或财政性货币资金支出，属于以前年度财政拨款结转资金的，借记或贷记"资金结存——财政应返还额度""零余额账户用款额度""货币资金"科目，贷记或借记本科目（年初余额调整）。

（2）因购货退回、预付款项收回等发生以前年度支出又收回国库直接支付、授权支付款项或收回财政性货币资金，属于以前年度财政拨款结转资金的，借记"资金结存——财政应返还额度""零余额账户用款额度""货币资金"科目，贷记本科目（年初余额调整）。

2. 与财政拨款结转结余资金调整业务相关的账务处理。

（1）按照规定从其他单位调入财政拨款结转资金的，按照实际调增的额度数

第二章 预算会计

额或调入的资金数额,借记"资金结存——财政应返还额度""零余额账户用款额度""货币资金"科目,贷记本科目(归集调入)。

(2)按照规定向其他单位调出财政拨款结转资金的,按照实际调减的额度数额或调出的资金数额,借记本科目(归集调出),贷记"资金结存——财政应返还额度""零余额账户用款额度""货币资金"科目。

(3)按照规定上缴财政拨款结转资金或注销财政拨款结转资金额度的,按照实际上缴资金数额或注销的资金额度数额,借记本科目(归集上缴),贷记"资金结存——财政应返还额度""零余额账户用款额度""货币资金"科目。

(4)经财政部门批准对财政拨款结余资金改变用途,调整用于本单位基本支出或其他未完成项目支出的,按照批准调剂的金额,借记"财政拨款结余——单位内部调剂"科目,贷记本科目(单位内部调剂)。

3. 与年末财政拨款结转和结余业务相关的账务处理。

(1)年末,将财政拨款预算收入本年发生额转入本科目,借记"财政拨款预算收入"科目,贷记本科目(本年收支结转);将各项支出中财政拨款支出本年发生额转入本科目,借记本科目(本年收支结转),贷记各项支出(财政拨款支出)科目。

(2)年末冲销有关明细科目余额。将本科目(本年收支结转、年初余额调整、归集调入、归集调出、归集上缴、单位内部调剂)余额转入本科目(累计结转)。结转后,本科目除"累计结转"明细科目外,其他明细科目应无余额。

(3)年末完成上述结转后,应当对财政拨款结转各明细项目执行情况进行分析,按照有关规定将符合财政拨款结余性质的项目余额转入财政拨款结余,借记本科目(累计结转),贷记"财政拨款结余——结转转入"科目。

本科目年末贷方余额,反映高等学校滚存的财政拨款结转资金数额。

【例2-10】2×19年东方矿业大学获得财政专项拨款消防工程项目600万元,当年支付消防工程设备款500万元,年末结转100万元下年度继续使用。预算会计账务处理如下:

(1)结转财政拨款收入:

借:财政拨款预算收入　　　　　　　　　　　　6 000 000
　　贷:财政拨款结转——本年收支结转　　　　　　　　6 000 000

(2)结转财政拨款支出:

借:财政拨款结转——本年收支结转　　　　　　5 000 000
　　贷:事业支出　　　　　　　　　　　　　　　　　　5 000 000

三、财政拨款结余

高等学校应设置"财政拨款结余"科目,用于核算高等学校取得的同级财政

高等学校会计实务

拨款项目支出结余资金的调整、结转和滚存情况。

按照财政部2016年颁布的《中央部门结转和结余资金管理办法》（财预[2016]18号）规定：结余资金是指项目实施周期已结束、项目目标完成或项目提前终止，尚未列支的项目支出预算资金；因项目实施计划调整，不需要继续支出的预算资金；预算批复后连续两年未用完的预算资金。

本科目应当设置下列明细科目：

1. 与会计差错更正、以前年度支出收回相关的明细科目。"年初余额调整"科目，本明细科目核算因发生会计差错更正、以前年度支出收回等原因，需要调整财政拨款结余的金额。年末结账后，本明细科目应无余额。

2. 与财政拨款结余资金调整业务相关的明细科目。

（1）"归集上缴"：本明细科目核算按照规定上缴财政拨款结余资金时，实际核销的额度数额或上缴的资金数额。年末结账后，本明细科目应无余额。

（2）"单位内部调剂"：本明细科目核算经财政部门批准对财政拨款结余资金改变用途，调整用于本单位其他未完成项目等的调整金额。年末结账后，本明细科目应无余额。

3. 与年末财政拨款结余业务相关的明细科目。

（1）"结转转入"：本明细科目核算单位按照规定转入财政拨款结余的财政拨款结转资金。年末结账后，本明细科目应无余额。

（2）"累计结余"：本明细科目核算单位滚存的财政拨款结余资金。本明细科目年末贷方余额，反映高等学校财政拨款滚存的结余资金数额。本科目还应当按照具体项目、《政府收支分类科目》中"支出功能分类科目"的相关科目等进行明细核算。有一般公共预算财政拨款、政府性基金预算财政拨款等两种或两种以上财政拨款的，还应当在本科目下按照财政拨款的种类进行明细核算。

财政拨款结余的主要账务处理如下：

1. 与会计差错更正、以前年度支出收回相关的账务处理。

（1）高等学校因发生会计差错更正退回以前年度国库直接支付、授权支付款项或财政性货币资金，或者因发生会计差错更正增加以前年度国库直接支付、授权支付支出或财政性货币资金支出，属于以前年度财政拨款结余资金的，借记或贷记"资金结存——财政应返还额度""零余额账户用款额度""货币资金"科目，贷记或借记本科目（年初余额调整）。

（2）高等学校因购货退回、预付款项收回等发生以前年度支出又收回国库直接支付、授权支付款项或收回财政性货币资金，属于以前年度财政拨款结余资金的，借记"资金结存——财政应返还额度""零余额账户用款额度""货币资金"科目，贷记本科目（年初余额调整）。

2. 与财政拨款结余资金调整业务相关的账务处理。

（1）高等学校经财政部门批准对财政拨款结余资金改变用途，调整用于本单位基本支出或其他未完成项目支出的，按照批准调剂的金额，借记本科目（单位内部调剂），贷记"财政拨款结转——单位内部调剂"科目。

（2）高等学校按照规定上缴财政拨款结余资金或注销财政拨款结余资金额度的，按照实际上缴资金数额或注销的资金额度数额，借记本科目（归集上缴），贷记"资金结存——财政应返还额度""零余额账户用款额度""货币资金"科目。

3. 与年末财政拨款结转和结余业务相关的账务处理。

（1）年末，高等学校对财政拨款结转各明细项目执行情况进行分析，按照有关规定将符合财政拨款结余性质的项目余额转入财政拨款结余，借记"财政拨款结转——累计结转"科目，贷记本科目（结转转入）。

（2）年末冲销有关明细科目余额。将本科目（年初余额调整、归集上缴、单位内部调剂、结转转入）余额转入本科目（累计结余）。结转后，本科目除"累计结余"明细科目外，其他明细科目应无余额。

本科目年末贷方余额，反映高等学校滚存的财政拨款结余资金数额。

【例2-11】2×19年12月31日，东方矿业大学财政专项拨款校园安防工程项目余额60万元，因该项目超过两年仍未完成，按照现行政策转入结余资金，上缴财政拨款结余资金60万元。会计账务处理如下：

借：财政拨款结转——累计结转　　　　　　　　　　600 000
　　贷：财政拨款结余——结转转入　　　　　　　　　　　600 000
借：财政拨款结余——结转转入　　　　　　　　　　600 000
　　贷：财政拨款结余——累计结余　　　　　　　　　　　600 000
借：财政拨款结余——归集上缴　　　　　　　　　　600 000
　　贷：资金结存——零余额账户用款额度　　　　　　　　600 000
借：财政拨款结余——累计结余　　　　　　　　　　600 000
　　贷：财政拨款结余——结转转入　　　　　　　　　　　600 000

四、非财政拨款结转

高等学校应设置"非财政拨款结转"科目，用于核算高等学校除财政拨款收支、经营收支以外各非同级财政拨款专项资金的调整、结转和滚存情况。

本科目应当设置下列明细科目：

1. "年初余额调整"：本明细科目核算因发生会计差错更正、以前年度支出收回等原因，需要调整非财政拨款结转的资金。

年末结账后，本明细科目应无余额。

2. "缴回资金"：本明细科目核算按照规定缴回非财政拨款结转资金时，实际缴回的资金数额。

年末结账后，本明细科目应无余额。

3. "项目间接费用或管理费"：本明细科目核算高等学校取得的科研项目预算收入中，按照规定计提项目间接费用或管理费的数额。

年末结账后，本明细科目应无余额。

4. "本年收支结转"：本明细科目核算高等学校本年度非同级财政拨款专项收支相抵后的余额。

年末结账后，本明细科目应无余额。

5. "累计结转"：本明细科目核算高等学校滚存的非同级财政拨款专项结转资金。

本明细科目年末贷方余额，反映高等学校非同级财政拨款滚存的专项结转资金数额。

本科目还应当按照具体项目、《政府收支分类科目》中"支出功能分类科目"的相关科目等进行明细核算。

非财政拨款结转的主要账务处理如下：

1. 高等学校按照规定从科研项目预算收入中提取项目管理费或间接费时，按照提取金额，借记本科目（项目间接费用或管理费），贷记"非财政拨款结余——项目间接费用或管理费"科目。

2. 高等学校因会计差错更正收到或支出非同级财政拨款货币资金，属于非财政拨款结转资金的，按照收到或支出的金额，借记或贷记"资金结存——货币资金"科目，贷记或借记本科目（年初余额调整）。

因收回以前年度支出等收到非同级财政拨款货币资金，属于非财政拨款结转资金的，按照收到的金额，借记"资金结存——货币资金"科目，贷记本科目（年初余额调整）。

3. 高等学校按照规定缴回非财政拨款结转资金的，按照实际缴回资金数额，借记本科目（缴回资金），贷记"资金结存——货币资金"科目。

4. 年末，高等学校将事业预算收入、上级补助预算收入、附属单位上缴预算收入、非同级财政拨款预算收入、债务预算收入、其他预算收入本年发生额中的专项资金收入转入本科目，借记"事业预算收入""上级补助预算收入""附属单位上缴预算收入""非同级财政拨款预算收入""债务预算收入""其他预算收入"科目下各专项资金收入明细科目，贷记本科目（本年收支结转）；将行政支出、事业支出、其他支出本年发生额中的非财政拨款专项资金支出转入本科目，借记本科目（本年收支结转），贷记"行政支出""事业支出""其他支出"科目下各非财政拨款专项资金支出明细科目。

5. 高等学校年末冲销有关明细科目余额。将本科目（年初余额调整、项目间接费用或管理费、缴回资金、本年收支结转）余额转入本科目（累计结转）。结转后，本科目除"累计结转"明细科目外，其他明细科目应无余额。

6. 高等学校年末完成上述结转后，应当对非财政拨款专项结转资金各项目

第二章 预算会计

情况进行分析,将留归高等学校使用的非财政拨款专项(项目已完成)剩余资金转入非财政拨款结余,借记本科目(累计结转),贷记"非财政拨款结余——结转转入"科目。

本科目年末贷方余额,反映高等学校滚存的非同级财政拨款专项结转资金数额。

五、非财政拨款结余

高等学校应设置"非财政拨款结余"科目,用于核算高等学校历年滚存的非限定用途的非同级财政拨款结余资金,主要为非财政拨款结余扣除结余分配后滚存的金额。

本科目应当设置下列明细科目:

1. "年初余额调整":本明细科目核算因发生会计差错更正、以前年度支出收回等原因,需要调整非财政拨款结余的资金。年末结账后,本明细科目应无余额。

2. "项目间接费用或管理费":本明细科目核算高等学校取得的科研项目预算收入中,按照规定计提的项目间接费用或管理费数额。年末结账后,本明细科目应无余额。

3. "结转转入":本明细科目核算按照规定留归高等学校使用,由单位统筹调配,纳入单位非财政拨款结余的非同级财政拨款专项剩余资金。年末结账后,本明细科目应无余额。

4. "累计结余":本明细科目核算高等学校历年滚存的非同级财政拨款、非专项结余资金。本明细科目年末贷方余额,反映高等学校非同级财政拨款滚存的非专项结余资金数额。

本科目还应当按照《政府收支分类科目》中"支出功能分类科目"的相关科目进行明细核算。

非财政拨款结余的主要账务处理如下:

1. 高等学校按照规定从科研项目预算收入中提取项目管理费或间接费时,借记"非财政拨款结转——项目间接费用或管理费"科目,贷记本科目(项目间接费用或管理费)。

2. 高等学校设计企业所得税缴纳业务的,实际缴纳企业所得税时,按照缴纳金额,借记本科目(累计结余),贷记"资金结存——货币资金"科目。

3. 高等学校因会计差错更正收到或支出非同级财政拨款货币资金,属于非财政拨款结余资金的,按照收到或支出的金额,借记或贷记"资金结存——货币资金"科目,贷记或借记本科目(年初余额调整)。

4. 高等学校因收回以前年度支出等收到非同级财政拨款货币资金,属于非财政拨款结余资金的,按照收到的金额,借记"资金结存——货币资金"科目,贷记本科目（年初余额调整）。

5. 年末，将留归高等学校使用的非财政拨款专项（项目已完成）剩余资金转入本科目，借记"非财政拨款结转——累计结转"科目，贷记本科目（结转转入）。

6. 年末冲销有关明细科目余额。将本科目（年初余额调整、项目间接费用或管理费、结转转入）余额结转入本科目（累计结余）。结转后，本科目除"累计结余"明细科目外，其他明细科目应无余额。

7. 年末，高等学校将"非财政拨款结余分配"科目余额转入非财政拨款结余。"非财政拨款结余分配"科目为借方余额的，借记本科目（累计结余），贷记"非财政拨款结余分配"科目；"非财政拨款结余分配"科目为贷方余额的，借记"非财政拨款结余分配"科目，贷记本科目（累计结余）。

本科目年末贷方余额，反映高等学校非同级财政拨款结余资金的累计滚存数额。

六、专用结余

高等学校应设置"专用结余"科目，用于核算高等学校按照规定从非财政拨款结余中提取的具有专门用途的资金的变动和滚存情况。本科目应当按照专用结余的类别进行明细核算。

专用结余的主要账务处理如下：

1. 高等学校根据有关规定从本年度非财政拨款结余或经营结余中提取基金的，按照提取金额，借记"非财政拨款结余分配"科目，贷记本科目。

2. 高等学校根据规定使用从非财政拨款结余或经营结余中提取的专用基金时，按照使用金额，借记本科目，贷记"资金结存——货币资金"科目。

本科目年末贷方余额，反映高等学校从非同级财政拨款结余中提取的专用基金的累计滚存数额。

七、经营结余

高等学校应设置"经营结余"科目，用于核算高等学校本年度经营活动收支相抵后余额弥补以前年度经营亏损后的余额。本科目可以按照经营活动类别进行明细核算。

经营结余的主要账务处理如下：

1. 年末，将经营预算收入本年发生额转入本科目，借记"经营预算收入"科目，贷记本科目；将经营支出本年发生额转入本科目，借记本科目，贷记"经营支出"科目。

2. 年末，完成上述结转后，如本科目为贷方余额，将本科目贷方余额转入"非财政拨款结余分配"科目，借记本科目，贷记"非财政拨款结余分配"科目；如本科目为借方余额，为经营亏损，不予结转。年末结账后，本科目一般无余额；如为借方余额，反映高等学校累计发生的经营亏损。

八、其他结余

高等学校应设置"其他结余"科目，用于核算高等学校本年度除财政拨款收支、非同级财政专项资金收支和经营收支以外各项收支相抵后的余额。

其他结余的主要账务处理如下：

1. 年末，高等学校将事业预算收入、上级补助预算收入、附属单位上缴预算收入、非同级财政拨款预算收入、债务预算收入、其他预算收入本年发生额中的非专项资金收入以及投资预算收益本年发生额转入本科目，借记"事业预算收入""上级补助预算收入""附属单位上缴预算收入""非同级财政拨款预算收入""债务预算收入""其他预算收入"科目下各非专项资金收入明细科目和"投资预算收益"科目，贷记本科目（"投资预算收益"科目本年发生额为借方净额时，借记本科目，贷记"投资预算收益"科目）；将事业支出、其他支出本年发生额中的非同级财政、非专项资金支出，以及上缴上级支出、对附属单位补助支出、投资支出、债务还本支出本年发生额转入本科目，借记本科目，贷记"行政支出""事业支出""其他支出"科目下各非同级财政、非专项资金支出明细科目和"上缴上级支出""对附属单位补助支出""投资支出""债务还本支出"科目。

2. 年末，完成上述结转后，高等学校将本科目余额转入"非财政拨款结余分配"科目。当本科目为贷方余额时，借记本科目，贷记"非财政拨款结余分配"科目；当本科目为借方余额时，借记"非财政拨款结余分配"科目，贷记本科目。年末结账后，本科目应无余额。

九、非财政拨款结余分配

高等学校应设置"非财政拨款结余分配"科目，用于核算高等学校本年度非财政拨款结余分配的情况和结果。

非财政拨款结余分配的主要账务处理如下：

1. 年末，高等学校将"其他结余"科目余额转入本科目，当"其他结余"科目为贷方余额时，借记"其他结余"科目，贷记本科目；当"其他结余"科目为借方余额时，借记本科目，贷记"其他结余"科目。年末，将"经营结余"科目贷方余额转入本科目，借记"经营结余"科目，贷记本科目。

2. 高等学校根据有关规定提取专用基金的,按照提取的金额,借记本科目,贷记"专用结余"科目。

3. 年末,高等学校按照规定完成上述 1 至 2 处理后,将本科目余额转入非财政拨款结余。当本科目为借方余额时,借记"非财政拨款结余——累计结余"科目,贷记本科目;当本科目为贷方余额时,借记本科目,贷记"非财政拨款结余——累计结余"科目。年末结账后,本科目应无余额。

第三章 货币资金

第一节 货币资金概述

一、货币资金的含义及用途

货币资金是可以立即投入流通,用以购买商品或劳务,或用以偿还债务的交换媒介。高等学校的货币资金是指高等学校的运营资金在周转过程中暂时停留在货币形态上的那部分资金。在高等学校的资产中,货币资金的流动性最强,并且是唯一能够直接转化为其他任何资产形态的流动性资产,也是最能代表高等学校现实购买力水平和运转速度的资产。

高等学校在运转过程中,大量的经济活动都是通过货币资金的收支来进行的,如高等学校办公用品的购进、个别资产的销售、工资的发放、利息的支付以及进行投资活动等事项,都需要通过货币资金进行收付结算。同时,一个高等学校货币资金拥有量的多少,标志着它偿债能力和支付能力的大小,在学校资金循环周转过程中它起着连接和纽带的作用。因此,高等学校需要经常保持一定数量的货币资金,既要防止不合理地占压资金,又要保证教学业务的正常需要,并按照货币资金管理的有关规定,对各种收付款项进行结算。

二、货币资金的分类

与企业不同,高等学校的货币资金按其存放地点和用途的不同分为库存现金、银行存款、零余额账户用款额度和其他货币资金。

库存现金是指高等学校在预算执行过程中为保证日常开支需要而存放在财务部门的现金。银行存款是指高等学校存放在银行或其他金融机构的各种存款。零余额账户是指高等学校在办理直接支付和授权支付业务时,先由代理银行根据支付令(即拨款凭证),通过财政部门零余额账户或预算单位零余额账户将资金支付到供应商或收款人账户。零余额账户用款额度是指实行国库集中支付的高等学校根据财政部门批复的用款计划收到和支用的零余额账户用款额度。其他货币资金是指高等学校的外埠存款、银行本票存款、银行汇票存款和信用卡存款等。

第二节 库存现金

一、库存现金概述

国务院发布的《现金管理暂行条例》的相关规定，既适用于企业也适用于高等学校。高等学校应当严格按照国家有关现金管理的规定收支现金，并按照《政府会计制度》规定核算现金的各项收支业务。

现金管理制度主要包括以下内容：

（一）现金的使用范围

高等学校可用现金支付的款项有：
1. 未实行工资统发的职工工资、津贴；
2. 个人劳务报酬；
3. 根据国家规定颁发给个人的科学技术、文化艺术、体育等各种奖金；
4. 各种劳保、福利费用以及国家规定的对个人的其他支出；
5. 向个人收购农副产品和其他物资的款项；
6. 出差人员必需随身携带的差旅费；
7. 结算起点（1 000元）以下的零星支出；
8. 中国人民银行确定需要支付现金的其他支出。

除上述情况可以用现金支付外，其他款项的支付应通过银行转账结算。

（二）现金管理的其他有关规定

1. 高等学校的现金收入应于当日送存银行，当日送存银行有困难的，由开户行确定送存时间。
2. 不得坐支。高等学校支付现金，可以从本单位库存现金限额中支付或者从开户银行提取，不得从本单位的现金收入中直接支付（即坐支）。因特殊情况需要坐支现金的，应事先报经开户行审查批准，由开户行核定坐支范围及限额。
3. 支取现金应写明用途，并应有财会部门负责人签字盖章。
4. 因采购地点不固定、交通不便以及其他特殊情况必须使用现金的，应向开户行提出申请，经开户行审核后予以支付现金。

第三章 货币资金

5. 对库存现金实行限额管理。高等学校的库存现金不超过 3~5 天的日常零星开支需要量，偏远地区和交通不便的单位可适当放宽，但最多不超过 15 天的日常零星开支需要量。正常开支需要量不包括高等学校每月发放工资和不定期差旅费等大额现金支出。

6. 不准用不符合制度的凭证顶替库存现金，即：不准"白条抵库"；不准谎报用途套取现金；不准出租或出借账户；不准公款私存；不准设置"小金库"。

7. 实行内部牵制制度，即不相容岗位应相互分离、制约和监督。如出纳人员不得兼任稽核、会计档案保管和收入、支出、费用、债权债务账目的登记工作；不能由同一人保管银行预留印鉴及空白支票等。

二、库存现金的核算

为了总括地反映库存现金的收入、支出和结存情况，和企业一样，高等学校应当设置"库存现金"科目。本科目期末借方余额，反映高等学校实际持有的库存现金。具体规定如下：

1. 从银行等金融机构提取现金，按照实际提取的金额，借记本科目，贷记"银行存款"科目；将现金存入银行等金融机构，按照实际存入金额，借记"银行存款"科目，贷记本科目。

2. 从零余额账户提取现金，按照实际提取的金额，借记本科目，贷记"零余额账户用款额度"科目；将现金退回单位零余额账户，按照实际退回的金额，借记"零余额账户用款额度"科目，贷记本科目。

【例3-1】东方矿业大学2×19年3月3日从零余额账户提取现金1万元，3月5日用现金全部购买办公用品。

（1）3月3日，提取现金。财务会计账务处理：

借：库存现金　　　　　　　　　　　　　　　　10 000
　　贷：零余额账户用款额度　　　　　　　　　　　　10 000

预算会计不做账务处理。

（2）3月5日，购买办公用品。财务会计账务处理：

借：业务活动费用　　　　　　　　　　　　　　10 000
　　贷：库存现金　　　　　　　　　　　　　　　　　10 000

同时，预算会计账务处理：

借：事业支出　　　　　　　　　　　　　　　　10 000
　　贷：资金结存——货币资金　　　　　　　　　　　10 000

3. 因内部职工出差等原因借出的现金，按照实际借出的现金金额，借记"其他应收款"科目，贷记本科目。出差人员报销差旅费时，按照实际报销的金额，借记"业务活动费用""单位管理费用"等科目，按照实际借出的现金金额，贷记"其他应收款"科目，按照其差额，借记或贷记本科目。

【例3-2】2×19年3月3日，东方矿业大学教务处工作人员王刚因教学活动出差从学校借现金20 000元，3月10日，出差归来报销发票共计15 000元，余款退回。

(1) 3月3日，财务会计账务处理：

借：其他应收款——王刚　　　　　　　　　　　　　　　20 000
　　贷：库存现金　　　　　　　　　　　　　　　　　　　　20 000

同时，预算会计账务处理：

借：事业支出——行政管理支出　　　　　　　　　　　　20 000
　　贷：资金结存——货币资金　　　　　　　　　　　　　20 000

(2) 3月10日，财务会计账务处理：

借：业务活动费用　　　　　　　　　　　　　　　　　　15 000
　　库存现金　　　　　　　　　　　　　　　　　　　　　5 000
　　贷：其他应收款——王刚　　　　　　　　　　　　　　20 000

同时，预算会计账务处理：

借：资金结存——货币资金　　　　　　　　　　　　　　 5 000
　　贷：事业支出——行政管理支出　　　　　　　　　　　 5 000

4. 因开展业务等其他事项收到现金，按照实际收到的金额，借记本科目，贷记"事业收入""应收账款"等有关科目；因购买服务或商品等其他事项支出现金，按照实际支付的金额，借记"业务活动费用""单位管理费用"等有关科目，贷记本科目。

【例3-3】2×19年3月3日，东方矿业大学由于临街房出租收取月租金10 000元，3月4日收取后勤服务收入5 000元，均以现金形式收取。

(1) 3月3日，财务会计账务处理：

借：库存现金　　　　　　　　　　　　　　　　　　　　10 000
　　贷：租金收入　　　　　　　　　　　　　　　　　　　10 000

预算会计账务处理：

借：资金结存——货币资金　　　　　　　　　　　　　　10 000
　　贷：其他预算收入——租金预算收入　　　　　　　　　10 000

(2) 3月4日，财务会计账务处理：

借：库存现金　　　　　　　　　　　　　　　　　　　　 5 000
　　贷：经营收入　　　　　　　　　　　　　　　　　　　 5 000

同时，预算会计账务处理：

借：资金结存——货币资金　　　　　　　　　　　　　　 5 000
　　贷：经营预算收入　　　　　　　　　　　　　　　　　 5 000

5. 以库存现金对外捐赠，按照实际捐出的金额，借记"其他费用"科目，

第三章 货币资金

贷记本科目。

6. 收到受托代理、代管的现金，按照实际收到的金额，借记本科目，贷记"受托代理负债"科目；支付受托代理、代管的现金，按照实际支付的金额，借记"受托代理负债"科目，贷记本科目。

高等学校应当设置"库存现金日记账"，由出纳人员根据收付款凭证，按照业务发生顺序逐笔登记。每日终了，应当计算当日的现金收入合计数、现金支出合计数和结余数，并将结余数与实际库存数进行核对，做到账款相符。

现金收入业务较多，单独设有收款部门的高等学校，收款部门的收款员应当将每天所收现金连同收款凭据一并交财务部门核收记账，或者将每天所收现金直接送存开户银行后，将收款凭据及向银行送存现金的凭证等一并交财务部门核收记账。

有外币现金的高等学校，应分别按人民币、外币种类设置"库存现金日记账"进行明细核算。

三、库存现金的清查

高等学校应当进行现金的清查，一般采用实地盘点法，如果有挪用现金、白条抵库的情况，应及时予以纠正。每日终了结算现金收支、财产清查等发现的现金短缺或溢余，应当及时进行处理。高等学校每日账款核对中发现有待查明原因的现金短缺或溢余的，应当通过"待处理财产损溢"科目核算。属于现金溢余，应当按照实际溢余的金额，借记本科目，贷记"待处理财产损溢"科目；属于现金短缺，应当按照实际短缺的金额，借记"待处理财产损溢"科目，贷记本科目。

查明现金短缺或溢余原因后，进行如下账务处理：

1. 如为现金短缺，属于应由负责人或保险公司赔偿的部分，借记"其他应收款"科目，贷记"待处理财产损溢"科目；属于无法查明的其他原因的部分，报经批准后，借记"资产处置费用"科目，贷记"待处理财产损溢"。

2. 如为现金溢余，属于应支付给有关人员或单位的部分，借记"待处理财产损溢"，贷记"其他应付款"科目；属于无法查明的其他原因的部分，报经批准后，借记"待处理财产损溢"，贷记"其他收入"科目。

【例3-4】2×19年3月3日，东方矿业大学在盘点现金时发现现金短缺2 000元，经查明财务人员杨帆丢失1 000元，学校责成其负责补上，另有1 000元无法查明原因，已报经批准按盘亏处理。3月6日，杨帆把现金1 000元交给财务处。会计账务处理如下：

（1）3月3日，财务会计账务处理：

借：待处理财产损溢　　　　　　　　　　　　　2 000
　　贷：库存现金　　　　　　　　　　　　　　　　　2 000

同时，预算会计账务处理：
借：其他支出　　　　　　　　　　　　　　　　　　　2 000
　　贷：资金结存——货币资金　　　　　　　　　　　　　2 000
借：其他应收款——杨帆　　　　　　　　　　　　　　1 000
　　贷：待处理财产损溢　　　　　　　　　　　　　　　　1 000
预算会计不做账务处理。
借：资产处置费用　　　　　　　　　　　　　　　　　1 000
　　贷：待处理财产损溢　　　　　　　　　　　　　　　　1 000
预算会计不做账务处理。
(2) 3月6日，财务会计账务处理：
借：库存现金　　　　　　　　　　　　　　　　　　　1 000
　　贷：其他应收款——杨帆　　　　　　　　　　　　　　1 000
同时，预算会计账务处理：
借：资金结存——货币资金　　　　　　　　　　　　　1 000
　　贷：其他支出　　　　　　　　　　　　　　　　　　　1 000
本科目期末借方余额，反映高等学校实际持有的库存现金。

第三节　银行存款

一、银行存款的概念

银行存款反映高等学校存放银行或其他金融机构的各种存款。

按国家有关规定，凡是独立核算的单位都必须在当地银行开设账户。高等学校在银行开设账户后，除按核定的限额保留库存现金之外，超过限额的现金必须存入银行；除了在规定的范围内可以使用现金外，在运营过程中所发生的一切货币收支业务都必须通过开户银行进行转账结算。

二、银行结算方式

根据中国人民银行有关支付结算办法规定，目前高等学校发生的货币资金收付业务可以采用以下几种结算方式，通过银行转账结算。

（一）银行汇票

银行汇票是汇款人将款项交存当地银行，由银行签发给其持往异地办理转

第三章 货币资金

账结算或支取现金的票据。银行汇票除具有使用灵活、票随人到、兑现性强等特点外,还有下列特点:(1)汇款金额起点为500元;(2)付款期为1个月,逾期兑付银行不予办理;(3)银行汇票和解讫通知必须同时提交银行,否则无效;(4)遗失了填明"现金"字样的银行汇票可办理挂失;(5)可背书转让;(6)单位、个体户和个人均可使用。

(二)商业汇票

商业汇票是由收款人或付款人(承兑申请人)签发,由承兑人承兑,并于到期日向收款人或被背书人支付款项的票据。根据承兑人的不同分为商业承兑汇票和银行承兑汇票。

1. 商业承兑汇票由收款人或付款人签发,由付款人承兑。汇票到期时,收款人应通过开户银行委托收款或直接向付款人提示付款,如果付款人的存款不足支付票款,开户银行应将汇票退还收款人,银行不负责付款,由购销双方自行处理。

2. 银行承兑汇票由收款人或付款人签发,由银行承兑。承兑银行按票面金额向承兑申请人收取万分之五的手续费。汇票到期时,收款人应通过开户银行委托收款或直接向付款人提示付款,如果付款人的存款不足支付票款,承兑银行除凭票向持票人无条件付款外,对出票人尚未支付的汇票金额按照每天万分之五计收罚息。

商业汇票具有以下特点:(1)无金额起点限制;(2)付款期最长不得超过6个月;(3)可背书转让;(4)可申请贴现;(5)适用于在银行开立账户的法人之间根据购销合同进行的商品交易。

(三)银行本票

银行本票是申请人将款项交存银行,由银行签发给其凭以办理转账结算或支取现金的票据。银行本票有定额本票和不定额本票两种,定额本票面值分别为1 000元、5 000元、10 000元、50 000元。在票面划去转账字样的,为现金本票。

银行本票具有以下特点:(1)不定额本票的金额起点为100元;(2)付款期最长不得超过2个月,逾期兑付银行不予办理;(3)可背书转让;(4)不予挂失;(5)单位、个体户和个人均可在同城范围内使用。

(四)支票

支票是银行的存款人签发给收款人办理结算或委托开户银行将款项交给收款人的票据。支票由银行统一印制,支票上印有"现金"字样的为现金支票。支票上印有"转账"字样的为转账支票。现金支票可以转账,转账支票不能支取现金。未印有"现金"或"转账"字样的为普通支票，普通支票可以用于支取现金，也可以用于转账。在普通支票左上角划两条平行线的为划线支票，划线支票只能用于转账，不得支取现金。

支票有如下特点：（1）金额起点为100元；（2）付款期为10天，逾期兑付行不予办理；（3）在中国人民银行总行批准的地区内转账支票可背书转让；（4）遗失的现金支票可以申请挂失；（5）单位、个体户和个人均可在同城范围内使用。

（五）汇兑

汇兑是汇款人委托银行将其款项支付给收款人的结算方式，分信汇和电汇两种。信汇是指汇款人委托银行通过邮寄方式将款项划转给收款人。电汇是指汇款人委托银行通过电报将款项划给收款人。汇兑方式无金额起点限制，单位、个体户和个人均可使用。

（六）委托收款

委托收款是收款人委托银行向付款人收取款项的结算方式，分邮寄和电汇两种。收款人委托开户银行收款时，应填写银行印制的委托收款凭证和有关的债务证明。开户银行受理后，将委托收款凭证寄交付款单位开户银行，由付款单位开户银行审核，并通知付款单位。付款单位收到银行交给的委托收款凭证及债务证明，应签收并在3天内审查债务证明的真实性，确认之后通知银行付款或拒付。如果不通知银行，银行视同企业同意付款并在第4日从付款单位账户中划出此笔托收款项。这种结算方式同城、异地均可办理，在银行或其他金融机构开立账户的单位和个体户均可使用且不受金额起点限制。

（七）托收承付

托收承付是根据购销合同由收款人发货后委托银行向异地付款人收取货款，由付款单位向银行承认付款的一种结算方式。使用这种结算方式必须同时具备以下三项条件：（1）必须是国有企业、供销合作社以及经营管理好、并经开户行审查同意的城乡集体所有制工业企业；（2）办理托收承付结算的款项必须是商品交易以及因商品交易而产生的劳务供应款项，代销、寄销和赊销商品的款项均不得办理托收承付结算；（3）收付双方必须签有合法的购销合同，并在合同上写明使用异地托收承付结算方式。

托收承付款项划回方式分邮寄和电报两种。采用托收承付结算方式时，收款人在办理托收时，必须具有商品确已发运的证件。托收承付结算每笔金额的起点为10 000元，新华书店系统每笔金额起点为1 000元。

收款人开户银行接受委托后，将托收结算凭证回联退给企业，将其他结算凭证寄往付款人开户银行,由付款单位开户银行转交付款人。付款人收到开户银行转来的托收承付结算凭证和所付单据后,应进行仔细审核。验单承付期为3天,验货承付期为10天。付款人应在承付期内通知银行付款或拒付。付款人提出拒付时,必须填写"拒绝付款理由书",注明拒绝付款理由。如果不通知银行,银行视同企业同意付款并在承付期满后的第2日从付款单位账户中划出此笔托收款项。

(八)信用证

信用证是指开证行依据申请人的申请开出的,凭符合信用证条款的单据支付的付款承诺。

采用信用证结算方式的,收款单位收到信用证后,即可备货装运,并将有关发票账单,连同运输单据和信用证一并送交银行,根据退还的信用证等有关凭证编制收款凭证;付款单位在接到开证行的通知时,根据付款的有关单据编制付款凭证。

信用证结算方式是国际结算的一种主要方式。经中国人民银行批准经营结算业务的商业银行总行以及经商业银行总行批准开办信用证结算业务的分支机构,也可以办理国内企业之间商品交易的信用证结算业务。

(九)信用卡

信用卡是指商业银行向个人和单位发行的,凭此向特约单位购物、消费和向银行存取现金,且具有消费信用的特制载体卡片。

信用卡按使用对象分为单位卡和个人卡;按信誉等级分为金卡和普通卡。凡在中国境内金融机构开立基本存款账户的单位可申领单位卡。单位卡可申领若干张,持卡人资格由申领单位法定代表人或其委托的代理人书面指定和注销,持卡人不得出租或转借信用卡。单位卡账户的资金一律从其基本存款账户转账存入,在使用过程中,需要向其账户续存资金的,也一律从其基本存款账户转账存入,不得交存现金,不得将销货收入的款项存入其账户。单位卡一律不得用于10万元以上的商品交易、劳务供应款项的结算,不得支取现金。

信用卡在规定的限额和期限内允许善意透支,透支额金卡最高不得超过10 000元,普通卡最高不得超过5 000元。透支期限最长为60天。

三、银行存款结算凭证的填制

银行存款的收款凭证和付款凭证的填制日期和依据分别如下:

1. 采用支票方式。收款单位对于收到的支票,应填制进账单,并连同支票送交银行,根据银行盖章退给收款单位的收款凭证联和有关的原始凭证编制收款凭证，或根据由签发人送交银行支票后，经银行审查盖章转来的收款凭证联和有关原始凭证编制收款凭证；付款单位对于付出的支票，应根据支票存根和有关原始凭证编制付款凭证。

2. 采用汇兑结算方式。收款单位对于汇入的款项，应在收到银行的收账通知时，据以编制收款凭证；付款单位对于汇出的款项，应在向银行办理汇款后，根据汇款回单编制付款凭证。

3. 采用银行汇票方式。收款单位应当将汇票、解讫通知和进账单送交银行，根据银行退回的进账单和有关原始凭证编制收款凭证；付款单位应在收到银行签发的银行汇票后，根据"银行汇票申请书（存根联）"编制付款凭证。如有多余款项或因汇票超过付款期等原因而退款时，应根据银行的多余款收账通知编制收款凭证。

4. 采用银行本票方式。收款单位按规定受理银行本票后，应将本票连同进账单送交银行办理转账，根据银行盖章退回给收款单位的收款凭证联和有关原始凭证编制收款凭证；付款单位填送"银行本票申请书"并将款项交存银行，收到银行签发的银行本票后，根据申请书存根联编制付款凭证。收款单位因银行本票超过付款期限或其他原因要求退款时，交回本票和填制的进账单，经银行审核盖章后，根据银行退回收款单位的收款凭证联编制收款凭证。

5. 以现金存入银行，应根据银行盖章退回的交款回单及时编制现金付款凭证，据以登记"现金日记账"和"银行存款日记账"。向银行提取现金，根据支票存根编制银行存款付款凭证，据以登记"银行存款日记账"和"现金日记账"。

6. 收到存款利息，根据银行通知及时编制收款凭证。

四、银行存款的核算

高等学校应当根据运转业务需要，按照规定在其所在地银行开设账户，运用所开设的账户，进行存款、取款以及各种收支转账业务的核算。为了核算高等学校存入银行或其他金融机构的各种存款，高等学校应设置"银行存款"科目；本科目期末借方余额，反映高等学校实际在银行或其他金融机构的款项。高等学校应当严格按照国家有关支付结算办法的规定进行银行存款收支业务的核算，并按照《政府会计制度》的规定核算银行存款的各项收支业务。

银行存款的主要账务处理如下：

1. 将款项存入银行或其他金融机构，按照实际存入的金额，借记本科目，贷记"库存现金""应收账款""事业收入""经营收入""其他收入"等有关科目。

收到银行存款利息，按照实际收到的金额，借记本科目，贷记"利息收入"科目。

第三章 货币资金

2. 从银行等金融机构提取现金,按照实际提取的金额,借记"库存现金"科目,贷记本科目。

【例3-5】2×19年3月3日,东方矿业大学收到政府主管部门非财政补助收入200 000元,存入银行。3月10日发生可以归入科研活动的费用100 000元。3月12日,学校研发出某项专利应用于某企业得到收入7 600元,存入银行。3月20日以银行存款买入书籍100册,单价10元。

(1) 3月3日,财务会计账务处理如下:

借:银行存款　　　　　　　　　　　　　　　　200 000
　　贷:上级补助收入　　　　　　　　　　　　　　　　200 000

同时,预算会计账务处理:

借:资金结存——货币资金　　　　　　　　　　200 000
　　贷:上级补助预算收入　　　　　　　　　　　　　　200 000

(2) 3月10日,财务会计账务处理如下:

借:业务活动费用　　　　　　　　　　　　　　100 000
　　贷:银行存款　　　　　　　　　　　　　　　　　　100 000

同时,预算会计账务处理:

借:事业支出　　　　　　　　　　　　　　　　100 000
　　贷:资金结存——银行存款　　　　　　　　　　　　100 000

(3) 3月12日,财务会计账务处理如下:

借:银行存款　　　　　　　　　　　　　　　　7 600
　　贷:事业收入　　　　　　　　　　　　　　　　　　7 600

同时,预算会计账务处理:

借:资金结存——银行存款　　　　　　　　　　7 600
　　贷:事业预算收入　　　　　　　　　　　　　　　　7 600

(4) 3月20日,财务会计账务处理如下:

借:库存物品　　　　　　　　　　　　　　　　1 000
　　贷:银行存款　　　　　　　　　　　　　　　　　　1 000

同时,预算会计账务处理:

借:事业支出　　　　　　　　　　　　　　　　1 000
　　贷:资金结存——银行存款　　　　　　　　　　　　1 000

高等学校应当按照开户银行和其他金融机构、存款种类及币种等,分别设置"银行存款日记账",由出纳人员根据收付款凭证,按照业务的发生顺序逐笔登记,每日终了应结出余额。"银行存款日记账"应定期与"银行对账单"核对,至少每月核对一次。月度终了,高等学校银行存款日记账账面余额与银行对账单余额之间如有差额,必须逐笔查明原因并进行处理,按月编制"银行存款余额调节表",进行核对。

五、银行存款外币业务的账务处理

高等学校发生外币业务的，应当按照业务发生当日的即期汇率，将外币金额折算为人民币金额记账，并登记外币金额和汇率。期末，各种外币账户的期末余额，应当按照期末的即期汇率折算为人民币金额，作为外币账户期末人民币余额。调整后的各种外币账户人民币余额与原账面人民币余额的差额，作为汇兑损益计入当期费用。

1. 以外币购买物资、设备等，按照购入当日的即期汇率将支付的外币或应支付的外币折算为人民币金额，借记"库存物品"等科目，贷记本科目、"应付账款"等科目的外币账户。

2. 销售物品、提供服务以外币收取相关款项等，按照收入确认当日的即期汇率将收取的外币或应收取的外币折算为人民币金额，借记本科目、"应收账款"等科目的外币账户，贷记"事业收入"等相关科目。

3. 期末，根据各外币银行存款账户按照期末汇率调整后的人民币余额与原账面人民币余额的差额，作为汇兑损益，借记或贷记本科目，贷记或借记"业务活动费用""单位管理费用"等科目。

【例3-6】东方矿业大学外币业务采用发生时的市场汇率折算。本期从国外购入一台不需要安装的设备，设备价款为150 000美元，购入该设备时市场汇率为1美元=6.26元人民币，款项尚没有支付。

财务会计账务处理如下：

借：固定资产——机器设备　　　　　　　　　　　　939 000
　　贷：应付账款——美元户（150 000×6.26）　　　　939 000

预算会计不做账务处理。

【例3-7】东方矿业大学以业务发生日的市场汇率作为折合汇率。3月15日，出口科研成果，售价1 000美元，当日的市场汇价为1美元=6.30元人民币。3月22日，收到外汇并结售给银行，当日市场汇价1美元=6.35元人民币，银行买入价为1美元=6.32元人民币，实际收到人民币6 320元。

3月15日，财务会计账务处理如下：

借：应收账款（1 000×6.30）　　　　　　　　　　6 300
　　贷：事业收入　　　　　　　　　　　　　　　　　6 300

预算会计不做账务处理。

3月22日，财务会计账务处理如下：

借：银行存款——人民币户（1 000×6.32）　　　　6 320
　　其他费用　　　　　　　　　　　　　　　　　　30
　　贷：应收账款（1 000×6.35）　　　　　　　　　6 350

第三章 货币资金

同时预算会计账务处理：

  借：资金结存——货币资金   6 320

    贷：事业预算收入   6 320

  在本例中，期末，对"应收账款"科目按期末市场汇价进行调整，调整后与原账面记账本位币之间的差额，作为汇兑损益，记入相关费用。在本例中，"应收账款"科目的期末余额为零，无须计算汇兑损益。

  【例3-8】 东方矿业大学外币业务的核算以业务发生日的市场汇率作为折合汇率。3月15日，为归还一笔1 000美元的应付账款而向银行购入外汇，当日的市场汇价为1美元=6.30元人民币，银行卖出价为1美元=6.35元人民币，该大学实际付出人民币6 350元。

  3月15日财务会计账务处理如下：

  借：应付账款（1 000×6.3）   6 300

    其他费用   50

    贷：银行存款   6 350

  同时，预算会计账务处理：

  借：事业支出   6 350

    贷：资金结存——货币资金   6 350

  【例3-9】 东方矿业大学外币业务采用发生时的市场汇率折算。本期因为外币支付需要，从银行买入20 000美元，银行当日的美元卖出价是1美元=6.4元人民币，当日市场汇率为1美元=6.3元人民币。财务会计账务处理如下：

  借：银行存款——美元户（20 000×6.3）   126 000

    其他费用   2 000

    贷：银行存款——人民币户（20 000×6.4） 128 000

  同时预算会计账务处理：

  借：事业支出   2 000

    贷：资金结存——货币资金   2 000

  【例3-10】 东方矿业大学外币业务按发生时的市场汇率折算。从中国银行借入港币500 000元，期限为6个月，借入的外币暂存银行。借入时的市场汇率为1港元=1.06元人民币。

  财务会计账务处理：

  借：银行存款——港元户（500 000×1.06） 530 000

    贷：短期借款——港元户（500 000×1.06） 530 000

  同时，预算会计账务处理：

  借：资金结存——货币资金   530 000

    贷：债务预算收入   530 000

  总体上，高等学校发生的外币交易业务，包括进口、出口以及其他以外币结算的收入和支出业务,均按照业务发生当日的即期汇率折算为记账本位币。由于借贷双方使用相同的汇率进行折算,故平时不会产生汇兑损益。在月份(或季度、年度)终了,要对所有外币账户余额,按期末汇率进行调整。调整程序如下:

第一,根据外币账户期末的原币余额按期末汇率计算出折合的人民币余额。

第二,将折合的人民币余额与调整前的原账面人民币余额相比较,计算应调整的人民币余额的差额。

第三,根据应调整的人民币差额,确定发生的汇兑损益数额。

第四,编制会计分录,调整各外币账户的账面余额,并将由此产生的差额记入相关费用等科目。

【例3-11】东方矿业大学有关外币账户期末调整的资料如下:

表3-1　　　　　2×19年期末外币账户调整计算表　　　　单位:万元

外币科目	美元余额	期末汇率	调整后人民币余额	调整前人民币余额	差额
银行存款	1 000（借）	6.30	6 300（借）	6 400（借）	100（贷）
应收账款	500（借）	6.30	3 150（借）	3 100（借）	50（借）
应付账款	400（贷）	6.30	2 520（贷）	2 550（贷）	30（借）
短期借款	3 000（贷）	6.30	18 900（贷）	20 000（贷）	100（借）
合计					80（借）

根据上述计算资料,该学校应编制如下财务会计账务处理:

借:应收账款　　　　　　　　　　　　　　　　　500 000
　　应付账款　　　　　　　　　　　　　　　　　300 000
　　短期借款　　　　　　　　　　　　　　　　1 000 000
　　贷:银行存款　　　　　　　　　　　　　　　1 000 000
　　　　其他收入　　　　　　　　　　　　　　　　800 000

同时,预算会计账务处理:

借:事业支出　　　　　　　　　　　　　　　　1 000 000
　　贷:资金结存——货币资金　　　　　　　　　1 000 000

第四节　零余额账户用款额度

为适应财政国库集中支付制度改革的需要,加强财政性资金的管理与监督,各级行政事业单位已逐步实行财政国库集中支付制度改革。对高等学校来说,涉及的额度类账户包括零余额账户用款额度与财政应返还额度。

第三章 货币资金

一、零余额账户用款额度概述

零余额账户是指财政部门和预算单位在办理直接支付和授权支付业务时，先由代理银行根据支付令（即拨款凭证），通过财政部门零余额账户或预算单位零余额账户将资金支付到供应商或收款人账户。支付的资金由代理银行在每天规定的时间内与中国人民银行通过国库单一账户进行清算，将当天支付的所有资金从中国人民银行国库划到上述各账户，当天轧账后，各账户的余额均为零。

实行国库集中支付的高等学校根据财政部门批复的用款计划收到的、尚未动用的零余额账户用款额度应设置"零余额账户用款额度"；本科目期末借方余额，反映高等学校尚未支用的零余额用款额度，年末注销单位零余额账户用款额度后，本科目应无余额。

二、零余额账户用款额度核算

零余额账户用款额度的主要账务处理如下：

1. 在财政授权支付方式下，高等学校收到"财政授权支付到账通知书"时，根据通知书所列数额，借记本科目，贷记"财政拨款收入"科目。

2. 支付日常活动费用时，按照支付的金额，借记"业务活动费用""单位管理费用"等科目，贷记本科目。

3. 从零余额账户提取现金时，按照实际提取的金额，借记"库存现金"科目，贷记本科目；将现金退回学校零余额账户时，按照实际退回的金额，借记本科目，贷记"库存现金"科目。

4. 因购货退回等发生财政授权支付额度退回的，属于本年度授权支付的款项，按照退回的金额，借记本科目，贷记"库存物品"等科目；属于以前年度授权支付的款项，按照退回的金额，借记本科目，贷记"库存物品""以前年度盈余调整"等科目。

5. 年度终了，依据代理银行提供的对账单作注销额度的相关账务处理，借记"财政应返还额度——财政授权支付"科目，贷记本科目。高等学校本年度财政授权支付预算指标数大于零余额账户用款额度下达数的，根据未下达的用款额度，借记"财政应返还额度——财政授权支付"科目，贷记"财政拨款收入"科目。

下年初，高等学校依据代理银行提供的上年度注销额度恢复到账通知书做恢复额度的相关账务处理，借记本科目，贷记"财政应返还额度——财政授权支付"科目。高等学校收到财政部门批复的上年未下达零余额账户用款额度，借记本科目，贷记"财政应返还额度——财政授权支付"科目。

【例3-12】东方矿业大学自2×19年起,实行国库集中支付和政府采购制度。经财政部门核准,东方矿业大学的工资支出、10万元以上的物品和服务采购支出实行财政直接支付方式,10万元以下的物品和服务采购支出以及日常零星支出实行财政授权支付方式。2×19年,财政部门批准的东方矿业大学年度预算为2 000万元。1~11月份,东方矿业大学累计预算支出数为1 800万元,其中,1 500万元已由财政直接支付,300万元已由财政授权支付;12月份经财政部门核定的用款计划数为200万元,其中,财政直接支付的用款计划数为150万元,财政授权支付的用款计划数为50万元。

东方矿业大学12月份对有关国库集中支付和政府采购事项的会计处理或做法如下(东方矿业大学无纳税和其他事项):

(1) 2日,东方矿业大学收到代理银行转来的"财政授权支付额度到账通知书",通知书中注明的本月授权额度为50万元。

东方矿业大学应将授权额度50万元确认为零余额账户用款额度和财政拨款收入。财务会计账务处理:

借:零余额账户用款额度　　　　　　　　　　　　　　500 000
　　贷:财政拨款收入　　　　　　　　　　　　　　　　　　500 000

同时,预算会计账务处理:

借:资金结存——零余额账户用款额度　　　　　　　　500 000
　　贷:财政拨款预算收入　　　　　　　　　　　　　　　　500 000

(2) 4日,东方矿业大学收到财政国库支付执行机构委托代理银行转来的"财政直接支付入账通知书"和"工资发放明细表",通知书和明细表中注明的工资支出金额为80万元,代理银行已将80万元划入东方矿业大学职工个人账户。

东方矿业大学应将80万元工资支出确认为业务活动和财政拨款。

财务会计账务处理:

借:业务活动费用　　　　　　　　　　　　　　　　　800 000
　　贷:财政拨款收入　　　　　　　　　　　　　　　　　　800 000

同时,预算会计账务处理:

借:事业支出　　　　　　　　　　　　　　　　　　　800 000
　　贷:财政拨款预算收入　　　　　　　　　　　　　　　　800 000

(3) 6日,东方矿业大学按规定的政府采购程序与B供货商签订了一份购货合同,购买一台设备,合同金额为55万元。合同约定,所购设备由B供货商于5天内交付,设备价款在交付验货后由东方矿业大学向财政申请直接支付。

东方矿业大学对此事项不应做财务会计和预算会计账务处理。

(4) 9日,东方矿业大学收到所购设备和购货发票,购货发票上注明的金额为55万元。东方矿业大学在验货后,于当日向财政国库支付执行机构提交了"财政直接支付申请书",向财政申请支付B供货商货款,但当日尚未收到"财

第三章 货币资金

政直接支付入账通知书"。

东方矿业大学应按发票上注明的金额55万元，在确认固定资产的同时，确认应付账款55万元。

财务会计账务处理：
借：固定资产　　　　　　　　　　　　　　　　550 000
　　贷：应付账款　　　　　　　　　　　　　　　　550 000

预算会计不做账务处理。

(5) 11日，东方矿业大学收到代理银行转来的用于支付B供货商货款的"财政直接支付入账通知书"，通知书中注明的金额为55万元。

财务会计账务处理：
借：应付账款　　　　　　　　　　　　　　　　550 000
　　贷：财政拨款收入　　　　　　　　　　　　　　550 000

同时，预算会计账务处理：
借：事业支出　　　　　　　　　　　　　　　　550 000
　　贷：财政拨款预算收入　　　　　　　　　　　　550 000

(6) 14日，东方矿业大学从零余额账户提取现金5万元。

东方矿业大学财务会计账务处理：
借：库存现金　　　　　　　　　　　　　　　　50 000
　　贷：零余额账户用款额度　　　　　　　　　　　50 000

预算会计不做账务处理。

(7) 15日，东方矿业大学报销差旅费4.8万元，并用现金购买一批随买随用的办公用品1 000元。

东方矿业大学应将差旅费和办公用品支出计入教学支出。财务会计账务处理如下：

借：业务活动费用　　　　　　　　　　　　　　49 000
　　贷：库存现金　　　　　　　　　　　　　　　　49 000

同时，预算会计账务处理：
借：事业支出——教育支出　　　　　　　　　　49 000
　　贷：资金结存——货币资金　　　　　　　　　　49 000

(8) 20日，东方矿业大学按规定的政府采购程序与C供货商签订一份购货合同，购买10台办公用计算机，合同金额为9万元。合同约定，所购计算机由C供货商于本月22日交付，货款由东方矿业大学在验货后向代理银行开具支付令。

东方矿业大学对此事项应不做会计处理。

(9) 22日，东方矿业大学收到所购计算机，验货后，通知银行支付C供货商货款9万元，C供货商提交了购货发票，假设不考虑税收。

东方矿业大学财务会计账务处理如下：

借：固定资产　　　　　　　　　　　　　　　　　90 000
　　贷：银行存款　　　　　　　　　　　　　　　　90 000
同时预算会计账务处理如下：
借：事业支出　　　　　　　　　　　　　　　　　90 000
　　贷：资金结存——货币资金　　　　　　　　　90 000

三、对账处理

处理完当月账务后，高等学校应就单位"零余额账户"与代理银行提供的对账单核对财政授权支付的额度、支出数、额度结余数，经双方签证后的对账单由事业单位随同月份会计报表逐级上报。每日终了，事业单位应编制现金日报表。需注意：（1）高等学校出纳账上的"零余额账户"借方余额应该与银行的预算单位财政支付额度对账表的期末结余额度一致；（2）高等学校"零余额账户"借方反映的是单位从财政收到的零余额用款额度，与单位财务账上的拨入经费、预算外收入、事业收入等科目的贷方发生额一致；高等学校"零余额账户"贷方反映高等学校零余额的支付、退款及缴存现金的数额，与单位财务账上的授权支付数额一致。

四、年终整理与预算结余资金处理

年终时，财政和预算单位设置整理期，用于处理未达账款等事宜。整理期结束后，财政国库管理机构、财政国库支付执行机构、预算单位之间及上、下级预算单位之间的各有关账户必须完全一致，不应再有未达账项。高等学校年终结转结余资金的数额按照财政部门批复的部门预算数额加上年预算结转结余数额减当年财政国库已支付数额（包括财政直接支付数额和财政授权支付数额）和应缴回财政部门数额后的余额计算。无论财政授权支付还是财政直接支付的结转结余资金，年终全部转入"财政应返还额度"。下年恢复额度时，财政授权支付结余资金转入"零余额账户"，而财政直接支付结转结余资金仍保留在"财政应返还额度"科目。支出时，减少财政应返还额度。

五、公务卡结算制度

公务卡，是指财政预算单位工作人员持有的、主要用于日常公务支出和财务报销业务的贷记卡。贷记卡主要特点是先消费再还款，具有透支功能。

2007年，财政部、中国人民银行颁布《中央预算单位公务卡管理暂行办法》（财库〔2007〕63号），在中央预算单位实行公务卡制度改革。公务卡结算是指

第三章 货币资金

将行政事业单位原使用现金支付的日常公务开支,改使用公务卡刷卡结算,实现公务支出的无现金支付和支付信息的电子化管理。公务卡制度改革推行后,改革覆盖面迅速扩大,公务卡发卡量快速增长,对减少预算单位现金支付结算、规范公务支出的政策效应逐步显现。但同时也存在公务卡使用范围偏窄、使用率不高的问题,"有卡不用"现象较为普遍。

2011年,财政部颁布《关于实施中央预算单位公务卡强制结算目录的通知》(财库[2011]160号),凡目录规定的公务支出项目,应按规定使用公务卡结算,原则上不再使用现金结算。要求各部门于2012年底前将公务卡制度改革推进到所有基层预算单位,并督促基层预算单位严格执行公务卡强制结算目录。

2016年,财政部、中国人民银行颁布了《单位公务卡管理办法(试行)》,进一步完善公务卡制度体系,选择江苏省和深圳市作为试点地区。

公务卡的特殊之处在于其将财政财务管理的有关功能与银行卡的结算方式相结合,形成的一种新型财政财务管理手段和工具,以确保公务消费行为都有据可查、有迹可循,同时减少日常开支中的现金流,降低财务人员的工作量。公务卡消费的资金范围主要包括:差旅费、会议费、招待费和零星购买支出等费用。公务卡具有一般银行卡所具有的授信消费等共同属性,同时又具有财政管理的独特属性,能够将财政管理的有关要求与银行卡的独特优势相结合,是一种新型的财政财务管理工具和手段。所谓共同属性,是指公务卡能够方便快捷地办理支付结算业务,属于银行卡范畴,是一种现代支付结算工具。所谓独特属性,即财政财务管理属性,强调公务卡不是一般意义上的银行卡,而是指定用于公务消费的个人信用卡,将财政财务管理的有关规范与银行卡的结算方式相结合而形成的一种新型财政财务管理工具和手段。公务卡在卡种选择、额度设定、组织申办、结算报销和信息管理等方面,都要按照公务卡管理制度的专门规定执行。中央预算单位公务卡强制结算项目及内容如表3-2所示。

表3-2　　　　　中央预算单位公务卡强制结算项目及内容

序号	公务卡结算项目	备注
01	办公费	指单位购买按财务会计制度规定不符合固定资产确认标准的日常办公用品、书报杂志等支出
02	印刷费	指单位的印刷费支出
03	咨询费	指单位咨询方面的支出
04	手续费	指单位支付的手续费支出
05	水电费	指单位支付的水电费支出
06	邮电费	指单位开支的电话费、电报费、传真费、网络通信费等支出

高等学校会计实务

续表

序号	公务卡结算项目	备注
07	物业管理费	指单位开支的办公用房、职工及离退休人员宿舍等的物业管理费，包括综合治理、绿化、卫生等方面的支出
08	差旅费	指单位工作人员因出差支付的住宿费、购买机票支出等
09	维修（护）费	指单位日常开支的固定资产（不包括车船等交通工具）修理和维护费用，网络信息系统运行与维护费用
10	租赁费	指租赁办公用房、宿舍、专用通信网以及其他设备等方面的费用
11	会议费	指会议中按规定开支的房租费、伙食补助费以及文件资料的印刷费、会议场地租用费等
12	培训费	指各类培训支出
13	公务接待费	指单位按规定开支的各类公务接待（含外宾接待）费用
14	专用材料费	指单位购买日常专用材料的支出。具体包括药品及医疗耗材，农用材料，兽医用品，实验室用品，专用服装，消耗性体育用品，专用工具和仪器，艺术部门专用材料和用品，广播电视台发射台发射机的电力、材料等方面的支出
15	公务用车运行维护费	指公务用车的燃料费、维修费、保险费等支出
16	其他交通费用	指单位除公务用车运行维护费以外的其他交通费用。如飞机、船舶等的燃料费、维修费、保险费等

公务卡结算方式的基本程序：预算单位在单位零余额账户银行开设"单位卡"账户。"单位卡"账户资金实行备用金管理，按备用金额度从本单位"单位零余额账户"以转账支票或授权支付方式将资金划转"单位卡"账户。"单位卡"由单位出纳人员持有、保管和使用。"个人卡"由单位职工个人申请、持有、保管和使用。

1. 公务卡的免息期。公务卡属于贷记卡，可以先透支后还款，享受免息期。免息期是指记账日至还款日之间的时间。因为刷卡消费的时间有先有后，所以享有的免息期长短不同。例如，某信用卡的免息期为 20~50 天，如果该账单日为每月 15 日，最后还款日为次月 5 日，持卡人应在账单日后 20 天内还款。再如：持卡人在 3 月 12 日和 3 月 16 日分别刷卡消费 1 000 元和 2 000 元，那么 1 000 元将在 3 月 15 日的账单上列出，持卡人最迟应该在 4 月 5 日前还款，这笔消费的免息期就是 24 天；2 000 元将在 4 月 15 日的账单上列出，持卡人最迟可以在 5 月 5 日还款，这笔消费的免息期就是 50 天。特别需要注意的是，对于透支取现是不享受免息期的，并按银行日利率计算利息。

2. 使用现金结算方式的范围。由于用卡环境等条件的限制，目前不能完全

第三章 货币资金

杜绝现金结算，下列情况可暂不使用公务卡结算：

(1) 在县级以下（不包括县级）地区发生的公务支出；

(2) 在县级及县级以上地区不具备刷卡条件的场所发生的单笔消费在200元以下的公务支出；

(3) 按规定支付给个人的支出；

(4) 签证费、快递费、过桥过路费、出租车费用等目前只能使用现金结算的支出。

(5) 除上述情况外，因特殊情形确实不能使用公务卡结算的，应报经单位财务部门批准。

3. 公务卡消费的报账依据。高等学校工作人员使用公务卡进行公务消费，必须取得POS小票和正式税务发票或财政票据；发票金额合并开具的，还应取得所购商品的明细清单。POS机小票、正式税务发票或财政票据，以及商品明细清单，是公务消费报账的必要依据，均要作为会计原始凭证管理。

4. 高等学校不予报销的公务卡消费业务。有下列情形之一，所产生费用由持卡人承担，高等学校不予报销：

(1) 报销费用与提供的报销凭证、公务卡消费交易凭条不符的；

(2) 持卡人通过公务卡提取现金所产生的手续费、利息等；

(3) 因持卡人个人原因未能在公务卡免息期内还款，所造成的罚息和滞纳金等；

(4) 因持卡人保管不慎或遗失等原因，导致公务卡被盗刷所形成的支出和损失。

(5) 使用公务卡用于个人消费的；

(6) 其他不符合财务管理规定或超出标准的消费。

【例3-13】东方矿业大学于1月20日在单位零余额账户银行开设"单位卡"账户，账户内划入金额30 000元。该高等学校教职工王某于3月15日申请"个人卡"消费报销，报销金额700元，相关报销凭证齐全且在公务卡报销合理范围。会计账务处理如下：

(1) 1月20日，东方矿业大学财务会计账务处理：

借：银行存款——单位卡　　　　　　　　　　　　　30 000
　　贷：零余额账户用款额度　　　　　　　　　　　　30 000

同时，预算会计账务处理：

借：资金结存——货币资金（单位卡）　　　　　　　30 000
　　贷：资金结存——零余额账户用款额度　　　　　　30 000

(2) 3月15日，东方矿业大学财务会计账务处理：

借：其他费用——个人卡　　　　　　　　　　　　　700
　　贷：银行存款——单位卡　　　　　　　　　　　　700

同时,预算会计账务处理:
借:事业支出　　　　　　　　　　　　　　　　　　　　700
　　贷:资金结存——货币资金(单位卡)　　　　　　　　700

第五节　其他货币资金

一、其他货币资金概述

其他货币资金是指单位除现金、银行存款以外的其他各种货币资金。包括外埠存款、银行汇票存款、银行本票存款、信用卡存款、信用卡保证金存款以及存出投资款等。

本科目主要核算单位的外埠存款、银行本票存款、银行汇票存款、信用卡存款等各种其他货币资金。应当设置"外埠存款""银行本票存款""银行汇票存款""信用卡存款"等明细科目,进行明细核算。

本科目期末借方余额,反映单位实际持有的其他货币资金。

二、其他货币资金的账务处理

1. 高等学校按照有关规定需要在异地开立银行账户,将款项委托本地银行汇往异地开立账户时,借记本科目,贷记"银行存款"科目。收到采购员交来供应单位发票账单等报销凭证时,借记"库存物品"等科目,贷记本科目。将多余的外埠存款转回本地银行时,根据银行的收账通知,借记"银行存款"科目,贷记本科目。

2. 将款项交存银行取得银行本票、银行汇票,按照取得的银行本票、银行汇票金额,借记本科目,贷记"银行存款"科目。使用银行本票、银行汇票购买库存物品等资产时,按照实际支付金额,借记"库存物品"等科目,贷记本科目。如有余款或因本票、汇票超过付款期等原因而退回款项,按照退款金额,借记"银行存款"科目,贷记本科目。

3. 将款项交存银行取得信用卡,按照交存金额,借记本科目,贷记"银行存款"科目。用信用卡支付有关费用,按照实际支付金额,借记"单位管理费用""库存物品"等科目,贷记本科目。高等学校信用卡在使用过程中,需向其账户续存资金的,按照续存金额,借记本科目,贷记"银行存款"科目。

高等学校应当加强对其他货币资金的管理,及时办理结算,对于逾期尚未办理结算的银行汇票、银行本票等,应当按照规定及时转回,并按照上述规定进行相应账务处理。

第四章 应收及预付款项

第一节 应收及预付款项概述

应收及预付款项是指高等学校在日常经营过程中发生的各种应收款项和预付款项。应收款项包括财政应返还额度、应收票据、应收账款和其他应收款等;预付款项则是指高等学校按照合同规定预付的款项,如预付账款等。

财政应返还额度核算实行国库集中支付的高等学校应收财政返还的资金额度。本科目应当设置"财政直接支付""财政授权支付"两个明细科目,进行明细核算。

应收票据是指高等学校因开展经营活动销售商品、提供有偿服务等而收到的商业汇票。商业汇票是一种由出票人签发的,委托付款人在指定日期无条件支付确定金额给收款人或者持票人的票据。

应收账款是指高等学校因提供服务、销售产品等应收取的款项,以及高等学校因出租资产、出售物资等应收取的款项。

其他应收款是指高等学校除应收票据、应收账款、预付账款等以外的其他各种应收及暂付款项,包括职工预借的差旅费、已经偿还银行尚未报销的本单位公务卡欠款、应向职工收取的各种垫付款项等。

预付款项是指按照购货、服务合同或协议规定预付给供应单位(或个人)的款项,以及按照合同规定向承包工程的施工企业预付的备料款和工程款。

在核算时,应收及预付款项应当按照实际发生额入账,并按往来户名设置明细账,进行明细核算。

第二节 财政应返还额度

一、财政应返还额度概述

财政应返还额度是指在实行国库集中支付的高等学校应收财政返还的资金额度。

为了反映财政应返还额度的增减变动情况,高等学校应设置"财政应返还额度"科目,核算实行国库集中支付的高等学校应收财政返还的资金额度。该科目借方登记财政应返还额度增加数,贷方登记财政应返还额度减少数;期末余额在借方,反映高等学校应收财政返还的资金额度。该科目应当设置"财政直接支付""财政授权支付"两个明细科目进行核算。财政应返还额度在年末时,根据财政资金的支付方式不同,应分别进行处理。

二、财政直接支付

年度终了,高等学校根据本年度财政直接支付预算指标数大于当年财政直接支付实际支出数的差额,借记"财政应返还额度——财政直接支付"科目,贷记"财政拨款收入"科目。

下年度恢复财政直接支付额度后,高等学校以财政直接支付方式发生实际支出时,借记有关科目,贷记"财政应返还额度——财政直接支付"科目。需要注意的是,下年度恢复财政直接支付额度时不做账务处理。

【例 4-1】东方矿业大学 2×19 年初恢复财政直接支付额度 15 万元后,以财政直接支付方式发生实际科研经费时,根据相关业务单据,财务会计应做如下账务处理:

借:业务活动费用　　　　　　　　　　　　　　150 000
　　贷:财政应返还额度——财政直接支付　　　　　　150 000

同时,预算会计进行如下账务处理:

借:事业支出——科研支出　　　　　　　　　　　150 000
　　贷:资金结存——财政应返还额度——财政直接支付　150 000

三、财政授权支付

年度终了,高等学校依据代理银行提供的对账单作注销额度的相关账务处理,借记"财政应返还额度——财政授权支付"科目,贷记"零余额账户用款额度"科目。若高等学校本年度财政授权支付预算指标数大于零余额账户用款额度下达数的,应根据未下达的用款额度,借记"财政应返还额度——财政授权支付"科目,贷记"财政拨款收入"科目。

下年初,高等学校依据代理银行提供的上年度注销额度恢复到账通知书作恢复额度的相关账务处理,借记"零余额账户用款额度"科目,贷记"财政应返还额度——财政授权支付"科目。高等学校收到财政部门批复的上年末未下达零余额账户用款额度时,借记"零余额账户用款额度"科目,贷记"财政应返还额度——财政授权支付"科目。

第四章 应收及预付款项

【例 4 - 2】 2×19 年 12 月 31 日,东方矿业大学年度预算结转资金为 51 万元,其中,财政直接支付年终预算结转资金为 15 万元,财政授权支付年终预算结转资金为 36 万元。

对于财政直接支付年终结余资金,应增加财政应返还额度 15 万元,确认财政拨款 15 万元。对于财政授权支付年终结余资金,应增加财政应返还额度 36 万元,减少零余额账户用款额度 36 万元。

年终,东方矿业大学财务会计账务处理:

借:财政应返还额度——财政直接支付　　　　150 000
　　贷:财政拨款收入　　　　　　　　　　　　　　150 000
借:财政应返还额度——财政授权支付　　　　360 000
　　贷:零余额账户用款额度　　　　　　　　　　　360 000

同时,预算会计进行账务处理:

借:资金结存——财政应返还额度——财政直接支付　150 000
　　贷:财政拨款预算收入　　　　　　　　　　　　　150 000
借:资金结存——财政应返还额度——财政授权支付　360 000
　　贷:零余额账户用款额度　　　　　　　　　　　　360 000

第三节　应 收 票 据

一、应收票据概述

应收票据,是指高等学校因开展经营活动销售商品、提供有偿劳务等而收到的商业汇票。商业汇票是一种由出票人签发的,委托付款人在指定日期无条件支付确定金额给收款人或者持票人的票据。

商业汇票的付款期限,最长不得超过 6 个月。定日付款的汇票付款期限自出票日起计算,并在汇票上记载具体到期日;出票后定期付款的汇票付款期限自出票日起按月计算,并在汇票上记载;见票后定期付款的汇票付款期限自承兑或拒绝承兑日起按月计算,并在汇票上记载。商业汇票的提示付款期限,自汇票到期日起 10 日。符合条件的商业汇票的持票人,可以持未到期的商业汇票连同贴现凭证向银行申请贴现。

根据承兑人不同,商业汇票分为商业承兑汇票和银行承兑汇票。商业承兑汇票是指由付款人签发并承兑,或由收款人签发交由付款人承兑的汇票。商业承兑汇票的付款人收到开户银行的付款通知,应在当日通知银行付款。付款人在接到通知日的次日起 3 日内(遇法定休假日顺延)未通知银行付款的,视同付款人承诺付款，银行将于付款人接到通知日的次日起第4日（遇法定休假日顺延）上午开始营业时，将票款划给持票人。付款人提前收到由其承兑的商业汇票，应通知银行于汇票到期日付款。银行在办理划款时，付款人存款账户不足支付的，银行应填制付款人未付票款通知书，连同商业承兑汇票邮寄持票人开户银行转交持票人。

　　银行承兑汇票是指由在承兑银行开立存款账户的存款人（出票人）签发，由承兑银行承兑的票据。高等学校申请使用银行承兑汇票时，应向其承兑银行按票面金额的万分之五交纳手续费。银行承兑汇票的出票人应于汇票到期前将票款足额交存其开户银行，承兑银行应在汇票到期日或到期日后的见票当日支付票款。银行承兑汇票的出票人于汇票到期前未能足额交存票款时，承兑银行除凭票向持票人无条件付款外，对出票人尚未支付的汇票金额按照每天万分之五计收利息。

二、应收票据核算

　　为了核算高等学校因开展业务活动而收到的商业汇票，包括银行承兑汇票和商业承兑汇票，高等学校应设置"应收票据"科目。借方登记取得的应收票据的面值，贷方登记到期收回票款或到期前向银行贴现的应收票据的票面余额，期末余额在借方，反映企业持有的商业汇票的票面金额。

　　高等学校应当设置"应收票据备查簿"，逐笔登记每一笔应收票据的种类、号数、出票日期、到期日、票面金额、交易合同号和付款人、承兑人、背书人姓名或单位名称、背书转让日、贴现日期、贴现率和贴现净额、收款日期、收回金额和退票情况等资料，应收票据到期结清票款或退票后，应当在备查簿内逐笔注销。

　　无论是企业还是高等学校，在收到开出、承兑的商业汇票时，按照商业汇票的票面金额入账。为简化会计核算，单位所收到的无论是带息票据还是不带息票据均按其票面金额入账。商业汇票的利息计算公式：

　　　　商业汇票的利息＝商业汇票的票面金额×票面利率×票据期限

　　票据期限若按月表示时，应以到期月份中与出票日相同的那一天为到期日。月末签发的票据，不论月份大小，以到期月份的月末那一天为到期日。

　　票据期限若按日表示时，应从出票日起按实际出票天数计算。出票日和到期日只能计算其中的一天，即"算头不算尾"或"算尾不算头"。

　　应收票据的主要账务处理如下：

　　1. 因销售产品、提供服务等收到商业汇票，按照商业汇票的票面金额，借记本科目，按照确认的收入金额，贷记"经营收入"等科目，按照现行增值税制度规定计算的销项税额（或采用简易计税方法计算的应纳增值税额），贷记"应

第四章 应收及预付款项

交增值税——应交税金（销项税额）"科目或"应交增值税——简易计税"科目。发生销售退回的，应根据按照规定开具的红字增值税专用发票做相反的会计分录。

2. 持未到期的商业汇票向银行贴现，按照实际收到的金额（即扣除贴现息后的净额），借记"银行存款"科目，按照贴现息金额，借记"经营费用"等科目，按照商业汇票的票面金额，贷记本科目（无追索权）或"短期借款"科目（有追索权）。附追索权的商业汇票到期未发生追索事项的，按照商业汇票的票面金额，借记"短期借款"科目，贷记本科目。

3. 将持有的商业汇票背书转让以取得所需物资时，按照取得物资的成本，借记有关科目，按照商业汇票的票面金额，贷记本科目，如有差额，借记或贷记"银行存款"等科目。

4. 商业汇票到期时，应当分别以下情况处理：

（1）收回应收票据，按照实际收到的商业汇票票面金额，借记"银行存款"科目，贷记本科目。

（2）因付款人无力支付票款，收到银行退回的商业承兑汇票、委托收款凭证、未付票款通知书或拒付款证明等，按照商业汇票的票面金额，借记"应收账款"科目，贷记本科目。

【例4-3】东方矿业大学2×19年3月1日向乙公司销售一项科技成果，价款为1 500 000元，货款尚未收到，已办妥手续。则东方矿业大学财务会计账务处理如下：

借：应收票据——乙公司　　　　　　　　　　　　1 500 000
　　贷：事业收入　　　　　　　　　　　　　　　　　　　1 500 000

因货款尚未收到，预算会计不做账务处理。

乙公司开出一张为期3个月的商业承兑汇票，面值为1 500 000元，抵付科研成果价款。6月15日，东方矿业大学上述应收票据到期收回票面金额1 500 000元存入银行。

东方矿业大学财务会计账务处理如下：

借：银行存款　　　　　　　　　　　　　　　　　1 500 000
　　贷：应收票据——乙公司　　　　　　　　　　　　　　1 500 000

同时，预算会计进行账务处理：

借：资金结存——货币资金　　　　　　　　　　　1 500 000
　　贷：事业预算收入——科研事业预算收入　　　　　　　1 500 000

假定东方矿业大学于4月15日将上述应收票据背书转让，以取得所需的A种材料，该材料金额为1 500 000元。不考虑增值税等影响。东方矿业大学财务会计账务处理如下：

借：库存物品　　　　　　　　　　　　　　　　　1 500 000

贷：应收票据——乙公司　　　　　　　　　　　　　　　　1 500 000
预算会计不做账务处理。

【例4-4】2×19年5月20日，东方矿业大学持经营活动取得的出票日期为3月20日，期限为6个月，面额为25万元的带息商业汇票向银行贴现，票面利率为4%，贴现率为6%，其他相关的手续费150元。与银行签订的协议中规定，如果债务人未按期偿还时，该大学负有向银行还款的责任。

票据到期值 = 250 000 × (1 + 4% ÷ 12 × 6) = 255 000（元）

贴现息 = 255 000 × 6% ÷ 12 × 4 = 5 100（元）

贴现额 = 到期值 − 贴现息 − 应交相关手续费 = 25 500 − 5 100 − 150 = 249 750（元）

东方矿业大学的财务会计账务处理：

借：银行存款　　　　　　　　　　　　　　　　　　　　249 750
　　经营费用　　　　　　　　　　　　　　　　　　　　　　250
　贷：应收票据　　　　　　　　　　　　　　　　　　　250 000

同时预算会计账务处理：

借：资金结存——货币资金　　　　　　　　　　　　　　249 750
　贷：经营预算收入　　　　　　　　　　　　　　　　　249 750

如果票据到期承兑方付款，则不需要进行账务处理；

如果票据到期承兑方无力支付，贴现银行将票款从该大学账户中划回，则该大学财务会计账务处理：

借：应收账款　　　　　　　　　　　　　　　　　　　　255 000
　贷：银行存款　　　　　　　　　　　　　　　　　　　255 000

同时，该大学预算会计进行账务处理：

借：经营预算收入　　　　　　　　　　　　　　　　　　249 750
　贷：资金结存——货币资金　　　　　　　　　　　　　249 750

如果票据到期承兑方无力支付，而东方矿业大学的账户上也无款可划，财务会计账务处理：

借：应收账款　　　　　　　　　　　　　　　　　　　　250 000
　贷：短期借款　　　　　　　　　　　　　　　　　　　250 000

预算会计不进行账务处理。

【例4-5】2×19年5月20日，东方矿业大学将其所取得的一张甲企业出票日期为同年4月20日、面值100 000元、期限为3个月的无息银行承兑汇票背书转让取得了一批原材料价款100 000元。则东方矿业大学的财务会计账务处理如下：

应收票据账面余额 = 面值 = 100 000（元）

借：库存物品　　　　　　　　　　　　　　　　　　　　100 000
　贷：应收票据——甲企业　　　　　　　　　　　　　　100 000

预算会计不做账务处理。

【例4-6】2×19年6月20日,东方矿业大学持有的丙企业3月20日开出的期限为3个月的无息商业汇票到期(票据面值为280 000元),但由于丙企业财务困难,没能按期收回款项。则东方矿业大学的财务会计账务处理如下:

借:应收账款——丙企业　　　　　　　　　　　280 000
　　贷:应收票据——丙企业　　　　　　　　　　　280 000

预算会计不做账务处理。

【例4-7】2×19年10月20日,东方矿业大学持有的乙企业7月20日开出的期限为3个月的无息商业汇票到期(票据面值为33 400元)如期收回款项。则东方矿业大学的财务会计账务处理如下:

借:银行存款　　　　　　　　　　　　　　　　33 400
　　贷:应收票据——乙企业　　　　　　　　　　　33 400

同时,该大学预算会计进行账务处理:

借:资金结存——货币资金　　　　　　　　　　33 400
　　贷:经营预算收入　　　　　　　　　　　　　　33 400

第四节　应收账款

一、应收账款概述

应收账款是指高等学校因开展经营活动销售商品、提供劳务等原因,应向购货客户或接受劳务的客户收取的款项,包括代收的税金及代垫的运杂费等。应收账款应在销售实现时予以确认,通常它伴随着经营收入的确认而确认。

应收账款的金额通常在收入实现时按销售合同规定的合同或协议价款确定,此时,应收账款的金额等于相应收入及相关税金的合计数。如果高等学校为购货单位垫付了包装费、运杂费等,则应收账款的金额还应包括为购货单位垫付的包装费、运杂费等。

二、应收账款核算

为了反映和监督应收账款的增减变动及其结存情况,高等学校应设置"应收账款"科目,本科目核算高等学校因开展业务活动应收取的款项。不单独设置"预收账款"科目的高等学校,预收的账款也在"应收账款"科目核算。"应收账款"科目的借方登记应收账款的增加,贷方登记应收账款的收回,期末余额一般在借方，反映高等学校尚未收回的应收账款；如果期末余额在贷方，则反映高等学校预收的账款。本科目应当按照债务人设置明细账，进行明细核算。

应收账款的主要账务处理如下：

（一）应收账款收回后不需上缴财政

高等学校发生应收账款时，按照应收未收金额，借记本科目，贷记"事业收入""经营收入""租金收入""其他收入"等科目。按照现行增值税制度规定计算的销项税额（或采用简易计税方法计算的应纳增值税额），贷记"应交增值税——应交税金（销项税额）"科目或"应交增值税——简易计税"科目。发生销售退回的，应根据按照规定开具的红字增值税专用发票做相反的会计分录。

收回应收账款时，按照实际收到的金额，借记"银行存款"等科目，贷记本科目。

（二）应收账款收回后需上缴财政

1. 高等学校出租资产发生应收未收租金款项时，按照应收未收金额，借记本科目，贷记"应缴财政款"科目。收回应收账款时，按照实际收到的金额，借记"银行存款"等科目，贷记本科目。

2. 单位出售物资发生应收未收款项时，按照应收未收金额，借记本科目，贷记"应缴财政款"科目。

收回应收账款时，按照实际收到的金额，借记"银行存款"等科目，贷记本科目。

【例4-8】2×19年4月东方矿业大学向乙公司提供劳务，合同约定价款为10万，增值税税额为17 000元。货款约定暂欠。收回后不需上缴财政。东方矿业大学财务会计账务处理如下：

借：应收账款——乙公司   117 000
　　贷：经营收入   100 000
　　　　应交增值税   17 000

预算会计不做账务处理。

几天后收到该笔款项时，财务会计账务处理：

借：银行存款   117 000
　　贷：应收账款——乙公司   117 000

同时，预算会计账务处理：

借：资金结存——货币资金   117 000
　　贷：经营预算收入   117 000

第四章 应收及预付款项

【例 4-9】 2×19 年 4 月 20 日,东方矿业大学采用委托收款的方式向丙企业销售一批产品,开出增值税专用发票上注明货款 150 000 元,增值税税额 25 500 元。5 月 25 日,甲企业接到银行收款通知,这笔款项已经入账,不需上缴财政。则东方矿业大学账务处理如下:

(1) 4 月 20 日销售时,东方矿业大学财务会计账务处理为:

借:应收账款——丙企业　　　　　　　　　　　175 500
　　贷:经营收入　　　　　　　　　　　　　　　　150 000
　　　　应交增值税　　　　　　　　　　　　　　　 25 500
预算会计不做账务处理。

(2) 5 月 25 日收到款项时,东方矿业大学财务会计账务处理为:

借:银行存款　　　　　　　　　　　　　　　　175 500
　　贷:应收账款——乙公司　　　　　　　　　　　175 500
同时,预算会计账务处理:
借:资金结存——货币资金　　　　　　　　　　175 500
　　贷:经营预算收入　　　　　　　　　　　　　　175 500

(三) 高等学校应当于每年年末,对收回后不需上缴财政的应收账款进行全面检查,如发生不能收回的迹象,应当计提坏账准备

1. 对于账龄超过规定年限、确认无法收回的应收账款,按照规定报经批准后予以核销。按照核销金额,借记"坏账准备"科目,贷记本科目。核销的应收账款应在备查簿中保留登记。

2. 已核销的应收账款在以后期间又收回的,按照实际收回金额,借记本科目,贷记"坏账准备"科目;同时,借记"银行存款"等科目,贷记本科目。

【例 4-10】 2×19 年 4 月 25 日,东方矿业大学采用委托收款方式(收回后不需要上缴财政)向 D 公司销售一批产品,开出的增值税专用发票上注明货款 100 000 元,增值税税额为 17 000 元。2×19 年若有确凿证据表明该款项已无法收回,经核准后转入其他支出。

(1) 提取坏账准备时,财务会计账务处理如下:

借:其他费用　　　　　　　　　　　　　　　　117 000
　　贷:坏账准备　　　　　　　　　　　　　　　　117 000
预算会计不做账务处理。

(2) 批准予以核销时,财务会计账务处理如下:

借:坏账准备　　　　　　　　　　　　　　　　117 000
　　贷:应收账款——D 公司　　　　　　　　　　　117 000
预算会计不做账务处理。

（3）若核销后的应收账款又收回，东方矿业大学财务会计账务处理如下：
借：应收账款——D公司　　　　　　　　　　　117 000
　　贷：坏账准备　　　　　　　　　　　　　　　117 000
借：银行存款　　　　　　　　　　　　　　　　117 000
　　贷：应收账款——D公司　　　　　　　　　　117 000
同时，预算会计账务处理：
借：资金结存——货币资金　　　　　　　　　　117 000
　　贷：非财政拨款结余　　　　　　　　　　　　117 000

（四）高等学校应当于每年年末，对收回后应当上缴财政的应收账款进行全面检查

1. 对于账龄超过规定年限、确认无法收回的应收账款，按照规定报经批准后予以核销。按照核销金额，借记"应缴财政款"科目，贷记本科目。核销的应收账款应当在备查簿中保留登记。

2. 已核销的应收账款在以后期间又收回的，按照实际收回金额，借记"银行存款"等科目，贷记"应缴财政款"科目。

第五节　预付账款

一、预付账款概述

预付账款是指高等学校按照购货、服务合同或协议规定预付给供应单位（或个人）的款项，以及按照合同规定向承包工程的施工企业预付的备料款和工程款。

高等学校应当设置"预付账款"科目，核算预付账款的增减变动及其结存情况。预付款项情况不多的高等院校，可以不设置"预付账款"科目，而直接通过"应付账款"科目核算。本科目核算高等学校预付给商品供应单位或者服务提供单位的款项。

本科目应当按照供应单位（或个人）及具体项目进行明细核算。对于基本建设项目发生的预付账款，还应当在本科目所属基建项目明细科目下设置"预付备料款""预付工程款""其他预付款"等明细科目，进行明细核算。本科目应按供应单位设置明细账，进行明细核算。

本科目期末借方余额，反映高等学校实际预付但尚未结算的款项。

二、预付账款核算

预付账款的主要账务处理如下：

1. 发生预付账款时，按照实际预付的金额，借记本科目，贷记"零余额账户用款额度""财政拨款收入""银行存款"等科目。

2. 因购货或劳务而预付款项时，按照实际预付的金额，借记本科目，贷记"银行存款"等科目。

3. 收到所购物资或劳务，按照购入物资或劳务的成本，借记有关科目，按照相应预付账款金额，贷记本科目，按照补付的款项，贷记"零余额账户用款额度""财政拨款收入""银行存款"等科目。收到所购固定资产、无形资产的，按照确定的资产成本，借记"固定资产""无形资产"科目，按照相关预付账款的账面余额，贷记本科目，按照实际补付的金额，贷记"财政拨款收入""零余额账户用款额度""银行存款"等科目。

4. 如果有确凿证据表明预付账款并不符合预付款项的性质，或者因供货单位破产、撤销等原因已无法再收到所购货物的，将预付账款账面余额转入其他应收款。按照预付账款的账面余额，借记"其他应收款"科目，贷记本科目。

【例4-11】东方矿业大学向乙公司采购材料5 000吨，单价10元，所需支付的款项总额50 000元。按照合同规定向乙公司预付货款的50%，验收货物后补付其余款项。东方矿业大学会计账务处理如下：

（1）预付50%的货款时，财务会计账务处理：

借：预付账款——乙公司　　　　　　　　　　　　　25 000
　　贷：银行存款　　　　　　　　　　　　　　　　　　25 000

同时，预算会计进行账务处理：

借：事业支出　　　　　　　　　　　　　　　　　　25 000
　　贷：资金结存——货币资金　　　　　　　　　　　　25 000

（2）收到乙公司发来的5 000吨材料，验收无误。随货寄来的增值税专用发票记载的货款为50 000元，增值税税额为8 500元。东方矿业大学办理存货入库并以银行存款补付其所欠款项33 500元。财务会计账务处理：

借：库存物品　　　　　　　　　　　　　　　　　　50 000
　　应交增值税　　　　　　　　　　　　　　　　　　8 500
　　贷：预付账款——乙公司　　　　　　　　　　　　25 000
　　　　银行存款　　　　　　　　　　　　　　　　　33 500

同时，预算会计进行账务处理：

借：事业支出　　　　　　　　　　　　　　　　　　33 500
　　贷：资金结存——货币资金　　　　　　　　　　　　33 500

(3) 如果东方矿业大学在预付货款后，乙公司不久宣告破产，有确凿证据表明，东方矿业大学可能不能收到所购材料。则东方矿业大学账务处理如下：

可能无法收回时，财务会计账务处理：

借：其他应收款——乙公司　　　　　　　　　　　25 000
　　贷：预付账款——乙公司　　　　　　　　　　　　　25 000

预算会计不做账务处理。

批准予以核销时，财务会计账务处理：

借：坏账准备　　　　　　　　　　　　　　　　　25 000
　　贷：其他应收款　　　　　　　　　　　　　　　　　25 000

预算会计不做账务处理。

若核销后的预付账款又收回，东方矿业大学的财务会计账务处理如下：

借：其他应收款　　　　　　　　　　　　　　　　25 000
　　贷：坏账准备　　　　　　　　　　　　　　　　　　25 000
借：银行存款　　　　　　　　　　　　　　　　　25 000
　　贷：其他收入　　　　　　　　　　　　　　　　　　25 000

同时，预算会计进行账务处理：

借：资金结存——货币资金　　　　　　　　　　　25 000
　　贷：非财政拨款结余　　　　　　　　　　　　　　　25 000

第六节　其他应收款

一、其他应收款概述

其他应收款是指高等学校除财政应返还额度、应收票据、应收账款、预付账款等以外的其他各种应收及暂付款项。高等学校应设置"其他应收款"科目，核算高等学校除应收票据、应收账款、预付账款等以外的其他各项应收、暂付款项，包括职工预借的差旅费、拨付给内部有关部门的备用金、拨付给校内独立核算单位用于保障其基本运行的补贴经费、应向职工收取的各种垫付款项、应向附属单位收取的垫付的人员经费等。高等学校应收的各种赔款、罚款，如因高等学校财产等遭受意外损失而应向有关保险公司收取的赔款等也可以在此科目核算。

二、其他应收款核算

高等学校的"其他应收款"科目可按其他应收款的项目分类，并按不同的债

第四章 应收及预付款项

务人设置明细账,进行明细核算。"其他应收款"科目的借方登记其他应收款的增加,贷方登记其他应收款的收回,期末余额一般在借方,反映尚未收回的其他应收款。

其他应收款的主要账务处理如下:

1. 发生其他各项应收及暂付款项时,借记本科目,贷记"零余额账户用款额度""银行存款""库存现金"等科目。

2. 收回或转销其他各项应收及暂付款项时,借记"库存现金""银行存款"等科目,贷记本科目。

3. 高等学校内部实行备用金制度的,有关部门使用备用金以后应当及时到财务部门报销并补足备用金。财务部门核定并发放备用金时,按照实际发放的金额,借记本科目,贷记"库存现金"等科目。根据报销数用现金补足备用金定额时,借记有关科目,贷记"库存现金"等科目,报销数和拨补数都不再通过本科目核算。

4. 偿还尚未报销的本单位公务卡欠款时,按照偿还的款项,借记本科目,贷记"零余额账户用款额度""银行存款"等科目;持卡人报销时,按照报销金额,借记"业务活动费用""单位管理费用"等科目,贷记本科目。

5. 高等学校应当于每年年末,对其他应收款进行全面检查,如发生不能收回的迹象,应当计提坏账准备。

(1) 对于账龄超过规定年限、确认无法收回的其他应收款,按照规定报经批准后予以核销。按照核销金额,借记"坏账准备"科目,贷记本科目。核销的其他应收款应当在备查簿中保留登记。

(2) 已核销的其他应收款在以后期间又收回的,按照实际收回金额,借记本科目,贷记"坏账准备"科目;同时,借记"银行存款"等科目,贷记本科目。

【例4-12】东方矿业大学在采购过程中发生材料毁损,按保险合同规定,应由保险公司赔偿损失30 000元,赔款尚未收到。财务会计账务处理如下:

借:待处理财产损溢　　　　　　　　　　　　　　　30 000
　　贷:库存物品　　　　　　　　　　　　　　　　　30 000
借:其他应收款——保险公司　　　　　　　　　　　30 000
　　贷:待处理财产损溢　　　　　　　　　　　　　　30 000
预算会计不做账务处理。

【例4-13】承接【例4-12】,上述保险公司赔款如数收到。财务会计账务处理如下:

借:银行存款　　　　　　　　　　　　　　　　　　30 000
　　贷:其他应收款——保险公司　　　　　　　　　　30 000
预算会计不做账务处理。

【例4-14】东方矿业大学以银行存款替教务处职工李鹏垫付应由其个人负

担的医疗费5 000元，拟从其工资中扣回。

（1）垫支时，财务会计账务处理如下：

借：其他应收款——李鹏　　　　　　　　　　　　　5 000
　　贷：银行存款　　　　　　　　　　　　　　　　　　　5 000

同时预算会计账务处理如下：

借：事业支出　　　　　　　　　　　　　　　　　　　5 000
　　贷：资金结存——货币资金　　　　　　　　　　　　　5 000

（2）扣款时，财务会计账务处理如下：

借：应付职工薪酬——李鹏　　　　　　　　　　　　　5 000
　　贷：其他应收款——李鹏　　　　　　　　　　　　　　5 000

预算会计不做账务处理。

【例4-15】东方矿业大学×部门2×19年4月20日领用备用金10 000元，并于5月20日报销8 800元，交回余款。该高等学校的会计账务处理如下：

（1）发生借款时，财务会计账务处理：

借：其他应收款——×部门　　　　　　　　　　　　10 000
　　贷：库存现金　　　　　　　　　　　　　　　　　　　10 000

同时，预算会计进行账务处理：

借：事业支出　　　　　　　　　　　　　　　　　　　10 000
　　贷：资金结存——货币资金　　　　　　　　　　　　　10 000

（2）报销时，财务会计账务处理：

借：业务活动费用　　　　　　　　　　　　　　　　　8 800
　　库存现金　　　　　　　　　　　　　　　　　　　　1 200
　　贷：其他应收款——×部门　　　　　　　　　　　　　10 000

同时，预算会计进行账务处理：

借：资金结存——货币资金　　　　　　　　　　　　　1 200
　　贷：事业支出　　　　　　　　　　　　　　　　　　　1 200

第五章 存 货

第一节 存货概述

一、存货的概念

高等学校在开展业务活动及其他活动中为耗用而储存的各种材料、燃料、包装物、低值易耗品及达不到固定资产标准的用具、装具、动植物等的实际成本。凡是法定所有权属于单位的一切材料、物品、低值易耗品等,无论其存放何处,均视为该单位的存货。

存货是高等学校流动资产中最重要的组成部分。高等学校要进行正常的教学科研活动,就必须购买、储备和加工一定品种、数量的存货。由于高等学校存货数量比较多,占用的流动资金也就比较多,因此应做到有计划地采购存货,既要保证及时、按质、按量地满足工作中的需要,又要避免储备过多、不必要地占用过多资金。

高等学校的存货按照类别不同分别以"在途物品""库存物品"和"加工物品"科目核算。"在途物品"可按照供应单位和物品种类进行明细核算;"库存物品"科目应当按照库存物品的种类、规格、保管地点等进行明细核算;"加工物品"科目应当设置"自制物品""委托加工物品"两个一级明细科目,并按照物品类别、品种、项目等设置明细账,进行明细核算。

二、存货的特点

从存货的定义可以看出,高等学校的存货主要有以下特征:

1. 高等学校持有存货的目的是为了耗用。高等学校存货采购的经费来源主要是财政拨款等,具有一定的无偿性,存货的使用一般也是无偿的,表现为消耗性材料,很少形成产品。高等学校持有存货既不是为了投资增值,也不是为了长期持有,即它往往会在短期内被使用或者流出,这使得存货与投资、固定资产、无形资产等有所不同。

2. 高等学校存货的状态可能具有多样性。它可能是产成品或者商品，可以直接耗用或捐赠或者提供服务之用；它也可以是购入的可以直接耗用的或者尚需加工的材料、物资等。

3. 存货的流动性大。存货不比固定资产，它是单位为耗用而储备的实物资产，经常处于不断的耗用或重置之中，是单位流动资产的重要组成部分，通常在一年内耗用或转换为现金及其他资产，具有时效性和潜在损失的可能性，且金额在单位流动资产中占有相当大的比重。

三、存货的管理要求

鉴于存货的上述特征，高等学校在存货管理上应注意以下几点：

1. 应当建立、健全存货的购买、验收、入库、保管和领用等一系列管理制度，明确管理责任，保证存货的安全和完整。

2. 应当加强对存货的清查盘点工作。存货应至少每年盘点一次，对于盘盈或盘亏的存货，应及时查明原因，分清责任，并进行相应的处理。

3. 存货的盘点数与账面数在盘点时应及时进行核对，对于盘点数与账面数的差额应及时进行调整，以保证存货账实相符。

第二节　存货计价方法

一、存货入账价值的确认

高等学校的存货应当按照取得时的实际成本进行初始计量。

（一）购入取得存货成本的确定

购入取得的存货，其成本包括采购成本、加工成本和其他成本。其中，采购成本包括购买价款、相关税费、运输费、装卸费、保险费以及其他可归属于存货采购成本的费用；加工成本包括直接人工以及按照一定方法分配的与存货加工有关的间接费用；其他成本是指除采购成本、加工成本以外的，使存货达到目前场所和状态所发生的其他支出。

1. 存货采购成本的构成。存货的采购成本一般包括购买价款、进口关税和其他税金、运输费、装卸费、保险费以及其他可直接归属于存货采购成本的费用。其中：

第五章 存 货

（1）购买价款，是指高等学校购入的材料或商品的发票账单上列明的价款。

（2）进口关税，是指高等学校在进口存货环节依法需要缴纳的可以记入存货成本的关税。

（3）其他税金，是指高等学校购买、自制或委托加工存货发生的应当计入存货成本的除进口关税之外的其他相关税金，包括增值税。

（4）其他可直接归属于存货采购成本的费用，即采购成本中除上述各项以外的可直接归属于存货采购的费用，如在存货采购过程中发生的仓储费、包装费、运输途中的合理损耗、入库前的挑选整理费用等。这些费用能分清负担对象的，应直接计入存货的采购成本；不能分清对象的，应选择合理的分配方法，分配计入有关存货的采购成本。分配方法通常包括按所购存货的重量或采购价格比例进行分配。

需要说明的是，对于采购过程中发生的物资毁损、短缺等，除合理的途中损耗应当作为存货的其他可直接归属于存货采购成本的费用计入采购成本外，应区别不同情况进行会计处理，即如果属于应从供应单位、外部运输机构等收回的物资短缺或其他赔款，应当冲减存货的采购成本；如果属于因遭受意外灾害而又难以得到补偿的损失等，不得增加存货的采购成本，应当及时作为损失处理。

2. 存货加工成本的构成。存货的加工成本，是指在存货加工的过程中发生的追加费用，包括直接人工以及按照一定方法分配的间接费用。直接人工，是指高等学校在存货加工过程中，直接从事存货加工人员的工资及福利费。直接人工和间接人工的划分依据是加工人员是否与所加工的存货直接相关。

高等学校在存货加工过程中发生的直接人工和间接费用，如果能够直接计入有关的成本核算对象，则应直接计入。否则，应按照一定方法分配计入有关成本核算对象。分配方法一经确定，不得随意变更。

3. 存货其他成本的构成。存货其他成本，是指除采购成本、加工成本以外的，使存货达到目前场所和状态所发生的其他支出。例如，高等学校为特定存货所支付的设计费等。

（二）接受捐赠存货成本的构成

接受捐赠存货成本的构成根据以下两种情况确定：

1. 如果捐赠方提供了有关凭据（如发票、报关单、有关协议等）的，应当按照凭据上标明的金额加上发生的相关费用作为接受捐赠的资产的入账价值。如果凭据上标明的金额与受赠资产或其同类产品的市场价格相差较大，受赠资产应当以其或同类产品的市场价格作为其入账价值。

在实务中，有时捐赠方所提供的凭据上标明的捐赠资产的价值往往与其实际价值不相符，有时可能远远大于资产的实际价值，有时又有可能远远低于资产的实际价值。在这种情况下，如果高等学校直接按照凭据上标明的金额入账，就会扭曲高等学校的资产价值和财务状况,为了向信息使用者提供对其决策有用的信息,如实反映高等学校的资产价值和财务状况,高等学校应当采用市场价格计量受赠资产。

2. 如果捐赠方没有提供有关凭据的,受赠资产应当比照同类物品的市场价格确认入账价值。

(三) 无偿调拨存货成本的构成

无偿调拨的存货成本根据以下两种情况确定:

1. 如果调拨方提供了有关凭据(如发票、报关单、有关协议等)的,应当按照凭据上标明的金额加上发生的相关费用作为无偿调拨资产的入账价值。如果凭据上标明的金额与其同类产品的市场价格相差较大,无偿调拨资产应当以其同类产品的市场价格作为其入账价值。

2. 如果调拨方没有提供有关凭据的,无偿调拨资产应当比照同类物品的市场价格确认入账价值。

(四) 基建项目购入存货成本的构成

通过基建项目购入的可直接使用的、达不到固定资产标准的工、器具,应当于基建工程完工交付使用时,按照工、器具采购成本进行确认。

二、存货发出的计价方法

发出存货价值的计算与存货的取得价值密切相关。在采用实际成本计价时,由于各种存货是分次购入或分批生产形成的,即便是同一项目的存货,其单价或单位成本也往往不同。因此,在计算发出存货价值时,就需要选择一定的计价方法。高等学校开展各项专业业务活动及其辅助活动领用存货,可以根据实际情况选择采用先进先出法、加权平均法或者个别计价法确定发出存货的实际成本。计价方法一经确定,不得随意变更。

1. 先进先出法。先进先出法是以先购入的存货应先发出(耗用或销售)这样一种存货实物流转假设为前提,对发出存货进行计价。采用这种方法,先购入的存货成本在后购入存货成本之前转出,据此确定发出存货和期末存货的成本。

先进先出法的计算过程示例如表 5-1 所示。

在先进先出法下,发出存货成本是按早期存货的购进成本计价的,而期末存货成本是按现行成本计价的,这使得存货的期末价值接近市场实际价格水平,而发出存货的成本则可能与现行市价相背离。采用这种方法,在存货收发业务频繁、单价又经常变动的情况下,存货的计价工作量会很繁重。

第五章 存　货

表 5-1　　　　　　　　存货明细账（先进先出法）

存货名称：甲材料

2×19年		凭证号	摘要摘要	收入			发出			结存		
月	日			数量	单价	金额	数量	单价	金额	数量	单价	金额
8	1		期初余额							800	1.80	1 440
8	2		领用				350	1.80	630	450	1.80	810
8	4		购入	2 500	2.00	5 000				2 950		5 810
8	6		领用				450	1.80	810			
8	6		领用				200	2.00	400	2 300	2.00	4 600
8	10		领用				100	2.00	200	2 200	2.00	4 400
8	19		购入	400	2.10	840				2 600		5 240
8	25		领用				500	2.00	1 000	2 100		4 240
8	31		合计	2 900		5 840	1 600		3 040	1 700 400	2.00 2.10	26 540

2. 加权平均法。加权平均法，亦称全月一次加权平均法，是指以当月全部进货数量加上月初存货数量作为权数，去除当月全部进货成本加上月初存货成本，计算出存货的加权平均单位成本，以此为基础计算当月发出存货成本和期末存货成本的一种方法。其计算公式为：

存货单位成本 = [期初库存存货的实际成本 + $\sum$（本期各批进货的实际单位成本

× 本期各批进货的数量）]/(期初库存存货数量

+ 本期各批进货数量之和)

本月发出存货的成本 = 本期发出存货的数量 × 存货单位成本

本月月末库存存货成本 = 月末库存存货的数量 × 存货单位成本

加权平均法的计算过程示例如表 5-2 所示。

表 5-2　　　　　　　　存货明细账（加权平均法）

存货名称：甲材料

2×19年		凭证号	摘要摘要	收入			发出			结存		
月	日			数量	单价	金额	数量	单价	金额	数量	单价	金额
8	1		期初余额							800	1.80	1 440
8	2		领用				350			450		
8	4		购入	2 500	2.00	5 000				2 950		

续表

2×19年		凭证号	摘要摘要	收入			发出			结存		
月	日			数量	单价	金额	数量	单价	金额	数量	单价	金额
8	6		领用				650			2 300		
8	10		领用				100			2 200		
8	19		购入	400	2.10	840				2 600		
8	25		领用				500					
8	31		合计	2 900		5 840	1 600	1.9676	3 148	2 100	1.9676	4 132

存货单位成本 =（1 440 + 5 840）/（800 + 2 900）= 1.9676（元/千克）
本月发出存货成本 = 1 600 × 1.9676 = 3 148（元）
本月月末库存存货成本 = 2 100 × 1.9676 = 4 132（元）

采用加权平均法计价，发出存货的单价需待月末才能计算出来，因此月内发出和结存存货的单价和金额均不登记，直到月末计算出平均单价以后才能登记。这样虽能减少平时发出存货计价以及会计核算的工作量，但会影响存货核算工作的均衡性和及时性，不利于存货资金的日常管理。

3. 个别计价法。个别计价法，亦称个别认定法、具体辨认法，其特征是注重所发出存货具体项目的实物流转与成本流转之间的联系，逐一辨认各批发出存货和期末存货所属的购进批别或生产批别，分别按其购入或生产时所确定的单位成本计算各批发出存货和期末存货的成本。即把每一种存货的实际成本作为计算发出存货成本和期末存货成本的基础。

个别计价法一般适用于不能替代使用的存货，以及为特定项目专门购入或制造的存货。

第三节 在途物品

一、在途物品的概述

在途物品指高等学校采购材料等物资时货款已付或已开出商业汇票但尚未验收入库的物品。本科目可按照供应单位和物品种类进行明细核算。

本科目期末借方余额，反映单位在途物品的采购成本。

二、在途物品的账务处理

1. 高等学校购入材料等物品，按照确定的物品采购成本的金额，借记本科

第五章 存 货

目，按照实际支付的金额，贷记"财政拨款收入""零余额账户用款额度""银行存款"等科目。

2. 所购材料等物品到达验收入库，按照确定的库存物品成本金额，借记"库存物品"科目，按照物品采购成本金额，贷记本科目，按照入库物品达到目前场所和状态所发生的其他支出，贷记"银行存款"等科目。

第四节 库存物品

一、库存物品的概述

库存物品指高等学校在开展业务活动及其他活动中为耗用或出售而储存的各种材料、产品、包装物、低值易耗品，以及达不到固定资产标准的用具、装具、动植物等。

高等学校设置"库存物品"科目，主要核算库存物品的增减变动。已完成的测绘、地质勘察、设计成果等的成本，也通过本科目核算。高等学校随买随用的零星办公用品，可以在购进时直接列作费用，不通过本科目核算。

本科目应当按照库存物品的种类、规格、保管地点等进行明细核算。单位储存的低值易耗品、包装物较多的，可以在本科目（低值易耗品、包装物）下按照"在库""在用"和"摊销"等进行明细核算。

二、取得库存物品的核算

由于高等学校取得库存物品的途径有多种，因此，库存物品的入账价值及其账务处理也各不相同。取得的库存物品应当按照其取得时的成本入账。

（一）外购库存物品的账务处理

外购的库存物品验收入库，按照确定的成本，借记本科目，贷记"财政拨款收入""零余额账户用款额度""银行存款""应付账款""在途物品"等科目。

外购的库存物品验收入库，按照库存物品的采购成本，借记本科目，按照实际支付或应付的金额，贷记"银行存款""应付账款""应付票据"等科目。在财政授权支付方式下，高等学校购买库存物品等支用额度时，借记本科目，贷记"零余额账户用款额度"科目。在财政直接支付方式下，对财政直接支付的支出购入库存物品的，高等学校应根据财政国库支付执行机构委托代理银行转来的"财政直接支付入账通知书"及原始凭证，借记本科目，贷记"财政拨款收入"

高等学校会计实务

科目。

【例5-1】2×19年3月20日,东方矿业大学以银行存款购入科研用品已验收入库,共1 500元,款项已于当日支付。该高等学校的财务会计账务处理如下:

借:库存物品　　　　　　　　　　　　　　　　　　1 500
　　贷:银行存款　　　　　　　　　　　　　　　　　　1 500

同时,预算会计账务处理:

借:事业支出——科研支出　　　　　　　　　　　　1 500
　　贷:资金结存——货币资金　　　　　　　　　　　　1 500

【例5-2】2×19年4月15日,东方矿业大学购入办公用品,共3 000元。办公用品已经收到,发票等结算凭证也已经收到,但是款项尚未支付。2×19年4月24日,该高等学校通过银行转账支付上述款项3 000元。该高等学校的会计账务处理如下:

(1) 2×19年4月15日,采购时财务会计账务处理:

借:库存物品　　　　　　　　　　　　　　　　　　3 000
　　贷:应付账款　　　　　　　　　　　　　　　　　　3 000

预算会计不做账务处理。

(2) 2×19年4月24日,付款时财务会计账务处理:

借:应付账款　　　　　　　　　　　　　　　　　　3 000
　　贷:银行存款　　　　　　　　　　　　　　　　　　3 000

同时预算会计账务处理:

借:事业支出——行政管理支出　　　　　　　　　　3 000
　　贷:资金结存——货币资金　　　　　　　　　　　　3 000

【例5-3】东方矿业大学采用财政授权支付方式,购入了试验用甲材料一批,材料价款为30 000元,增值税税额为5 100元,运杂费为500元。由于该材料属于高等学校自用,因此其增值税应计入存货的采购成本。

该高等学校的财务会计账务处理如下:

借:库存物品——甲材料　　　　　　　　　　　　　35 600
　　贷:零余额账户用款额度　　　　　　　　　　　　　35 600

同时预算会计账务处理:

借:事业支出——教育支出　　　　　　　　　　　　35 600
　　贷:资金结存——零余额账户用款额度　　　　　　　35 600

【例5-4】东方矿业大学采用财政直接支付方式,购入甲类办公用品一批,价款为4 200元,运输费为50元,共计4 250元,款项已支付,存货已验收入库。

该高等学校的财务会计账务处理如下:

借:库存物品——甲产品　　　　　　　　　　　　　4 250
　　贷:财政拨款收入　　　　　　　　　　　　　　　　4 250

第五章 存 货

同时预算会计账务处理：
　　借：事业支出——行政管理支出　　　　　　　　　　3 000
　　　　贷：资金结存——货币资金　　　　　　　　　　　　　　　3 000

【例 5 – 5】东方矿业大学购入甲类办公用品一批，价款 3 000 元，同时购入乙类办公用品一批，价款为 2 000 元，共需支付运费 500 元，甲、乙办公用品均已验收入库，该高等学校通过银行转账支付了上述款项 5 500 元。

该高等学校的财务会计账务处理如下：
　　借：库存物品——甲产品　　　　　　　　　　　　3 300
　　　　　　　　——乙产品　　　　　　　　　　　　2 200
　　　　贷：银行存款　　　　　　　　　　　　　　　　　　　　5 500
同时预算会计账务处理：
　　借：事业支出——行政管理支出　　　　　　　　　　5 500
　　　　贷：资金结存——货币资金　　　　　　　　　　　　　　　5 500

【例 5 – 6】东方矿业大学 2×19 年 9 月从外地购入科研用甲材料 300 千克，单价 10 元/千克，增值税税额为 510 元。购入乙材料 250 千克，单价 20 元/千克，增值税税额为 850 元。材料已验收入库，用银行存款支付含税价款 9 360 元和运杂费 1 100 元，运杂费按两种材料重量比例分配。该高等学校的会计账务处理如下：

运杂费分配率 = 1 100 ÷ (300 + 250) = 2（元/千克）
甲材料负担运杂费 = 300 × 2 = 600（元）
乙材料负担运杂费 = 250 × 2 = 500（元）
该高等学校的财务会计账务处理如下：
　　借：库存物品——甲材料　　　　　　　　　　　　4 110
　　　　　　　　——乙材料　　　　　　　　　　　　6 350
　　　　贷：银行存款　　　　　　　　　　　　　　　　　　　　10 460
同时预算会计账务处理：
　　借：事业支出——科研支出　　　　　　　　　　　　10 460
　　　　贷：资金结存——货币资金　　　　　　　　　　　　　　　10 460

【例 5 – 7】东方矿业大学购入零星办公用品，共 200 元。办公用品已收到，款项已用现金支付。

该高等学校的财务会计账务处理如下：
　　借：业务活动费用　　　　　　　　　　　　　　　　200
　　　　贷：库存现金　　　　　　　　　　　　　　　　　　　　　200
同时预算会计账务处理：
　　借：事业支出——行政管理支出　　　　　　　　　　200
　　　　贷：资金结存——货币资金　　　　　　　　　　　　　　　200

(二) 自制库存物品的账务处理

自制库存物品加工完成并验收入库，按照确定的成本，借记本科目，贷记"加工物品——自制物品"科目。

(三) 委托加工库存物品的账务处理

委托外单位加工收回库存物品验收入库，按照确定的成本，借记本科目，贷记"加工物品——委托加工物品"等科目。

(四) 接受捐赠库存物品的账务处理

高等学校接受库存物品捐赠，按照同类或类似资产的市场价格或有关凭据注明的金额加上发生的相关费用，借记本科目，按照发生的相关税费、运输费等，贷记"银行存款"等科目，按照其差额，贷记"捐赠收入"科目。

接受捐赠的库存物品按照名义金额入账的，按照名义金额，借记本科目，贷记"捐赠收入"科目；同时，按照发生的相关税费、运输费等，借记"其他费用"科目，贷记"银行存款"等科目。

【例5-8】东方矿业大学获得某企业捐赠的试验用材料，价值为155 000元，并已验收入库。在接受捐赠过程中，以银行存款支付相关手续费为500元。该高等学校的财务会计账务处理如下：

```
借：库存物品                        155 500
    贷：银行存款                         500
        捐赠收入                      155 000
同时预算会计账务处理：
借：其他支出                           500
    贷：资金结存——货币资金              500
```

(五) 无偿调入库存物品的账务处理

无偿调入库存物品验收入库，按照确定的成本，借记本科目，按照发生的相关税费、运输费等，贷记"银行存款"等科目，按照其差额，贷记"无偿调拨净资产"科目。

【例5-9】东方矿业大学接受无偿调拨的一批教学用材料，价值为20 000元，已验收入库，以现金支付相关费用200元。

该高等学校财务会计账务处理如下：

```
借：库存物品                         20 200
    贷：库存现金                         200
        无偿调拨净资产                20 000
```

第五章 存 货

同时预算会计账务处理：
借：其他支出　　　　　　　　　　　　　　　　　　　200
　　贷：资金结存——货币资金　　　　　　　　　　　　　　200

【例5-10】承接【例5-9】若调拨单未注明该材料价值，市场也无同类材料。该存货应按名义金额1元入账，该高等学校的财务会计账务处理如下：
借：库存物品　　　　　　　　　　　　　　　　　　　1
　　贷：无偿调拨净资产　　　　　　　　　　　　　　　　1
借：其他费用　　　　　　　　　　　　　　　　　　　200
　　贷：库存现金　　　　　　　　　　　　　　　　　　　200
同时预算会计账务处理：
借：其他支出　　　　　　　　　　　　　　　　　　　200
　　贷：资金结存——货币资金　　　　　　　　　　　　　　200

（六）置换换入库存物品的账务处理

置换换入库存物品验收入库，按照确定的成本，借记本科目，按照换出资产的账面余额，贷记相关资产科目（换出资产为固定资产、无形资产的，还应当借记"固定资产累计折旧""无形资产累计摊销"科目），按照置换过程中发生的其他相关支出，贷记"银行存款"等科目，按照借贷方差额，借记"资产处置费用"科目或贷记"其他收入"科目。

涉及补价的，分别以下情况处理：

1. 支付补价的，按照确定的成本，借记本科目，按照换出资产的账面余额，贷记相关资产科目（换出资产为固定资产、无形资产的，还应当借记"固定资产累计折旧""无形资产累计摊销"科目），按照支付的补价和置换过程中发生的其他相关支出，贷记"银行存款"等科目，按照借贷方差额，借记"资产处置费用"科目或贷记"其他收入"科目。

2. 收到补价的，按照确定的成本，借记本科目，按照收到的补价，借记"银行存款"等科目，按照换出资产的账面余额，贷记相关资产科目（换出资产为固定资产、无形资产的，还应当借记"固定资产累计折旧""无形资产累计摊销"科目），按照置换过程中发生的其他相关支出，贷记"银行存款"等科目，按照补价扣减其他相关支出后的净收入，贷记"应缴财政款"科目，按照借贷方差额，借记"资产处置费用"科目或贷记"其他收入"科目。

三、发出库存物品的核算

（一）领用和出售库存物品的账务处理

高等学校开展业务活动等领用、按照规定自主出售发出或加工发出库存物品，按照领用、出售等发出物品的实际成本，借记"业务活动费用""单位管理费用""经营费用""加工物品"等科目，贷记本科目。

经批准对外出售的库存物品（不含可自主出售的库存物品）发出时，按照库存物品的账面余额，借记"资产处置费用"科目，贷记本科目；同时，按照收到的价款，借记"银行存款"等科目，按照处置过程中发生的相关费用，贷记"银行存款"等科目，按照其差额，贷记"应缴财政款"科目。

【例5-11】东方矿业大学教师领用教学用品一批，其实际成本为2 000元。

该高等学校的财务会计账务处理如下：

借：业务活动费用——教育费用　　　　　　　　　　　　2 000
　　贷：库存物品　　　　　　　　　　　　　　　　　　2 000

预算会计不进行账务处理。

【例5-12】东方矿业大学科研课题组领用甲材料一批，该批材料实际成本520元。

该高等学校的财务会计账务处理如下：

借：业务活动费用——科研费用　　　　　　　　　　　　520
　　贷：库存物品　　　　　　　　　　　　　　　　　　520

预算会计不进行账务处理。

（二）对外捐赠库存物品的账务处理

经批准对外捐赠库存物品发出时，按照库存物品的账面余额和对外捐赠过程中发生的归属于捐出方的相关费用合计数，借记"资产处置费用"科目，按照库存物品账面余额，贷记本科目，按照对外捐赠过程中发生的归属于捐出方的相关费用，贷记"银行存款"等科目。

【例5-13】东方矿业大学2×19年5月5日经批准对外捐赠一批学校不再使用的教学用品，价值3 000元。

该高等学校的财务会计账务处理如下：

借：资产处置费用　　　　　　　　　　　　　　　　　　3 000
　　贷：库存物品　　　　　　　　　　　　　　　　　　3 000

预算会计不进行账务处理。

（三）无偿调出库存物品的账务处理

经批准无偿调出库存物品发出时，按照库存物品的账面余额，借记"无偿调拨净资产"科目，贷记本科目；同时，按照无偿调出过程中发生的归属于调出方的相关费用，借记"资产处置费用"科目，贷记"银行存款"等科目。

经批准置换换出库存物品，参照有关置换换入库存物品的规定进行账务处理。

第五章 存　　货

第五节　加 工 物 品

一、加工物品概述

加工物品指高等学校自制或委托外单位加工的各种物品。

高等学校设置"加工物品"科目主要核算高等学校自制或委托外单位加工的各种物品的实际成本。设计成果的实际成本，也通过本科目核算。

本科目应当设置"自制物品""委托加工物品"两个一级明细科目，并按照物品类别、品种、项目等设置明细账，进行明细核算。本科目"自制物品"一级明细科目下应当设置"直接材料""直接人工""其他直接费用"等二级明细科目归集自制物品发生的直接材料、直接人工（专门从事物品制造人员的人工费）等直接费用；对于自制物品发生的间接费用，应当在本科目"自制物品"一级明细科目下单独设置"间接费用"二级明细科目予以归集，期末，再按照一定的分配标准和方法，分配计入有关物品的成本。

本科目期末借方余额，反映单位自制或委托外单位加工但尚未完工的各种物品的实际成本。

二、加工物品核算

（一）自制物品的账务处理

1. 为自制物品领用材料等，按照材料成本，借记本科目（自制物品——直接材料），贷记"库存物品"科目。

2. 专门从事物品制造的人员发生的直接人工费用，按照实际发生的金额，借记本科目（自制物品——直接人工），贷记"应付职工薪酬"科目。

3. 为自制物品发生的其他直接费用，按照实际发生的金额，借记本科目（自制物品——其他直接费用），贷记"零余额账户用款额度""银行存款"等科目。

4. 为自制物品发生的间接费用，按照实际发生的金额，借记本科目（自制物品——间接费用），贷记"零余额账户用款额度""银行存款""应付职工薪酬""固定资产累计折旧""无形资产累计摊销"等科目。间接费用一般按照生产人员工资、生产人员工时、机器工时、耗用材料的数量或成本、直接费用（直接材料和直接人工）或产品产量等进行分配。单位可根据具体情况自行选择间接费用的分配方法。分配方法一经确定，不得随意变更。

5. 已经制造完成并验收入库的物品，按照所发生的实际成本（包括耗用的直接材料费用、直接人工费用、其他直接费用和分配的间接费用），借记"库存物品"科目，贷记本科目（自制物品）。

（二）委托加工物品的账务处理

1. 发给外单位加工的材料等，按照其实际成本，借记本科目（委托加工物品），贷记"库存物品"科目。

2. 支付加工费、运输费等费用，按照实际支付的金额，借记本科目（委托加工物品），贷记"零余额账户用款额度""银行存款"等科目。

3. 委托加工完成的材料等验收入库，按照加工前发出材料的成本和加工、运输成本等，借记"库存物品"等科目，贷记本科目（委托加工物品）。

第六节　存货的清查

一、存货的盘存制度

为了客观、可靠地反映高等学校存货的实际价值，在期末首先应根据存货的范围确定存货的数量，然后确定存货的实际价值。确定存货数额的方法通常可采用实地盘存制和永续盘存制。

1. 实地盘存制。也称定期盘存制，指会计期末通过对全部存货进行实地盘点，以确定期末存货的结存数量，然后根据存货的单价，计算期末存货价值的方法。采用这种方法，平时只记收入材料的数量和金额，而不记发出材料的数量和金额，也不结算账面结存数，期末根据盘存结果，倒挤出发出或消耗的数量及金额。其计算公式如下：

期初结存存货 + 本期收入存货 = 本期发出存货 + 期末结存存货

期末结存存货成本 = 实际库存数量 × 存货单位成本

本期发出存货成本 = 期初结存存货成本 + 本期收入存货成本 − 期末结存存货成本

实地盘存制由于平时在账面上不记录存货的减少和结存数，因此简化了存货的日常核算工作量，但通过期末盘存确定期末存货数量和价值进而确定发出存货价值，从而加大了期末存货计量及核算工作量。并且，由于平时不能随时计算发出存货的成本，容易掩盖存货管理中的漏洞。通过倒挤的方法确定发出存货的数量和成本，使得结转的发出存货成本中可能包含有非正常耗用的成本如盗窃等，因此这种盘存制度难以通过会计记录来加强存货管理。实地盘存制仅适用于自然消耗大、数量不稳定的存货或发出数量计量较困难的存货的计量工作。

2. 永续盘存制。永续盘存制，也称账面盘存制，是根据账簿记录计算账面结存数量的方法。在这种方法下，平时应详细记录存货的每一笔收入和发出，并结出余额，每隔一段时间通过实地盘点检查账、存是否相符。其计算公式如下：

$$发出存货的成本 = 本期发出存货数量 \times 单价$$
$$期末存货账面余额 = 期初余额 + 本期购货 - 发出存货的成本$$

采用永续盘存制，在账簿中可以随时反映存货的收入、发出和结存情况，并从数量和金额两个方面进行控制，有利于加强对存货的管理。这种盘存制度核算手续比较严密，在一定程度上能起到防止差错、提供资料全面、便于加强管理和保护存货安全完整的作用，而且，通过存货明细账所提供的结存数，可以随时与预定的最高、最低库存限额进行比较，发出库存积压或不足的信号，以便及时处理，加速资金周转。并且，通过盘点核对账面结存数，如果发现账面数和结存数不符，可以及时查明原因。但是这种盘存制度要求每一品种的存货都要开设一个明细账，核算工作量较大。同时还可能出现账面记录与实际存在两者不符的情况，为此就要对存货进行定期或不定期的核对，以查明存货账实是否相符。

二、存货清查的账务处理

高等学校的存货应当定期进行清查盘点，每年至少盘点一次。对于发生的存货盘盈、盘亏或者毁损、报废，应当及时查明原因，按规定报经批准后及时进行账务处理。存货盘盈是指高等学校清查出的无账面记载或者反映的材料、燃料、包装物、低值易耗品及达不到固定资产标准的用具、装具、动植物等。存货盘盈根据存货明细表和保管人对于盘盈的情况说明、价值确定依据等进行认定。对于清查出来的缺乏价值确定依据的盘盈资产，可以委托具有专业胜任能力的资产评估机构进行资产评估，以评估值作为价值确定依据，没有相关凭据也未经评估的，应当按照名义金额（即人民币1元）入账。盘亏或者毁损、报废的存货，应先扣除残料价值、可以收回的保险赔偿和过失人的赔偿等，将净损失确认为当期费用。

对于库存物品的盘盈、盘亏得结果进行处理时，需要通过"待处理财产损溢"账户进行核算。该账户的借方登记清查时的盘亏数、毁损数及报经批准后盘盈的转销数，贷方登记清查时的盘盈数及报经批准后盘亏的转销数。

具体账务处理如下：

1. 盘盈的库存物品，其成本按照有关凭据注明的金额确定，没有相关凭据、但按照规定经过资产评估的，其成本按照评估价值确定；没有相关凭据、也未经过评估的，其成本按照重置成本确定。如无法采用上述方法确定盘盈的库存物品成本的，按照名义金额入账。借记"库存物品"科目，贷记"待处理财产损溢"科目。报经批准处理时，借记"待处理财产损溢"科目，贷记"单位管理费用"科目。

2. 盘亏或者毁损、报废的库存物品，按照待处理库存物品的账面余额，借记"待处理财产损溢"科目，贷记"库存物品"科目。

属于增值税一般纳税人的单位，若因非正常原因导致的库存物品盘亏或毁损，还应当将与该库存物品相关的增值税进项税额转出，按照其增值税进项税额，借记"待处理财产损溢"科目，贷记"应交增值税——应交税金（进项税额转出）"科目。

报经批准处理时，借记"资产处置费用"科目，贷记"待处理财产损溢"科目。

处理毁损、报废库存物品过程中取得的残值或残值变价收入、保险理赔和过失人赔偿等，借记"库存现金""银行存款""库存物品""其他应收款"等科目，贷记"待处理财产损溢"科目（处理净收入）；处理毁损、报废库存物品过程中发生的相关费用，借记"待处理财产损溢"科目（处理净收入），贷记"库存现金""银行存款"等科目。

处理收支结清，如果处理收入大于相关费用的，按照处理收入减去相关费用后的净收入，借记"待处理财产损溢"科目（处理净收入），贷记"应缴财政款"等科目；如果处理收入小于相关费用的，按照相关费用减去处理收入后的净支出，借记"资产处置费用"科目，贷记"待处理财产损溢"科目（处理净收入）。

【例5-14】东方矿业大学2×19年年末盘点，发现科研用甲材料盘盈100千克，单价6元/千克，共计600元，经查系合理溢出。

该高等学校的财务会计账务处理如下：

盘盈时：

借：库存物品　　　　　　　　　　　　　　　　　　600
　　贷：待处理财产损溢　　　　　　　　　　　　　　　　600

报经批准处理时账务处理：

借：待处理财产损溢　　　　　　　　　　　　　　　600
　　贷：单位管理费用　　　　　　　　　　　　　　　　　600

该高等学校预算会计不做账务处理。

【例5-15】东方矿业大学2×18年年末盘点，发现教学用甲产品盘亏30件，每件成本100元，经查明系自然灾害造成的损失，保险公司应给予的赔偿核定为2 000元。

该高等学校的财务会计账务处理如下：

盘亏时：

借：待处理财产损溢　　　　　　　　　　　　　　　3 000
　　贷：库存物品　　　　　　　　　　　　　　　　　　3 000

第五章 存　货

借：其他应收款——保险公司　　　　　　　　　　　　2 000
　　贷：待处理财产损溢　　　　　　　　　　　　　　　　2 000
该高等学校预算会计不做账务处理。

【例5-16】 东方矿业大学2×19年年末盘点，发现一批材料盘亏，价值600元。经查属于保管人员工作失职造成的，要求保管人员王某赔偿500元。

该高等学校的财务会计账务处理如下：

盘亏时：
借：待处理财产损溢　　　　　　　　　　　　　　　　　600
　　贷：库存物品　　　　　　　　　　　　　　　　　　　600
借：其他应收款——王某　　　　　　　　　　　　　　　500
　　贷：待处理财产损溢　　　　　　　　　　　　　　　　500
该高等学校预算会计不做账务处理。

第六章 投　　资

第一节　投资概述

投资有广义和狭义之分，广义的投资包括对外的权益性投资、债权性投资、期货投资、房地产投资，以及对内的固定资产投资、存货投资等，狭义的投资一般仅包括权益性投资、债权性投资等。结合高等学校业务特点，本章主要阐述狭义的投资，不包括房地产投资、期货投资、固定资产投资等。《政府会计准则第2号——投资》将投资定义为："政府会计主体按规定以货币资金、实物资产、无形资产等方式形成的债权或股权投资"。

投资主要具有以下特点：

1. 投资是以让渡其他资产而换取的另一项资产，如以现金购买债券、以现金购买股票、以固定资产向其他单位投资以取得其他单位的股权等，都是单位将所拥有的现金、固定资产等资产让渡给其他单位使用，以换取债权投资或股权投资。

2. 投资与其他资产一样，也能为投资者带来未来的经济利益，但投资所流入的经济利益，与其他资产为单位带来的经济利益在形式上有所不同。单位所拥有和控制的除投资以外的其他资产，通常能为单位带来直接的经济利益。而投资通常是将单位的部分资产转让给其他单位使用，通过其他单位使用投资者投入的资产创造的效益后分配取得的，达到获取利益的目的。

《高等学校财务制度》规定，高等学校应当严格控制对外投资。在保证学校正常运转和事业发展的前提下，按照国家有关规定可以对外投资的，应当履行有关审批程序。高等学校不得使用财政拨款及其结余进行对外投资，不得从事股票、期货、基金、企业债券等投资。国家另有规定的除外。高等学校以实物、无形资产等非货币性资产对外投资的，应当按照国家有关规定进行资产评估，合理确定资产价值。

高等学校投资可以分为短期投资和长期投资。短期投资，是指高等学校取得的持有时间不超过1年（含1年）的投资。长期投资，是指除短期投资以外的债权和股权性质的投资。长期投资分为长期债权投资和长期股权投资。长期投资具有投资期限长、金额大、变现能力差、投资风险大等特点。

高等学校投资对象包括但不限于从事生产、经营、科技及劳动服务等活动的经济实体，按投资份额可划分为全资企业、控股企业、参股企业等，对外投资收益应当纳入学校预算统一核算管理。

高等学校对外投资损失，应当分析原因，有合法证据证明确实不能收回的，区分以下情况可以认定损失：

（1）因被投资单位已宣告破产、被撤销注销工商登记或者被政府责令关闭等情况造成难以收回的对外投资，可以根据法院的破产公告或者破产清算的清偿文件、工商部门的撤销注销文件、政府有关部门的行政决定等认定损失。

已经清算的，扣除清算资产清偿后的差额部分，可以认定为损失。

尚未清算的，被投资单位剩余资产确实不足清偿投资的差额部分，根据社会中介机构出具的经济鉴证证明，认定为损失。

（2）对高等学校参股投资、金额较小、不具有控制权的对外投资，被投资单位已资不抵债且连续停止经营3年以上的，根据社会中介机构出具的经济鉴证证明，对确实不能收回的部分，认定为损失。

（3）债券等短期投资，未进行交割或清理的，不能认定为损失。

高等学校对外投资损失经认定后，应当逐级上报，经财政部批准后调整有关账目。

第二节 短期投资

一、短期投资概述

高等学校的短期投资是指按照规定取得的、持有时间不超过1年（含1年）的投资。高等学校短期投资主要是短期国债投资，此外还有少量的不超过1年的其他投资，比如高等学校以货币资金、材料、固定资产等向其他单位投资，且投资回收期在1年内。

短期国债是中央政府为筹集资金而发行的期限不超过1年（含1年）的短期政府债券，是中央政府向投资者出具的、承诺在一定时期支付利息和到期偿还本金的债权债务凭证。从债券形式看，可分为凭证式国债、无记名国债和记账式国债三种；按是否可上市交易分为可上市国债和不可上市国债。凭证式国债不可上市流通，无记名国债与记账式国债可上市流通。

高等学校会计实务

高等学校进行短期投资,应在取得时按照确定的投资成本(包括购买价款以及税金、手续费等相关税费)入账。高等学校收到取得投资时实际支付价款中包含的已到付息期但尚未领取的利息,贷记"短期投资"科目。

二、短期投资的账务处理

(一)会计科目的设置

为了核算高等学校按照规定取得的,持有时间不超过 1 年(含 1 年)的投资,应设置"短期投资"科目。该科目应当按照投资的种类等设置明细科目,进行明细核算。

"短期投资"科目属于资产类科目,借方登记学校购入短期投资的成本,贷方登记学校处置短期投资的成本或到期收回短期债券本息时投资成本的减少,期末借方余额,表示高等学校持有短期投资的成本。

(二)主要账务处理

1. 短期投资的取得。高等学校取得短期投资时,应当按照确定的投资成本,借记"短期投资"科目,贷记"银行存款"等科目。

收到购买时已到付息期但尚未领取的利息,按照实际收到的金额,借记"银行存款"科目,贷记"短期投资"科目。

【例 6-1】东方矿业大学 2×19 年 1 月 1 日购入 2×17 年 1 月 1 日发售一次还本付息的 5 年期凭证式国债,票面价值 500 000 元,票面利率为 4.8%,支付银行存款 545 000 元,另以银行存款支付税金、手续费等相关费用 600 元。则该校购入短期投资时的会计账务处理如下:

财务会计账务处理为:

借:短期投资——短期债券　　　　　　　　545 600
　　贷:银行存款　　　　　　　　　　　　　　　545 600

同时,预算会计账务处理为:

借:投资支出　　　　　　　　　　　　　　545 600
　　贷:资金结存——货币资金　　　　　　　　　545 600

2. 短期投资的持有期间。短期投资持有期间收到利息等投资收益时,按实际收到的金额,借记"银行存款"科目,贷记"投资收益"科目。

【例 6-2】东方矿业大学 2×19 年 11 月 1 日购入票面价值 1 000 000 元的国债,该国债票面利率为 5%,一次还本,每年 3 月 1 日付息,不准备长期持有,2×20 年 3 月 1 日收到债券利息 50 000 元。则该校在收到债券利息时的会

计账务处理如下:

财务会计账务处理为:

借:银行存款　　　　　　　　　　　　　　　　　　50 000
　　贷:投资收益　　　　　　　　　　　　　　　　　50 000

同时,预算会计账务处理为:

借:资金结存——货币资金　　　　　　　　　　　　50 000
　　贷:投资预算收益　　　　　　　　　　　　　　　50 000

3. 短期投资的处置。出售短期投资或到期收回短期投资本息,按照实际收到的金额,借记"银行存款"科目,按照出售或收回短期投资的账面余额,贷记"短期投资"科目,按照其差额,借记或贷记"投资收益"科目。

【例6-3】承接【例6-1】东方矿业大学2×19年9月1日将债券全部卖出,取得债券本息564 000元。则该校在收到债券利息时的会计账务处理如下:

财务会计账务处理为:

借:银行存款　　　　　　　　　　　　　　　　　564 000
　　贷:短期投资——短期债券　　　　　　　　　　545 600
　　　　投资收益　　　　　　　　　　　　　　　　18 400

同时,预算会计账务处理为:

借:资金结存——货币资金　　　　　　　　　　　564 000
　　贷:投资支出　　　　　　　　　　　　　　　　545 600
　　　　投资预算收益　　　　　　　　　　　　　　18 400

第三节　长期债权投资

一、长期债权投资概述

高等学校长期债权投资,是指高等学校按照规定取得的,持有时间超过1年(不含1年)的债券投资,主要是中长期国债投资。

中长期国债是中央政府为筹集资金而发行的期限超过1年(不含1年)的中期或长期政府债券,是中央政府向投资者出具的、承诺在一定时期支付利息和到期偿还本金的债权债务凭证。从债券形式看,可分为凭证式国债、无记名国债和记账式国债三种;按是否可上市交易分为可上市国债和不可上市国债。凭证式国债不可上市流通,无记名国债与记账式国债可上市流通。

二、长期债权投资的账务处理

（一）长期债权投资的取得

长期债权投资在取得时，应当按照其实际成本（包括购买价款以及税金、手续费等相关税费）作为投资成本，已到付息期尚未领取的利息单独核算。财务会计借记"长期债权投资——成本""应收利息"（已到付息期尚未领取的利息），贷记"银行存款"等科目。预算会计按实际支付金额（含已到付息期尚未领取的利息），借记"投资支出"，贷记"资金结存——货币资金"等科目。

（二）长期债权投资的持有期间

长期债券投资持有期间，按期以债券票面金额与票面利率计算确认利息收入时，根据不同的利息支付方式核算：

1. 如为到期一次还本付息的债券投资。财务会计借记"长期债权投资——应计利息"，贷记"投资收益"科目。预算会计不做处理。

2. 如为分期付息、到期一次还本的债券投资。财务会计借记"应收利息"科目，贷记"投资收益"科目。预算会计不做处理。

收到分期支付的利息时，按照实收的金额，财务会计借记"银行存款"，贷记"应收利息"科目。预算会计借记"资金结存——货币资金"，贷记"投资预算收益"。

收到购买时已到付息期尚未领取的利息时，财务会计借记"银行存款"，贷记"应收利息"。预算会计借记"资金结存——货币资金"，贷记"投资支出"。

（三）到期收回长期债券投资

1. 如为到期一次还本付息的债券投资。财务会计借记"银行存款"科目，贷记"长期债权投资——成本""长期债权投资——应计利息""投资收益"科目。预算会计借记"资金结存——货币资金"，贷记"投资支出（当年投资成本）""其他结余（往年投资成本）""投资预算收益"等科目。

2. 如为分期付息、到期一次还本的债券投资。财务会计借记"银行存款"，贷记"长期债权投资——成本""应收利息""投资收益"等科目。预算会计借记"资金结存——货币资金"，贷记"投资支出（当年投资成本）""其他结余（往年投资成本）""投资预算收益"等科目。

（四）对外出售长期债券投资

1. 如为到期一次还本付息的债券投资。财务会计借记"银行存款""投资收

第六章 投 资

益（借差）"，贷记"长期债权投资——成本""长期债权投资——应计利息""投资收益（贷差）"。

预算会计借记"资金结存——货币资金""投资预算收益（借差）"，贷记"投资支出（当年投资成本）""其他结余（往年投资成本）""投资预算收益（贷差）"等科目。

2. 如为分期付息、到期一次还本的债券投资。财务会计借记"银行存款""投资收益（借差）"，贷记"长期债权投资——成本""应收利息""投资收益（贷差）"等。预算会计借记"资金结存——货币资金""投资预算收益（借差）"，贷记"投资支出（当年投资成本）""其他结余（往年投资成本）""投资预算收益（贷差）"等科目。

【例6-4】东方矿业大学2×19年10月10日以银行存款购入当日发行的国债一批，票面价值600 000元，期限5年，票面利率6%，到期一次还本，分期付息，无税费。东方矿业大学在购入该国债时计划持有至到期，但由于某种原因，东方矿业大学于2×21年12月10日将此国债全部出售，取得出售价款607 000元。则东方矿业大学的会计账务处理如下：

(1) 2×19年10月10日购入国债时，财务会计账务处理为：

借：长期债券投资——成本　　　　　　　　　　　　　600 000
　　贷：银行存款　　　　　　　　　　　　　　　　　　600 000

同时，预算会计账务处理为：

借：投资支出　　　　　　　　　　　　　　　　　　　600 000
　　贷：资金结存——货币资金　　　　　　　　　　　　600 000

(2) 2×20年10月10日收到利息时，财务会计账务处理为：

借：应收利息　　　　　　　　　　　　　　　　　　　 36 000
　　贷：投资收益　　　　　　　　　　　　　　　　　　 36 000

借：银行存款　　　　　　　　　　　　　　　　　　　 36 000
　　贷：应收利息　　　　　　　　　　　　　　　　　　 36 000

同时，预算会计账务处理为：

借：资金结存——货币资金　　　　　　　　　　　　　 36 000
　　贷：投资预算收益　　　　　　　　　　　　　　　　 36 000

(3) 2×21年10月10日收到利息时的会计处理同上述（2）

(4) 2×21年12月10日将此国债全部出售时，财务会计账务处理为：

借：银行存款　　　　　　　　　　　　　　　　　　　607 000
　　贷：长期债券投资——成本　　　　　　　　　　　　600 000
　　　　投资收益　　　　　　　　　　　　　　　　　　 7 000

同时，预算会计账务处理为：

借：资金结存——货币资金　　　　　　　　　　　　　607 000

贷：其他结余 600 000
　　投资预算收益 7 000

第四节　长期股权投资

一、长期股权投资概述

长期股权投资是高等学校通过投资拥有被投资单位的股权，成为被投资单位的股东，按所持股份比例享有权益并承担责任。高等学校通过长期股权投资获得投资回报，促进事业发展。

长期股权投资有两种形式：一是直接投资；二是间接投资。直接投资是指将现金或资产投入被投资单位，由被投资单位向投资者出具出资证明书，确认其股权。间接投资是投资者通过在证券市场购买被投资单位的股票，形成的长期股权投资。

根据高等学校财务制度等相关规定，高等学校不得使用财政拨款及其结余进行对外投资，不得从事股票、期货、基金、企业债券等投资。国家另有规定的除外。因此，高等学校长期股权投资一般是指直接投资。

二、长期股权投资的账务处理

（一）长期股权投资的取得

长期股权投资在取得时，应当按照实际成本作为初始投资成本。

1. 以支付现金取得的长期股权投资，按照实际支付的全部价款（包括购买价款和相关税费）作为实际成本。实际支付价款中包含的已宣告但尚未发放的现金股利，应当单独确认为应收股利，不计入长期股权投资初始投资成本。

财务会计借记"长期股权投资——成本""应收股利（已宣告尚未发放的股利或利润）"，贷记"银行存款"。预算会计借记"投资支出（实际支付的全部价款）"，贷记"资金结存——货币资金"。

2. 以现金以外的其他资产置换取得的长期股权投资，其成本按照换出资产的评估价值加上支付的补价或减去收到的补价，加上换入长期股权投资发生的其他相关支出确定。

3. 接受捐赠的长期股权投资，其成本按照有关凭据注明的金额加上相关税费确定；没有相关凭据可供取得，但按规定经过资产评估的，其成本按照评估价

第六章 投　　资

值加上相关税费确定；没有相关凭据可供取得、也未经资产评估的，其成本比照同类或类似资产的市场价格加上相关税费确定。

财务会计借记"长期股权投资"科目，贷记"银行存款（实付的税费及其他）""捐赠收入（贷差）"科目。预算会计借记"其他支出（实付的税费及其他）"科目，贷记"资金结存——货币资金"科目。

4. 无偿调入的长期股权投资，其成本按照调出方账面价值加上相关税费确定投资成本。

财务会计借记"长期股权投资""应收股利（已宣告尚未发放的股利或利润）"，贷记"银行存款（实付的税费及其他）""应交增值税——应交税金——销项税额""其他应交税费""无偿调拨净资产（贷差）"科目；预算会计借记"其他支出（实付的税费及其他）"科目，贷记"资金结存——货币资金"。

（二）长期股权投资的持有期间

长期股权投资在持有期间，通常应当采用权益法进行核算。高等学校无权决定被投资单位的财务和经营政策或无权参与被投资单位的财务和经营政策决策的，应当采用成本法进行核算。

成本法，是指投资按照投资成本计量的方法。

权益法，是指投资最初以投资成本计量，以后根据高等学校在被投资单位所享有的所有者权益份额的变动对投资的账面余额进行调整的方法。

高等学校因处置部分长期股权投资等原因无权再决定被投资单位的财务和经营政策或者参与被投资单位的财务和经营政策决策的，应当对处置后的剩余股权投资改按成本法核算，并以该剩余股权投资在权益法下的账面余额作为按照成本法核算的初始投资成本。其后，被投资单位宣告分派现金股利或利润时，属于已计入投资账面余额的部分，作为成本法下长期股权投资成本的收回，冲减长期股权投资的账面余额。高等学校因追加投资等原因对长期股权投资的核算从成本法改为权益法的，应当自有权决定被投资单位的财务和经营政策或者参与被投资单位的财务和经营政策决策时，按成本法下长期股权投资的账面余额加上追加投资的成本作为按照权益法核算的初始投资成本。

在成本法下，长期股权投资的账面余额通常保持不变，但追加或收回投资时，应当相应调整其账面余额。长期股权投资持有期间，被投资单位宣告分派的现金股利或利润，高等学校应当按照宣告分派的现金股利或利润中属于高等学校应享有的份额确认为投资收益。

采用权益法的，按照如下原则进行会计处理：

高等学校取得长期股权投资后，对于被投资单位所有者权益的变动，应当按照下列规定进行处理：

1. 按照应享有或应分担的被投资单位实现的净损益的份额，确认为投资损益,同时调整长期股权投资的账面余额。实现净利润,财务会计借记"长期股权投资——损益调整",贷记"投资收益"。高等学校确认被投资单位发生的净亏损,应当以长期股权投资的账面余额减记至零为限,高等学校负有承担额外损失义务的除外。被投资单位发生净亏损,但以后年度又实现净利润的,高等学校应当在其收益分享额弥补未确认的亏损分担额等后,恢复确认投资收益。

发生净亏损,借记"投资收益"科目,贷记"长期股权投资——损益调整"科目。发生净亏损,但以后年度又实现净利润的,按规定恢复确认投资收益,借记"长期股权投资——损益调整"科目,贷记"投资收益"科目。预算会计不做账务处理。

2. 按照被投资单位宣告分派的现金股利或利润计算应享有的份额,确认为应收股利,同时减少长期股权投资的账面余额。财务会计借记"应收股利"科目,贷记"长期股权投资——损益调整"科目。预算会计不做账务处理。

3. 按照被投资单位除净损益和利润分配以外的所有者权益变动的份额,确认为净资产,同时调整长期股权投资的账面余额。财务会计借记"长期股权投资——其他权益变动"科目,贷记"权益法调整"科目。或借记"权益法调整"科目,贷记"长期股权投资——其他权益变动"科目。预算会计不做账务处理。

(三)长期股权投资的处置

高等学校的长期股权投资一般不得随意抽回,只有在被投资单位宣告解散等特定条件下才可收回,并可在一定情况下转让给其他方。高等学校按规定报经批准处置长期股权投资,应当冲减长期股权投资的账面余额,并按规定将处置价款扣除相关税费后的余额作应缴款项处理,或者按规定将处置价款扣除相关税费后的余额与长期股权投资账面余额的差额计入当期投资损益。

1. 高等学校处置以现金取得的长期股权投资时,应将实际取得价款与所处置投资账面余额、相关税费支出及尚未领取的已宣告分派的利润之间的差额计入"投资收益"。财务会计借记"银行存款""投资收益"(借差)科目,贷记"长期股权投资(各明细科目账目余额)""应收股利(已宣告尚未发放的股利或利润)""银行存款(支付的相关税费)""投资收益"(贷差)科目。预算会计借记"资金结存"科目,贷记"投资支出""投资预算收益"科目。

2. 高等学校处置以现金以外的其他资产取得的长期股权投资。

(1)需上缴财政的,按照所取得价款与被处置长期股权投资账面余额、尚未领取的现金股利或利息和相关税费支出合计的贷方差额,贷记"应缴财政款"科目。

(2)按照规定将处置时取得的投资收益纳入本单位预算管理的,应当按照所取得价款大于被处置长期股权投资账面余额、应收股利账面余额和相关税费支出合计的差额,贷记"投资收益"科目。

第六章 投　　资

财务会计借记"银行存款（实际取得价款）""资产处置费用"科目，贷记"长期股权投资""应收股利（已宣告尚未发放的股利或利润）""银行存款（支付的税费）""应缴财政款"（处置净收入上缴财政的）/"投资收益"（纳入高等学校预算的）科目。预算会计借记"资金结存"科目，贷记"投资预算收益"科目。

3. 因被投资单位破产清算等原因，有确凿证据表明高等学校长期股权投资发生损失，按规定报经批准后予以核销时，按照核销的长期股权投资账面余额，借记"资产处置费用"科目，贷记"长期股权投资"科目。预算会计不做账务处理。

4. 高等学校采用权益法核算的长期股权投资的处置，除进行上述账务处理外，还应结转原直接计入净资产的金额。财务会计借记"权益法调整"科目，贷记"投资收益"科目，或做相反会计分录。预算会计不做账务处理。

【例6-5】东方矿业大学2×19年3月1日对A有限责任公司进行长期股权投资，出资额为600 000元，以银行存款支付，占A有限责任公司30%的产权比例。则东方矿业大学购入该投资时的财务会计账务处理如下：

借：长期股权投资　　　　　　　　　　　　　　　600 000
　　贷：银行存款　　　　　　　　　　　　　　　　　　600 000

同时，预算会计账务处理：
借：投资支出　　　　　　　　　　　　　　　　　600 000
　　贷：资金结存——货币资金　　　　　　　　　　　　600 000

【例6-6】东方矿业大学2×19年7月1日以持有的一台科研设备投资了B企业进行长期股权投资，占B企业30%的股份，该设备原价为1 600 000元，已提取折旧为800 000元，支付的相关税费为4 100元。则东方矿业大学进行该投资时的财务会计账务处理如下：

借：长期股权投资　　　　　　　　　　　　　　　800 000
　　固定资产累计折旧　　　　　　　　　　　　　　800 000
　　资产处置费用　　　　　　　　　　　　　　　　　4 100
　　贷：固定资产　　　　　　　　　　　　　　　　1 600 000
　　　　银行存款　　　　　　　　　　　　　　　　　　4 100

同时，预算会计账务处理：
借：其他支出　　　　　　　　　　　　　　　　　　4 100
　　贷：资金结存——货币资金　　　　　　　　　　　　4 100

【例6-7】东方矿业大学2×19年4月1日以持有的一项专利权投资了C企业进行长期股权投资，占C企业25%的股份，该专利权原价为1 000 000元，已累计摊销额为300 000元，评估价值为700 000元，支付的相关税费为3 600元。则东方矿业大学进行该投资时的财务会计账务处理如下：

借：长期股权投资　　　　　　　　　　　　　　　700 000
　　无形资产累计摊销　　　　　　　　　　　　　　300 000

资产处置费用	3 600
贷：无形资产	1 000 000
银行存款	3 600

同时，预算会计账务处理：

借：其他支出	3 600
贷：资金结存——货币资金	3 600

【例6-8】东方矿业大学2×19年11月1日以专有技术投资了D企业进行长期股权投资，占D企业25%的股份，该专有技术评估价值为1 000 000元，支付的相关税费为3 000元。则东方矿业大学进行该投资时的财务会计账务处理如下：

借：长期股权投资	1 003 000
贷：银行存款	3 000
其他收入	1 000 000

同时，预算会计账务处理：

借：其他支出	3 000
贷：资金结存——货币资金	3 000

【例6-9】东方矿业大学采用权益法进行核算对A公司长期股权投资，2×19年3月20日A有限责任公司宣告分派现金股利20 000元。则东方矿业大学的会计账务处理如下：

借：应收股利	20 000
贷：长期股权投资——损益调整	20 000

预算会计不做账务处理。

【例6-10】假定东方矿业大学2×19年5月20日将以现金取得的M公司的长期股权投资出售，出售净得价款1 200 000元，款项已存入银行。出售时长期股权投资的账面余额800 000元。则东方矿业大学的财务会计账务处理如下：

借：银行存款	1 200 000
贷：长期股权投资	800 000
投资收益	400 000

同时，预算会计账务处理：

借：资金结存——货币资金	1 200 000
贷：投资支出	800 000
投资预算收益	400 000

三、成本法与权益法的转换

1. 高等学校因处置部分长期股权投资等原因而对处置后的剩余股权投资由

第六章 投　　资

权益法改按成本法核算的，应当按照权益法下长期股权投资账面余额作为成本法下本科目账面余额（成本）。此后，被投资单位宣告分派现金股利或利润时，属于单位已计入投资账面余额的部分，按照应分得的现金股利或利润，借记"应收股利"科目，贷记"长期股权投资"科目。

2. 高等学校因追加投资等原因对长期股权投资的核算从成本法改为权益法的，应当按照成本法下本科目账面余额与追加投资成本的合计金额，借记"长期股权投资（成本）"科目，按照成本法下本科目账面余额，贷记"长期股权投资"科目，按照追加投资的成本，贷记"银行存款"等科目。

第七章 固定资产和无形资产

第一节 固定资产概述

一、固定资产概念与特征

固定资产，是指高等学校为满足自身开展业务活动或其他活动需要而控制的，使用年限超过1年（不含1年）、单位价值在规定标准以上，并在使用过程中基本保持原有物质形态的资产，一般包括房屋及构筑物、专用设备、通用设备等。

单位价值虽未达到规定标准，但是使用年限超过1年（不含1年）的大批同类物资，如图书、家具、用具、装具等，也应当确认为固定资产。

高等学校确认固定资产需同时满足下列条件：

1. 与该固定资产相关的服务潜力很可能实现或者经济利益很可能流入高等学校；

2. 该固定资产的成本或者价值能够可靠地计量。

高等学校确认固定资产的时点一般为：购入、换入、接受捐赠、无偿调入不需安装的固定资产，在固定资产验收合格时确认；购入、换入、接受捐赠、无偿调入需要安装的固定资产，在固定资产安装完成交付使用时确认；自行建造、改建、扩建的固定资产，在建造完成交付使用时确认。

高等学校确认固定资产时，应当考虑以下情况：

1. 固定资产的各组成部分具有不同使用年限或者以不同方式为高等学校实现服务潜力或提供经济利益，适用不同折旧率或折旧方法且可以分别确定各自原价的，应当分别将各组成部分确认为单项固定资产。

2. 应用软件构成相关硬件不可缺少的组成部分的，应当将该软件的价值包括在所属的硬件价值中，一并确认为固定资产；不构成相关硬件不可缺少的组成部分的，应当将该软件确认为无形资产。

3. 购建房屋及构筑物时，不能分清购建成本中的房屋及构筑物部分与土地使用权部分的，应当全部确认为固定资产；能够分清购建成本中的房屋及构筑物

第七章 固定资产和无形资产

部分与土地使用权部分的,应当将其中的房屋及构筑物部分确认为固定资产,将其中的土地使用权部分确认为无形资产。

在实际工作中,为了便于管理,高等学校应当根据固定资产定义,结合本单位的具体情况,制定适合于本单位的固定资产目录、分类方法。一经确定不得随意变更,如需变更,仍然应当按照上述程序处理并在会计报表附注中予以说明。

二、固定资产的分类

根据不同的管理需要和核算要求以及不同的分类标准,可以对固定资产从不同的角度进行分类。

一般按照固定资产的用途分类,可以分为教学用固定资产、科研用固定资产、管理用固定资产等。还可按固定资产使用情况分类,可以分为使用中的固定资产、未使用的固定资产、不需用的固定资产。也可按固定资产的所有权分类,可分为自有固定资产和租入固定资产。

高等学校的固定资产一般分为六类:房屋及构筑物;专用设备;通用设备;文物和陈列品;图书、档案;家具、用具、装具及动植物。

第二节 固定资产初始计量

固定资产应当按照成本进行初始计量。

固定资产的成本,是指高等学校购建某项固定资产达到预定可使用状态前所发生的一切合理必要的支出。这些支出包括直接发生的价款、运杂费、包装费和安装成本等,也包括间接发生的,如应承担的借款利息、外币借款折算差额以及应分摊的其他间接费用。以一笔款项购入多项没有单独标价的固定资产,按照各项固定资产同类或类似资产市场价格的比例对总成本进行分配,分别确定各项固定资产的入账成本。

高等学校取得的固定资产按来源方式主要分为外购的固定资产、自行建造的固定资产(除特别指明,不包括通过基建项目取得,下同)、在原有固定资产基础上进行改建、扩建的固定资产、融资租入的固定资产、接受捐赠的固定资产,以及通过基本建设项目取得的固定资产等。固定资产的取得方式不同,其初始计量的内容也不同,取得时的成本应根据具体情况分别确定。

一、外购的固定资产

外购固定资产的成本,包括实际支付的购买价款、相关税费、使固定资产达到预定可使用状态前所发生的可归属于该项资产的运输费、装卸费、安装费和专业人员服务费等。

二、自行建造的固定资产

高等学校自行建造的固定资产,其成本包括该项资产至交付使用前所发生的全部必要支出。包括工程用物资成本、人工成本、交纳的相关税费、应予资本化的借款费用以及应分摊的间接费用等。

在原有固定资产基础上进行改建、扩建的固定资产,其成本按照原固定资产账面价值加上改建、扩建、修缮发生的支出,再扣除固定资产拆除部分的账面价值后的金额确定。固定资产账面价值就是"固定资产"科目账面余额减去"固定资产累计折旧"科目账面余额后的净值。

为建造固定资产借入的专门借款的利息,属于建设期间发生的,计入在建工程成本;不属于建设期间发生的,计入当期费用。

三、融资租入的固定资产

融资租入的固定资产,其成本按照租赁协议或者合同确定的租赁价款、相关税费以及固定资产交付使用前所发生的可归属于该项资产的运输费、途中保险费、安装调试费等确定。

四、接受捐赠、无偿调入的固定资产

高等学校接受捐赠的固定资产,其成本按照有关凭据注明的金额加上相关税费、运输费等确定;没有相关凭据可供取得,但按规定经过资产评估的,其成本按照评估价值加上相关税费、运输费等确定;没有相关凭据可供取得、也未经资产评估的,其成本比照同类或类似资产的市场价格加上相关税费、运输费等确定;没有相关凭据且未经资产评估、同类或类似资产的市场价格也无法可靠取得的,按照名义金额入账,相关税费、运输费等计入当期费用。如受赠的为旧的固定资产,在确定其初始入账成本时应当考虑该项资产的新旧程度。

第三节 固定资产取得的核算

为了反映固定资产的增减变动情况,应设置"固定资产"科目,该科目为资产类科目,用来核算高等学校持有固定资产的原始价值,总括反映高等学校固定

第七章 固定资产和无形资产

资产的增减变动和结存情况,其借方发生额反映由于各种原因增加的固定资产的原始价值,贷方发生额反映由于各种原因减少的固定资产的原始价值,余额在借方,表示现有固定资产原始价值的总额。为了获得固定资产的详细资料,高等学校应设置"固定资产卡片"和"固定资产登记簿",按其类别、使用部门等进行明细核算。

一、外购固定资产

(一)购入不需要安装的固定资产

购入不需安装的固定资产验收合格时,按照确定的固定资产成本,财务会计借记"固定资产"科目,贷记"财政拨款收入""零余额账户用款额度""应付账款""银行存款"等科目。预算会计借记"事业支出"等科目,贷记"资金结存——货币资金"等科目。

【例7-1】东方矿业大学购入A、B、C、D四台不需要安装的设备,用于高等学校教学活动,取得A的增值税专用发票上注明的设备买价为25 000元,增值税税额为4 250元,支付的运输费为500元,以银行存款转账支付;取得B的增值税专用发票上注明的设备买价为20 000元,增值税税额为3 400元,以财政直接支付;取得C的增值税专用发票上注明的设备买价为50 000元,增值税税额为8 500元,以零余额账户用款额度支付;取得D的增值税专用发票上注明的设备买价为10 000元,增值税税额为1 700元,支付的运输费为500元,尚未付款。有关会计账务处理如下:

(1)对于固定资产A、B、C。财务会计进行账务处理:

借:固定资产　　　　　　　　　　　　　　　111 650
　　贷:银行存款　　　　　　　　　　　　　　29 750
　　　　财政拨款收入　　　　　　　　　　　　23 400
　　　　零余额账户用款额度　　　　　　　　　58 500

同时,预算会计进行账务处理:

借:事业支出——教学支出　　　　　　　　　111 650
　　贷:资金结存——货币资金　　　　　　　　29 750
　　　　财政拨款预算收入　　　　　　　　　　23 400
　　　　资金结存——零余额账户用款额度　　　58 500

(2)对于固定资产D。财务会计进行账务处理:

借:固定资产　　　　　　　　　　　　　　　12 200
　　贷:应付账款　　　　　　　　　　　　　　12 200

预算会计不做账务处理。

(二) 购入需要安装的固定资产

购入需要安装的固定资产,在安装完毕交付使用前通过"在建工程"科目核算,安装完毕交付使用时再转入固定资产。

【例7-2】东方矿业大学购入一台需要安装的设备,用于教学活动。取得的增值税专用发票上注明的设备买价为25 000元,增值税税额为4 250元,设备安装费2 800元。有关会计账务处理如下:

(1) 支付设备价款、税费合计29 250元时,财务会计账务处理:

借:在建工程　　　　　　　　　　　　　　　　29 250
　　贷:银行存款　　　　　　　　　　　　　　　　29 250

同时,预算会计进行账务处理:

借:事业支出——教学支出　　　　　　　　　　29 250
　　贷:资金结存——货币资金　　　　　　　　　　29 250

(2) 支付安装费用时,财务会计账务处理:

借:在建工程　　　　　　　　　　　　　　　　2 800
　　贷:银行存款　　　　　　　　　　　　　　　　2 800

同时,预算会计进行账务处理:

借:事业支出——教学支出　　　　　　　　　　2 800
　　贷:资金结存——货币资金　　　　　　　　　　2 800

(3) 设备安装完毕交付使用,确定固定资产的价值为29 250 + 2 800 = 32 050 (元),财务会计账务处理:

借:固定资产　　　　　　　　　　　　　　　　32 050
　　贷:在建工程　　　　　　　　　　　　　　　　32 050

预算会计不做账务处理。

(三) 购入扣留质保金的固定资产

购入固定资产扣留质量保证金的,应当在取得固定资产时,按照确定的固定资产成本,财务会计借记"固定资产"[不需安装]或"在建工程"科目[需要安装],按照实际支付或应付的金额,贷记"财政拨款收入""零余额账户用款额度""应付账款"[不含质量保证金]"银行存款"等科目,按照扣留的质量保证金数额,贷记"其他应付款"[扣留期在1年以内(含1年)]或"长期应付款"[扣留期超过1年]科目。预算会计借记"事业支出"(实际支付的金额),贷记"资金结存——货币资金"等科目。

质保期满支付质量保证金时,财务会计借记"其他应付款""长期应付款"科目,贷记"财政拨款收入""零余额账户用款额度""银行存款"等科目。预算会计借记"事业支出"(支付的质量保证金)科目,贷记"资金结存——货币

第七章　固定资产和无形资产

资金"等科目。

二、在建工程

在建工程是指高等学校已经发生必要支出，但尚未完工交付使用的各种建筑（包括新建、改建、扩建、修缮）等和设备安装工程。

为核算在建工程业务，设置"在建工程"总账科目。该科目应当按照工程性质和具体工程项目等进行明细核算。

（一）建筑工程核算

1. 通常情况下，将固定资产转入改建、扩建或修缮等时，按照固定资产的账面价值，财务会计借记"在建工程"科目，按照固定资产已计提折旧，借记"固定资产累计折旧"科目，按照固定资产的账面余额，贷记"固定资产"科目。预算会计不做处理。

为增加固定资产使用效能或延长其使用年限而发生的改建、扩建等后续支出，借记"在建工程"科目，贷记"财政拨款收入""零余额账户用款额度""银行存款"等科目。预算会计借记"事业支出"等科目，贷记"资金结存"等科目。

固定资产改建、扩建等完成交付使用时，按照在建工程成本，借记"固定资产"科目，贷记"在建工程"科目。预算会计不做处理。

【例 7-3】东方矿业大学在暑假期间对一栋学生公寓进行修缮。该固定资产账面余额 600 万元，已计提折旧 200 万元。高等学校财务会计账务处理如下：

借：在建工程　　　　　　　　　　　　　　　　　4 000 000
　　固定资产累计折旧　　　　　　　　　　　　　2 000 000
　　贷：固定资产　　　　　　　　　　　　　　　　　　6 000 000

预算会计不做处理。

【例 7-4】承接【例 7-3】，东方矿业大学对学生公寓修缮花费 100 万元。财务会计账务处理如下：

借：在建工程　　　　　　　　　　　　　　　　　1 000 000
　　贷：银行存款　　　　　　　　　　　　　　　　　　1 000 000

同时，预算会计进行账务处理：

借：事业支出——教学支出　　　　　　　　　　　1 000 000
　　贷：资金结存——货币资金　　　　　　　　　　　　1 000 000

2. 高等学校为建筑工程借入的专门借款的利息，属于建设期间发生的，按期计提利息费用时，计入在建工程成本，借记本科目，贷记"应付利息"科目。

建筑工程完工交付使用时，按照工程所发生的实际成本，借记"固定资产"科目，贷记"在建工程"科目。

【例7-5】 承接【例7-4】,东方矿业大学支付修缮费100万元系向银行借款,该笔借款建设期间发生利息费用5万元。该高等学校财务会计账务处理如下:

借:在建工程　　　　　　　　　　　　　　50 000
　　贷:应付利息　　　　　　　　　　　　　　50 000
借:应付利息　　　　　　　　　　　　　　50 000
　　贷:银行存款　　　　　　　　　　　　　　50 000

同时,预算会计进行账务处理:

借:事业支出——教学支出　　　　　　　　50 000
　　贷:资金结存——货币资金　　　　　　　50 000

【例7-6】 承接【例7-5】,东方矿业大学对学生宿舍的修缮工作完成,投入使用。财务会计账务处理如下:

借:固定资产　　　　　　　　　　　　　5 050 000
　　贷:在建工程　　　　　　　　　　　　　5 050 000

预算会计不做账务处理。

(二) 设备安装核算

1. 购入需要安装的设备,按照确定的成本,财务会计借记"在建工程"科目,贷记"财政拨款收入""零余额账户用款额度""应付账款""银行存款"等科目。预算会计借记"事业支出"科目,贷记"资金结存"等科目。

融资租入需要安装的设备,按照确定的成本,财务借记"在建工程"科目,按照租赁协议或者合同确定的租赁价款,贷记"长期应付款"科目,按照实际支付的相关税费、运输费等,贷记"财政拨款收入""零余额账户用款额度""银行存款"等科目。预算会计借记"事业支出"科目,贷记"资金结存"等科目。

2. 设备安装完工交付使用时,财务会计借记"固定资产"科目,贷记"在建工程"科目。预算会计不做处理。

【例7-7】 东方矿业大学购入一台需要安装的教学设备,购入价款为100万元,安装费8万元,款项均由银行存款支付,安装完成后投入使用。有关会计账务处理如下:

(1) 支付购入价款和安装费,财务会计账务处理:

借:在建工程　　　　　　　　　　　　　1 080 000
　　贷:银行存款　　　　　　　　　　　　　1 080 000

同时,预算会计进行账务处理:

借:事业支出——教学支出　　　　　　　1 080 000
　　贷:资金结存——货币资金　　　　　　1 080 000

第七章 固定资产和无形资产

(2) 安装完成后投入使用,财务会计账务处理:

借:固定资产 2 000 000
　　贷:在建工程 2 000 000

预算会计不做账务处理。

(三) 自行建造固定资产

自行建造的固定资产,其成本包括建造该项资产至交付使用前所发生的全部必要支出。

工程完工交付使用时,按照在建工程成本,财务会计借记"固定资产"科目,贷记"在建工程"科目。预算会计不做处理。已交付使用但尚未办理竣工决算手续的固定资产,按照估计价值入账,待办理竣工决算后再按照实际成本调整原来的暂估价值。

【例7-8】东方矿业大学拟建造实验室一座,2×19年1月10日出包给红星建筑工程公司承建,按规定先向承包单位预付工程价款600 000元,以银行存款支付;2×19年10月10日,工程达到预定可使用状态后,收到承包单位的有关工程结算单据1 860 000元,补付工程款1 260 000元,以银行存款支付。2×19年10月30日验收后交付使用。有关会计处理如下:

(1) 2×19年1月10日预付工程价款,财务会计账务处理:

借:预付账款 600 000
　　贷:银行存款 600 000

同时,预算会计进行账务处理:

借:事业支出——教学支出 600 000
　　贷:资金结存——货币资金 600 000

(2) 2×19年10月10日结算工程款,财务会计账务处理:

借:在建工程 1 860 000
　　贷:预付账款 600 000
　　　　银行存款 1 260 000

同时,预算会计进行账务处理:

借:事业支出——教学支出 1 260 000
　　贷:资金结存——货币资金 1 260 000

(3) 2×19年10月30日工程达到预定可使用状态验收交付使用,财务会计账务处理:

借:固定资产 1 860 000
　　贷:在建工程 1 860 000

预算会计不进行账务处理。

(四）在原有固定资产基础上进行改建、扩建、修缮后的固定资产

在原有固定资产基础上进行改建、扩建、修缮后的固定资产，其成本按照原固定资产账面价值（"固定资产"科目账面余额减去"固定资产累计折旧"科目账面余额后的净值）加上改建、扩建、修缮发生的支出，再扣除固定资产拆除部分的账面价值后的金额确定。

将固定资产转入改建、扩建、修缮时，按固定资产的账面价值，财务会计借记"在建工程"科目，按照固定资产已计提折旧，借记"固定资产累计折旧"科目，按照固定资产的账面余额，贷记"固定资产"科目。预算会计不做处理。

固定资产改建、扩建等完成交付使用时，按照在建工程成本，借记"固定资产"科目，贷记"在建工程"科目。预算会计不做处理。

【例7-9】东方矿业大学对一栋实验楼进行改建，原价为820 000元，已提折旧600 000元，拆除部分部件变价收入15 000元，款项存入银行，支付改建实际支出300 000元，以银行存款支付。改建完成交付使用。有关会计账务处理如下：

(1) 房屋转入改建工程，财务会计账务处理：

借：在建工程　　　　　　　　　　　　　　　220 000
　　固定资产累计折旧　　　　　　　　　　　600 000
　　贷：固定资产　　　　　　　　　　　　　　820 000

预算会计不进行账务处理。

(2) 取得变价收入存入银行，财务会计账务处理：

借：银行存款　　　　　　　　　　　　　　　15 000
　　贷：在建工程　　　　　　　　　　　　　　15 000

同时，预算会计进行账务处理：

借：资金结存——货币资金　　　　　　　　　15 000
　　贷：事业支出——教学支出　　　　　　　　15 000

(3) 支付改建工程款，财务会计账务处理：

借：在建工程　　　　　　　　　　　　　　　300 000
　　贷：银行存款　　　　　　　　　　　　　　300 000

同时，预算会计进行账务处理：

借：事业支出——教学支出　　　　　　　　　300 000
　　贷：资金结存——货币资金　　　　　　　　300 000

(4) 改建工程完工后，经验收合格交付使用，财务会计账务处理：

借：固定资产　　　　　　　　　　　　　　　505 000
　　贷：在建工程　　　　　　　　　　　　　　505 000

预算会计不进行账务处理。

第七章　固定资产和无形资产

三、融资租入的固定资产

融资租入的固定资产，按照确定的成本，财务会计借记"固定资产"[不需安装]或"在建工程"科目[需安装]，按照租赁协议或者合同确定的租赁付款额，贷记"长期应付款"科目，按照支付的运输费、途中保险费、安装调试费等金额，贷记"财政拨款收入""零余额账户用款额度""银行存款"等科目。预算会计借记"事业支出""经营支出"等科目，贷记"财政拨款预算收入"（财政直接支付）、"资金结存"等科目。

定期支付租金时，按照实际支付金额，财务会计借记"长期应付款"科目，贷记"财政拨款收入""零余额账户用款额度""银行存款"等科目。预算会计借记"事业支出""经营支出"等科目，贷记"财政拨款预算收入"（财政直接支付）、"资金结存"等科目。

跨年度分期付款购入固定资产的账务处理，参照融资租入固定资产。

【例7-10】东方矿业大学融资租入一台教学设备，租赁协议价款为150 000元，发生运输费4 000元，以银行存款支付。假设每年支付租金15 000元。

（1）融资租赁时，财务会计账务处理如下：

借：固定资产　　　　　　　　　　　　　　　　　154 000
　　贷：长期应付款　　　　　　　　　　　　　　　　150 000
　　　　银行存款　　　　　　　　　　　　　　　　　　4 000

同时，预算会计进行账务处理：

借：事业支出——教学支出　　　　　　　　　　　　4 000
　　贷：资金结存——货币资金　　　　　　　　　　　　4 000

（2）每年支付租金时，财务会计账务处理如下：

借：长期应付款　　　　　　　　　　　　　　　　　15 000
　　贷：银行存款　　　　　　　　　　　　　　　　　15 000

同时，预算会计进行账务处理：

借：事业支出——教学支出　　　　　　　　　　　　15 000
　　贷：资金结存——货币资金　　　　　　　　　　　15 000

四、接受捐赠、无偿调入的固定资产

1. 接受捐赠的固定资产，按照确定的固定资产成本，财务会计借记"固定资产"科目[不需安装]或"在建工程"科目[需安装]，按照发生的相关税费、运输费等，贷记"零余额账户用款额度""银行存款"等科目，按照其差额，贷记"捐赠收入"科目。预算会计借记"其他支出"，贷记"财政拨款预算

收入""资金结存"等科目。

接受捐赠的固定资产按照名义金额入账的，按照名义金额，财务会计借记"固定资产"，贷记"捐赠收入"科目；按照发生的相关税费、运输费等，借记"其他费用"科目，贷记"零余额账户用款额度""银行存款"等科目。预算会计借记"其他支出"，贷记"资金结存"等科目。

2. 无偿调入的固定资产，按照确定的固定资产成本，财务会计借记"固定资产"科目［不需安装］或"在建工程"科目［需安装］，按照发生的相关税费、运输费等，贷记"零余额账户用款额度""银行存款"等科目，按照其差额，贷记"无偿调拨净资产"科目。预算会计借记"其他支出"（相关税费、运输费），贷记"资金结存"等科目。

【例7-11】东方矿业大学接收乙公司捐赠的一台价值为60万元的仪器设备，无需安装，发生相关税费5 000元。财务会计账务处理如下：

借：固定资产　　　　　　　　　　　　　　　　600 000
　　贷：银行存款　　　　　　　　　　　　　　　　5 000
　　　　捐赠收入　　　　　　　　　　　　　　　595 000

同时，预算会计进行账务处理：

借：其他支出　　　　　　　　　　　　　　　　　5 000
　　贷：资金结存——货币资金　　　　　　　　　　5 000

若上述设备需要安装，其他资料不变，则有关财务会计账务处理如下：

借：在建工程　　　　　　　　　　　　　　　　600 000
　　贷：银行存款　　　　　　　　　　　　　　　　5 000
　　　　捐赠收入　　　　　　　　　　　　　　　595 000

同时，预算会计进行账务处理：

借：其他支出　　　　　　　　　　　　　　　　　5 000
　　贷：资金结存——货币资金　　　　　　　　　　5 000

固定资产安装完毕转入固定资产，财务会计账务处理如下：

借：固定资产　　　　　　　　　　　　　　　　600 000
　　贷：在建工程　　　　　　　　　　　　　　　600 000

预算会计不进行账务处理。

第四节　固定资产折旧

一、折旧的概念和范围

折旧，是指在固定资产使用寿命内，按照确定的方法对应计折旧额进行系统

第七章 固定资产和无形资产

分摊。高等学校固定资产应计折旧额,是指应当计提折旧的固定资产原价的金额。高等学校应当对除下列各项资产以外的其他固定资产计提折旧:

(一)文物和陈列品;

(二)动植物;

(三)图书、档案;

(四)以名义金额计量的固定资产。

财政部于2018年8月印发《关于高等学校执行〈政府会计制度——行政事业单位会计科目和报表〉的补充规定》(财会〔2018〕19号),明确了高等学校各类应计提折旧的固定资产的折旧年限,如表7-1所示。

表7-1　　　　　　　　高等学校固定资产折旧年限表

固定资产类别	折旧年限(年)	备注
一、房屋及构筑物		
1. 房屋		
钢结构	50	
钢筋混凝土结构	50	
砖混结构	30	
砖木结构	30	
2. 简易房	8	
3. 房屋附属设施	8	围墙、停车设施等
4. 构筑物	8	池、罐、槽、塔等
二、通用设备		
1. 计算机设备	6	计算机、网络设备、安全设备、终端设备、存储设备等
2. 办公设备	6	电话机、传真机、摄像机、刻录机等
3. 车辆	8	载货汽车、牵引汽车、乘用车、专用车辆等
4. 图书档案设备	5	
5. 机械设备	10	锅炉、液压机械、金属加工设备、泵、风机、气体压缩机、气体分离及液化设备、分离及干燥设备等
6. 电气设备	5	电机、变压器、电源设备、生活用电器等

续表

固定资产类别	折旧年限（年）	备注
二、通用设备		
7. 雷达、无线电和卫星导航设备	10	
8. 通信设备、广播、电视、电影设备	5	
9. 仪器仪表、电子和通信测量仪器、计量标准器具及量具、衡器	5	
10. 除上述以外其他通用设备	5	
三、专用设备		
1. 探矿、采矿、选矿和造块设备	10	
2. 石油天然气开采专用设备	10	
3. 石油和化学工业专用设备	10	
4. 炼焦和金属冶炼轧制设备	10	
5. 电力工业专用设备	20	
6. 核工业专用设备	20	
7. 航空航天工业专用设备	20	
8. 非金属矿物制品工业专用设备	10	
9. 工程机械	10	
10. 农业和林业机械	10	
11. 木材采集和加工设备	10	
12. 食品加工专用设备	10	
13. 饮料加工设备	10	
14. 烟草加工设备	10	
15. 粮油作物和饲料加工设备	10	
16. 纺织设备	10	
17. 缝纫、服饰、制革和毛皮加工设备	10	
18. 造纸和印刷机械	10	
19. 化学药品和中药专用设备	5	
20. 医疗设备	5	
21. 电工、电子专用生产设备	5	
22. 安全生产设备	10	
23. 邮政专用设备	10	
24. 环境污染防治设备	10	

第七章　固定资产和无形资产

续表

固定资产类别	折旧年限（年）	备注
三、专用设备		
25. 公安专用设备	3	
26. 水工机械	10	
27. 殡葬设备及用品	5	
28. 铁路运输设备	10	
29. 水上交通运输设备	10	
30. 航空器及其配套设备	10	
31. 专用仪器仪表	5	
32. 文艺设备	5	
33. 体育设备	5	
34. 娱乐设备	5	
四、家具、用具、装具		
1. 家具	15	
其中：学生用家具	5	
2. 用具、装具	5	

财政部颁布的《〈政府会计准则第3号——固定资产〉应用指南》（财会[2017]4号）规定：固定资产应当按月计提折旧，当月增加的固定资产，当月开始计提折旧；当月减少的固定资产，当月不再计提折旧。

固定资产提足折旧后，无论能否继续使用，均不再计提折旧；提前报废的固定资产，也不再补提折旧。已提足折旧的固定资产，可以继续使用的，应当继续使用，规范管理。

固定资产因改建、扩建或修缮等原因而延长其使用年限的，应当按照重新确定的固定资产的成本以及重新确定的折旧年限计算折旧额。

计提融资租入固定资产折旧时，应当采用与自有固定资产相一致的折旧政策。能够合理确定租赁期届满时将会取得租入固定资产所有权的，应当在租入固定资产尚可使用年限内计提折旧；无法合理确定租赁期届满时能够取得租入固定资产所有权的，应当在租赁期与租入固定资产尚可使用年限两者中较短的期间内计提折旧。

二、固定资产折旧的方法

固定资产折旧的方法是指将应计折旧成本如何分摊于各使用期间的方法。计算折旧的方法很多,包括年限平均法、工作量法、双倍余额递减和年数总和法等。按照《政府会计制度》的规定,高等学校一般应当采用年限平均法或工作总量法计提固定资产折旧。固定资产的折旧方法一经确定,不得随意变更。

高等学校固定资产的应折旧金额为其成本,计提固定资产折旧不考虑预计净残值。对暂估入账的固定资产计提折旧,实际成本确定后不需调整原已计提的折旧额。

三、固定资产折旧的账务处理

为了核算固定资产的折旧,高等学校应设置"固定资产累计折旧"科目。"固定资产累计折旧"科目为"固定资产"科目的备抵科目,贷方反映计提的固定资产折旧额和增加固定资产时相应增加的折旧额;借方反映因出售、报废清理、盘亏等原因减少固定资产时所转销的已提折旧额,余额表示高等学校现有固定资产的累计折旧额。

按月计提固定资产折旧时,按照应计提折旧金额,财务会计借记"业务活动费用""单位管理费用""经营费用""加工物品""在建工程"等科目,贷记"固定资产累计折旧"科目。预算会计不做处理。

【例7-12】东方矿业大学财务部计提某大型教学设备当月折旧额5 000元,计入管理费用。有关财务会计账务处理如下:

借:业务活动费用——教育费用　　　　　　　　5 000
　　贷:固定资产累计折旧　　　　　　　　　　　　5 000

高等学校需要查明某项固定资产的已提折旧时,可以根据固定资产卡片上所记载的该项固定资产原值、折旧率和实际使用年限进行计算。

在实际工作中,折旧的计算是通过编制折旧计算表进行的。在上月份应计提折旧额的基础上,考虑上月份固定资产增减变动的情况,进行调整。计算公式如下:

本月应提折旧额 = 上月计提折旧额 + 上月增加的固定资产应提折旧额
　　　　　　　－ 上月减少的固定资产应提折旧额

第五节　固定资产的处置

一、固定资产处置的概述

固定资产处置,包括固定资产的出售、报废、毁损、对外投资、无偿调出、

第七章　固定资产和无形资产

对外捐赠等。

2006年5月30日，财政部颁布《事业单位国有资产管理暂行办法》（财政部令第36号），该文件规定：事业单位国有资产处置收入属于国家所有，应当按照政府非税收入管理的规定，实行"收支两条线"管理。

2017年3月31日，教育部、中央编办、发展改革委、财政部、人力资源社会保障部五部门印发《关于深化高等教育领域简政放权放管结合优化服务改革的若干意见》（教政法〔2017〕7号）提出：扩大高等学校资产处置权限。适当提高资产处置的备案和报批标准。高等学校自主处置已达使用年限、应淘汰报废的资产，处置收益留归学校使用。

2017年11月9日，财政部印发《中央部门所属高等学校国有资产处置管理补充规定》（财资〔2017〕72号），文件规定"高等学校自主处置已达使用年限并且应淘汰报废的资产取得的收益，留归高等学校，纳入学校预算，统一核算，统一管理。"

二、固定资产处置的会计处理

按照规定报经批准处置固定资产，应当分别以下情况处理：

1. 报经批准出售、转让固定资产，按照被出售、转让固定资产的账面价值，财务会计借记"资产处置费用"科目，按照固定资产已计提的折旧，借记"固定资产累计折旧"科目，按照固定资产账面余额，贷记本科目；同时，按照收到的价款，借记"银行存款"等科目，按照处置过程中发生的相关费用，贷记"银行存款"等科目，按照其差额，若处置未达到使用年限的固定资产时（处置净收入需按照规定上缴国库），贷记"应缴财政款——应交国库款"科目；若处置达到使用年限的资产时（处置净收入留归学校使用），贷记"其他收入"科目。

若处置未达到使用年限的固定资产（处置净收入需按照规定上缴国库），预算会计不进行账务处理。

若处置达到使用年限的资产时（处置净收入留归学校使用），预算会计借记"资金结存"科目，贷记"其他预算收入"科目。

2. 报经批准对外捐赠固定资产，按照固定资产已计提的折旧，财务会计借记"固定资产累计折旧"科目，按照被处置固定资产账面余额，贷记本科目，按照捐赠过程中发生的归属于捐出方的相关费用，贷记"银行存款"等科目，按照其差额，借记"资产处置费用"科目。预算会计借记"其他支出"科目，贷记"资金结存"等科目。

3. 报经批准无偿调出固定资产，按照固定资产已计提的折旧，财务会计借记"固定资产累计折旧"科目，按照被处置固定资产账面余额，贷记"固定资产"科目，按照其差额，借记"无偿调拨净资产"科目；同时，按照无偿调出过程中发生的归属于调出方的相关费用，借记"资产处置费用"科目，贷记"银行存款"等科目。预算会计借记"其他支出"科目，贷记"资金结存"等科目。

4. 报经批准置换换出固定资产，参照"库存物品"中置换换入库存物品的规定进行账务处理。

【例7-13】 东方矿业大学将一台不需用的旧设备出售，该设备原值为60 000元，已提折旧20 000元。双方议定的售价为45 000元，已通过银行收回价款。发生清理费用6 000元。有关会计账务处理如下：

(1) 注销固定资产原值和已提折旧额，财务会计账务处理：

借：资产处置费用	40 000
固定资产累计折旧	20 000
贷：固定资产	60 000

预算会计不进行账务处理。

(2) 取得出售固定资产的价款及发生清理费用，财务会计账务处理：

借：银行存款	45 000
贷：应缴财政款——应交国库款	39 000
银行存款	6 000

预算会计不进行账务处理。

【例7-14】 东方矿业大学一台设备因责任事故不能继续使用，决定予以报废。该设备原值为100 000元，已提折旧46 000元，保险公司应赔偿10 000元，款项尚未收到，在清理过程中，通过银行支付清理费用16 000元，残料变价收入500元已存入银行。有关会计账务处理如下：

(1) 将报废固定资产转入待处置资产时，财务会计账务处理：

借：待处理财产损溢	54 000
固定资产累计折旧	46 000
贷：固定资产	100 000

预算会计不进行账务处理。

(2) 报经批准予以处置时，财务会计账务处理：

借：资产处置费用	54 000
贷：待处理财产损溢	54 000

预算会计不进行账务处理。

(3) 支付清理费用，财务会计账务处理：

借：待处理财产损溢	16 000
贷：银行存款	16 000

预算会计不进行账务处理。

第七章 固定资产和无形资产

（4）收回残料变价收入，财务会计账务处理：

借：银行存款　　　　　　　　　　　　　　　　500
　　贷：待处理财产损溢　　　　　　　　　　　　　　500

预算会计不进行账务处理。

（5）应由保险公司赔偿的款项，财务会计账务处理：

借：其他应收款——保险公司　　　　　　　　10 000
　　贷：待处理财产损溢　　　　　　　　　　　　　10 000

预算会计不进行账务处理。

（6）结转清理后的收支余额，该资产处置净损失5 500元。

该高等学校财务会计进行账务处理：

借：资产处置费用　　　　　　　　　　　　　5 500
　　贷：待处理财产损溢　　　　　　　　　　　　　5 500

预算会计进行账务处理：

借：其他支出　　　　　　　　　　　　　　　5 500
　　贷：资金结存——货币资金　　　　　　　　　　5 500

第六节　固定资产清查

高等学校应当定期对固定资产进行盘点清查，每年至少要进行一次全面清查。通过固定资产的盘点清查，一方面，可以掌握固定资产的实有数及其分布情况，检查账实是否相符，从而加强对固定资产的管理，保证财产的安全完整；另一方面，可以了解固定资产的使用和维护修理情况，检查固定资产有无使用不当或长期闲置等情况。对于发生的固定资产盘盈、盘亏，应当及时查明原因，编制"固定资产盘亏报告表"，按规定报经批准后及时进行账务处理。由于固定资产清查盘点的结果不同，其账务处理也不同。对于发生的固定资产盘盈、盘亏或毁损、报废，应当先记入"待处理财产损溢"科目，按照规定报经批准后及时进行后续账务处理。

按照财政部相关政策，高等学校固定资产盘盈按照以下方式处理：

1. 高等学校清理出不属于纪检、监察部门规定清退范围的账外固定资产，且长期无偿占有使用的，若产权属于其他行政事业单位的，在当事双方协商一致的基础上，可以按照国有行政事业单位国有资产管理的相关规定办理无偿划拨；若产权属于其他国有企业的，在当事双方协商一致的基础上，可以按照国有企业资产管理的相关规定办理无偿划拨；若产权属于其他单位的，应当在尊重产权单位意见的基础上，由当事双方协商解决。如行政事业单位需要收购或租赁该资产的，应当按照市场价值签订转让或租赁合同，并按照规定程序上报。

2. 清查出的因历史原因而无法入账的无主财产，依法确认为国有资产的，应当及时入账，纳入国有资产管理范围。

3. 清查出的已投入使用但尚未办理决算手续的固定资产，按照估计价值入账，待确定实际成本后再进行调整。

盘盈的固定资产，其成本按照有关凭据注明的金额确定；没有相关凭据、但按照规定经过资产评估的，其成本按照评估价值确定；没有相关凭据、也未经过评估的，其成本按照重置成本确定。如无法采用上述方法确定盘盈固定资产成本的，按照名义金额（人民币1元）入账。

盘盈的固定资产，按照确定的入账成本，借记本科目，贷记"待处理财产损溢"科目。

盘亏、毁损或报废的固定资产，按照待处理固定资产的账面价值，财务会计借记"待处理财产损溢"科目，按照已计提折旧，借记"固定资产累计折旧"科目，按照固定资产的账面余额，贷记"固定资产"科目。报经批准处理时，借记"资产处置费用"科目，贷记"待处理财产损溢"科目（待处理财产价值）。预算会计不做处理。

处理毁损、报废固定资产过程中取得的残值或残值变价收入等，财务借记"库存现金""银行存款"等科目，贷记"待处理财产损溢"科目（处理净收入）；处理毁损、报废固定资产过程中发生的相关费用，借记"待处理财产损溢"科目（处理净收入），贷记"库存现金""银行存款"等科目。

【例7-15】东方矿业大学在财产的盘点清查中，发现账外设备一台，其类似设备的市场价格为60 000元。有关财务会计账务处理如下：

借：固定资产　　　　　　　　　　　　　　　　60 000
　　贷：待处理财产损溢　　　　　　　　　　　　　　60 000

预算会计不进行账务处理。

【例7-16】东方矿业大学在财产的盘点清查中，发现盘亏设备一台，账面原值为12 200元，已提折旧5 000元。报经批准处理。查明原因属责任事故，由保险公司赔偿1 200元，有关责任人赔偿3 000元，以银行存款结算。有关会计账务处理如下：

（1）批准前，该高等学校财务会计账务处理：

借：待处理财产损溢　　　　　　　　　　　　　　7 200
　　固定资产累计折旧　　　　　　　　　　　　　　5 000
　　贷：固定资产　　　　　　　　　　　　　　　　12 200

预算会计不进行账务处理。

（2）批准后，该高等学校财务会计账务处理：

借：资产处置费用　　　　　　　　　　　　　　　7 200
　　贷：待处理财产损溢　　　　　　　　　　　　　　7 200

借：银行存款	4 200
贷：待处理财产损溢	4 200
借：待处理财产损溢	4 200
贷：应缴财政款——应交国库款	4 200

发生的处置净损失，预算会计进行账务处理：

借：其他支出	4 200
贷：资金结存——货币资金	4 200

第七节 无 形 资 产

一、无形资产概述

无形资产是指高等学校持有的没有实物形态的可辨认非货币资产，包括专利权、非专利技术、商标权、著作权、土地使用权等。

无形资产按其取得方式划分，可分为外购取得的无形资产、自行开发取得的无形资产和接受捐赠形成的无形资产等。

无形资产按其有无限期划分，可分为有限期无形资产和无限期无形资产。有限期无形资产是指有法律或合同规定着明确的有效期限的无形资产，如专利权、商标权等。这类无形资产超过了有效期限就不存在任何经济价值。因此，这类无形资产的全部成本必须在不超过法律或合同规定的有效期限内摊销；无限期无形资产是指法律上没有规定其有效期限的无形资产，如自主研发的专有技术。这类无形资产主要是基于技术更新换代和市场需要变化而可能丧失其价值。

无形资产按其具体形式划分，主要有以下几类：

（一）专利权

专利权是指专利注册机构授予发明者或持有者在法定期限内对某一发明创造所拥有的独占权和专有权。我国专利法规定的专利权有两种：一种是发明专利权，其有效期限为15年；另一种是实用新型和外观设计专利权，其有效期限为5年，可申请延续3年。期限届满，专利权就自行失效，发明成果可以由社会上任何人自由使用。但在其有效期限内，发明者或持有者将享有专利的独占权，并受法律的保护，任何单位或个人未经允许都不得制造、使用或出售其专利产品。

（二）专有技术

专有技术也称非专利技术，是指发明人垄断的、不公开的、能带来经济效益的先进的技术、知识和经验等。专有技术具有经济性、机密性、动态性等特点。由于专有技术未经公开也未申请专利权，所以不受法律保护，不是专利法的保护对象，专有技术持有人主要通过自我保密方式来维持其独占权。

（三）著作权

著作权又称知识产权也称版权，是指著作权人对文学、音乐、戏剧、电影、音像、工程设计、自然科学、社会科学等作品依法享有的出版、发行等方面的专有权利。我国著作权法规定，公民作品的发表权、使用权和获得报酬权的保护期限为作者终生及死亡后 50 年。著作权的成本，包括支付的稿费或购入作品使用权的支出。著作权可以转让、出售或者赠予。

（四）土地使用权

土地使用权是指企业依法取得的在一定期间对国有土地享有开发、利用、经营的权利。它实质上是一种土地租赁权。土地使用权是一项特殊的无形资产。根据我国土地管理法的规定，我国土地实行公有制，任何单位和个人不得侵占、买卖或者以其他形式非法转让土地。国有企业、集体企业等单位可依法取得土地使用权，或将已取得的土地使用权转让。企业取得土地使用权的方式有行政划拨取得、出让方取得、外购取得、投资者投入取得等。

二、无形资产的确认

高等学校确认无形资产需同时满足下列条件：
1. 与该无形资产相关的服务潜力很可能实现或者经济利益很可能流入高等学校；
2. 该无形资产的成本或者价值能够可靠地计量。高等学校在判断无形资产的服务潜力或经济利益是否很可能实现或流入时，应当对无形资产在预计使用年限内可能存在的各种社会、经济、科技因素做出合理估计，并且应当有确凿的证据支持。

高等学校购入的不构成相关硬件不可缺少组成部分的软件，应当确认为无形资产。

高等学校自行研究开发项目的支出，应当区分研究阶段支出与开发阶段支出。研究是指为获取并理解新的科学或技术知识而进行的独创性的有计划调查。开发是指在进行生产或使用前，将研究成果或其他知识应用于某项计划或设计，以生产出新的或具有实质性改进的材料、装置、产品等。

高等学校自行研究开发项目研究阶段的支出，应当于发生时计入当期费用。

高等学校自行研究开发项目开发阶段的支出，先按合理方法进行归集，如果最终形成无形资产的,应当确认为无形资产;如果最终未形成无形资产的,应当计入当期费用。高等学校自行研究开发项目尚未进入开发阶段,或者确实无法区分研究阶段支出和开发阶段支出,但按法律程序已申请取得无形资产的,应当将依法取得时发生的注册费、聘请律师费等费用确认为无形资产。

高等学校自创商誉及内部产生的品牌、报刊名等,不应确认为无形资产。

三、无形资产的核算

为了反映高等学校无形资产的增减变动情况,应设置"无形资产"和"无形资产累计摊销"两个科目。无形资产科目为资产类科目,用来核算高等学校持有无形资产的原始价值,总括反映无形资产的增减变动和结存情况,其借方发生额反映由于各种原因增加的无形资产的原始价值,贷方发生额反映由于各种原因减少的无形资产的原始价值,余额在借方,表示现有无形资产原始价值的总额。无形资产科目应当按照无形资产类别设置明细账,进行明细核算。

非大批量购入、单价小于1 000元的无形资产,可以于购买的当期将其成本直接计入当期费用。

为了核算高等学校无形资产的摊销,应设置"无形资产累计摊销"科目,用来核算对使用寿命有限的无形资产计提的累计摊销。"无形资产累计摊销"科目为"无形资产"科目的备抵科目,贷方反映计提的无形资产摊销额;借方反映因出售、调出、对外捐赠等原因减少无形资产时所转销的已提摊销额,余额表示高等学校现有无形资产的累计摊销额。

(一)无形资产在取得时,应当按照其实际成本入账

1. 外购的无形资产,其成本包括购买价款、相关税费以及可归属于该项资产达到预定用途所发生的其他支出。

外购的无形资产,按照确定的成本,财务会计借记"无形资产"科目,贷记"财政拨款收入""零余额账户用款额度""应付账款""银行存款"等科目。预算会计借记"事业支出""经营支出"等科目,贷记"财政拨款预算收入""资金结存——货币资金"等科目。

2. 委托软件公司开发软件视同外购无形资产进行处理。

合同中约定预付开发费用的,按照预付金额,财务会计借记"预付账款"科目,贷记"财政拨款收入""零余额账户用款额度""银行存款"等科目。预算会计借记"事业支出""经营支出"等,贷记"财政拨款预算收入""资金结存——货币资金"等科目。

软件开发完成交付使用并支付剩余或全部软件开发费用时,按照软件开发费用总额,财务会计借记"无形资产"科目,按照相关预付账款金额,贷记"预

付账款"科目，按照支付的剩余金额，贷记"财政拨款收入""零余额账户用款额度""银行存款"等科目。预算会计按照补付的金额，借记"事业支出""经营支出"等科目，贷记"财政拨款预算收入""资金结存——货币资金"等科目。

3. 自行研究开发形成的无形资产，应当区分研究阶段支出与开发阶段支出。

研究是指为获取并理解新的科学或技术知识而进行的独创性的有计划调查。

开发是指在进行生产或使用前，将研究成果或其他知识应用于某项计划或设计，以生产出新的或具有实质性改进的材料、装置、产品等。

高等学校自行研究开发项目研究阶段的支出，应当于发生时计入当期费用。

高等学校自行研究开发项目开发阶段的支出，先按合理方法进行归集，如果最终形成无形资产的，应当确认为无形资产；如果最终未形成无形资产的，应当计入当期费用。

高等学校自行研究开发项目尚未进入开发阶段，或者确实无法区分研究阶段支出和开发阶段支出，但按法律程序已申请取得无形资产的，应当将依法取得时发生的注册费、聘请律师费等费用确认为无形资产。

按照研究开发项目进入开发阶段后至达到预定用途前所发生的支出总额，借记"无形资产"科目，贷记"研发支出——开发支出"科目。

自行研究开发项目尚未进入开发阶段，或者确实无法区分研究阶段支出和开发阶段支出，但按照法律程序已申请取得无形资产的，按照依法取得时发生的注册费、聘请律师费等费用，借记本科目，贷记"财政拨款收入""零余额账户用款额度""银行存款"等科目；按照依法取得前所发生的研究开发支出，借记"业务活动费用"等科目，贷记"研发支出"科目。

4. 接受捐赠的无形资产，按照确定的无形资产成本，借记本科目，按照发生的相关税费等，贷记"零余额账户用款额度""银行存款"等科目，按照其差额，贷记"捐赠收入"科目。

接受捐赠的无形资产按照名义金额入账的，按照名义金额，借记本科目，贷记"捐赠收入"科目；同时，按照发生的相关税费等，借记"其他费用"科目，贷记"零余额账户用款额度""银行存款"等科目。

5. 无偿调入的无形资产，按照确定的无形资产成本，借记本科目，按照发生的相关税费等，贷记"零余额账户用款额度""银行存款"等科目，按照其差额，贷记"无偿调拨净资产"科目。

【例7-17】东方矿业大学2×19年12月1日向甲公司购入一项专利权，买价为200 000元（含税），支付的注册登记费等费用为10 000元。

财务会计账务处理如下：

借：无形资产——专利权　　　　　　　　　　　　　210 000
　　贷：银行存款　　　　　　　　　　　　　　　　　　　210 000

第七章 固定资产和无形资产

同时预算会计进行账务处理：
借：事业支出　　　　　　　　　　　　　　　210 000
　　贷：资金结存——货币资金　　　　　　　　　　210 000

【例7-18】东方矿业大学以银行存款支付转让费600 000元取得乙公司商标，摊销期为10年，相关法律手续已办妥。有关会计账务处理如下：

购入商标权时，财务会计账务处理如下：
借：无形资产——商标权　　　　　　　　　　600 000
　　贷：银行存款　　　　　　　　　　　　　　　600 000
同时预算会计进行账务处理：
借：事业支出　　　　　　　　　　　　　　　600 000
　　贷：资金结存——货币资金　　　　　　　　　　600 000

（二）与无形资产有关的后续支出

1. 符合无形资产确认条件的后续支出。为增加无形资产的使用效能对其进行升级改造或扩展其功能时，如需暂停对无形资产进行摊销的，按照无形资产的账面价值，借记"在建工程"科目，按照无形资产已摊销金额，借记"无形资产累计摊销"科目，按照无形资产的账面余额，贷记本科目。

无形资产后续支出符合无形资产确认条件的，按照支出的金额，借记本科目［无须暂停摊销的］或"在建工程"科目［需暂停摊销的］，贷记"财政拨款收入""零余额账户用款额度""银行存款"等科目。

暂停摊销的无形资产升级改造或扩展功能等完成交付使用时，按照在建工程成本，借记本科目，贷记"在建工程"科目。

2. 不符合无形资产确认条件的后续支出。为保证无形资产正常使用发生的日常维护等支出，借记"业务活动费用""单位管理费用"等科目，贷记"财政拨款收入""零余额账户用款额度""银行存款"等科目。

【例7-19】东方矿业大学对其自主研发形成的专利技术进行升级改造，发生支出5 000元，符合无形资产确认条件并无须暂停摊销，以银行存款支付有关财务会计账务处理如下：
借：无形资产　　　　　　　　　　　　　　　5 000
　　贷：银行存款　　　　　　　　　　　　　　　5 000
同时预算会计进行账务处理：
借：事业支出　　　　　　　　　　　　　　　5 000
　　贷：资金结存——货币资金　　　　　　　　　　5 000

【例7-20】东方矿业大学为维护软件的正常使用支付网络费用3 000元。财务会计账务处理如下：
借：业务活动费用　　　　　　　　　　　　　3 000

贷：银行存款　　　　　　　　　　　　　　　　　　　　3 000
　　同时预算会计进行账务处理：
　　借：事业支出　　　　　　　　　　　　　　　　　　　　　3 000
　　　贷：资金结存——货币资金　　　　　　　　　　　　　　3 000

（三）无形资产摊销

　　无形资产摊销是指在无形资产使用寿命内，按照确定的方法对应摊销金额进行系统分摊。高等学校应当对无形资产进行摊销，以名义金额计量的无形资产除外。

　　高等学校应当按照如下原则确定无形资产的摊销年限：

　　1. 法律规定了有效年限的，按照法律规定的有效年限作为摊销年限；

　　2. 法律没有规定有效年限的，按照相关合同或单位申请书中的受益年限作为摊销年限；

　　3. 法律没有规定有效年限、相关合同或单位申请书也没有规定受益年限的，根据无形资产为高等学校带来服务潜力或经济利益的实际情况，预计其使用年限。

　　4. 对于取得的单位价值小于1 000元的无形资产，可以于取得的当月，将其成本一次性全部摊销。

　　无形资产的应摊销金额为其成本，并且应当采用年限平均法对无形资产进行摊销。无形资产应当自取得当月起，按月进行无形资产摊销；无形资产减少的当月，不再摊销。无形资产全部摊销后，无论能否继续带来服务潜力或经济利益，均不再摊销；核销的无形资产，如果尚未全部摊销，也不再继续摊销。

　　因发生后续支出而增加无形资产成本的，应当按照重新确定的无形资产成本，重新计算摊销额。

　　为了核算高等学校无形资产的摊销，应设置"无形资产累计摊销"科目，用来核算对使用寿命有限的无形资产计提的累计摊销。"无形资产累计摊销"科目为"无形资产"科目的备抵科目，贷方反映计提的无形资产摊销额；借方反映因出售、调出、对外捐赠等原因减少无形资产时所转销的已提摊销额，余额表示高等学校现有无形资产的累计摊销额。本科目应当结合高等学校进行内部成本费用管理的需要，并按照所对应无形资产的类别、项目等进行明细核算。

　　按月对无形资产进行摊销时，按照应摊销金额，借记"业务活动费用""单位管理费用""加工物品""在建工程"等科目，贷记本科目。

　　【例7-21】承接【例7-18】东方矿业大学每月摊销时：
　　摊销金额：600 000/10/12 = 5 000（元）
　　财务会计进行账务处理：
　　借：单位管理费用　　　　　　　　　　　　　　　　　　　5 000
　　　贷：无形资产累计摊销　　　　　　　　　　　　　　　　5 000
　　预算会计不进行账务处理。

第七章　固定资产和无形资产

（四）无形资产处置

按照规定报经批准处置无形资产，应当分别以下情况处理：

1. 报经批准出售、转让无形资产，按照被出售、转让无形资产的账面价值，财务会计借记"资产处置费用"科目，按照无形资产已计提的摊销，借记"无形资产累计摊销"科目，按照无形资产账面余额，贷记本科目；同时，按照收到的价款，借记"银行存款"等科目，按照处置过程中发生的相关费用，贷记"银行存款"等科目，按照其差额，贷记"应缴财政款"［按照规定应上缴无形资产转让净收入的］或"其他收入"［按照规定将无形资产转让收入纳入本单位预算管理的］科目。预算会计借记"资金结存——货币资金"等科目，贷记"其他预算收入"科目。

2. 报经批准对外捐赠无形资产，按照无形资产已计提的摊销，财务会计借记"无形资产累计摊销"科目，按照被处置无形资产账面余额，贷记本科目，按照捐赠过程中发生的归属于捐出方的相关费用，贷记"银行存款"等科目，按照其差额，借记"资产处置费用"科目。预算会计借记"其他支出"科目，贷记"资金结存——货币资金"等科目。

3. 报经批准无偿调出无形资产，按照无形资产已计提的摊销，财务会计借记"无形资产累计摊销"科目，按照被处置无形资产账面余额，贷记本科目，按照其差额，借记"无偿调拨净资产"科目；同时，按照无偿调出过程中发生的归属于调出方的相关费用，借记"资产处置费用"科目，贷记"银行存款"等科目。预算会计借记"其他支出"科目，贷记"资金结存——货币资金"等科目。

4. 报经批准置换换出无形资产，参照"库存物品"科目置换换入库存物品的规定进行账务处理。

5. 无形资产预期不能为单位带来服务潜力或经济利益，按照规定报经批准核销时，按照待核销无形资产的账面价值，财务会计借记"资产处置费用"科目，按照已计提摊销，借记"无形资产累计摊销"科目，按照无形资产的账面余额，贷记本科目。预算会计不做账务处理。

无形资产处置时涉及增值税业务的，相关账务处理参见"应交增值税"章节。

【例7-22】东方矿业大学以自主研发的一项专利技术卖给乙公司，收取价款600 000元。该项专利技术账面余额为400 000元，累计摊销100 000元。相关手续已办妥，不考虑相关税费，需上缴无形资产转让净收入。财务会计账务处理如下：

借：资产处置费用　　　　　　　　　　　　　　　300 000
　　无形资产累计摊销　　　　　　　　　　　　　100 000
　　贷：无形资产　　　　　　　　　　　　　　　　　400 000

收取专利技术价款：
借：银行存款　　　　　　　　　　　　　　　　　　600 000
　　贷：应缴财政款　　　　　　　　　　　　　　　　　600 000
预算会计不做账务处理。

【例7-23】东方矿业大学淘汰一项专利，该专利账面价值100 000元，已经摊销50 000元。财务会计账务处理如下：
借：资产处置费用　　　　　　　　　　　　　　　　50 000
　　无形资产累计摊销　　　　　　　　　　　　　　50 000
　　贷：无形资产　　　　　　　　　　　　　　　　　100 000
因处置净收入需上缴财政，预算会计不做账务处理。

四、无形资产的披露

高等学校要按照无形资产的类别在附注中披露与无形资产有关的下列信息：

1. 无形资产账面余额、累计摊销额、账面价值的期初、期末数及其本期变动情况。
2. 自行开发无形资产的名称、数量，以及账面余额和累计摊销额的变动情况。
3. 以名义金额计量的无形资产名称、数量，以及以名义金额计量的理由。
4. 接受捐赠、无偿调入无形资产的名称、数量等情况。
5. 使用年限有限的无形资产，其使用年限的估计情况；使用年限不确定的无形资产，其使用年限不确定的确定依据。
6. 无形资产出售、对外投资等重要资产处置的情况。

第八章 基本建设工程

第一节 基建工程概述

一、基建工程及其组成

基建工程是指为完成依法立项的新建、改建、扩建的各类工程而进行的有起止日期的、达到规定要求的一组相互关联的受控活动组成的特定过程,包括策划、勘察、设计、采购、施工、试运行、竣工验收和考核评价等过程。

高等学校基建项目要执行《基本建设财务规则》(财政部令第81号),《基本建设项目竣工财务决算管理暂行办法》(财建〔2016〕503号),《基本建设项目建设成本管理规定》(财建〔2016〕504号)等相关规定。

高等学校对在建工程的会计核算按《政府会计制度》的要求执行,高等学校对基本建设投资应当按照该制度规定统一进行会计核算,不再单独建账,但是应当按项目单独核算,并保证项目资料完整。

基建工程包括单项工程、单位(子单位)工程、分部(子分部)工程、分项工程,具体阐述如下:

(一) 单项工程

单项工程是指在一个基建工程项目中,具有独立的设计文件,竣工后可以独立发挥生产能力或效益的一组配套齐全的工程项目。单项工程是基建工程项目的组成部分,一个基建工程项目有时可以仅包括一个单项工程,也可以包括许多单项工程。生产性基建工程项目的单项工程,一般是指能够独立生产的车间,它包括厂房建筑、设备的安装及设备、工具、器具、仪器的购置等。非生产性基建工程项目的单项工程,如高等学校的办公楼、教学楼、图书馆、食堂、宿舍等。

(二) 单位(子单位)工程

单位工程是指具备独立施工条件并能形成独立使用功能的建筑物及构筑物。

对于建筑规模较大的单位工程，可将其能形成独立使用功能的部分作为一个子单位工程。具有独立施工条件和能形成独立使用功能是单位（子单位）工程划分的基本要求。在施工之前，应由建设单位、监理单位和施工单位商议确定。

单位工程是单项工程的组成部分。按照单项工程的构成，又可将其分解为建筑工程和设备安装工程。如高等学校教学楼、图书馆建设中的土建工程、设备安装工程等分别是单项工程中所包含的不同性质的单位工程。一般情况下，单位工程是进行工程成本核算的对象。

（三）分部（子分部）工程

分部工程是单位工程的组成部分，应按专业性质、建筑部位确定。一般建筑工程可划分为地基与基础工程、主体结构工程、装饰装修工程、屋面工程、给排水及采暖工程、电气工程、智能建筑工程、通风与空调工程、电梯工程等分部工程。

当分部工程较大或较复杂时，可按材料种类、施工特点、施工程序、专业系统及类别等划分为若干子分部工程。例如，地基与基础分部工程又可细分为无支护土方、有支护土方、地基处理、桩基、地下防水、混凝土基础、砌体基础、劲钢（管）混凝土、钢结构等子分部工程；主体结构分部工程又可细分为混凝土结构、劲钢（管）混凝土结构、砌体结构、钢结构、木结构、网架和索膜结构等子分部工程；建筑装饰装修分部工程又可细分为地面、抹灰、门窗、吊顶、轻质隔墙、饰面板（砖）、幕墙、涂饰、裱糊与软包、细部等子分部工程；智能建筑分部工程又可细分为通信网络系统、办公自动化系统、建筑设备监控系统、火灾报警及消防联动系统、安全防范系统、综合布线系统、智能化集成系统、电源与接地、环境、住宅（小区）智能化系统等子分部工程。

（四）分项工程

分项工程是分部工程的组成部分，也是形成建筑产品基本构件的施工过程。分项工程应按主要工种、材料、施工工艺、设备类别等进行划分。例如，土方开挖工程、土方回填工程、钢筋工程、模板工程、混凝土工程、砖砌体工程、木门窗制作与安装工程、玻璃幕墙工程等。分项工程是建筑施工生产活动的基础，也是计量工程用工用料和机械台班消耗的基本单元。同时，又是工程质量形成的直接过程。分项工程既有其作业活动的独立性，又有相互联系、相互制约的整体性。

非基本建设项目主要包括将固定资产转入改建、扩建或修缮等时的建筑工程和设备安装等；非基本建设项目中的建筑工程按照固定资产的账面价值以及累计折旧等转入在建工程核算。设备安装指高等学校购入需要安装的设备，按照确定的成本及其发生的相关费用等转入在建工程核算。

二、基建工程的分类

（一）按建设性质划分

1. 新建项目，是指从无到有，新开始建设的项目。有的基建项目原有基础很小，经扩大建设规模后，其新增加的固定资产价值超过原有固定资产价值三倍以上的，也视为新建项目。
2. 扩建项目，是指高等学校为扩大原有办学规模或提高办学质量而新建的工程项目。
3. 改建项目，是指高等学校为扩大原有办学规模或提高办学质量，对原有设备或工程进行改造的项目。
4. 迁建项目，是指由于各种原因经上级批准搬迁到另地建设的项目。迁建项目中符合新建、扩建、改建条件的，应分别视为新建、扩建或改建项目。迁建项目不包括留在原址的部分。
5. 恢复项目，是指由于自然灾害、战争等原因使原有固定资产全部或部分报废，以后又投资按原有规模重新恢复起来的项目。在恢复的同时进行扩建的，应视为扩建项目。

（二）按建设规模划分

基建工程项目按其建设总规模或总投资可分为大型、中型和小型项目三类。新建项目按项目的全部设计规模（能力）或所需投资（总概算）计算；扩建项目按扩建新增的设计能力或扩建所需投资（扩建总概算）计算，不包括扩建以前原有的生产能力。其中，新建项目的规模是指经批准的可行性研究报告中规定的近期建设的总规模，而不是指远景规划所设想的长远发展规模。明确分期设计、分期建设的，应按分期规模计算。更新改造项目按照投资额分为限额以上项目和限额以下项目两类。按总投资划分的项目，现行标准是：能源、交通、原材料工业项目 5 000 万元以上，其他项目 3 000 万元以上的作为大中型（或限额上）项目，否则为小型（或限额以下）项目。

第二节 基建工程核算

高等学校对在建的建设项目以"在建工程"科目进行核算。对于以基本建设项目资金进行的基本建设，从发生第一笔支出到建筑工程交付使用，通常需要经历一段较长的建设期间，单位对基本建设投资应当按照新制度规定统一进行会计核算，不再单独建账，但是应当按项目单独核算，并保证项目资料完整。

"在建工程"科目属于资产类科目，用于核算单位在建的建设项目工程的实际成本。借方登记建设发生的实际支出，贷方登记建设发生实际支出的摊销额和转出额。本科目期末借方余额，反映高等学校尚未完工的建设项目工程发生的实际成本。

"在建工程"科目下应设置"建筑安装工程投资""设备投资""待摊投资""其他投资""待核销基建支出""基建转出投资"等明细科目，并按照具体项目进行明细核算。

"建筑安装工程投资"明细科目，核算高等学校发生的构成建设项目实际支出的建筑工程和安装工程的实际成本，不包括被安装设备本身的价值以及按照合同规定支付给施工单位的预付备料款和预付工程款。本明细科目应当设置"建筑工程"和"安装工程"两个明细科目进行明细核算。

"设备投资"明细科目，核算高等学校发生的构成建设项目实际支出的各种设备的实际成本。

"待摊投资"明细科目，核算高等学校发生的构成建设项目实际支出的、按照规定应当分摊计入有关工程成本和设备成本的各项间接费用和税费支出。本明细科目的具体核算内容包括以下方面：

1. 勘察费、设计费、研究试验费、可行性研究费及项目其他前期费用。
2. 土地征用及迁移补偿费、土地复垦及补偿费、森林植被恢复费及其他为取得土地使用权、租用权而发生的费用。
3. 土地使用税、耕地占用税、契税、车船税、印花税及按照规定缴纳的其他税费。
4. 项目建设管理费、代建管理费、临时设施费、监理费、招投标费、社会中介审计（审查）费及其他管理性质的费用。

项目建设管理费是指项目建设单位从项目筹建之日起至办理竣工财务决算之日止发生的管理性质的支出，包括不在原单位发工资的工作人员工资及相关费用、办公费、办公场地租用费、差旅交通费、劳动保护费、工具用具使用费、固定资产使用费、招募生产工人费、技术图书资料费（含软件）、业务招待费、施工现场津贴、竣工验收费等。

5. 项目建设期间发生的各类专门借款利息支出或融资费用。
6. 工程检测费、设备检验费、负荷联合试车费及其他检验检测类费用。
7. 固定资产损失、器材处理亏损、设备盘亏及毁损、单项工程或单位工程报废、毁损净损失及其他损失。
8. 系统集成等信息工程的费用支出。
9. 其他待摊性质支出。

本明细科目应当按照上述费用项目进行明细核算，其中有些费用（如项目建

第八章 基本建设工程

设管理费等），还应当按照更为具体的费用项目进行明细核算。

"其他投资"明细科目，核算高等学校发生的构成建设项目实际支出的房屋购置支出，办公生活用家具、器具购置支出，软件研发和不能计入设备投资的软件购置等支出。单位为进行可行性研究而购置的固定资产，以及取得土地使用权支付的土地出让金，也通过本明细科目核算。本明细科目应当设置"房屋购置""办公生活用家具、器具购置""可行性研究固定资产购置""无形资产"等明细科目。

"待核销基建支出"明细科目，核算建设项目发生的取消项目的可行性研究费以及项目整体报废等不能形成资产部分的基建投资支出。本明细科目应按照待核销基建支出的类别进行明细核算。

"基建转出投资"明细科目，核算为建设项目配套而建成的、产权不归属本单位的专用设施的实际成本。本明细科目应按照转出投资的类别进行明细核算。

一、建筑安装工程投资的核算

1. 将固定资产等资产转入改建、扩建等时，按照固定资产等资产的账面价值，借记"在建工程"科目（建筑安装工程投资），按照已计提的折旧或摊销，借记"固定资产累计折旧"等科目，按照固定资产等资产的原值，贷记"固定资产"等科目。固定资产等资产改建、扩建过程中涉及替换（或拆除）原资产的某些组成部分的，按照被替换（或拆除）部分的账面价值，借记"待处理财产损溢"科目，贷记"在建工程"科目（建筑安装工程投资）。

2. 单位对于发包建筑安装工程，根据建筑安装工程价款结算账单与施工企业结算工程价款时，按照应承付的工程价款，借记"在建工程"科目（建筑安装工程投资），按照预付工程款余额，贷记"预付账款"科目，按照其差额，贷记"财政拨款收入""零余额账户用款额度""银行存款""应付账款"等科目。财政部2016年颁布的《基本建设财务规则》规定，项目建设单位应当严格按照合同约定和工程价款结算程序支付工程款。竣工价款结算一般应当在项目竣工验收后2个月内完成，大型项目一般不得超过3个月。项目建设单位可以与施工单位在合同中约定按照不超过工程价款结算总额的5%预留工程质量保证金，待工程交付使用缺陷责任期满后清算。资信好的施工单位可以用银行保函替代工程质量保证金。

3. 单位自行施工的小型建筑安装工程，按照发生的各项支出金额，借记"在建工程"科目（建筑安装工程投资），贷记"工程物资""零余额账户用款额度""银行存款""应付职工薪酬"等科目。

4. 工程竣工，办妥竣工验收交接手续交付使用时，按照建筑安装工程成本（含应分摊的待摊投资），借记"固定资产"等科目，贷记"在建工程"科目

高等学校会计实务

(建筑安装工程投资)。

【例8-1】 东方矿业大学与市建筑公司签订了一份学术报告厅的施工合同,合同期限自2×19年7月至2×19年9月,合同金额为4 000 000元。

(1) 6月中,收到市建筑公司提出的"工程价款预支账单",要求预付工程进度款1 000 000元,经审查同意,以银行存款支付。

财务会计账务处理如下:

借:预付账款　　　　　　　　　　　　　　　　　1 000 000
　　贷:银行存款　　　　　　　　　　　　　　　　　1 000 000

同时,预算会计进行账务处理:

借:事业支出——教育支出　　　　　　　　　　　1 000 000
　　贷:资金结存——货币资金　　　　　　　　　　1 000 000

(2) 6月末,收到市建筑公司提出的"工程价款结算账单",要求支付工程价款1 500 000元(其中工程价款1 300 000元,分摊临时设施费200 000元)。预付款不足部分用银行存款补付。

财务会计账务处理如下:

借:在建工程——建筑安装工程投资　　　　　　1 300 000
　　在建工程——待摊投资　　　　　　　　　　　　200 000
　　贷:预付账款　　　　　　　　　　　　　　　　1 000 000
　　　　银行存款　　　　　　　　　　　　　　　　　500 000

同时,预算会计进行账务处理:

借:事业支出——教育支出　　　　　　　　　　　　500 000
　　贷:资金结存——货币资金　　　　　　　　　　　500 000

(3) 7月中,收到市建筑公司提出的"工程价款预支账单",要求预付工程进度款1 500 000元,经审查同意,以银行存款支付。

财务会计账务处理如下:

借:预付账款　　　　　　　　　　　　　　　　　1 500 000
　　贷:银行存款　　　　　　　　　　　　　　　　　1 500 000

同时,预算会计进行账务处理:

借:事业支出——教育支出　　　　　　　　　　　1 500 000
　　贷:资金结存——货币资金　　　　　　　　　　1 500 000

(4) 7月末,收到市建筑公司提出的"工程价款结算账单",要求支付工程价款1 800 000元。预付款不足部分用银行存款补付。

财务会计账务处理如下:

借:在建工程——建筑安装工程投资　　　　　　1 800 000
　　贷:预付账款　　　　　　　　　　　　　　　　1 500 000
　　　　银行存款　　　　　　　　　　　　　　　　　300 000

第八章 基本建设工程

同时，预算会计进行账务处理：
借：事业支出——教育支出　　　　　　　　　　300 000
　　贷：资金结存——货币资金　　　　　　　　　　　300 000

（5）8月中，收到市建筑公司提出的"工程价款预支账单"，要求预付工程进度款500 000元，经审查同意，以银行存款支付。

财务会计账务处理如下：
借：预付账款　　　　　　　　　　　　　　　　500 000
　　贷：银行存款　　　　　　　　　　　　　　　　　500 000

同时，预算会计进行账务处理：
借：事业支出——教育支出　　　　　　　　　　500 000
　　贷：资金结存——货币资金　　　　　　　　　　　500 000

（6）8月末，收到市建筑公司提出的"工程价款结算账单"，要求支付工程价款700 000元。预付款不足部分用银行存款补付。

财务会计账务处理如下：
借：在建工程——建筑安装工程投资　　　　　　700 000
　　贷：预付账款　　　　　　　　　　　　　　　　　500 000
　　　　银行存款　　　　　　　　　　　　　　　　　200 000

同时，预算会计进行账务处理：
借：事业支出——教育支出　　　　　　　　　　200 000
　　贷：资金结存——货币资金　　　　　　　　　　　200 000

（7）8月末，工程竣工交付使用，并办妥交接验收手续。
会计账务处理如下：
借：在建工程——建筑安装工程投资　　　　　　200 000
　　贷：在建工程——待摊投资　　　　　　　　　　　200 000
借：固定资产　　　　　　　　　　　　　　　4 000 000
　　贷：在建工程——建筑安装工程投资　　　　　　4 000 000

预算会计不进行账务处理。

二、设备投资的核算

外购方式是高等学校取得设备和工具、器具的重要和主要方式。高等学校在建工程中的设备投资通过"在建工程——设备投资"账户核算，主要核算建设实际支出的各种设备的实际成本，包括交付安装的需要安装设备和不需要安装设备的实际成本。借方登记构成设备投资完成额的设备，贷方登记竣工交付使用和移交其他单位继续建设的需要安装设备的实际成本以及交付使用的不需要安装设备的实际成本。

1. 购入设备时，按照购入成本，借记"在建工程"科目（设备投资），贷记

"财政拨款收入""零余额账户用款额度""银行存款"等科目;采用预付款方式购入设备的,有关预付款的账务处理参照"在建工程"科目有关"建筑安装工程投资"明细科目的规定。

2. 设备安装完毕,办妥竣工验收交接手续交付使用时,按照设备投资成本(含设备安装工程成本和分摊的待摊投资),借记"固定资产"等科目,贷记"在建工程"科目(设备投资、建筑安装工程投资——安装工程)。

将不需要安装的设备和达不到固定资产标准的工具、器具交付使用时,按照相关设备、工具、器具的实际成本,借记"固定资产""库存物品"科目,贷记"在建工程"科目(设备投资)。

【例8-2】东方矿业大学以基本建设项目资金购入一台不需要安装的设备,发票上注明设备价款30 000元,应交增值税5 100元。上述款项已用银行存款支付,上述设备已交付使用。

(1) 购入时,财务会计账务处理如下:

借:在建工程——设备投资　　　　　　　　　　　　35 100
　　贷:银行存款　　　　　　　　　　　　　　　　　　35 100

同时,预算会计进行账务处理:

借:事业支出——教育支出　　　　　　　　　　　　35 100
　　贷:资金结存——货币资金　　　　　　　　　　　　35 100

(2) 交付使用时,财务会计账务处理如下:

借:固定资产　　　　　　　　　　　　　　　　　　35 100
　　贷:在建工程——设备投资　　　　　　　　　　　　35 100

预算会计不进行账务处理。

【例8-3】东方矿业大学购入一台需要安装的教学设备,发票上注明设备价款50 000元,应交增值税8 500元,支付运输费、装卸费等合计2 100元,另发生安装费用1 000元,上述款项已用银行存款支付。该设备安装完毕交付使用,已办妥验收交接手续,确定其实际成本65 000元,其中:设备采购成本60 600元,设备的安装工程成本1 000元,应分摊的待摊投资3 400元。

(1) 购入时,财务会计账务处理如下:

借:在建工程——设备投资　　　　　　　　　　　　60 600
　　贷:银行存款　　　　　　　　　　　　　　　　　　60 600

同时,预算会计进行账务处理:

借:事业支出——教育支出　　　　　　　　　　　　60 600
　　贷:资金结存——货币资金　　　　　　　　　　　　60 600

(2) 发生安装费用时,财务会计账务处理:

借:在建工程——建筑安装工程成本　　　　　　　　1 000
　　贷:银行存款　　　　　　　　　　　　　　　　　　1 000

第八章 基本建设工程

借：在建工程——待摊投资 3 400
  贷：银行存款 3 400
同时，预算会计进行账务处理：
借：事业支出——教育支出 4 400
  贷：资金结存——货币资金 4 400
（3）交付使用时，财务会计编制分录：
借：在建工程——建筑安装工程投资 3 400
  贷：在建工程——待摊投资 3 400
借：固定资产 65 000
  贷：在建工程——设备投资 60 600
    ——建筑安装工程投资 4 400
预算会计不进行账务处理。

三、待摊投资的核算

高等学校在购建在建工程的过程中除了要支付工程价款和设备成本外，还会发生相应的间接费用，如工程管理费、征地费、可行性研究费、工程报废或毁损净支出、工程专门借款利息等。为了核算在购建在建工程过程中发生的各种间接费用及其归集、分摊和结转情况，高等学校应设置"在建工程——待摊投资"账户。借方登记实际发生的各项待摊投资，贷方登记按规定方法分配计入交付使用资产成本等，期末借方余额为尚未分配的待摊投资。

建设工程发生的构成建设项目实际支出的、按照规定应当分摊计入有关工程成本和设备成本的各项间接费用和税费支出，先在本明细科目中归集；建设工程办妥竣工验收手续交付使用时，按照合理的分配方法，摊入相关工程成本、在安装设备成本等。

1. 单位发生的构成待摊投资的各类费用，按照实际发生金额，借记"在建工程"科目（待摊投资），贷记"财政拨款收入""零余额账户用款额度""银行存款""应付利息""长期借款""其他应交税费""固定资产累计折旧""无形资产累计摊销"等科目。

【例8-4】东方矿业大学用基本建设项目资金建造一栋实验楼，在工程建造过程中，发生工程管理费500 000元，可行性研究费100 000元，相关税费200 000元。其中工程管理费、可行性研究费采用财政直接支付方式，相关税费尚未缴纳。

财务会计账务处理如下：
借：在建工程——待摊投资 600 000
  贷：财政拨款收入 600 000

借：在建工程——待摊投资   200 000
　　贷：其他应交税费   200 000
预算会计进行账务处理：
借：事业支出——教育支出   600 000
　　贷：财政拨款预算收入   600 000

2. 对于建设过程中试生产、设备调试等产生的收入，按照取得的收入金额，借记"银行存款"等科目，按照依据有关规定应当冲减建设工程成本的部分，贷记"在建工程"科目（待摊投资），按照其差额贷记"应缴财政款"或"其他收入"科目。

3. 由于自然灾害、管理不善等原因造成的单项工程或单位工程报废或毁损，扣除残料价值和过失人或保险公司等赔款后的净损失，报经批准后计入继续施工的工程成本的，按照工程成本扣除残料价值和过失人或保险公司等赔款后的净损失，借记"在建工程"科目（待摊投资），按照残料变价收入、过失人或保险公司赔款等，借记"银行存款""其他应收款"等科目，按照报废或毁损的工程成本，贷记"在建工程"科目（建筑安装工程投资）。

【例8-5】承接【例8-4】，东方矿业大学在建造实验楼的过程中突遇地震，导致部分新建楼体坍塌，造成损失7 500 000元，其中的7 000 000元获保险公司理赔。其他损失报经批准继续计入施工的工程成本。

财务会计账务处理如下：
借：其他应收款——保险公司   7 000 000
　　在建工程——待摊投资   500 000
　　贷：在建工程——建筑安装工程投资   7 500 000
预算会计不进行账务处理。

4. 在建工程专门借款发生的利息，按期计提利息时，分以下情况处理：

（1）属于工程项目建设期间发生的利息，计入工程成本，按照计算确定的应支付的利息金额，借记"在建工程"科目，贷记"应付利息"科目。

（2）属于工程项目完工交付使用后发生的利息，计入当期费用，按照计算确定的应支付的利息金额，借记"其他费用"科目，贷记"应付利息"科目。

【例8-6】东方矿业大学为建造实验楼于2×19年1月1日向银行借入专门借款100万元，期限3年，年利率12%，到期还本付息、按期计提利息。实验楼于2×19年1月1日动工，同年10月31日完工交付使用。

2×19年借款利息：$1\ 000\ 000 \times 12\% = 1\ 200\ 000$（元）。

其中：（1）2×19年1月1日至2×19年10月31日的借款利息，属于工程建设期间发生的，应计入在建工程成本。财务会计账务处理：

借：在建工程——待摊投资（$1\ 000\ 000 \times 12\% \times 10/12$） 100 000
　　贷：长期借款   100 000

第八章 基本建设工程

预算会计不进行账务处理。

(2) 2×19年11月1日至2×19年12月31日的借款利息,属于工程完工交付使用后发生的,计入其他费用。财务会计账务处理:

借:其他费用（1 000 000×12%×2/12）　　　　　　20 000
　　贷:长期借款　　　　　　　　　　　　　　　　　　　　20 000

预算会计不进行账务处理。

5. 待摊投资的分摊。

(1) 待摊投资的分配对象。待摊投资是高等学校在建设过程中发生的共同性费用,一般由一项以上交付使用资产和移交给其他单位的未完工程共同负担。待摊投资的分配对象是房屋建筑物等建筑工程和需要安装的设备,交付使用的不需要安装设备及其他投资不需分摊待摊投资。待摊投资应采用科学、合理的方法分配计入受益的各项交付使用资产成本和移交给其他单位的未完工程。

(2) 待摊投资的分配方法。工程交付使用时,按照合理的分配方法分配待摊投资,借记"在建工程"科目（建筑安装工程投资、设备投资）,贷记"在建工程"科目（待摊投资）。待摊投资的分配方法,可按照下列公式计算:

①按照实际分配率分配。按实际分配率分配就是将实际发生的待摊投资数额按分配对象如建筑工程投资、安装工程投资等需承担待摊投资的科目实际余额比例进行分配。分配时先计算分配率,然后再根据计算出的实际分配率乘以建筑工程投资、安装工程投资等科目余额。具体方法方法如下:

实际分配率 = 待摊投资明细科目余额 ÷（建筑工程明细科目余额
　　　　　　+ 安装工程明细科目余额 + 设备投资明细科目余额）×100%

【例8-7】东方矿业大学因一项安装工程结束需分配待摊投资。待摊投资分配对象各工程明细余额如下:"在建工程——建筑安装工程投资——建筑工程"明细科目余额为2 700 000元,"在建工程——建筑安装工程投资——安装工程"明细科目余额为3 300 000元,"在建工程——设备投资"明细科目余额为4 000 000元,"在建工程——待摊投资"明细科目余额为100 000元。按照分配对象余额比例,计算各工程应分配的待摊投资如下:

待摊投资实际分配率 = 100 000/(2 700 000 + 3 300 000 + 4 000 000) × 100% = 1%

建筑工程应分配的待摊投资 = 2 700 000 × 1% = 27 000（元）
安装工程应分配的待摊投资 = 3 300 000 × 1% = 33 000（元）
设备投资应分配的待摊投资 = 4 000 000 × 1% = 40 000（元）

这种分配方法比较符合实际,当一项工程结束或竣工时,待摊投资也全部分配完毕,不存在追加或减少使用资产成本的调整工作。但由于各期都要计算待摊投资的分配率,计算手续比较复杂,而且各期分配计入交付工程成本的待摊投资数额不均衡。这种分摊方法,一般适用于建设工期较短、整个项目的所有单项工程一次完工的建设项目。

②按照概算分配率分配。按概算分配率分配就是按照设计概算中所列的建筑安装工程投资、需要安装设备投资以及应分配的待摊投资，计算出概算分配率进行分配的方法。其计算公式如下：

概算分配率 =（概算中各待摊投资项目的合计数 – 其中可直接分配部分）
÷（概算中建筑工程、安装工程和设备投资合计）×100%

某项固定资产应分配的待摊投资 = 该项固定资产的建筑工程成本或该项固定资产（设备）的采购成本和安装成本合计 × 分配率

【例8-8】 东方矿业大学设计概算中所列的建筑安装工程投资总额为3 000 000元，其中本月已竣工交付使用的学生宿舍楼的建筑安装工程投资为1 500 000元，需要安装设备投资总额为7 000 000元，应分配计入交付使用资产成本的待摊投资总额为120 000元。按照概算分配率计算该学生宿舍楼应分配的待摊投资如下：

概算分配率 = 120 000/(3 000 000 + 7 000 000) × 100% = 1.2%

学生宿舍楼应分配的待摊投资 = 1 500 000 × 1.2% = 18 000（元）

这种分配方法由于不必经常计算分配率，能够简化计算手续，使待摊投资均匀地计入各次交付使用的资产成本，从而避免了因待摊投资的实际发生额与交付使用资产资金之间在时间上不相协调而造成分摊的待摊投资忽高忽低的缺点。但这种分配方法容易造成已按预定分配率分摊的待摊投资与实际发生的待摊投资数额不相符的情况。如果差额较大，应根据实际情况随时调整分配率，追加或减少已交付使用资产的成本，并在最后一批资产交付使用时，将实际发生的待摊投资余额全部摊完。这种方法适用于建设工期长、单项工程分期分批建成投产的建设项目。

③某项固定资产应分配的待摊投资 = 该项固定资产的建筑工程成本或该项固定资产（设备）的采购成本和安装成本合计 × 分配率

④待摊投资分配的会计处理。

【例8-9】 东方矿业大学以基本建设项目资金建造一栋综合教学楼，工程竣工交付使用，结转建筑安装工程投资7 300万元，不需安装设备投资2 200万元，应分摊的待摊投资500万元。

因该栋综合教学楼工程竣工交付使用，故该待摊投资可直接转入交付使用资产成本。会计账务处理如下：

分配率 = 500/(7 300 + 2 200) × 100% = 5.26%

建筑工程应分配的待摊投资 = 7 300 × 5.26% = 384（万元）

设备投资应分配的待摊投资 = 2 200 × 5.26% = 116（万元）

该高等学校财务会计进行账务处理：

借：在建工程——建筑安装工程投资　　　　　　　　　3 840 000
　　　　　　——设备投资　　　　　　　　　　　　　1 160 000
　　贷：在建工程——待摊投资　　　　　　　　　　　　　　5 000 000

第八章 基本建设工程

借：固定资产 100 000 000
　　贷：在建工程——建筑安装工程投资 76 840 000
　　　　　　　　——设备投资 23 160 000

上述业务该高等学校预算会计不进行账务处理。

四、其他投资的核算

其他投资是指高等学校发生的构成建设实际支出的购置现成房屋和取得无形资产发生的支出，以及高等学校为取得土地使用权所支付的土地出让金。

为了核算其他投资的发生及其结转情况，高等学校应设置"其他投资"账户，借方登记实际发生的各项其他投资，贷方登记交付使用的其他投资的实际支出，期末借方余额表示已构成建设投资完成额，但尚未移交的其他投资。

1. 单位为建设工程发生的房屋购置支出，办公生活用家具、器具购置支出，软件研发和不能计入设备投资的软件购置等支出，按照实际发生金额，借记"在建工程"科目（其他投资），贷记"财政拨款收入""零余额账户用款额度""银行存款"等科目。

【例8-10】东方矿业大学购入房屋一栋，作为大学生活动室，价款4 500 000元，该款项已通过银行支付。

财务会计账务处理如下：

借：在建工程——其他投资 4 500 000
　　贷：银行存款 4 500 000

同时，预算会计进行账务处理：

借：事业支出——教育支出 4 500 000
　　贷：资金结存——货币资金 4 500 000

【例8-11】东方矿业大学采用财政直接支付方式，通过出让方式获得一块基本建设用地的土地使用权50年，支付出让金15 000 000元。

财务会计处理如下：

借：在建工程——其他投资 15 000 000
　　贷：财政拨款收入 15 000 000

同时，预算会计进行账务处理：

借：事业支出——教育支出 15 000 000
　　贷：财政拨款预算收入 15 000 000

2. 工程完成将形成的房屋等各种财产以及无形资产交付使用时，按照其实际成本，借记"固定资产""无形资产"等科目，贷记"在建工程"科目（其他投资）。

【例8-12】承接【例8-10】，东方矿业大学上述房屋移交使用，已办妥验收移交手续。

财务会计账务处理如下:
借：固定资产　　　　　　　　　　　　　　　4 500 000
　　贷：在建工程——其他投资　　　　　　　　　　4 500 000
预算会计不进行账务处理。

【例8-13】 承接【例8-11】，将上述取得的土地使用权移交使用，已办妥移交手续。

财务会计账务处理如下:
借：无形资产　　　　　　　　　　　　　　　15 000 000
　　贷：在建工程——其他投资　　　　　　　　　　15 000 000
预算会计不进行账务处理。

五、待核销基建支出

1. 取消的建设项目发生的可行性研究费，按照实际发生金额，借记"在建工程"（待核销基建支出）科目，贷记"在建工程"（待摊投资）科目。

2. 由于自然灾害等原因发生的建设项目整体报废所形成的净损失，报经批准后转入待核销基建支出，按照项目整体报废所形成的净损失，借记"在建工程"（待核销基建支出）科目，按照报废工程回收的残料变价收入、保险公司赔款等，借记"银行存款""其他应收款"等科目，按照报废的工程成本，贷记"在建工程"（建筑安装工程投资等）科目。

3. 建设项目竣工验收交付使用时，对发生的待核销基建支出进行冲销，借记"资产处置费用"科目，贷记"在建工程"（待核销基建支出）科目。

六、基建转出投资

为建设项目配套而建成的、产权不归属本单位的专用设施，在项目竣工验收交付使用时，按照转出的专用设施的成本，借记"在建工程"（基建转出投资）科目，贷记"在建工程"（建筑安装工程投资）科目；同时，借记"无偿调拨净资产"科目，贷记"在建工程"（基建转出投资）科目。

第九章 负 债

第一节 负债概述

一、负债的概念

负债,是指高等学校过去的交易或者事项形成的,预期会导致经济利益流出高等学校的现时义务。现时义务是指高等学校在现行条件下已承担的义务。未来发生的交易或事项形成的义务,不属于现时义务,不应当确认为负债。根据负债的定义,负债具有三个特征:

第一,负债是过去的交易、事项形成的现时义务。例如,长期借款是因为高等学校过去某一时点接受了银行或其他金融机构贷款而形成,如果高等学校过去没有接受贷款,则不会发生长期借款这项负债。

第二,现时义务包括法定义务和推定义务。法定义务是指具有约束力的合同或者法律法规规定的义务,通常必须依法执行。例如,确认的银行借款、应交增值税、其他应交税费、应缴财政款、应付账款和应付职工薪酬等,均属于高等学校必须承担的法定义务,需要依法予以偿还。推定义务是指根据高等学校多年来的习惯做法、公开的承诺或者公开宣布的政策而导致高等学校将承担的责任,这些责任也使有关各方形成了高等学校将履行义务解脱责任的合理预期。

第三,履行该义务会导致经济利益流出高等学校。例如,高等学校用银行存款偿还银行借款会导致高等学校资产减少。

因此,某一交易或者事项能否被确认为高等学校的负债,除了要满足负债的定义外,还要满足以下两个条件:一是与该义务有关的经济利益很可能流出;二是未来流出经济利益的金额能够可靠地计量。

二、负债的分类

高等学校的负债按其偿还期的长短分为流动负债和长期负债。

流动负债是指将在1年内（含1年）偿还的负债，包括短期借款、应交增值税、其他应交税费、应缴财政款、应付职工薪酬、应付票据、应付账款、应付政府补贴款、应付利息、预收账款、其他应付款、预提费用。

长期负债是指偿还期限在1年以上（不含1年）的负债，包括长期借款、长期应付款、预计负债、受托代理负债。

第二节　短期和长期借款

一、短期借款

（一）短期借款的概念和基本特征

短期借款是高等学校向银行或其他金融机构等借入的期限在1年内（含1年）的各种借款。短期借款具有以下几个基本特征：

（1）短期借款的债权人包括银行、非银行金融机构等。

（2）借款期限较短，一般为1年内（含1年）。

（3）归还短期借款时，不仅要归还借款本金，根据货币时间价值，一般还需支付借款利息。

（二）短期借款的会计处理

"短期借款"科目应当按照债权人设置明细账，并按照借款种类及期限进行明细核算。"短期借款"科目的期末贷方余额，反映高等学校尚未偿还的短期借款本金。

1. 取得短期借款的账务处理。

高等学校在借入各种短期借款时，按照借款本金借记"银行存款"科目，贷记"短期借款"科目。

【例9-1】东方矿业大学于2×19年7月1日向银行借入一笔短期借款，借款金额为50 000元，借款期限为9个月，借款年利率为6%，到期一次还本付息。

该笔业务财务会计账务处理如下：

借：银行存款　　　　　　　　　　　　　　　　50 000
　　贷：短期借款　　　　　　　　　　　　　　　　　50 000

同时预算会计进行账务处理：

借：资金结存——货币资金　　　　　　　　　　50 000

第九章 负　债

　　　贷：债务预算收入　　　　　　　　　　　　　　　　　　50 000
　2. 短期借款计息时的账务处理。
　　短期借款的利息不通过"短期借款"科目核算。发生短期借款利息时，借记"其他费用"科目，贷记"银行存款"等科目。
　【例9－2】承接【例9－1】东方矿业大学短期借款到期，支付9个月的利息，共计2 250元（50 000×6%÷12×9）。
　　该笔业务财务会计账务处理如下：
　　借：其他费用　　　　　　　　　　　　　　　　　　　　2 250
　　　　贷：银行存款　　　　　　　　　　　　　　　　　　2 250
　　同时预算会计进行账务处理：
　　借：其他支出　　　　　　　　　　　　　　　　　　　　2 250
　　　　贷：资金结存——货币资金　　　　　　　　　　　　2 250
　3. 偿还短期借款的账务处理。
　　偿还短期借款时，按归还的短期借款本金借记"短期借款"科目，贷记"银行存款"科目。
　【例9－3】承接【例9－1】该高等学校短期借款到期，偿还本金。
　　该笔业务财务会计账务处理如下：
　　借：短期借款　　　　　　　　　　　　　　　　　　　　50 000
　　　　贷：银行存款　　　　　　　　　　　　　　　　　　50 000
　　同时预算会计进行账务处理：
　　借：债务还本支出　　　　　　　　　　　　　　　　　　50 000
　　　　贷：资金结存——货币资金　　　　　　　　　　　　50 000

二、长期借款

（一）长期借款的概念

　　长期借款是指高等学校向银行或其他金融机构借入的偿还期限超过1年（不含1年）的各项借款本息。"长期借款"科目应当设置"本金""应计利息"明细科目，并按照贷款单位和贷款种类进行明细核算。对于建设项目借款，还应按照具体项目进行明细核算。

（二）长期借款的管理

　1. 长期借款发生前，必须有书面报告，说明借款的渠道、额度、期限、利率和担保方式，经批准后办理借款手续。
　2. 高等学校对借入的长期借款应加强管理，实行资金的有偿使用。

3. 长期借款合同或协议到期，应及时返还资金。

4. 高等学校借入的款项，必须按照国家的有关政策使用，不能滥用名义，用于违背国家政策的规定。

（三）长期借款的核算

高等学校借入长期借款时，按照实际借入额，借记"银行存款"等科目，贷记"长期借款（本金）"科目。

长期借款的利息根据不同情况进行处理。为购建固定资产发生的专门借款利息，根据应计利息，分别情况处理：（1）属于工程项目建设期间发生的，计入工程成本，借记"在建工程"科目，贷记"应付利息"科目；（2）属于工程项目完工交付使用后发生的利息，计入当期费用，按照计算确定的应支付的利息金额，借记"其他费用"科目，贷记"应付利息"科目。按期计提其他长期借款的利息时，按照计算确定的应支付的利息金额，借记"其他费用"科目，分期付息、到期还本借款的利息贷记"应付利息"科目，到期一次还本付息借款的利息贷记"长期借款"（应计利息）。归还长期借款本息时，借记"长期借款"科目，到期归还长期借款本金、利息时，借记长期借款（本金、应计利息），贷记"银行存款"科目。

【例9-4】东方矿业大学于2×19年9月1日正式动工修建一座办公楼，工期预计为1年。该校为建造办公楼于2×19年9月1日向A银行专门借款600万元，期限为2年，到期一次还本付息，年利率为6%。2×19年11月1日为建造该办公楼又向B银行专门借入款项300万元，期限为3年，年利率为8%，到期一次还本付息。办公楼于2×20年10月底完工，交付使用。2×21年9月1日，该高等学校向A银行的贷款到期，偿付本息共计6 720 000元。2×21年11月1日，该高等学校向B银行的贷款到期，偿付本息共计3 720 000元。该高等学校按月计提利息。

该校业务会计账务处理如下：

（1）2×19年9月1日，向A银行专门借款，财务会计账务处理：

借：银行存款　　　　　　　　　　　　　　　6 000 000
　　贷：长期借款——本金（A银行）　　　　　　　　6 000 000

同时预算会计进行账务处理：

借：资金结存——货币资金　　　　　　　　　6 000 000
　　贷：债务预算收入　　　　　　　　　　　　　　6 000 000

（2）2×19年9月30日、10月31日分别计提利息，财务会计账务处理：

借：在建工程　　　　　　　　　　　　　　　30 000
　　贷：长期借款——应计利息　　　　　　　　　　30 000

同时预算会计进行账务处理：

第九章 负 债

借：其他支出 30 000
　　贷：资金结存——货币资金 30 000

（3）2×19年11月1日，向B银行专门借款，财务会计账务处理：

借：银行存款 3 000 000
　　贷：长期借款——本金（B银行） 3 000 000

同时预算会计进行账务处理：

借：资金结存——货币资金 3 000 000
　　贷：债务预算收入 3 000 000

（4）2×19年11月至2×20年10月，每月末计提利息，财务会计账务处理：

借：在建工程 50 000
　　贷：长期借款——应计利息（A银行） 30 000
　　　　　　　　——应计利息（B银行） 20 000

预算会计不进行账务处理。

（5）2×20年11月起每月末计提利息，财务会计账务处理：

借：其他费用 50 000
　　贷：长期借款——应计利息（A银行） 30 000
　　　　　　　　——应计利息（B银行） 20 000

预算会计不进行账务处理。

（6）2×21年9月1日，归还A银行本息。财务会计账务处理：

借：长期借款——本金（A银行） 6 000 000
　　　　　　——应计利息（A银行） 720 000
　　贷：银行存款 6 720 000

同时预算会计进行账务处理：

借：债务还本支出 6 000 000
　　其他支出 720 000
　　贷：资金结存——货币资金 6 720 000

（7）2×22年11月1日，归还B银行本息，财务会计账务处理：

借：长期借款——本金（B银行） 3 000 000
　　　　　　——应计利息（B银行） 720 000
　　贷：银行存款 3 720 000

同时预算会计进行账务处理：

借：债务还本支出 3 000 000
　　其他支出 720 000
　　贷：资金结存——货币资金 3 720 000

第三节 应付职工薪酬

一、应付职工薪酬的概念

应付职工薪酬是高等学校按照有关规定应付给职工及为职工支付的各种薪酬。包括基本工资、国家统一规定的津贴补贴、规范津贴补贴（绩效工资）、改革性补贴、社会保险费、住房公积金等。

"应付职工薪酬"科目应当按照"基本工资（含离退休费）""国家统一规定的津贴补贴""规范津贴补贴（绩效工资）""改革性补贴""社会保险费""住房公积金""其他个人收入"等进行明细核算。

基本工资（含离退休费）是指高等学校应付未付的按国家统一规定发放给职工的岗位工资、薪级工资，以及经国务院或人事部、财政部批准设立的津贴补贴。

其他个人收入是指高等学校按国家规定发给个人除基本工资（含离退休费）、规范津贴补贴（绩效工资）以外的其他收入，包括误餐费、夜餐费、出差人员伙食补助费、市内交通费、出国人员伙食费、公杂费、个人国外零用费、发放给个人的一次性奖励等。

社会保险费和住房公积金是指按照国家有关规定缴纳的职工社会保险费和住房公积金。

高等学校应当加强和规范对工资和津贴补贴发放业务的管理，全面、准确地核算工资和津贴补贴的发放业务。高等学校在向职工发放基本工资（含离退休费）和规范津贴补贴（绩效工资）时，应以银行卡的方式发放。高等学校应当按照规定将发放基本工资（含离退休费）、规范津贴补贴（绩效工资）和其他个人收入的情况，在部门决算中单独反映。高等学校发放给职工的基本工资（含离退休费）、规范津贴补贴（绩效工资）和其他个人收入应按规定设立专门的账簿，进行会计记录。

二、应付职工薪酬的核算

应付职工薪酬期末贷方余额，反映高等学校应付未付的职工薪酬。主要账务处理如下：

1. 计算当期应付职工薪酬，借记"业务活动费用""单位管理费用""在建工程""加工物品""研发支出""经营费用""单位管理费用"等科目，贷记本科目。

第九章 负　债

2. 向职工支付工资、津贴补贴等薪酬，借记本科目，贷记"财政拨款收入""零余额账户用款额度""银行存款"等科目。

其中"财政拨款收入"科目发生额用于核算采用国库直接支付方式支付的职工薪酬，应根据财政国库支付执行机构委托代理银行转来的《财政直接支付入账通知书》和代发工资银行盖章转回的工资发放明细表进行记账。

"零余额账户用款额度"表示采用国库授权支付方式支付的职工薪酬。

"银行存款"表示采用银行存款等其他方式支付的职工薪酬。

3. 按税法规定代扣代缴个人所得税，借记本科目，贷记"其他应交税费——应交个人所得税"科目；从应付职工薪酬中代扣为职工垫付的水电费、房租等费用时，按照实际扣除的金额，借记本科目（基本工资），贷记"其他应收款"等科目；从应付职工薪酬中代扣社会保险费和住房公积金，按照代扣的金额，借记本科目（基本工资），贷记本科目（社会保险费、住房公积金）。

4. 按照国家有关规定缴纳职工社会保险费和住房公积金，借记本科目，贷记"财政拨款收入""零余额账户用款额度""银行存款"等科目。

5. 从应付职工薪酬中支付其他款项，借记本科目，贷记"零余额账户用款额度""银行存款"等科目。

【例9-5】东方矿业大学按照国家统一规定，通过财政零余额账户向在职教学人员发放工资223 000元，向在职科研人员发放工资122 000元，向离休科研人员发放离休费42 000元，给科研人员发放市内交通费200元。

该笔业务会计账务处理如下：

（1）计算应发放职工薪酬时，财务会计账务处理：

借：业务活动费用——教育费用　　　　　　　　　　223 000
　　　　　　　　——科研费用　　　　　　　　　　122 200
　　单位管理费用——离退休费用　　　　　　　　　42 000
　　贷：应付职工薪酬——基本工资（含离退休费）　387 000
　　　　　　　　　　——其他个人收入　　　　　　　　200

预算会计不进行账务处理。

（2）实际支付时，财务会计账务处理：

借：应付职工薪酬——基本工资（含离退休费）　　　387 000
　　　　　　　　——其他个人收入　　　　　　　　　　200
　　贷：零余额账户用款额度　　　　　　　　　　　　387 200

同时预算会计进行账务处理：

借：事业支出——教育支出　　　　　　　　　　　　223 000
　　　　　　——科研支出　　　　　　　　　　　　122 200
　　　　　　——离退休支出　　　　　　　　　　　 42 000
　　贷：资金结存——零余额账户用款额度　　　　　387 200

第四节 应交增值税

增值税是以商品（含应税劳务）在流转过程中产生的增值额作为计税依据而征收的一种流转税。应交增值税核算单位按照税法规定计算应交纳的增值税。

属于增值税一般纳税人的高等学校，应当在本科目下设置"应交税金""未交税金""预交税金""待抵扣进项税额""待认证进项税额""待转销项税额""简易计税""转让金融商品应交增值税""代扣代交增值税"等明细科目。

"应交税金"明细账内应当设置"进项税额""已交税金""转出未交增值税""减免税款""销项税额""进项税额转出""转出多交增值税"等专栏。其中：

（1）"进项税额"专栏，记录单位购进货物、加工修理修配劳务、服务、无形资产或不动产而支付或负担的、准予从当期销项税额中抵扣的增值税额；

（2）"已交税金"专栏，记录单位当月已交纳的应交增值税额；

（3）"转出未交增值税"和"转出多交增值税"专栏，分别记录一般纳税人月度终了转出当月应交未交或多交的增值税额；

（4）"减免税款"专栏，记录单位按照现行增值税制度规定准予减免的增值税额；

（5）"销项税额"专栏，记录单位销售货物、加工修理修配劳务、服务、无形资产或不动产应收取的增值税额；

（6）"进项税额转出"专栏，记录单位购进货物、加工修理修配劳务、服务、无形资产或不动产等发生非正常损失以及其他原因而不应从销项税额中抵扣、按照规定转出的进项税额。

"未交税金"明细科目，核算单位月度终了从"应交税金"或"预交税金"明细科目转入当月应交未交、多交或预缴的增值税额，以及当月交纳以前期间未交的增值税额。

"预交税金"明细科目，核算单位转让不动产、提供不动产经营租赁服务等，以及其他按照现行增值税制度规定应预交的增值税额。

"待抵扣进项税额"明细科目，核算单位已取得增值税扣税凭证并经税务机关认证，按照现行增值税制度规定准予以后期间从销项税额中抵扣的进项税额。

"待认证进项税额"明细科目，核算单位由于未经税务机关认证而不得从当期销项税额中抵扣的进项税额。包括：一般纳税人已取得增值税扣税凭证并按规定准予从销项税额中抵扣，但尚未经税务机关认证的进项税额；一般纳税人已申请稽核但尚未取得稽核相符结果的海关缴款书进项税额。

"待转销项税额"明细科目，核算单位销售货物、加工修理修配劳务、服务、

第九章 负 债

无形资产或不动产,已确认相关收入(或利得)但尚未发生增值税纳税义务而需以后期间确认为销项税额的增值税额。

"简易计税"明细科目,核算单位采用简易计税方法发生的增值税计提、扣减、预缴、缴纳等业务。

"转让金融商品应交增值税"明细科目,核算单位转让金融商品发生的增值税额。

"代扣代交增值税"明细科目,核算单位购进在境内未设经营机构的境外单位或个人在境内的应税行为代扣代缴的增值税。

属于增值税小规模纳税人的单位只需在本科目下设置"转让金融商品应交增值税""代扣代交增值税"明细科目。

一、高等学校属于增值税一般纳税人的账务核算

高等学校如属于增值税一般纳税人,缴纳增值税时按以下规定执行。

(一)高等学校取得资产或接受劳务等业务

1. 采购等业务进项税额允许抵扣。

高等学校购买用于增值税应税项目的资产或服务时,按照应计入相关成本费用或资产的金额,借记"业务活动费用""在途物品""库存物品""工程物资""在建工程""固定资产""无形资产"等科目,按照当月已认证的可抵扣增值税额,借记"应交税金——进项税额",按照当月未认证的可抵扣增值税额,借记"应交税金——待认证进项税额",按照应付或实际支付的金额,贷记"应付账款""应付票据""银行存款""零余额账户用款额度"等科目。发生退货的,如原增值税专用发票已做认证,应根据税务机关开具的红字增值税专用发票做相反的会计分录;如原增值税专用发票未做认证,应将发票退回并做相反的会计分录。

2. 采购等业务进项税额不得抵扣。

高等学校购进资产或服务等用于简易计税方法计税项目、免征增值税项目、集体福利或个人消费等,其进项税额按照现行增值税制度规定不得从销项税额中抵扣的,在取得增值税专用发票时,应按照增值税发票注明的金额,借记相关成本费用或资产科目,按照待认证的增值税进项税额,借记"应交税金——待认证进项税额",按照实际支付或应付的金额,贷记"银行存款""应付账款""零余额账户用款额度"等科目。经税务机关认证为不可抵扣进项税时,借记"应交税金——进项税额"科目,贷记"应交税金——待认证进项税额",同时,将进项税额转出,借记相关成本费用科目,贷记"应交税金——进项税额转出"。

3. 购进不动产或不动产在建工程按照规定进项税额分年抵扣。

高等学校取得应税项目为不动产或者不动产在建工程的，其进项税额按照现行增值税制度规定，自取得之日起分2年从销项税额中抵扣的，应当按照取得成本，借记"固定资产""在建工程"等科目，按照当期可抵扣的增值税额，借记"应交税金——进项税额"，按照以后期间可抵扣的增值税额，借记"应交税金——待抵扣进项税额"，按照应付或实际支付的金额，贷记"应付账款""应付票据""银行存款""零余额账户用款额度"等科目。尚未抵扣的进项税额待以后期间允许抵扣时，按照允许抵扣的金额，借记"应交税金——进项税额"，贷记"应交税金——待抵扣进项税额"。

4. 进项税额抵扣情况发生改变。

高等学校因发生非正常损失或改变用途等，原已计入进项税额、待抵扣进项税额或待认证进项税额，但按照现行增值税制度规定不得从销项税额中抵扣的，借记"待处理财产损益""固定资产""无形资产"等科目，贷记"应交税金——进项税额转出"、"应交税金——待抵扣进项税额"或"应交税金——待认证进项税额"；原不得抵扣且未抵扣进项税额的固定资产、无形资产等，因改变用途等用于允许抵扣进项税额的应税项目的，应按照允许抵扣的进项税额，借记本科目（应交税金——进项税额），贷记"固定资产""无形资产"等科目。固定资产、无形资产等经上述调整后，应按照调整后的账面价值在剩余尚可使用年限内计提折旧或摊销。

高等学校购进时已全额计入进项税额的货物或服务等转用于不动产在建工程的，对于结转以后期间的进项税额，应借记"应交税金——待抵扣进项税额"，贷记"应交税金——进项税额转出"科目。

5. 购买方作为扣缴义务人。

按照现行增值税制度规定，境外单位或个人在境内发生应税行为，在境内未设有经营机构的，以购买方为增值税扣缴义务人。境内一般纳税人购进服务或资产时，按照应计入相关成本费用或资产的金额，借记"业务活动费用""在途物品""库存物品""工程物资""在建工程""固定资产""无形资产"等科目，按照可抵扣的增值税额，借记"应交税金——进项税额"，按照应付或实际支付的金额，贷记"银行存款""应付账款"等科目，按照应代扣代缴的增值税额，贷记"应交税金——代扣代交增值税"。实际缴纳代扣代缴增值税时，按照代扣代缴的增值税额，借记"应交税金——代扣代交增值税"，贷记"银行存款""零余额账户用款额度"等科目。

（二）高等学校销售资产或提供服务等业务

1. 销售资产或提供服务业务。

单位销售货物或提供服务，应当按照应收或已收的金额，借记"应收账款"

第九章 负　债

"应收票据""银行存款"等科目，按照确认的收入金额，贷记"经营收入""事业收入"等科目，按照现行增值税制度规定计算的销项税额（或采用简易计税方法计算的应纳增值税额），贷记"应交税金——销项税额"或本科目（简易计税）。发生销售退回的，应按照规定开具的红字增值税专用发票做相反的会计分录。

按照政府会计准则确认收入的时点早于按照增值税制度确认增值税纳税义务发生时点的，应将相关销项税额计入"应交税金——待转销项税额"，待实际发生纳税义务时再转入"应交税金——销项税额"或本科目（简易计税）。

按照增值税制度确认增值税纳税义务发生时点早于按照政府会计准则确认收入时点的，应按照应纳增值税额，借记"应收账款"科目，贷记"应交税金——销项税额"或本科目（简易计税）。

2. 金融商品转让按照规定以盈亏相抵后的余额作为销售额。

金融商品实际转让月末，如产生转让收益，则按照应纳税额，借记"投资收益"科目，贷记"应交税金——转让金融商品应交增值税"；如产生转让损失，则按照可结转下月抵扣税额，借记"应交税金——转让金融商品应交增值税"，贷记"投资收益"科目。交纳增值税时，应借记"应交税金——转让金融商品应交增值税"，贷记"银行存款"等科目。年末，"应交税金——转让金融商品应交增值税"如有借方余额，则借记"投资收益"科目，贷记"应交税金——转让金融商品应交增值税"。

（三）月末转出多交增值税和未交增值税

月度终了，高等学校应当将当月应交未交或多交的增值税自"应交税金"明细科目转入"未交税金"明细科目。对于当月应交未交的增值税，借记"应交税金——转出未交增值税"，贷记"应交税金——未交税金"；对于当月多交的增值税，借记"应交税金——未交税金"，贷记"应交税金——转出多交增值税"。

（四）交纳增值税

1. 交纳当月应交增值税。

高等学校交纳当月应交的增值税，借记"应交税金——已交税金"，贷记"银行存款"等科目。

2. 交纳以前期间未交增值税。

高等学校交纳以前期间未交的增值税，借记本科目（未交税金），贷记"银行存款"等科目。

3. 预交增值税。

高等学校预交增值税时，借记本科目（预交税金），贷记"银行存款"等科目。月末，单位应将"预交税金"明细科目余额转入"未交税金"明细科目，借记本科目（未交税金），贷记本科目（预交税金）。

4. 减免增值税。

对于当期直接减免的增值税，借记本科目（应交税金——减免税款），贷记"业务活动费用""经营费用"等科目。

按照现行增值税制度规定，高等学校初次购买增值税税控系统专用设备支付的费用以及缴纳的技术维护费允许在增值税应纳税额中全额抵减的，按照规定抵减的增值税应纳税额，借记本科目（应交税金——减免税款），贷记"业务活动费用""经营费用"等科目。

【例9-6】东方矿业大学属增值税一般纳税人，2×19年4月15日从乙公司购入非自用材料一批，不含税价款20 000元，增值税税额为3 400元，款项以银行存款结清，材料已验收入库。当月末清点库存，非自用材料盘亏10%，原因尚未查明。会计账务处理如下：

（1）购入时，财务会计账务处理：

借：库存物品——非自用材料　　　　　　　　　　20 000
　　应交增值税——应交税金（销项税额）　　　　 2 600
　　　贷：银行存款　　　　　　　　　　　　　　22 600

同时预算会计进行账务处理：

借：事业支出——教育支出　　　　　　　　　　　22 600
　　　贷：资金结存——货币资金　　　　　　　　22 600

（2）盘亏时，财务会计账务处理：

借：待处置资产损溢　　　　　　　　　　　　　　 2 260
　　　贷：库存物品——非自用材料　　　　　　　 2 000
　　　　　应交增值税——应交税金（进项税额转出）　260

预算会计不进行账务处理。

二、高等学校属增值税小规模纳税人的账务核算

小规模纳税人是指年销售额在规定标准以下，会计核算不健全，不能按规定报送有关税务资料的增值税纳税人。高等学校如果属于小规模纳税人，其缴纳增值税的特点如下：销售时不能开具增值税专用发票，只能开具普通发票；增值税征收率较低，一般为6%或4%；实行合并定价，即在进货时，价税合一，在销货时，需价税分计。如果销货时是价税合计，则需将其分离，以不含税售价确认收入。

增值税小规模纳税人的高等学校购买资产或服务等时不能抵扣增值税，发生

的增值税计入资产成本或相关成本费用。

增值税小规模纳税人的高等学校销售应税产品或提供应税服务，按实际收到或应收的价款，借记"银行存款""应收账款""应收票据"等科目，按实际收到或应收价款扣除增值税额后的金额，贷记"经营收入"等科目，按应缴增值税金额，贷记本科目（简易计税）。

实际缴纳增值税时，借记本科目，贷记"银行存款"科目。

【例9-7】2×19年5月，东方矿业大学开展非独立核算经营活动，将一批非自用材料销售给甲公司，不含税价款30 000元，该高等学校为小规模纳税人，适用的增值税税率为3%，应缴纳增值税900（30 000×3%）元。该批材料账面价值20 000元，款项尚未收到。财务会计账务处理如下：

借：应收账款　　　　　　　　　　　　　　　30 900
　　贷：经营收入　　　　　　　　　　　　　　30 000
　　　　应交增值税——应交税金（简易计税）　　900
同时：借：经营费用　　　　　　　　　　　　 2 000
　　　　　贷：库存物品——非自用材料　　　　 2 000

预算会计不进行账务处理。

第五节　其他应交税费

其他应交税费核算高等学校按照税法等规定计算应交纳的除增值税以外的各种税费，包括城市维护建设税、教育费附加、地方教育费附加、车船税、房产税、城镇土地使用税和企业所得税等。

高等学校代扣代缴的个人所得税，也通过本科目核算。

高等学校应交纳的印花税不需要预提应交税费，直接通过"业务活动费用""单位管理费用""经营费用"等科目核算，不通过"其他应交税费"科目核算。

一、城市维护建设税和教育费附加

城市维护建设税是对缴纳增值税、消费税的单位和个人就其实际缴纳的增值税、消费税税额为计税依据而征收的一种税。如果高等学校按照税法的规定需要缴纳城市维护建设税，借记"业务活动费用""单位管理费用""经营费用"等科目，贷记"其他应交税费——应交城市维护建设税"科目。

教育费附加是对缴纳增值税、消费税的单位和个人就其实际缴纳的增值税、消费税税额为计税依据而征收的一种附加费。如果高等学校按照税法的规定需要缴纳教育费附加,借记"业务活动费用""单位管理费用""经营费用"等科目,贷记本科目(应交教育费附加、应交地方教育费附加)科目。

【例9-8】 东方矿业大学进行一项科研活动,由此产生的增值税、消费税合计为4 000元。财务人员根据其计算当期应缴纳的城市维护建设税和教育费附加。已知该高等学校所在地区城市维护建设税按照7%征收,教育费附加按照3%征收。经计算应缴纳城市维护建设税280元,应缴纳教育费附加120元。该高等学校财务会计账务处理如下:

借:经营费用　　　　　　　　　　　　　　　　　　　　　400
　　贷:其他应交税费——应交城市维护建设税　　　　　　　　280
　　　　　　　　　　——应交教育费附加　　　　　　　　　　120

预算会计不进行账务处理。

二、房产税、土地使用税、车船税

房产税是以房产为征收对象,依据房产价格或房产租金向房产所有人或经营人征收的一种税。依据房产价格征收的房产税,按照房产原值一次减除10%至30%后的余额计算缴纳。没有房产原值作为依据的,由房产所在地税务机关参考同类房产核定。房产出租的,以房产租金收入作为房产税的计税依据。土地使用税是以城镇土地为征收对象,对拥有土地使用权的单位和个人征收的一种税。土地使用税是以纳税人实际占用的土地面积为计税依据,按照规定的税额计算征收。车船税是对行使于境内公共道路的车辆和航行于境内河流、湖泊或者领海的船舶依法征收的一种税。车船税由拥有并且使用车船的单位和个人缴纳,按照使用车船的适用税额计算征收。

高等学校按税法规定计算的应交房产税、土地使用税、车船税等,借记"业务活动费用""单位管理费用""经营费用"等科目,贷记本科目(应交车船税、应交房产税、应交城镇土地使用税等)。实际交纳时,借记本科目(应交车船税、应交房产税、应交城镇土地使用税等),贷记"银行存款"等科目。

【例9-9】 东方矿业大学计缴一栋行政办公用楼房产税、土地使用税,分别为5 000元、3 000元;办公用车的车船税为200元。

(1)计提时,财务会计账务处理如下:

借:单位管理费用　　　　　　　　　　　　　　　　　　　8 200
　　贷:其他应交税费——应交房产税　　　　　　　　　　　5 000
　　　　　　　　　　——应交土地使用税　　　　　　　　　3 000
　　　　　　　　　　——应交车船税　　　　　　　　　　　　200

第九章 负　债

预算会计不进行账务处理。

（2）缴纳时，财务会计账务处理如下：

借：其他应交税费——应交房产税	5 000
——应交土地使用税	3 000
——应交车船税	200
贷：银行存款	8 200

预算会计进行如下账务处理：

借：事业支出——行政管理支出	8 200
贷：资金结存——货币资金	8 200

三、企业所得税

企业所得税是指以高等学校的业务所得和其他所得为计税对象，经调整后依税法规定税率计算缴纳的一种税。高等学校发生所得税纳税义务的，按税法规定计算的应交所得税，借记"所得税费用"科目，贷记"其他应交税费——单位应交所得税"科目。交纳所得税时，借记"其他应交税费——单位应交所得税"科目，贷记"银行存款"科目。

【例9-10】东方矿业大学适用所得税税率为15%，当期应纳税所得额为20 000 000元。财务部计缴当期所得税3 000 000元（20 000 000×15%）。

（1）计提时，财务会计账务处理如下：

借：所得税费用	3 000 000
贷：其他应交税费——企业所得税	3 000 000

预算会计不进行账务处理。

（2）缴纳时，财务会计账务处理如下：

借：其他应交税费——企业所得税	3 000 000
贷：银行存款	3 000 000

预算会计进行如下账务处理：

借：非财政拨款结余——累计结余	3 000 000
贷：资金结存	3 000 000

四、个人所得税

高等学校应当在"其他应交税费"科目下设"应交个人所得税"明细科目，核算其代扣代缴的个人所得税。高等学校发生代扣代缴个人所得税纳税义务的，按税法规定计算应代扣代缴的个人所得税，借记"应付职工薪酬"科目，贷记

"其他应交税费——应交个人所得税"科目。交纳个人所得税时,借记"其他应交税费——应交个人所得税"科目,贷记"银行存款"科目。

【例9-11】东方矿业大学代扣教职工个人所得税800 000元,相关税费尚未缴纳。财务会计账务处理如下:

借:应付职工薪酬 800 000
　　贷:其他应交税费——应交个人所得税 800 000

预算会计不进行账务处理。

五、其他收入

发生其他纳税义务的,按照应缴纳的税费金额,借记有关科目,贷记本科目。实际缴纳时,借记本科目,贷记"银行存款"等科目。

高等学校按照规定实行增值税、所得税先征后返的,应当在实际收到返还的税款时,借记"银行存款"等科目,贷记"其他收入"科目。

【例9-12】东方矿业大学财务部计算本单位当期的应交税费,其中应交房产税为500元,应交车船税为200元,应交城市维护建设税为700元,应交教育费附加为300元,代扣职工个人所得税为13 000元,单位应交所得税为8 000元。相关税款尚未缴纳。财务会计账务处理如下:

借:单位管理费用 1 700
　　应付职工薪酬 13 000
　　所得税费用 8 000
　　贷:其他应交税费——应交房产税 500
　　　　　　　　　　——应交车船税 200
　　　　　　　　　　——应交城市维护建设税 700
　　　　　　　　　　——应交教育费附加 300
　　　　　　　　　　——应交个人所得税 13 000
　　　　　　　　　　——单位应交所得税 8 000

预算会计不进行账务处理。

第六节　应付其他款项

一、应缴财政款

应缴财政款核算高等学校取得或应收的按照规定应当上缴财政的款项,包括

第九章 负 债

应缴国库的款项和应缴财政专户的款项。

高等学校取得或应收按照规定应缴财政的款项时，借记"银行存款""应收账款"等科目，贷记本科目。

高等学校处置资产取得的应上缴财政的处置净收入的账务处理，参见"待处理财产损溢"等科目。

高等学校上缴应缴财政款时，按照实际上缴的金额，借记"应缴财政款"科目，贷记"银行存款"科目。

本科目期末贷方余额，反映高等学校应当上缴财政但尚未缴纳的款项。年终清缴后，本科目一般应无余额。

【例9-13】东方矿业大学2×19年8月份发生如下业务：

1. 2日，以现金形式收到行政性收费4 500元。财务会计账务处理如下：

借：库存现金　　　　　　　　　　　　　　　　4 500
　　贷：应缴财政款　　　　　　　　　　　　　　　　　4 500

预算会计不做账务处理。

2. 10日，收到无主财物的变价收入8 000元，存入银行。财务会计账务处理如下：

借：银行存款　　　　　　　　　　　　　　　　8 000
　　贷：应缴财政款　　　　　　　　　　　　　　　　　8 000

预算会计不做账务处理。

3. 31日，将应缴财政款12 500元缴入国库。财务会计账务处理如下：

借：应缴财政款　　　　　　　　　　　　　　　12 500
　　贷：银行存款　　　　　　　　　　　　　　　　　12 500

预算会计不做账务处理。

【例9-14】东方矿业大学尚未实行非税收入收缴制度改革，应缴财政专户款项的收入过渡账户尚未取消。经财政部门同意，该高等学校实行预算外资金按比例上缴财政专户的管理办法。具体比例为：60%上缴财政专户，40%留归高等学校使用。该高等学校收到未纳入预算管理的预算外资金1 000元。

该高等学校的财务会计账务处理如下：

借：银行存款　　　　　　　　　　　　　　　　1 000
　　贷：事业收入　　　　　　　　　　　　　　　　　　400
　　　　应缴财政款　　　　　　　　　　　　　　　　　600

预算会计进行如下账务处理：

借：资金结存——货币资金　　　　　　　　　　　400
　　贷：事业预算收入　　　　　　　　　　　　　　　　400

二、应付票据

应付票据是指高等学校购买物品、接受服务供应等而开出、承兑的商业汇票，包括银行承兑汇票和商业承兑汇票。本科目应当按照债权单位进行明细核算。期末余额在贷方，反映高等学校开出、承兑的尚未到期的商业汇票票面金额。

应付票据的主要账务处理如下：开出、承兑商业汇票时，借记"库存物品""固定资产"等科目，贷记"应付票据"科目。以承兑商业汇票抵付应付账款时，借记"应付账款"科目，贷记"应付票据"科目。支付银行承兑汇票的手续费时，借记"业务活动费用""经营费用"等科目，贷记"银行存款"等科目。

商业汇票到期时，应当分以下情况处理：收到银行支付到期票据的付款通知时，借记"应付票据"科目，贷记"银行存款"科目；银行承兑汇票到期，本单位无力支付票款的，按照商业汇票票面金额，借记"应付票据"科目，贷记"短期借款"科目；商业承兑汇票到期，本单位无力支付票款的，按照商业汇票票面金额，借记"应付票据"科目，贷记"应付账款"科目。

高等学校应当设置应付票据备查簿，详细登记每一笔应付票据的种类、号数、出票日期、到期日、票面金额、交易合同号、收款人姓名或单位名称以及付款日期和金额等资料。应付票据到期结清票款后，应当在备查簿内逐笔注销。

【例9-15】东方矿业大学2×19年3月1日以商业承兑汇票结算方式购入非自用材料一批，该材料的价款为200 000元，增值税税额为34 000元，材料已验收入库。该高等学校开出3个月到期的商业承兑汇票，即到期日为6月1日，票面年利率为12%。

(1) 开出商业承兑汇票时，该高等学校的财务会计账务处理如下：
借：存货　　　　　　　　　　　　　　　　　　200 000
　　应交税费——应交增值税（进项税额）　　　 34 000
　　贷：应付票据　　　　　　　　　　　　　　　　　234 000
预算会计不做账务处理。

(2) 票据到期还款时，该高等学校的财务会计账务处理如下：
借：应付票据　　　　　　　　　　　　　　　　234 000
　　其他费用　　　　　　　　　　　　　　　　　7 020
　　贷：银行存款　　　　　　　　　　　　　　　　　241 020
同时预算会计进行如下账务处理：
借：事业支出　　　　　　　　　　　　　　　　234 000

第九章 负 债

  其他支出   7 020
   贷：资金结存——货币资金   241 020
 （3）票据到期不能如期支付票款时，该高等学校的财务会计账务处理如下：
  借：应付票据   234 000
   其他费用   7 020
   贷：应付账款   241 020
 预算会计不做账务处理。

三、应付账款

  应付账款是指高等学校因购买材料、物资等而应付的偿还期限在1年以内（含1年）的款项。应付账款和应付票据不同，两者虽然都是由于交易而引起的负债，但应付账款是尚未结清的债务，而应付票据是一种期票，是延期付款的证明。

  高等学校应对应付账款科目按照债权单位（或个人）进行明细核算。对于建设项目，还应设置"应付器材款""应付工程款"等明细科目，并按照具体项目进行明细核算。期末贷方余额，反映高等学校尚未支付的应付账款。其具体核算如下：

  （一）收到所购材料、物资、设备或服务以及确认完工进度但尚未付款时，根据发票及账单等有关凭证，按照应付未付款项的金额，借记"库存物品""固定资产""在建工程"等科目，贷记"应付账款"科目。

  （二）偿付应付账款时，按照实际支付的金额，借记"应付账款"科目，贷记"财政拨款收入""零余额账户用款额度""银行存款"等科目。

  （三）开出、承兑商业汇票抵付应付账款，借记"应付账款"科目，贷记"应付票据"科目。

  （四）无法偿付或债权人豁免偿还的应付账款，借记"应付账款"科目，贷记"其他收入"科目。

  【例9-16】东方矿业大学为开展教学活动的需要，向某公司购入办公用品一批，价款4 800元，办公用品已验收入库，款项尚未支付。

  该高等学校的财务会计账务处理如下：
  借：库存物品   4 800
   贷：应付账款——某公司   4 800
 预算会计不做账务处理。

  【例9-17】承接【例9-16】东方矿业大学通过单位零余额账户偿付某公司购买办公用品款项4 800元。

该高等学校的财务会计账务处理如下：

借：应付账款——某公司　　　　　　　　　　　　　4 800
　　贷：零余额账户用款额度　　　　　　　　　　　　4 800

同时预算会计账务处理：

借：事业支出——教育支出　　　　　　　　　　　　4 800
　　贷：资金结存——零余额账户用款额度　　　　　　4 800

四、预收账款

预收账款是指高等学校按合同或协议规定预收的款项，是高等学校因开展业务活动从付款方预收的各种款项。

为了全面反映高等学校因开展业务活动而产生的预收账款及成果或劳务提供情况，高等学校在会计核算上应单独设置"预收账款"科目，贷方登记预收的款项和补付的款项，借方登记应收的款项和退回多收的款项，本科目期末为贷方余额，反映高等学校向购货单位预收的款项。"预收账款"科目应当按照付款单位设置明细账，进行明细核算。

高等学校从付款方预收款项时，按照实际预收的金额，借记"银行存款"等科目，贷记"预收账款"科目。

确认有关收入时，按照应确认的收入金额，借记"预收账款"科目，贷记"事业收入""经营收入"等科目。

付款方补付的款项，借记"银行存款"等科目，贷记"预收账款"科目；退回付款方多付的款项，借记"预收账款"科目，贷记"银行存款"等科目。

无法偿付或债权人豁免偿还的预收账款，借"预收账款"科目，贷记"其他收入"科目。

【例9-18】东方矿业大学在转让某项科研成果过程中预收某单位款项2 000元，存入银行。

该高等学校的财务会计账务处理如下：

借：银行存款　　　　　　　　　　　　　　　　　2 000
　　贷：预收账款　　　　　　　　　　　　　　　　2 000

同时预算会计账务处理：

借：资金结存——货币资金　　　　　　　　　　　2 000
　　贷：事业预算收入——科研事业预算收入　　　　2 000

【例9-19】按合同规定，东方矿业大学已将科研成果完全转让，转让价款合计2 500元，扣除预收的2 000元，另500元款项已收到，存入银行。

该高等学校的财务会计账务处理如下：

借：预收账款　　　　　　　　　　　　　　　　　2 000

第九章 负 债

  银行存款   500
   贷：事业收入   2 500
同时预算会计账务处理：
 借：资金结存——货币资金   500
   贷：事业预算收入——科研事业预算收入 500

五、应付利息

  应付利息核算高等学校按照合同约定应支付的借款利息，包括短期借款、分期付息到期还本的长期借款等应支付的利息。本科目应当按照债权人等进行明细核算。

  1. 为建造固定资产、公共基础设施等借入的专门借款利息，属于建设期间发生的，按期计提利息费用时，按照计算确定的金额，借记"在建工程"科目，贷记"应付利息"科目；不属于建设期间发生的，按期计提利息费用时，按照计算确定的金额，借记"其他费用"科目，贷记"应付利息"科目。

  2. 对于其他借款，计提利息费用时，按照计算确定的金额，借记"其他费用"科目，贷记"应付利息"科目。

  3. 实际支付应付利息时，按照支付的金额，借记"应付利息"科目，贷记"银行存款"等科目。本科目期末贷方余额反映高等学校应付未付的利息金额。

六、其他应付款

  其他应付款科目核算高等学校除应交增值税、其他应交税费、应缴财政款、应付职工薪酬、应付票据、应付账款、应付政府补贴款、应付利息、预收账款以外，其他各项偿还期限在1年内（含1年）的应付及暂收款项，如收取的押金、存入保证金、已经报销但尚未偿还银行的本单位公务卡欠款等。其他应付款应当按照应付和暂收款项的类别、单位或个人设置明细账，进行明细核算。

  为核算其他应付款业务，高等学校应设置"其他应付款"总账科目。本科目期末贷方余额，反映高等学校尚未支付或结算的其他应付款。高等学校取得应转拨给附属单位的财政补助经费时，借记"银行存款"等科目，贷记"其他应付款"科目；向附属单位划拨财政补助经费时，借记"其他应付款"科目，贷记"银行存款"等科目。发生其他各种应付、暂收款项时，借记"银行存款""行政事业支出"等科目，贷记"其他应付款"科目；支付其他各种应付、暂收款项时，借记"其他应付款"科目，贷记"银行存款"等科目。无法偿付或债权人豁免偿还的其他应付款项，借记"其他应付款"科目，贷记"其他收入"科目。

【例 9 – 20】 东方矿业大学收到某企业包装物押金 500 元，款项已存入银行。当该企业归还包装物后，高等学校退还其押金。

该高等学校的财务会计账务处理如下：

取得押金时：

借：银行存款	500
贷：其他应付款	500

退还押金时：

借：其他应付款	500
贷：银行存款	500

预算会计不进行账务处理。

七、预提费用

预提费用科目核算高等学校预先提取的已经发生但尚未支付的费用，如预提租金费用等。高等学校按规定从科研项目收入中提取的项目间接费用或管理费，也通过本科目核算。

本科目应当按照预提费用的种类进行明细核算。对于提取的项目间接费用或管理费，应当在本科目下设置"项目间接费用或管理费"明细科目，并按项目进行明细核算。

按规定从科研项目收入中提取项目间接费用或管理费时，按照提取的金额，借记"单位管理费用"科目，贷记本科目（项目间接费用或管理费）。

实际使用计提的项目间接费用或管理费时，按照实际支付的金额，借本科目（项目间接费用或管理费），贷记"银行存款""库存现金"等科目。

按期预提租金等费用时，按照预提的金额，借记"业务活动费用""单位管理费用""经营费用"等科目，贷记"预提费用"科目。

实际支付款项时，按照支付金额，借记"预提费用"科目，贷记"零余额账户用款额度""银行存款"等科目。

本科目期末贷方余额，反映高等学校已预提但尚未支付的各项费用。

八、长期应付款

长期应付款是指高等学校发生的偿还期限超过 1 年（不含 1 年）的应付款项，如以融资租赁租入固定资产的租赁费、跨年度分期付款购入固定资产的价款等。本科目应当按照长期应付款的类别以及债权人进行明细核算。高等学校发生

第九章 负 债

融资租入固定资产业务,应当按照租赁协议或者合同确定的价款、运输费、途中保险费、安装调试费以及融资租入固定资产达到预定可使用状态前发生的借款费用等,借记"固定资产""在建工程"等科目,贷记"长期应付款"科目。支付长期应付款时,按照实际支付的金额,借记"长期应付款"科目,贷记"财政拨款收入""零余额账户用款额度""银行存款"等科目。无法偿付或债权人豁免偿还的长期应付款,应当按照规定报经批准后进行账务处理。经批准核销时,借记"长期应付款"科目,贷记"其他收入"科目。本科目期末贷方余额,反映高等学校尚未支付的长期应付款。

【例9-21】东方矿业大学融资租入一台教学实验设备,租赁协议价款为300 000元,发生运输费和安装调试费共计20 000元,以银行存款支付,假设每年支付租金30 000元。

(1) 融资租赁时,该高等学校的财务会计账务处理如下:
借:固定资产　　　　　　　　　　　　　　　　320 000
　　贷:长期应付款　　　　　　　　　　　　　　　　320 000
借:长期应付款　　　　　　　　　　　　　　　20 000
　　贷:银行存款　　　　　　　　　　　　　　　　　20 000
同时,预算会计进行账务处理:
借:事业支出——教育支出　　　　　　　　　　20 000
　　贷:资金结存——货币资金　　　　　　　　　　　20 000

(2) 每年支付租金时,该高等学校的财务会计账务处理如下:
借:长期应付款　　　　　　　　　　　　　　　30 000
　　贷:银行存款　　　　　　　　　　　　　　　　　30 000
同时:预算会计进行账务处理:
借:事业支出——教育支出　　　　　　　　　　30 000
　　贷:资金结存——货币资金　　　　　　　　　　　30 000

九、预计负债

预计负债科目核算高等学校对因或有事项所产生的现时义务而确认的负债,如对未决诉讼等确认的负债。本科目应当按照预计负债的项目进行明细核算。

1. 确认预计负债时,按照预计的金额,借记"业务活动费用""经营费用""其他费用"等科目,贷记本科目。

2. 实际偿付预计负债时,按照偿付的金额,借记本科目,贷记"银行存款""零余额账户用款额度"等科目。

3. 根据确凿证据需要对已确认的预计负债账面余额进行调整的,按照调整增加的金额,借记有关科目,贷记本科目;按照调整减少的金额,做相反的会计分录。

本科目期末贷方余额，反映高等学校已确认但尚未支付的预计负债金额。

十、受托代理负债

本科目核算高等学校接受委托取得受托代理资产时形成的负债。本科目期末贷方余额，反映单位尚未交付或发出受托代理资产形成的受托代理负债金额。

第十章 净资产

第一节 净资产概述

净资产是指高等学校的资产扣除负债后的余额。净资产的核算涉及七个会计科目:累计盈余、专用基金、权益法调整、本期盈余、本年盈余分配、无偿调拨净资产、以前年度盈余调整。

高等学校属于公益二类事业单位,其净资产体现事业单位公益的属性。与企业的所有者权益不同,拨款补助部门和捐赠者可能会对某些净资产规定或限定用途,但不要求补偿。

第二节 累计盈余

一、累计盈余的概念

累计盈余是指高等学校拥有的非限定用途的净资产,主要为历年实现的盈余扣除盈余分配后滚存的金额,以及因无偿调入调出资产产生的净资产变动额。按照规定上缴、缴回、单位间调剂结转结余资金产生的净资产变动额,以及对以前年度盈余的调整金额,也通过本科目核算。

二、累计盈余的会计处理

累计盈余的主要账务处理如下:

1. 年末,将"本年盈余分配"科目的余额转入累计盈余,借记或贷记"本年盈余分配"科目,贷记或借记本科目。

2. 年末,将"无偿调拨净资产"科目的余额转入累计盈余,借记或贷记"无偿调拨净资产"科目,贷记或借记本科目。

3. 按照规定上缴财政拨款结转结余、缴回非财政拨款结转资金、向其他单位调出财政拨款结转资金时，按照实际上缴、缴回、调出金额，借记本科目，贷记"财政应返还额度""零余额账户用款额度""银行存款"等科目。

按照规定从其他单位调入财政拨款结转资金时，按照实际调入金额，借记"零余额账户用款额度""银行存款"等科目，贷记本科目。

4. 将"以前年度盈余调整"科目的余额转入本科目，借记或贷记"以前年度盈余调整"科目，贷记或借记本科目。

5. 按照规定使用专用基金购置固定资产、无形资产的，按照固定资产、无形资产成本金额，借记"固定资产""无形资产"科目，贷记"银行存款"等科目；同时，按照专用基金使用金额，借记"专用基金"科目，贷记本科目。

第三节 专用基金

一、专用基金的概念

专用基金是指高等学校按照规定提取或者设置的有专门用途的资金，主要包括：职工福利基金、科技成果转换基金等。专用基金管理应当遵循先提后用、收支平衡、专款专用的原则，支出不得超出基金规模。专用基金包括：

1. 职工福利基金，即按照非财政拨款结余的一定比例提取以及按照其他规定提取转入，用于单位职工的集体福利设施、集体福利待遇等的资金。

2. 科技成果转换基金。

各项基金的提取比例和管理办法，国家有统一规定的，按照统一规定执行；没有统一规定的，由主管部门会同同级财政部门确定。

二、专用基金账务处理

专用基金应当按照专用基金的类别进行明细核算，主要账务处理如下：

1. 年末，根据有关规定从本年度非财政拨款结余或经营结余中提取专用基金的，按照预算会计下计算的提取金额，借记"本年盈余分配"科目，贷记本科目。

2. 根据有关规定从收入中提取专用基金并计入费用的，一般按照预算会计下基于预算收入计算提取的金额，借记"业务活动费用"等科目，贷记本科目。国家另有规定的，从其规定。

3. 根据有关规定设置的其他专用基金，按照实际收到的基金金额，借记

第十章 净资产

"银行存款"等科目,贷记本科目。

4. 按规定使用专用基金时,借记本科目,贷记"银行存款"等科目;使用提取的专用基金购置固定资产、无形资产的,按照固定资产、无形资产成本金额,借记"固定资产""无形资产"科目,贷记"银行存款"等科目;同时,按照专用基金使用金额,借记本科目,贷记"累计盈余"科目。

【例 10-1】东方矿业大学 2×19 年发生的专用基金收支业务及会计账务处理如下:

1. 年末,学校本年度非财政拨款结余 60 万元,按 40% 提取职工福利基金 24 万元。财务会计账务处理:

借:本年盈余分配   240 000
　　贷:专用基金——职工福利基金   240 000

同时,预算会计进行账务处理:

借:非财政拨款结余分配   240 000
　　贷:专用结余   240 000

2. 学校上年度事业收入为 2 亿元,根据规定比例计算本年度学生奖助学金,提取 1 000 万元。

借:业务活动费用——教育费用   10 000 000
　　贷:专用基金——学生奖助基金   10 000 000

预算会计不进行账务处理。

3. 学校发放困难学生资助基金 10 万元。

借:专用基金——学生奖助基金   100 000
　　贷:银行存款   100 000

同时,预算会计进行账务处理:

借:事业支出——教育支出   100 000
　　贷:资金结存——货币资金   100 000

第四节 权益法调整

权益法调整核算高等学校持有的长期股权投资采用权益法核算时,按照被投资单位除净损益和利润分配以外的所有者权益变动份额调整长期股权投资账面余额而计入净资产的金额。本科目应当按照被投资单位进行明细核算。

权益法调整的主要账务处理如下:

1. 年末,按照被投资单位除净损益和利润分配以外的所有者权益变动应享有(或应分担)的份额,借记或贷记"长期股权投资——其他权益变动"科目,贷记或借记本科目。

2. 采用权益法核算的长期股权投资，因被投资单位除净损益和利润分配以外的所有者权益变动而将应享有（或应分担）的份额计入单位净资产的，处置该项投资时，按照原计入净资产的相应部分金额，借记或贷记本科目，贷记或借记"投资收益"科目。

本科目期末余额，反映高等学校在被投资单位除净损益和利润分配以外的所有者权益变动中累积享有（或分担）的份额。

第五节　本期盈余

本期盈余核算高等学校本期各项收入、费用相抵后的余额。

本期盈余的主要账务处理如下：

1. 期末，将各类收入科目的本期发生额转入本期盈余，借记"财政拨款收入""事业收入""上级补助收入""附属单位上缴收入""经营收入""非同级财政拨款收入""投资收益""捐赠收入""利息收入""租金收入""其他收入"科目，贷记本科目；将各类费用科目本期发生额转入本期盈余，借记本科目，贷记"业务活动费用""单位管理费用""经营费用""所得税费用""资产处置费用""上缴上级费用""对附属单位补助费用""其他费用"科目。

2. 年末，完成上述结转后，将本科目余额转入"本年盈余分配"科目，借记或贷记本科目，贷记或借记"本年盈余分配"科目。

本科目期末如为贷方余额，反映高等学校年初至当期期末累计实现的盈余；如为借方余额，反映高等学校年初至当期期末累计发生的亏损。年末结账后，本科目应无余额。

第六节　本年盈余分配

本年盈余分配科目核算高等学校本年度盈余分配的情况和结果。

本年盈余分配的主要账务处理如下：

1. 年末，将"本期盈余"科目余额转入本科目，借记或贷记"本期盈余"科目，贷记或借记本科目。

2. 年末，根据有关规定从本年度非财政拨款结余或经营结余中提取专用基金的，按照预算会计下计算的提取金额，借记本科目，贷记"专用基金"科目。

3. 年末，按照规定完成上述1、2项处理后，将本科目余额转入累计盈余，借记或贷记本科目，贷记或借记"累计盈余"科目。

年末结账后，本科目应无余额。

第十章 净资产

第七节 无偿调拨净资产

无偿调拨净资产科目核算单位无偿调入或调出非现金资产所引起的净资产变动金额。

无偿调拨净资产的主要账务处理如下：

1. 按照规定取得无偿调入的存货、长期股权投资、固定资产、无形资产、公共基础设施、政府储备物资、文物文化资产、保障性住房等，按照确定的成本，借记"库存物品""长期股权投资""固定资产""无形资产""公共基础设施""政府储备物资""文物文化资产""保障性住房"等科目，按照调入过程中发生的归属于调入方的相关费用，贷记"零余额账户用款额度""银行存款"等科目，按照其差额，贷记本科目。

【例10-2】东方矿业大学2×19年取得同级财政部门无偿调入的新笔记本电脑5台，用于改善财政部门开展行政事业单位资产清查的工作条件，电脑单价为6 000元，金额合计30 000元，该高等学校财务会计账务处理如下：

借：固定资产　　　　　　　　　　　　　　　　　30 000
　　贷：无偿调拨净资产　　　　　　　　　　　　　　30 000

预算会计不进行账务处理。

2. 按照规定经批准无偿调出存货、长期股权投资、固定资产、无形资产、公共基础设施、政府储备物资、文物文化资产、保障性住房等，按照调出资产的账面余额或账面价值，借记本科目，按照固定资产累计折旧、无形资产累计摊销、公共基础设施累计折旧或摊销、保障性住房累计折旧的金额，借记"固定资产累计折旧""无形资产累计摊销""公共基础设施累计折旧（摊销）""保障性住房累计折旧"科目，按照调出资产的账面余额，贷记"库存物品""长期股权投资""固定资产""无形资产""公共基础设施""政府储备物资""文物文化资产""保障性住房"等科目；同时，按照调出过程中发生的归属于调出方的相关费用，借记"资产处置费用"科目，贷记"零余额账户用款额度""银行存款"等科目。

3. 年末，将本科目余额转入累计盈余，借记或贷记本科目，贷记或借记"累计盈余"科目。年末结账后，本科目应无余额。

【例10-3】东方矿业大学2×19年"六一"儿童节时向对口支援的某小学捐赠实验室设备一套，原值50万元，已计提折旧5万元。发生设备运输费用1 500元，由东方矿业大学承担，使用银行支票付讫。

该高等学校财务会计账务处理如下：

借：无偿调拨净资产　　　　　　　　　　　　　　450 000

固定资产累计折旧　　　　　　　　　　　　　　50 000
　　　贷：固定资产　　　　　　　　　　　　　　　　　　　500 000
　借：资产处置费用　　　　　　　　　　　　　　1 500
　　　贷：银行存款　　　　　　　　　　　　　　　　　　　1 500
同时预算会计进行账务处理：
借：其他支出　　　　　　　　　　　　　　　　1 500
　　贷：资金结存——货币资金　　　　　　　　　　　　　1 500

第八节　以前年度盈余调整

　　以前年度盈余调整科目核算高等学校本年度发生的调整以前年度盈余的事项，包括本年度发生的重要前期差错更正涉及调整以前年度盈余的事项。
　　以前年度盈余调整的主要账务处理如下：
　　1. 调整增加以前年度收入时，按照调整增加的金额，借记有关科目，贷记本科目。调整减少的，做相反会计分录。
　　2. 调整增加以前年度费用时，按照调整增加的金额，借记本科目，贷记有关科目。调整减少的，做相反会计分录。
　　3. 盘盈的各项非流动资产，报经批准后处理时，借记"待处理财产损溢"科目，贷记本科目。
　　4. 经上述调整后，应将本科目的余额转入累计盈余，借记或贷记"累计盈余"科目，贷记或借记本科目。
　　本科目结转后应无余额。
　　【例10-4】东方矿业大学2×19年进行资产清查过程中，盘盈办公家具1套，经评估价值为8 000元，报经批准后调整以前年度盈余。
　　该高等学校财务会计账务处理如下：
借：待处理财产损溢　　　　　　　　　　　　　8 000
　　贷：以前年度盈余调整　　　　　　　　　　　　　　　8 000
预算会计不进行账务处理。

第十一章 收 入

第一节 高等学校收入概述

一、收入的概念和特点

收入是指高等学校开展教学、科研及其他活动依法取得的非偿还性资金。高等学校收入包括：财政拨款收入、事业收入、上级补助收入、附属单位上缴收入、经营收入、非同级财政拨款收入、投资收益、捐赠收入、利息收入、租金收入、其他收入。

高等学校收入具有如下特点：

1. 高等学校取得收入的目的是为了开展教学、科研及其他活动。高等学校是非营利性组织，其日常的主要活动是教学和科研。高等学校在开展教学和科研等日常活动时会发生大量的各种类型的支出，因此通过一定渠道获取收入是高等学校持续运营的基础。

2. 高等学校收入取得的形式和渠道多样化。高等学校是非营利性组织，通常通过各级政府财政拨款和承接科研项目以及向学生收取学费等各种途径获得收入，形成财政拨款收入、事业收入、上级补助收入、附属单位上缴收入、经营收入、非同级财政拨款收入、投资收益、捐赠收入、利息收入、租金收入、其他收入等。

3. 高等学校收入是非偿还性的资金。高等学校取得的各类收入一般情况下均无须偿还。

二、收入的分类

高等学校收入的项目较多，涉及的范围广泛，包括：财政拨款收入、事业收入、上级补助收入、附属单位上缴收入、经营收入、非同级财政拨款收入、投资收益、捐赠收入、利息收入、租金收入、其他收入。

高等学校会计实务

1. 财政拨款收入，即高等学校从同级财政部门取得的各类财政拨款。包括：

（1）财政教育拨款，即高等学校从同级财政部门取得的各类财政教育拨款。

（2）财政科研拨款，即高等学校从同级财政部门取得的各类财政科研拨款。

（3）财政其他拨款，即高等学校从同级财政部门取得的上述拨款范围以外的财政拨款。

2. 事业收入，即高等学校开展专业及其辅助活动所取得的收入，包括开展教育活动、科研活动及其辅助活动所取得的收入。

3. 上级补助收入，即高等学校从主管部门和上级单位取得的非财政补助收入。

4. 附属单位上缴收入，即高等学校附属独立核算单位按照有关规定上缴的收入。

5. 经营收入，即高等学校在教学、科研及其辅助活动之外，开展非独立核算经营活动取得的收入。

6. 非同级财政拨款收入，即高等学校从非同级政府财政部门取得的经费拨款，包括从同级政府其他部门取得的横向转拨财政款、从上级或下级政府财政部门取得的经费拨款等。

7. 投资收益，即高等学校股权投资和债券投资所实现的收益或发生的损失。

8. 捐赠收入，即高等学校接受其他单位或者个人捐赠取得的收入。

9. 利息收入，即高等学校取得的银行存款利息收入。

10. 租金收入，即高等学校经批准利用国有资产出租取得并按照规定纳入本单位预算管理的租金收入。

11. 其他收入，即上述规定范围以外的各项收入，包括现金盘盈收入、按照规定纳入单位预算管理的科技成果转化收入、行政单位收回已核销的其他应收款、无法偿付的应付及预收款项、置换换出资产评估增值等。

三、高等学校收入管理要求

高等学校组织收入应当合法合规。各项收费应当严格执行国家规定的收费范围和标准，并使用合法票据；各项收入应当全部纳入学校预算，统一核算、统一管理。

高等学校对按照规定上缴国库或财政专户的资金，应当按照国库集中收缴的有关规定及时足额上缴，不得隐瞒、滞留、截留、挪用和坐支。

第十一章 收 入

第二节 财政拨款收入

一、财政拨款收入的概念

财政拨款收入是指高等学校从同级财政部门取得的各类财政拨款,包括公共预算财政拨款、政府性基金预算财政拨款等。

同级政府财政部门预拨的下期预算款和没有纳入预算的暂付款项,以及采用实拨资金方式通过本单位转拨给下属单位的财政拨款,通过"其他应付款"科目核算,不通过本科目核算。

二、财政拨款收入的主要账务处理

财政拨款收入核算高等学校从同级财政部门取得的各类财政拨款,包括公共预算财政拨款、政府性基金预算财政拨款等。本科目应当按照一般公共预算财政拨款、政府性基金预算财政拨款等拨款种类进行明细核算。

财政拨款收入的主要账务处理如下:

1. 在财政直接支付方式下,根据收到的"财政直接支付入账通知书"及相关原始凭证,按照通知书中的直接支付入账金额,借记"库存物品""固定资产""业务活动费用""单位管理费用""应付职工薪酬"等科目,贷记本科目。涉及增值税业务的,相关账务处理参见"应交增值税"科目。

年末,根据本年度财政直接支付预算指标数与当年财政实际直接支付数的差额,借记"财政应返还额度——财政直接支付"科目,贷记本科目。

2. 在财政授权支付方式下,根据收到的"财政授权支付额度到账通知书",按照通知书中的授权支付额度,借记"零余额账户用款额度"科目,贷记本科目。

年末,本年度财政授权支付预算指标数大于零余额账户用款额度下达数的,根据未下达的用款额度,借记"财政应返还额度——财政授权支付"科目,贷记本科目。

3. 在其他方式下收到财政拨款收入时,按照实际收到的金额,借记"银行存款"等科目,贷记本科目。

4. 因差错更正或购货退回等发生国库直接支付款项退回的,属于以前年度支付的款项,按照退回金额,借记"财政应返还额度——财政直接支付"科目,贷记"以前年度盈余调整""库存物品"等科目;属于本年度支付的款项,按照退回金额，借记本科目，贷记"业务活动费用""库存物品"等科目。

5. 期末，将本科目本期发生额转入本期盈余，借记本科目，贷记"本期盈余"科目。

期末结转后，本科目应无余额。

【例 11-1】2×19 年 12 月 12 日，东方矿业大学收到代理银行转来的直接支付入账通知书，列示由财政直接支付 12 月份学校人员工资 1 000 万元，其中教学人员工资 500 万元，校级行政人员基本工资 200 万元，离退休人员基本工资 300 万元。

该高等学校的财务会计账务处理：
借：业务活动费用——教育费用　　　　　　　　　　5 000 000
　　单位管理费用——行政管理费用　　　　　　　　2 000 000
　　　　　　　　——离退休费用　　　　　　　　　3 000 000
　　贷：财政拨款收入　　　　　　　　　　　　　　10 000 000

同时，预算会计账务处理：
借：事业支出——教育支出　　　　　　　　　　　　5 000 000
　　　　　——行政管理支出　　　　　　　　　　　2 000 000
　　　　　——离退休支出　　　　　　　　　　　　3 000 000
　　贷：财政拨款预算收入　　　　　　　　　　　　10 000 000

【例 11-2】2×19 年 3 月 4 日，东方矿业大学收到代理银行转来的直接支付入账通知书，列示由财政直接支付 A 项目实验室化学试剂款 20 万元。

（1）该高等学校的财务会计账务处理：
借：库存物品——实验材料　　　　　　　　　　　　200 000
　　贷：财政拨款收入　　　　　　　　　　　　　　200 000

同时，预算会计账务处理：
借：事业支出——教育支出　　　　　　　　　　　　200 000
　　贷：财政拨款预算收入　　　　　　　　　　　　200 000

（2）发出试剂，财务会计账务处理：
借：业务活动费用——教育费用　　　　　　　　　　200 000
　　贷：库存物品——实验材料　　　　　　　　　　200 000

预算会计不进行账务处理。

【例 11-3】2×19 年 4 月 15 日，东方矿业大学按照规定的政府采购程序和甲公司签订了一份购买实验设备的合同，合同金额为 50 万元，该设备用于 B 项目。该高等学校根据发票验货后，向财政国库支付执行机构提交了"财政直接支付申请书"，申请支付甲公司实验设备款 50 万元。该高等学校根据当日收到的代理银行转来的直接支付入账通知书，财务会计账务处理如下：

借：库存物品——实验材料　　　　　　　　　　　　500 000
　　贷：财政拨款收入　　　　　　　　　　　　　　500 000

第十一章 收 入

同时，预算会计账务处理：
借：业务活动费用——教育费用　　　　　　　　　　500 000
　　贷：财政拨款预算收入　　　　　　　　　　　　　　　500 000

【例 11-4】2×19 年 5 月 10 日，东方矿业大学收到代理银行转来的授权支付到账通知书，收到该季度日常公用基本支出授权支付额度为 600 万元。该高等学校的财务会计账务处理：
借：零余额账户用款额度　　　　　　　　　　　　6 000 000
　　贷：财政拨款收入　　　　　　　　　　　　　　　　6 000 000

同时，预算会计账务处理：
借：业务活动费用——教育费用　　　　　　　　　6 000 000
　　贷：财政拨款预算收入　　　　　　　　　　　　　　6 000 000

【例 11-5】2×19 年 5 月 11 日，东方矿业大学收到代理银行转来的"授权支付到账通知书"时，列示收到教学楼维修专项资金 200 万元。该高等学校的财务会计账务处理：
借：零余额账户用款额度　　　　　　　　　　　　2 000 000
　　贷：财政拨款收入　　　　　　　　　　　　　　　　2 000 000

同时，预算会计账务处理：
借：业务活动费用——教育费用　　　　　　　　　2 000 000
　　贷：财政拨款预算收入　　　　　　　　　　　　　　2 000 000

【例 11-6】东方矿业大学 2×19 年财政直接支付预算指标数为 1 700 万元，当年财政直接支付实际数为 1 500 万元，差额 200 万元全部为 C 项目科研经费。年末该高等学校的财务会计账务处理：
借：财政应返还额度——财政直接支付　　　　　　2 000 000
　　贷：财政拨款收入　　　　　　　　　　　　　　　　2 000 000

同时，预算会计账务处理：
借：资金结存——财政应返还额度　　　　　　　　2 000 000
　　贷：财政拨款预算收入　　　　　　　　　　　　　　2 000 000

【例 11-7】东方矿业大学 2×19 年财政授权支付预算指标数为 18 000 万元，当年零余额实际数为 17 900 万元，差额 100 万元为全部 D 项目科研经费。该高等学校的财务会计账务处理：
借：财政应返额度——财政授权支付　　　　　　　1 000 000
　　贷：零余额账户用款额度　　　　　　　　　　　　　1 000 000

同时，预算会计账务处理：
借：资金结存——财政应返还额度　　　　　　　　1 000 000
　　贷：资金结存——零余额账户用款额度　　　　　　　1 000 000

【例 11-8】2×19 年 8 月 9 日，东方矿业大学因型号不符合要求，将 2×18

年末购置的 10 万元科研实验用试剂退回，该批试剂购置时为财政直接支付，属于基本支出项目，2×18 年末已将相应的财政拨款收入转入"本期盈余"科目。该高等学校的财务会计账务处理：

借：财政应返还额度——财政直接支付　　　　100 000
　　贷：以前年度盈余调整　　　　　　　　　　　　100 000

同时，预算会计账务处理：

借：资金结存——财政应返还额度　　　　　　1 000 000
　　贷：财政拨款结转——年初余额调整　　　　　1 000 000

【例 11-9】承上例，如该批试剂购置发生在 2×19 年，当年发生购货退回。假设该实验试剂用于 E 项目。该高等学校的财务会计账务处理：

借：财政拨款收入　　　　　　　　　　　　　100 000
　　贷：业务活动费用　　　　　　　　　　　　　　100 000

同时，预算会计账务处理：

借：财政拨款预算收入　　　　　　　　　　　100 000
　　贷：事业支出——科研支出　　　　　　　　　　100 000

【例 11-10】年终转账，假设该高等学校当年从同级财政取得的基本支出拨款为 3 000 万元，项目支出拨款为 2 000 万元。该高等学校的财务会计账务处理：

借：财政拨款收入——基本支出　　　　　　30 000 000
　　　　　　　　——项目支出　　　　　　20 000 000
　　贷：本期盈余　　　　　　　　　　　　　　50 000 000

该高等学校预算会计不进行账务处理。

第三节　事业收入

一、事业收入的概念

事业收入核算事业单位开展专业业务活动及其辅助活动实现的收入，不包括从同级政府财政部门取得的各类财政拨款。

二、管理要求

高等学校的收入包括非税收入和应纳税收入，需按照相关规定进行管理。

1. 按照非税收入进行管理。按照国家有关规定，高等学校的学费、住宿费等纳入预算管理，按照非税收入的规定进行管理，收费项目和标准需经政府物价

第十一章 收　　入

部门审核批准，使用非税收入票据，收入需上缴财政专户，严格实施"收入两条线"管理。

2. 按照国家规定履行税收义务。高等学校取得的事业收入，如涉及税收义务的，需开具税务发票，按照税法规定缴纳税金。如按照税法规定免收税费的，按照规定程序办理免税手续。

三、事业收入的主要账务处理

"事业收入"科目应当按照事业收入的类别、来源等进行明细核算。对于因开展科研及其辅助活动从非同级政府财政部门取得的经费拨款，应当在本科目下单设"非同级财政拨款"明细科目进行核算。

事业收入的主要账务处理如下：

（一）采用财政专户返还方式管理的事业收入

1. 实现应上缴财政专户的事业收入时，按照实际收到或应收的金额，借记"银行存款""应收账款"等科目，贷记"应缴财政款"科目。

2. 向财政专户上缴款项时，按照实际上缴的款项金额，借记"应缴财政款"科目，贷记"银行存款"等科目。

3. 收到从财政专户返还的事业收入时，按照实际收到的返还金额，借记"银行存款"等科目，贷记本科目。

（二）采用预收款方式确认的事业收入

1. 实际收到预收款项时，按照收到的款项金额，借记"银行存款"等科目，贷记"预收账款"科目。

2. 以合同完成进度确认事业收入时，按照基于合同完成进度计算的金额，借记"预收账款"科目，贷记"事业收入"科目。

（三）采用应收款方式确认的事业收入

1. 根据合同完成进度计算本期应收的款项，借记"应收账款"科目，贷记"事业收入"科目。

2. 实际收到款项时，借记"银行存款"等科目，贷记"应收账款"科目。

其他方式下确认的事业收入，按照实际收到的金额，借记"银行存款""库存现金"等科目，贷记"事业收入"科目。

期末，将"事业收入"科目本期发生额转入本期盈余，借记"事业收入"科目，贷记"本期盈余"科目。

期末结转后，本科目应无余额。

【例11-11】2×19年9月3日,东方矿业大学收取学费2 000万元,住宿费600万元,按照要求应当纳入财务专户管理。该高等学校的财务会计账务处理如下:

借:银行存款　　　　　　　　　　　　　　　　　26 000 000
　　贷:应缴财政款——学费收入　　　　　　　　　　20 000 000
　　　　　　　　——住宿费收入　　　　　　　　　　6 000 000

预算会计不进行账务处理。

【例11-12】2×19年10月10日,东方矿业大学接到代理银行通知书,列明收到财政专户返还的资金200万元,其中学费收入160万元,住宿费收入40万元。该高等学校的财务会计账务处理如下:

借:银行存款　　　　　　　　　　　　　　　　　2 000 000
　　贷:事业收入——教育事业收入　　　　　　　　　2 000 000

同时预算会计进行账务处理:

借:资金结存——货币资金　　　　　　　　　　　2 000 000
　　贷:事业预算收入——教育事业预算收入　　　　　2 000 000

【例11-13】2×19年12月20日,东方矿业大学收到某单位交来的短期培训费120万元,该培训预计于2×20年1月开展。该高等学校属于增值税一般纳税人。财务会计账务处理如下:

借:银行存款　　　　　　　　　　　　　　　　　1 200 000
　　贷:应交增值税——应交税费(销项税额)　　　　　204 000
　　　　预算账款　　　　　　　　　　　　　　　　996 000

预算会计不进行账务处理。

第四节　上级补助收入

一、上级补助收入概念

上级补助收入是指高等学校从主管部门和上级单位取得的非财政拨款收入。

二、上级补助收入的主要账务处理

"上级补助收入"账户核算高等学校从主管部门和上级单位取得的非财政拨款收入。本科目应当按照发放补助单位、补助项目等进行明细核算。主要账务处理如下:

1. 确认上级补助收入时,按照应收或实际收到的金额,借记"其他应收款""银行存款"等科目,贷记"上级补助收入"科目。

第十一章 收 入

实际收到应收的上级补助款时，按照实际收到的金额，借记"银行存款"等科目，贷记"其他应收款"科目。

2. 期末，将本科目本期发生额转入本期盈余，借记本科目，贷记"本期盈余"科目。

期末结账后，本科目应无余额。

【例 11-14】2×19 年 4 月 30 日，东方矿业大学收到主管单位拨入的非财政补助资金 500 万元，其中 A 项目专项资金 200 万元。该高等学校的财务会计账务处理如下：

(1) 确认收入时，财务会计账务处理：

借：银行存款　　　　　　　　　　　　　　　　　5 000 000
　　贷：上级补助收入——A 专项资金收入　　　　　2 000 000
　　　　上级补助收入——非专项资金收入　　　　　3 000 000

同时，预算会计账务处理：

借：资金结存——货币资金　　　　　　　　　　　 5 000 000
　　贷：上级补助预算收入——A 专项资金收入　　　2 000 000
　　　　　　　　　　　　——非专项资金收入　　　3 000 000

(2) 期末，转销收入时，财务会计账务处理：

借：上级补助收入——A 专项资金收入　　　　　　 2 000 000
　　　　　　　　——非专项资金收入　　　　　　 3 000 000
　　贷：本期盈余　　　　　　　　　　　　　　　　5 000 000

同时，预算会计账务处理：

借：上级补助预算收入——A 专项资金收入　　　　 2 000 000
　　　　　　　　　　——非专项资金收入　　　　 3 000 000
　　贷：非财政拨款结转——本年收支结转　　　　　2 000 000
　　　　其他结余　　　　　　　　　　　　　　　　3 000 000

第五节　附属单位上缴收入

一、附属单位上缴收入概念

附属单位上缴收入，即高等学校附属独立核算单位按照有关规定上缴的收入。

二、附属单位上缴收入的主要账务处理

"附属单位上缴收入"账户核算高等学校附属单位按照有关规定上缴的收入。

本科目应当按照附属单位、缴款项目等进行明细核算。主要账务处理如下:

1. 确认附属单位上缴收入时,按照应收或收到的金额,借记"其他应收款""银行存款"等科目,贷记"附属单位上缴收入"科目。

实际收到应收附属单位上缴款时,按照实际收到的金额,借记"银行存款"等科目,贷记"其他应收款"科目。

2. 期末,将本科目本期发生额转入本期盈余,借记"附属单位上缴收入"科目,贷记"本期盈余"科目。

期末结账后,本科目应无余额。

【例11-15】2×19年6月5日,东方矿业大学收到附属医院上交的眼科实验室专项资金200万元,专门用于购置眼科实验室所需的科研仪器。该高等学校的财务会计账务处理如下:

借:银行存款 2 000 000
　　贷:附属单位上缴收入——专项资金收入 2 000 000

同时,预算会计账务处理:

借:资金结存——货币资金 2 000 000
　　贷:附属单位上缴预算收入——专项资金收入 2 000 000

【例11-16】2×19年3月5日,东方矿业大学收到学校印刷厂税后利润30万元。该高等学校的财务会计账务处理如下:

借:银行存款 300 000
　　贷:附属单位上缴收入——非专项资金收入 300 000

同时,预算会计账务处理:

借:资金结存——货币资金 3 000 000
　　贷:附属单位上缴预算收入——专项资金收入 3 000 000

第六节 经营收入

一、经营收入概念

经营收入是高等学校在专业业务活动及其辅助活动之外开展非独立核算经营活动取得的收入。

二、经营收入的主要账务处理

"经营收入"账户核算高等学校在专业业务活动及其辅助活动之外开展非独

第十一章 收 入

立核算经营活动取得的收入。本科目应当按照经营活动类别、项目和收入来源等进行明细核算。主要账务处理如下：

1. 经营收入应当在提供服务或发出存货，同时收讫价款或者取得索取价款的凭据时，按照实际收到或应收的金额确认收入。

实现经营收入时，按照确定的收入金额，借记"银行存款""应收账款""应收票据"等科目，贷记本科目。

属于增值税小规模纳税人的高等学校实现经营收入，按实际出售价款，借记"银行存款""应收账款""应收票据"等科目，按出售价款扣除增值税额后的金额，贷记"经营收入"科目，按应缴增值税金额，贷记"应交增值税"科目。

属于增值税一般纳税人的高等学校实现经营收入，按包含增值税的价款总额，借记"银行存款""应收账款""应收票据"等科目，按扣除增值税销项税额后的价款金额，贷记"经营收入"科目，按增值税销项税额，贷记"应交增值税——应交税费（销项税额）"科目。

2. 期末，将本科目本期发生额转入本期盈余，借记"经营收入"科目，贷记"本期盈余"科目。

期末结账后，本科目应无余额。

【例 11-17】2×19 年 4 月 7 日，东方矿业大学收到学校文化纪念品商店（非独立核算）缴纳的经营收入 5.3 万元，该高等学校为增值税小规模纳税人，适用 6% 的增值税税率。增值税应缴纳税额为：$53\,000 \div (1 + 6\%) \times 6\% = 3\,000$（元）。该高等学校的财务会计账务处理如下：

借：银行存款　　　　　　　　　　　　　　　　53 000
　　贷：经营收入　　　　　　　　　　　　　　　50 000
　　　　应交增值税　　　　　　　　　　　　　　 3 000

同时，预算会计账务处理：

借：资金结存——货币资金　　　　　　　　　　　53 000
　　贷：经营预算收入　　　　　　　　　　　　　53 000

【例 11-18】2×19 年 5 月 13 日，东方矿业大学收到学校学生用品商店（非独立核算）缴纳的经营收入 50 万元，该高等学校为增值税一般纳税人，销售商品适用 13% 的增值税税率。增值税应纳税额为：$500\,000 \div (1 + 13\%) \times 13\% = 57\,522.12$（元）。该高等学校的财务会计账务处理如下：

借：银行存款　　　　　　　　　　　　　　　　500 000
　　贷：经营收入　　　　　　　　　　　　　　442 477.88
　　　　应交增值税——应交税费（销项税额）　　57 522.12

同时，预算会计账务处理：

借：资金结存——货币资金　　　　　　　　　　500 000
　　贷：经营预算收入　　　　　　　　　　　　500 000

第七节 非同级财政拨款收入

非同级财政拨款收入核算高等学校从非同级政府财政部门取得的经费拨款，包括从同级政府其他部门取得的横向转拨财政款、从上级或下级政府财政部门取得的经费拨款等。

高等学校因开展科研及其辅助活动从非同级政府财政部门取得的经费拨款，应当通过"事业收入——非同级财政拨款"科目核算，不通过本科目核算。本科目应当按照本级横向转拨财政款和非本级财政拨款进行明细核算，并按照收入来源进行明细核算。

非同级财政拨款收入的主要账务处理如下：

1. 确认非同级财政拨款收入时，按照应收或实际收到的金额，借记"其他应收款""银行存款"等科目，贷记"非同级财政拨款收入"科目。

2. 期末，将本科目本期发生额转入本期盈余，借记"非同级财政拨款收入"科目，贷记"本期盈余"科目。

期末结转后，本科目应无余额。

第八节 投资收益

投资收益核算高等学校股权投资和债券投资所实现的收益或发生的损失。本科目应当按照投资的种类等进行明细核算。

投资收益的主要账务处理如下：

1. 收到短期投资持有期间的利息，按照实际收到的金额，借记"银行存款"科目，贷记"投资收益"科目。

2. 出售或到期收回短期债券本息，按照实际收到的金额，借记"银行存款"科目，按照出售或收回短期投资的成本，贷记"短期投资"科目，按照其差额，贷记或借记本科目。涉及增值税业务的，相关账务处理参见"应交增值税"科目。

3. 持有的分期付息、一次还本的长期债券投资，按期确认利息收入时，按照计算确定的应收未收利息，借记"应收利息"科目，贷记本科目；持有的到期一次还本付息的债券投资，按期确认利息收入时，按照计算确定的应收未收利息，借记"长期债券投资——应计利息"科目，贷记本科目。

4. 出售长期债券投资或到期收回长期债券投资本息，按照实际收到的金额，借记"银行存款"等科目，按照债券初始投资成本和已计未收利息金额，贷记

第十一章 收　入

"长期债券投资——成本、应计利息"科目［到期一次还本付息债券］或"长期债券投资""应收利息"科目［分期付息债券］，按照其差额，贷记或借记本科目。涉及增值税业务的，相关账务处理参见"应交增值税"科目。

5. 采用成本法核算的长期股权投资持有期间，被投资单位宣告分派现金股利或利润时，按照宣告分派的现金股利或利润中属于单位应享有的份额，借记"应收股利"科目，贷记本科目。

采用权益法核算的长期股权投资持有期间，按照应享有或应分担的被投资单位实现的净损益的份额，借记或贷记"长期股权投资——损益调整"科目，贷记或借记本科目；被投资单位发生净亏损，但以后年度又实现净利润的，单位在其收益分享额弥补未确认的亏损分担额等后，恢复确认投资收益，借记"长期股权投资——损益调整"科目，贷记本科目。

6. 按照规定处置长期股权投资时有关投资收益的账务处理，参见"长期股权投资"科目。

7. 期末，将本科目本期发生额转入本期盈余，借记或贷记本科目，贷记或借记"本期盈余"科目。

期末结转后，本科目应无余额。

【例 11-19】 2×19 年 7 月 2 日，东方矿业大学收到到期国债本息 105 万元，该项国债为短期投资，其中成本为 100 万元，投资收益为 5 万元。该高等学校的财务会计账务处理如下：

借：银行存款　　　　　　　　　　　　　　1 050 000
　　贷：短期投资　　　　　　　　　　　　　1 000 000
　　　　投资收益　　　　　　　　　　　　　　 50 000

同时，预算会计账务处理：
借：资金结存——货币资金　　　　　　　　1 050 000
　　贷：投资支出　　　　　　　　　　　　　1 000 000
　　　　投资预算收益　　　　　　　　　　　　 50 000

第九节　捐　赠　收　入

捐赠收入核算单位接受其他单位或者个人捐赠取得的收入。本科目应当按照捐赠资产的用途和捐赠单位等进行明细核算。

捐赠收入的主要账务处理如下：

1. 接受捐赠的货币资金，按照实际收到的金额，借记"银行存款""库存现金"等科目，贷记本科目。

2. 接受捐赠的存货、固定资产等非现金资产，按照确定的成本，借记"库存物品""固定资产"等科目,按照发生的相关税费、运输费等,贷记"银行存款"等科目,按照其差额,贷记本科目。

3. 接受捐赠的资产按照名义金额入账的,按照名义金额,借记"库存物品""固定资产"等科目,贷记本科目;同时,按照发生的相关税费、运输费等,借记"其他费用"科目,贷记"银行存款"等科目。

4. 期末,将本科目本期发生额转入本期盈余,借记本科目,贷记"本期盈余"科目。

期末结转后,本科目应无余额。

【例11-20】2×19年10月22日,东方矿业大学收到A企业对文学院的捐资助学专项100万元。该高等学校的财务会计账务处理如下:

借:银行存款 1 000 000
  贷:捐赠收入——专项捐赠 1 000 000

同时,预算会计账务处理:

借:资金结存——货币资金 1 000 000
  贷:其他预算收入——捐赠预算收入 1 000 000

第十节 利息收入及租金收入

一、利息收入

利息收入核算单位取得的银行存款利息收入。利息收入的主要账务处理如下:

1. 取得银行存款利息时,按照实际收到的金额,借记"银行存款"科目,贷记本科目。

2. 期末,将本科目本期发生额转入本期盈余,借记本科目,贷记"本期盈余"科目。

期末结转后,本科目应无余额。

【例11-21】2×19年9月21日,东方矿业大学收到银行存款利息收入12 000元。该高等学校的财务会计账务处理如下:

借:银行存款 12 000
  贷:利息收入 12 000

同时,预算会计账务处理:

借:资金结存——货币资金 12 000
  贷:其他预算收入——利息预算收入 12 000

第十一章 收 入

二、租金收入

租金收入核算单位经批准利用国有资产出租取得并按照规定纳入本单位预算管理的租金收入。本科目应当按照出租国有资产类别和收入来源等进行明细核算。

租金收入的主要账务处理如下：

1. 国有资产出租收入，应当在租赁期内各个期间按照直线法予以确认。

（1）采用预收租金方式的，预收租金时，按照收到的金额，借记"银行存款"等科目，贷记"预收账款"科目；分期确认租金收入时，按照各期租金金额，借记"预收账款"科目，贷记本科目。

（2）采用后付租金方式的，每期确认租金收入时，按照各期租金金额，借记"应收账款"科目，贷记本科目；收到租金时，按照实际收到的金额，借记"银行存款"等科目，贷记"应收账款"科目。

（3）采用分期收取租金方式的，每期收取租金时，按照租金金额，借记"银行存款"等科目，贷记本科目。

2. 期末，将本科目本期发生额转入本期盈余，借记本科目，贷记"本期盈余"科目。

期末结转后，本科目应无余额。

第十一节 其 他 收 入

一、其他收入概念

其他收入是指高等学校除财政拨款收入、事业收入、上级补助收入、附属单位上缴收入、经营收入、非同级财政拨款收入、投资收益、捐赠收入、利息收入、租金收入以外的各项收入，包括现金盘盈收入、按照规定纳入单位预算管理的科技成果转化收入、无法偿付的应付及预收款项、置换换出资产评估增值等。

二、其他收入的主要账务处理

本科目应当按照其他收入的类别、来源等进行明细核算。主要账务处理如下：

高等学校会计实务

1. 现金盘盈收入。

每日现金账款核对中发现的现金溢余,属于无法查明原因的部分,报经批准后,借记"待处理财产损溢"科目,贷记本科目。

2. 科技成果转化收入。

高等学校科技成果转化所取得的收入,按照规定留归本校的,按照所取得收入扣除相关费用之后的净收益,借记"银行存款"等科目,贷记本科目。

3. 无法偿付的应付及预收款项。

无法偿付或债权人豁免偿还的应付账款、预收账款、其他应付款及长期应付款,借记"应付账款""预收账款""其他应付款""长期应付款"等科目,贷记本科目。

4. 置换换出资产评估增值。

资产置换过程中,换出资产评估增值的,按照评估价值高于资产账面价值或账面余额的金额,借记有关科目,贷记本科目。具体账务处理参见"库存物品"等科目。

以未入账的无形资产取得的长期股权投资,按照评估价值加相关税费作为投资成本,借记"长期股权投资"科目,按照发生的相关税费,贷记"银行存款""其他应交税费"等科目,按其差额,贷记本科目。

确认1至4项以外的其他收入时,按照应收或实际收到的金额,借记"其他应收款""银行存款""库存现金"等科目,贷记本科目。涉及增值税业务的,相关账务处理参见"应交增值税"科目。

期末,将本科目本期发生额转入本期盈余,借记本科目,贷记"本期盈余"科目。

期末结转后,本科目应无余额。

【例11-22】2×19年11月3日,东方矿业大学现金盘盈收入1 000元,无法查明原因。该高等学校的财务会计账务处理如下:

借:库存现金　　　　　　　　　　　　　　　　　1 000
　　贷:其他收入——现金盘盈收入　　　　　　　　　　1 000

同时,预算会计账务处理:

借:资金结存——货币资金　　　　　　　　　　　1 000
　　贷:其他预算收入——现金盘盈收入　　　　　　　　1 000

【例11-23】2×19年10月27日,东方矿业大学收回已核销的其他应收款25 000元。该高等学校的财务会计账务处理如下:

借:银行存款　　　　　　　　　　　　　　　　　25 000
　　贷:其他收入——往来款核销收入　　　　　　　　　25 000

同时,预算会计账务处理:

借:资金结存——货币资金　　　　　　　　　　　25 000

第十一章 收　入

  贷：其他预算收入　　　　　　　　　　　　　　　　　　　　25 000

【例 11-24】2×19 年 12 月 8 日，东方矿业大学清理往来款项的过程中，将长期挂账无法支付的应付账款 2 万元予以核销。该高等学校的财务会计账务处理如下：

  借：应付账款　　　　　　　　　　　　　　　　　　　　　　20 000
    贷：其他收入——往来款核销收入　　　　　　　　　　　　20 000

该高等学校预算会计不进行账务处理。

第十二章 费　　用

第一节　高等学校费用概述

一、费用的概念和特点

费用是高等学校开展教学、科研及其他活动发生的资金耗费和损失。高等学校费用种类繁多，主要包括业务活动费用、单位管理费用、经营费用、资产处置费用、上缴上级费用、对附属单位补助费用、所得税费用、其他费用。

高等学校费用具有如下特点：

一是高等学校发生的费用种类繁多。高等学校在开展教学和科研等日常活动时会发生大量的各种类型的支出，如业务活动费用、单位管理费用等等，并且各类支出的性质和作用不同，费用界限明确。

二是高等学校根据收入来源限定费用范围。高等学校收入中有从财政部门或其他主管部门取得的有指定项目和用途的专项资金。专项资金应当专款专用、单独进行核算，不得挪用。

二、费用的分类

高等学校费用项目繁多，涉及的范围广泛，按照用途可分为业务活动费用、单位管理费用、经营费用、资产处置费用、上缴上级费用、对附属单位补助费用、所得税费用、其他费用。各类费用具体内容如下：

1. 业务活动费用，指高等学校为实现其职能目标，依法履职或开展专业业务活动及其辅助活动所发生的各项费用。

2018年8月14日，财政部颁布了高等学校执行《政府会计制度——行政事业单位会计科目和报表》的补充规定，要求各高等学校应当在新制度规定的"5001业务活动费用"科目下设置"500101教育费用""500102科研费用"明细

第十二章 费　　用

科目。"500101 教育费用"科目核算高等学校开展教学及其辅助活动、学生事务等活动所发生的，能够直接计入或采用一定方法计算后计入的各项费用。"500102 科研费用"科目核算高等学校开展科研及其辅助活动所发生的，能够直接计入或采用一定方法计算后计入的各项费用。

2. 单位管理费用，指高等学校行政及后勤管理部门开展管理活动发生的各项费用，包括单位行政及后勤管理部门发生的人员经费、公用经费、资产折旧（摊销）等费用，以及由单位统一负担的离退休人员经费、工会经费、诉讼费、中介费等。财政部颁布的高等学校执行《政府会计制度——行政事业单位会计科目和报表》的补充规定，要求各高等学校应当在新制度规定的"5101 单位管理费用"科目下设置"510101 行政管理费用""510102 后勤保障费用""510103 离退休费用"和"510109 单位统一负担的其他管理费用"明细科目。

（1）"510101 行政管理费用"科目核算高等学校开展单位的行政管理活动所发生的各项费用。

（2）"510102 后勤保障费用"科目核算高等学校统一负担的开展后勤保障活动所发生的各项费用。

（3）"510103 离退休费用"科目核算高等学校统一负担的离退休人员工资、补助、活动经费等各项费用。

（4）"510109 单位统一负担的其他管理费用"科目核算由高等学校统一负担的除行政管理费用、后勤保障费用、离退休费用之外的其他各项管理费用，如工会经费、诉讼费、中介费等。

3. 经营费用，指高等学校校在专业业务活动及其辅助活动之外开展非独立核算经营活动发生的各项费用。

4. 资产处置费用，指高等学校经批准处置资产时发生的费用，包括转销的被处置资产价值，以及在处置过程中发生的相关费用或者处置收入小于相关费用形成的净支出。资产处置的形式按照规定包括无偿调拨、出售、出让、转让、置换、对外捐赠、报废、毁损以及货币性资产损失核销等。

5. 上缴上级费用，指高等学校按照财政部门和主管部门的规定上缴上级单位款项发生的费用。

6. 对附属单位补助费用，指高等学校用财政拨款收入之外的收入对附属单位补助发生的费用。

7. 所得税费用，指高等学校按规定缴纳企业所得税所形成的费用。

8. 其他费用，指高等学校发生的除业务活动费用、单位管理费用、经营费用、资产处置费用、上缴上级费用、附属单位补助费用、所得税费用以外的各项费用，包括利息费用、坏账损失、罚没支出、现金资产捐赠支出以及相关税费、运输费等。

三、高等学校费用管理要求

高等学校的费用支出应当严格执行国家有关财务规章制度规定的开支范围及开支标准；国家有关财务规章制度没有统一规定的，由学校结合本校情况规定，报主管部门和财政部门备案。

高等学校从财政部门和主管部门取得的有指定项目和用途的专项资金，应当专款专用、单独核算，并按照规定向财政部门或者主管部门报送专项资金使用情况；项目完成后，应当报送专项资金支出决算和使用效果的书面报告，接受财政部门或者主管部门和其他相关部门的检查、验收。

高等学校应当严格执行国库集中支付制度和政府采购制度等有关规定。应当加强支出管理，不得虚列虚报；应当进行支出绩效评价，提高资金使用的有效性。应当依法加强各类票据管理，确保票据来源合法、内容真实、使用正确，不得使用虚假票据。

第二节 业务活动费用

一、业务活动费用概念

业务活动费用是指高等学校为实现其职能目标，依法履职或开展专业业务活动及其辅助活动所发生的各项费用。

二、业务活动费用的账务处理

本科目应当按照项目、服务或者业务类别、支付对象等进行明细核算。为了满足成本核算需要，本科目下还可按照"工资福利费用""商品和服务费用""对个人和家庭的补助费用""对企业补助费用""固定资产折旧费""无形资产摊销费""计提专用基金"等成本项目设置明细科目，归集能够直接计入业务活动或采用一定方法计算后计入业务活动的费用。业务活动费用的主要账务处理如下：

1. 为履职或开展业务活动人员计提的薪酬，按照计算确定的金额，借记本科目，贷记"应付职工薪酬"科目。

2. 为履职或开展业务活动发生的外部人员劳务费，按照计算确定的金额，借记本科目，按照代扣代缴个人所得税的金额，贷记"其他应交税费——应交个

第十二章 费 用

人所得税"科目,按照扣税后应付或实际支付的金额,贷记"其他应付款""财政拨款收入""零余额账户用款额度""银行存款"等科目。

3. 为履职或开展业务活动领用库存物品,按照领用库存物品的账面余额,借记本科目,贷记"库存物品"科目。

4. 为履职或开展业务活动所使用的固定资产、无形资产以及为所控制的公共基础设施、保障性住房计提的折旧、摊销,按照计提金额,借记本科目,贷记"固定资产累计折旧""无形资产累计摊销""公共基础设施累计折旧(摊销)""保障性住房累计折旧"科目。

5. 为履职或开展业务活动发生的城市维护建设税、教育费附加、地方教育费附加、车船税、房产税、城镇土地使用税等,按照计算确定应交纳的金额,借记本科目,贷记"其他应交税费"等科目。

6. 为履职或开展业务活动发生其他各项费用时,按照费用确认金额,借记本科目,贷记"财政拨款收入""零余额账户用款额度""银行存款""应付账款""其他应付款""其他应收款"等科目。

7. 按照规定从收入中提取专用基金并计入费用的,一般按照预算会计下基于预算收入计算提取的金额,借记本科目,贷记"专用基金"科目。国家另有规定的,从其规定。

8. 发生当年购货退回等业务,对于已计入本年业务活动费用的,按照收回或应收的金额,借记"财政拨款收入""零余额账户用款额度""银行存款""其他应收款"等科目,贷记本科目。

9. 期末,将本科目本期发生额转入本期盈余,借记"本期盈余"科目,贷记本科目。

期末结转后,本科目应无余额。

【例12-1】2×19年1月10日,东方矿业大学计提本月教师人员工资薪金450万元,其中基本工资300万元,津贴补贴80万元,社会保障缴费20万元,绩效工资50万元。该项支出由财政拨款支付,在该校预算管理系统中,该项支出占用"财务处——人员经费"预算项目。该高等学校财务会计账务处理如下:

  借:业务活动费用   4 500 000
    贷:应付职工薪酬   4 500 000

预算会计不进行账务处理。

【例12-2】2×19年6月13日,东方矿业大学下属甲学院老师报销差旅费1 300元,该支出由财政拨付的"名校工程"专项拨款负担,该专项经费下拨时为项目支出,且采用授权支付方式。该差旅费占用该学院的教学差旅费预算项目。该高等学校财务会计账务处理如下:

  借:业务活动费用——教育费用   1 300
    贷:零余额账户用款额度   1 300

同时，预算会计进行账务处理：
借：事业支出——教育支出　　　　　　　　　　　　　　1 300
　　贷：资金结存——零余额账户用款额度　　　　　　　　　　1 300

【例12-3】2×19年9月10日，东方矿业大学下属甲学院购置专用教学实验设备一批，价值16万元，该设备款由同级财政拨付的"骨干学科"专项建设项目资金支付，且采用政府采购方式。学校收到代理银行转来的直接支付入账通知单时，依据采购合同、发票及设备验收资料。该高等学校财务会计账务处理如下：
借：业务活动费用——教育费用　　　　　　　　　　　　160 000
　　贷：财政拨款收入　　　　　　　　　　　　　　　　　160 000
同时，预算会计进行账务处理：
借：事业支出——教育支出　　　　　　　　　　　　　　160 000
　　贷：财政拨款预算收入　　　　　　　　　　　　　　　160 000

第三节　单位管理费用

一、单位管理费用概念

单位管理费用指高等学校行政及后勤管理部门开展管理活动发生的各项费用，包括单位行政及后勤管理部门发生的人员经费、公用经费、资产折旧（摊销）等费用，以及由单位统一负担的离退休人员经费、工会经费、诉讼费、中介费等。

二、单位管理费用的账务处理

本科目应当按照项目、费用类别、支付对象等进行明细核算。

为了满足成本核算需要，本科目下还可按照"工资福利费用""商品和服务费用""对个人和家庭的补助费用""固定资产折旧费""无形资产摊销费"等成本项目设置明细科目，归集能够直接计入单位管理活动或采用一定方法计算后计入单位管理活动的费用。

单位管理费用的主要账务处理如下：

1. 为管理活动人员计提的薪酬，按照计算确定的金额，借记本科目，贷记"应付职工薪酬"科目。

2. 为开展管理活动发生的外部人员劳务费，按照计算确定的费用金额，借记本科目，按照代扣代缴个人所得税的金额，贷记"其他应交税费——应交个人所得税"科目,按照扣税后应付或实际支付的金额,贷记"其他应付款""财政拨款收入""零余额账户用款额度""银行存款"等科目。

3. 开展管理活动内部领用库存物品,按照领用物品实际成本,借记本科目,贷记"库存物品"科目。

4. 为管理活动所使用固定资产、无形资产计提的折旧、摊销,按照应提折旧、摊销额,借记本科目,贷记"固定资产累计折旧""无形资产累计摊销"科目。

5. 为开展管理活动发生城市维护建设税、教育费附加、地方教育费附加、车船税、房产税、城镇土地使用税等,按照计算确定应交纳的金额,借记本科目,贷记"其他应交税费"等科目。

6. 为开展管理活动发生的其他各项费用,按照费用确认金额,借记本科目,贷记"财政拨款收入""零余额账户用款额度""银行存款""其他应付款""其他应收款"等科目。

7. 发生当年购货退回等业务,对于已计入本年单位管理费用的,按照收回或应收的金额,借记"财政拨款收入""零余额账户用款额度""银行存款""其他应收款"等科目,贷记本科目。

8. 期末,将本科目本期发生额转入本期盈余,借记"本期盈余"科目,贷记本科目。

期末结转后,本科目应无余额。

【例12-4】2×19年4月5日,东方矿业大学按照相关规定计提财务人员工资500 000元。该高等学校财务会计账务处理如下:

  借:单位管理费用   500 000
    贷:应付职工薪酬   500 000

预算会计不进行账务处理。

第四节　经营费用

一、经营费用概念

经营费用是指高等学校在专业业务活动及其辅助活动之外开展非独立核算经营活动发生的各项费用。

二、经营费用的账务处理

本科目应当按照经营活动类别、项目、支付对象等进行明细核算。为了满足成本核算需要，本科目下还可按照"工资福利费用""商品和服务费用""对个人和家庭的补助费用""固定资产折旧费""无形资产摊销费"等成本项目设置明细科目，归集能够直接计入单位经营活动或采用一定方法计算后计入单位经营活动的费用。经营费用的主要账务处理如下：

1. 为经营活动人员计提的薪酬，按照计算确定的金额，借记本科目，贷记"应付职工薪酬"科目。

2. 开展经营活动领用或发出库存物品，按照物品实际成本，借记本科目，贷记"库存物品"科目。

3. 为经营活动所使用固定资产、无形资产计提的折旧、摊销，按照应提折旧、摊销额，借记本科目，贷记"固定资产累计折旧""无形资产累计摊销"科目。

4. 开展经营活动发生城市维护建设税、教育费附加、地方教育费附加、车船税、房产税、城镇土地使用税等，按照计算确定应交纳的金额，借记本科目，贷记"其他应交税费"等科目。

5. 发生与经营活动相关的其他各项费用时，按照费用确认金额，借记本科目，贷记"银行存款""其他应付款""其他应收款"等科目。涉及增值税业务的，相关账务处理参见"应交增值税"科目。

6. 发生当年购货退回等业务，对于已计入本年经营费用的，按照收回或应收的金额，借记"银行存款""其他应收款"等科目，贷记本科目。

7. 期末，将本科目本期发生额转入本期盈余，借记"本期盈余"科目，贷记本科目。

期末结转后，本科目应无余额。

【例12-5】2×19年3月10日，东方矿业大学计提本月经营活动人员工资薪金1 000 000元，其中基本工资600 000元，津贴补贴300 000元，社会保障缴费50 000元，绩效工资50 000元。该项支出由财政拨款支付。该高等学校财务会计账务处理如下：

借：经营费用　　　　　　　　　　　　　　　　　1 000 000
　　贷：应付职工薪酬　　　　　　　　　　　　　　　　1 000 000

预算会计不进行账务处理。

第五节　资产处置费用

一、资产处置费用概念

资产处置费用是指高等学校经批准处置资产时发生的费用，包括转销的被处

第十二章 费 用

置资产价值,以及在处置过程中发生的相关费用或者处置收入小于相关费用形成的净支出。资产处置的形式按照规定包括无偿调拨、出售、出让、转让、置换、对外捐赠、报废、毁损以及货币性资产损失核销等。

二、资产处置费用的会计处理

本科目应当按照处置资产的类别、资产处置的形式等进行明细核算。资产处置费用的主要账务处理如下:

(一) 不通过"待处理财产损溢"科目核算的资产处置

1. 按照规定报经批准处置资产时,按照处置资产的账面价值,借记本科目[处置固定资产、无形资产、公共基础设施、保障性住房的,还应借记"固定资产累计折旧""无形资产累计摊销""公共基础设施累计折旧(摊销)""保障性住房累计折旧"科目],按照处置资产的账面余额,贷记"库存物品""固定资产""无形资产""公共基础设施""政府储备物资""文物文化资产""保障性住房""其他应收款""在建工程"等科目。

2. 处置资产过程中仅发生相关费用的,按照实际发生金额,借记本科目,贷记"银行存款""库存现金"等科目。

3. 处置资产过程中取得收入的,按照取得的价款,借记"库存现金""银行存款"等科目,按照处置资产过程中发生的相关费用,贷记"银行存款""库存现金"等科目,按照其差额,借记本科目或贷记"应缴财政款"等科目。

(二) 通过"待处理财产损溢"科目核算的资产处置

1. 单位账款核对中发现的现金短缺,属于无法查明原因的,报经批准核销时,借记本科目,贷记"待处理财产损溢"科目。

2. 单位资产清查过程中盘亏或者毁损、报废的存货、固定资产、无形资产、公共基础设施、政府储备物资、文物文化资产、保障性住房等,报经批准处理时,按照处理资产价值,借记本科目,贷记"待处理财产损溢——待处理财产价值"科目。处理收支结清时,处理过程中所取得收入小于所发生相关费用的,按照相关费用减去处理收入后的净支出,借记本科目,贷记"待处理财产损溢——处理净收入"科目。

(三) 期末,将本科目本期发生额转入本期盈余,借记"本期盈余"科目,贷记本科目

期末结转后,本科目应无余额。

【例 12-6】2×19 年 10 月 10 日,东方矿业大学盘亏实验用材料 4 000 元,其中属于责任过失人造成损失为 1 000 元,属于非正常损失的为 3 000 元,报经

批准后列支。该高等学校财务会计账务处理如下:
(1) 将盘亏存货转入待处置资产损溢时，财务会计进行账务处理：

借：待处理财产损溢——待处理财产价值　　　　4 000
　　贷：存货　　　　　　　　　　　　　　　　　　4 000

预算会计不进行账务处理。

(2) 报经批准，处理盘亏资产时：

借：资产处置费用　　　　　　　　　　　　　　1 000
　　其他应收款　　　　　　　　　　　　　　　　3 000
　　贷：待处理财产损溢——待处理财产价值　　　　4 000

预算会计不进行账务处理。

【例12-7】 2×19年10月10日，东方矿业大学将一批教学科研用试剂转给附属医院，用于临床教学使用，其账面价值为50 000元，与资产调出的相关手续已办妥。该高等学校财务会计账务处理如下：

(1) 调出存货转入待处置资产时，财务会计进行账务处理：

借：待处理财产损溢——待处理财产价值　　　　50 000
　　贷：存货　　　　　　　　　　　　　　　　　　50 000

预算会计不进行账务处理。

(2) 实际调出资产时，财务会计进行账务处理：

借：资产处置费用　　　　　　　　　　　　　　50 000
　　贷：待处置资产损益——处置资产价值　　　　50 000

预算会计不进行账务处理。

第六节　上缴上级费用

上缴上级费用是指高等学校按照财政部门和主管部门的规定上缴上级单位款项发生的费用。本科目应当按照收缴款项单位、缴款项目等进行明细核算。上缴上级费用的主要账务处理如下：

1. 高等学校发生上缴上级支出的，按照实际上缴的金额或者按照规定计算出应当上缴上级单位的金额，借记本科目，贷记"银行存款""其他应付款"等科目。

2. 期末，将本科目本期发生额转入本期盈余，借记"本期盈余"科目，贷记本科目。

期末结转后，本科目应无余额。

【例12-8】 2×19年6月30日，东方矿业大学按照要求，需向上级主管部门上缴上级单位款项50 000元，款项已经通过银行存款支付。该高等学校财务会计账务处理如下：

第十二章 费 用

借：上缴上级费用 50 000
　　贷：银行存款 50 000
同时，预算会计进行账务处理：
借：上缴上级支出 50 000
　　贷：资金结存——货币资金 50 000

【**例 12 – 9**】东方矿业大学年终结账时，将"上缴上级费用"科目借方余额 50 000 元予以转销。该高等学校财务会计账务处理如下：
借：本期盈余 50 000
　　贷：上缴上级费用 50 000
同时，预算会计进行账务处理：
借：其他结余 50 000
　　贷：上缴上级支出 50 000

第七节　对附属单位补助费用

一、对附属单位补助费用概念

对附属单位补助费用指是指高等学校用财政补助收入之外的收入对附属单位补助发生的费用。

二、对附属单位补助支费用的会计处理

设置"对附属单位补助费用"账户专门核算高等学校用财政补助收入之外的收入对附属单位补助发生的费用。本科目应当按照接受补助单位、补助项目等进行明细核算。对附属单位补助费用的会计账务处理如下：

1. 发生对附属单位补助支出的，按照实际补助的金额或者按照规定计算出应当对附属单位补助的金额，借记本科目，贷记"银行存款""其他应付款"等科目。

2. 期末，将本科目本期发生额转入本期盈余，借记"本期盈余"科目，贷记本科目。

期末结转后，本科目应无余额。

【**例 12 – 10**】2×19 年，东方矿业大学发生对附属医院甲单位补助及其专项业务会计账务处理如下：

（1）3 月 20 日，对附属医院拨款 200 000 元，财务会计账务处理：
借：对附属单位补助费用——甲单位 200 000

贷：银行存款　　　　　　　　　　　　　　　200 000
　　同时，预算会计进行账务处理：
　　借：对附属单位补助支出　　　　　　　　　　200 000
　　　　贷：资金结存——货币资金　　　　　　　200 000
　（2）12月25日，收到甲单位根据规定交回的10 000元剩余资金；财务会计账务处理：
　　借：银行存款　　　　　　　　　　　　　　　 10 000
　　　　贷：对附属单位补助费用——甲单位　　　 10 000
　　同时，预算会计进行账务处理：
　　借：资金结存——货币资金　　　　　　　　　 10 000
　　　　贷：对附属单位补助支出　　　　　　　　 10 000
　（3）12月31日，将"附属单位补助费用"科目的借方余额190 000元转销：财务会计账务处理：
　　借：本期盈余　　　　　　　　　　　　　　　190 000
　　　　贷：对附属单位补助费用　　　　　　　　190 000
　　同时，预算会计进行账务处理：
　　借：其他结余　　　　　　　　　　　　　　　190 000
　　　　贷：对附属单位补助支出　　　　　　　　190 000

第八节　所得税费用

一、所得税费用概念

所得税费用是指高等学校按规定缴纳企业所得税所形成的费用。

二、所得税费用的会计处理

所得税费用的主要账务处理如下：

1. 发生企业所得税纳税义务的，按照税法规定计算的应交税金数额，借记本科目，贷记"其他应交税费——单位应交所得税"科目。

　　实际缴纳时，按照缴纳金额，借记"其他应交税费——单位应交所得税"科目，贷记"银行存款"科目。

2. 年末，将本科目本年发生额转入本期盈余，借记"本期盈余"科目，贷记本科目。

第十二章 费　　用

年末结转后，本科目应无余额。

第九节　其他费用

一、其他费用概念

其他支出是指高等学校发生的除业务活动费用、单位管理费用、经营费用、资产处置费用、上缴上级费用、附属单位补助费用、所得税费用以外的各项费用，包括利息费用、坏账损失、罚没支出、现金资产捐赠支出以及相关税费、运输费等。

二、其他费用的会计处理

设置"其他费用"账户专门核算高等学校除业务活动费用、单位管理费用、经营费用、资产处置费用、上缴上级费用、附属单位补助费用、所得税费用以外的各项费用，包括利息费用、坏账损失、罚没支出、现金资产捐赠支出以及相关税费、运输费等。本科目应当按照其他费用的类别等进行明细核算。单位发生的利息费用较多的，可以单独设置"5701 利息费用"科目。其他费用的主要账务处理如下：

（一）利息费用

按期计算确认借款利息费用时，按照计算确定的金额，借记"在建工程"科目或本科目，贷记"应付利息""长期借款——应计利息"科目。

（二）坏账损失

年末，高等学校按照规定对收回后不需上缴财政的应收账款和其他应收款计提坏账准备时，按照计提金额，借记本科目，贷记"坏账准备"科目；冲减多提的坏账准备时，按照冲减金额，借记"坏账准备"科目，贷记本科目。

（三）罚没支出

高等学校发生罚没支出的，按照实际缴纳或应当缴纳的金额，借记本科目，贷记"银行存款""库存现金""其他应付款"等科目。

（四）现金资产捐赠

高等学校对外捐赠现金资产的，按照实际捐赠的金额，借记本科目，贷记

"银行存款""库存现金"等科目。

（五）其他相关费用

高等学校接受捐赠（或无偿调入）以名义金额计量的存货、固定资产、无形资产，以及成本无法可靠取得的公共基础设施、文物文化资产等发生的相关税费、运输费等，按照实际支付的金额，借记本科目，贷记"财政拨款收入""零余额账户用款额度""银行存款""库存现金"等科目。

高等学校发生的与受托代理资产相关的税费、运输费、保管费等，按照实际支付或应付的金额，借记本科目，贷记"零余额账户用款额度""银行存款""库存现金""其他应付款"等科目。

（六）期末，将本科目本期发生额转入本期盈余，借记"本期盈余"科目，贷记本科目

期末结转后，本科目应无余额。

【例12-11】2×19年9月10日，东方矿业大学归还从建设银行借入的3个月期短期借款500 000元，年利率5%。该高等学校财务会计账务处理如下：

借：短期借款　　　　　　　　　　　　　　　　500 000
　　其他费用——利息费用　　　　　　　　　　　6 250
　　贷：银行存款　　　　　　　　　　　　　　　506 250

同时，预算会计进行账务处理：

借：债务还本支出　　　　　　　　　　　　　　　500 000
　　其他支出　　　　　　　　　　　　　　　　　6 250
　　贷：资金结存——货币资金　　　　　　　　　506 250

【例12-12】2×19年9月11日，东方矿业大学通过红十字会向灾区捐款50 000元，以支票付讫。该高等学校财务会计账务处理如下：

借：其他费用——捐赠费用　　　　　　　　　　　50 000
　　贷：银行存款　　　　　　　　　　　　　　　50 000

同时，预算会计进行账务处理：

借：其他支出　　　　　　　　　　　　　　　　　50 000
　　贷：资金结存——货币资金　　　　　　　　　50 000

【例12-13】2×19年1月10日，东方矿业大学给某企业员工进行业务培训，培训费200 000元款项A公司暂欠。近1年来，该校屡次催款未果。2×19年12月10日，A公司被依法注销营业执照，该款项无法收回。该高等学校会计账务处理如下：

（1）确认收入时，财务会计进行账务处理：

第十二章 费　用

借：应收账款——A公司　　　　　　　　　　　　　200 000
　　贷：事业收入——教育事业收入　　　　　　　　　　　200 000
预算会计不进行账务处理。
（2）将应收账款转入待处置资产时，财务会计进行账务处理：
借：待处理财产损溢——待处理财产价值　　　　　200 000
　　贷：应收账款——某公司　　　　　　　　　　　　　　200 000
预算会计不进行账务处理。
（3）报经批准予以核销应收账款时，财务会计进行账务处理：
借：其他费用——坏账损失　　　　　　　　　　　200 000
　　贷：待处理财产损溢——待处理财产价值　　　　　　　200 000
预算会计不进行账务处理。

第十三章 科研经费管理

第一节 高等学校科研概述

科研即科学研究,是高等学校的重要职能之一,一般是指利用科研手段和装备,为了认识客观事物的内在本质和运动规律而进行的调查研究、实验、试制等一系列的活动,为创造发明新产品和新技术提供理论依据。科学研究的基本任务就是探索、认识未知。

根据高等学校研究工作的目的、任务和方法不同,科学研究通常划分为以下几种类型:

1. 基础研究。是对新理论、新原理的探讨,目的在于发现新的科学领域,为新的技术发明和创造提供理论前提。

2. 应用研究。是把基础研究发现的新的理论应用于特定目标的研究,它是基础研究的继续,目的在于为基础研究的成果开辟具体的应用途径,使之转化为实用技术。

3. 开发研究,又称发展研究。是把基础研究、应用研究应用于生产实践的研究,是科学转化为生产力的中心环节。

科技项目包括纵向科技项目和横向科技项目。

1. 纵向科技项目。是指上级科技主管部门或机构批准立项的各类计划(规划)、基金项目,包括:

(1)国家级项目。一般指科学技术部、发展和改革委员会、财政部、国家自然科学基金委员会、国家社会科学基金委员会下达的项目。目前我国中央财政科技计划主要包括五类:

①国家自然科学基金。资助基础研究和科学前沿探索,支持人才和团队建设,增强源头创新能力。

②国家科技重大专项。聚焦国家重大战略产品和重大产业化目标,发挥举国体制的优势,在设定时限内进行集成式协同攻关。

③国家重点研发计划。针对事关国计民生的农业、能源资源、生态环境、健康等领域中需要长期演进的重大社会公益性研究,以及事关产业核心竞争力、整

第十三章 科研经费管理

体自主创新能力和国家安全的战略性、基础性、前瞻性重大科学问题、重大共性关键技术和产品、重大国际科技合作，按照重点专项组织实施，加强跨部门、跨行业、跨区域研发布局和协同创新，为国民经济和社会发展主要领域提供持续性的支撑和引领。

④技术创新引导专项（基金）。通过风险补偿、后补助、创投引导等方式发挥财政资金的杠杆作用，运用市场机制引导和支持技术创新活动，促进科技成果转移转化和资本化、产业化。

⑤基地和人才专项。优化布局，支持科技创新基地建设和能力提升，促进科技资源开放共享，支持创新人才和优秀团队的科研工作，提高我国科技创新的保障能力。

（2）省部级项目。一般指省科技厅、省发展和改革委员会、财政厅、自然科学基金委员会下达的项目，以及除了国家科学技术部、国家发展和改革委员会、财政部以外的国家其他部委下达的部级项目。

（3）市级和省厅局级项目。一般指市级项目以及省厅级、局级项目。由于纵向项目是由政府部门（或者受政府部门委托）下达的，带有一定的指导性，纵向项目往往成为衡量一个单位（例如高等院校、科研机构）科研水平的重要指标。

2. 横向科技项目。是指企事业单位等委托的各类科技开发、科技服务、科学研究等方面的项目。

第二节 科研事业收入

科研事业收入是高等学校开展科研活动及其辅助活动实现的收入。按照经费来源分为纵向科研经费和横向科研经费。

纵向科研经费实行预算管理，执行国家相关经费管理办法，严格按照项目主管部门批复的预算范围和开支比例规范使用科研经费。横向科研经费实行合同管理，必须按照项目合同书中约定的经费使用用途、范围和开支标准，执行国家和学校相关办法，合理、规范使用科研经费。

高等学校从同级财政部门取得科研收入，财务会计借记"零余额账户用款额度"科目，贷记"财政拨款收入"科目；预算会计借记"资金结存——零余额账户用款额度"科目，贷记"财政拨款预算收入"科目。

高等学校从非同级财政部门或其他方式取得科研收入，财务会计借记"银行存款""应收账款"科目，贷记"事业收入——科研事业收入"科目；预算会计借记"资金结存——货币资金"科目，贷记"事业预算收入——科研事业预算收入"科目。

高等学校可以根据情况选择采用预收款方式或者采用应收款方式按照合同完工进度确认科研事业收入。高等学校以合同完成进度确认科研事业收入时，应当

高等学校会计实务

根据业务实质,选择累计实际发生的合同成本占合同预计总成本的比例、已经完成的合同工作量占合同预计总工作量的比例、已经完成的时间占合同期限的比例、实际测定的完工进度等方法,合理确定合同完成进度。

【例13-1】 2×19年,东方矿业大学与甲企业签订横向科研B课题合同,执行期限为2×19年3月1日至2×21年3月1日,合同金额共计100 000元,2×19年3月1日100 000元已全部到账。

(1) 2×19年3月1日收到款项

财务会计账务处理如下:

借:银行存款	100 000	
贷:预收账款		100 000

预算会计账务处理如下:

借:资金结存——银行存款	100 000	
贷:科研预算事业收入——B项目		100 000

(2) 按照合同确认收入(1 000 000 - 2 912.62)/2 = 48 543.69(元)

财务会计账务处理如下:

借:预收账款	48 543.69	
贷:科研事业收入		48 543.69

预算会计不进行账务处理。

(3) 按税法规定计提增值税

财务会计账务处理如下:

借:预收账款	2 912.62	
贷:应交增值税——简易计税增值税归集项目		2 912.62

预算会计账务处理如下:

借:事业支出——B项目增值税	2 912.62	
借:事业支出——增值税归集项目	-2 912.62	

(4) 根据税法计提增值税附加税费

财务会计账务处理如下:

借:业务活动费用——B项目	349.51	
贷:其他应交税费——应交城市维护建设税		203.88
——应交教育费附加		87.38
——应交地方教育费附加		58.25

预算会计账务处理如下:

借:事业支出——B项目增值税附加	349.51	
借:事业支出——增值税附加归集项目	-349.51	

(5) 根据税法规定缴纳增值税及附加

财务会计账务处理如下:

借：应交增值税——简易计税增值税归集项目 2 912.62
　　其他应交税费——应交城市维护建设税 203.88
　　　　　　　　——应交教育费附加 87.38
　　　　　　　　——应交地方教育费附加 58.25
　贷：银行存款 3 262.13
预算会计账务处理如下：
借：事业支出——增值税归集项目 2 912.62
　　　　　　——增值税附加归集项目 349.51
　贷：资金结存——货币资金 3 262.13
（6）2×20年3月1日确认收入（1 000 000 - 2 912.62）/2 = 48 543.69（元）
财务会计账务处理如下：
借：预收账款 48 543.69
　贷：科研事业收入 48 543.69
预算会计不进行账务处理。

第三节　科研项目管理费或间接费

科研项目管理费或间接费，是指项目承担单位在组织实施项目过程中发生的无法在直接费用中列支的相关费用。主要包括项目承担单位为项目研究提供的现有仪器设备及房屋、水、电、气、暖消耗，有关管理费用的补助支出，以及用于科研人员激励的绩效支出。

高等学校按规定从科研项目收入中提取项目管理费或间接费时，财务会计借记"单位管理费用/业务活动费用"科目，贷记"预提费用——项目管理费及间接费"。同时，高等学校预算会计要进行账务处理，借记"非财政拨款结转——项目间接费用或管理费"，贷记"非财政拨款结余——项目间接费用或管理费"。

高等学校使用预提的间接费用时，财务会计借记"预提费用"科目，贷记"银行存款"科目。同时预算会计借记"事业支出"科目，贷记"资金结存——货币资金"科目。

高等学校使用预提费用归还学校统一垫付的日常水电费用等，财务会计借记"单位管理费用/业务活动费用"科目，贷记"预提费用——项目间接费用或管理费"科目，预算会计不进行账务处理。

高等学校使用预提费用购置固定资产时，财务会计借记"固定资产"科目，贷记"银行存款"科目。借记"预提费用"科目，贷记"累计盈余"科目。同时预算会计借记"事业支出"科目，贷记"资金结存——货币资金"科目。

【例13-2】2×19年，东方矿业大学收到甲企业A项目横向科研项目收入

高等学校会计实务

100 000元，该项目合同规定于2×19年3月~9月执行完毕。假设学校科研管理费按照到账金额的5%收取，高等学校增值税税率采用3%简易征收。

序号	明细	金额（元）
1	项目到账金额（预算总额）	100 000
2	其他费用合计	8 262.14
3	其中：增值税	2 912.62
4	管理费	5 000.00
5	城市维护建设税	203.88
6	教育费附加	87.38
7	地方教育费附加	58.25

1. 确认收入时：

财务会计账务处理如下：

借：其他应付款——汇款暂存/银行存款　　　　　100 000
　　贷：科研事业收入——A项目　　　　　　　　　97 087.38
　　　　应交增值税——应交税金——销项税额　　2 912.62

预算会计账务处理如下：

借：资金结存——银行存款　　　　　　　　　　　100 000
　　贷：事业预算收入——科研事业预算收入——A项目　100 000
　　　　　　　　　　　　　　　　　　　　——A项目　-2 912.62
　　　　　　　　　　　　　　　——增值税归集项目
　　　　　　　　　　　　　　　　　　　　　　　　2 912.62

2. 计提科研项目管理费：

财务会计账务处理如下：

借：业务活动费用——A项目　　　　　　　　　　5 000
　　贷：预提费用——项目管理费　　　　　　　　5 000

预算会计账务处理如下：

借：非财政拨款结转——项目管理费——A项目　　5 000
　　贷：非财政拨款结余——项目管理费　　　　　5 000

3. 计提增值税附加税费：

财务会计账务处理如下：

借：业务活动费用——A项目　　　　　　　　　　349.51
　　贷：其他应交税费——应交城市维护建设税　　203.88
　　　　　　　　　　——应交教育费附加　　　　87.38

第十三章　科研经费管理

　　　　　　——应交地方教育费附加　　　　　　　　　58.25
预算会计账务处理如下：
　借：事业支出——A 项目增值税附加　　　　　　　349.51
　借：事业支出——增值税附加归集项目　　　　　　-349.51

4. 实际缴纳增值税及其他应交税费：

财务会计账务处理如下：
　借：应交增值税——应交税金——销项税额　　　2 912.62
　　　其他应交税费——应交城市维护建设税　　　　 203.88
　　　　　　　　　——应交教育费附加　　　　　　　87.38
　　　　　　　　　——应交地方教育费附加　　　　　58.25
　　贷：银行存款　　　　　　　　　　　　　　　3 262.13
预算会计账务处理如下：
　借：事业支出——增值税归集项目　　　　　　　2 912.62
　　　　　　　——增值税附加归集项目　　　　　　349.51
　　贷：资金结存——银行存款　　　　　　　　　3 262.13

5. 该项目存在间接费用预算 10 000 元：

计提项目间接费用时：
财务会计账务处理如下：
　借：业务活动费用——A 项目　　　　　　　　　　10 000
　　贷：预提费用——项目间接费用　　　　　　　　10 000
预算会计账务处理如下：
　借：非财政拨款结转——项目间接费用　　　　　　10 000
　　贷：非财政拨款结余——项目间接费用　　　　　10 000
实际使用间接费用 5 000 元时：
　借：预提费用——项目间接费用　　　　　　　　　 5 000
　　贷：银行存款　　　　　　　　　　　　　　　　 5 000
预算会计账务处理如下：
　借：事业支出——科研支出　　　　　　　　　　　 5 000
　　贷：资金结存——货币资金　　　　　　　　　　 5 000

第四节　转拨科研合作项目款

　　科研任务承担单位分为项目牵头承担单位、课题承担单位和课题参与单位。一个项目由若干课题组成，一个课题由若干子课题组成。项目牵头承担单位应当根据课题研究进度和资金使用情况，及时向课题承担单位拨付资金。课题承担单位应当按照研究进度，及时向课题参与单位拨付资金。课题参与单位不得再向外转拨资金。

项目牵头承担单位收到其他课题承担单位的科研资金时，财务会计借记"银行存款"科目，贷记"其他应付款"科目。预算会计不进行账务处理。

项目牵头承担单位根据课题研究进度和资金使用情况，向课题承担单位拨付资金时，财务会计借记"其他应付款"科目，贷记"银行存款"科目。预算会计不进行账务处理。

课题承担单位收到科研资金时，财务会计借记"银行存款"科目，贷记"预收账款——科研收入"科目。预算会计借记"资金结存——货币资金"科目，贷记"事业预算收入——科研事业预算收入"科目。

课题承担单位按照研究进度，向课题参与单位拨付资金时，财务会计借记"业务活动费用——科研费用"科目，贷记"银行存款"科目。预算会计借记"事业支出——科研支出"科目，贷记"资金结存——货币资金"科目。

【例13-3】 2×19年，东方矿业大学参与国家重大科技项目，作为课题承担单位收到款项800 000元。按照研究进度，向课题参与单位拨付240 000元。

（1）收到项目牵头单位款项时，财务会计账务处理如下：

借：银行存款　　　　　　　　　　　　　　　800 000
　　贷：预收账款——科研收入　　　　　　　　　　800 000

预算会计账务处理如下：

借：资金结存——货币资金　　　　　　　　　800 000
　　贷：事业预算收入——科研事业预算收入　　　　800 000

（2）按照研究进度，向课题参与单位拨付时，财务会计账务处理如下：

借：业务活动费用——科研费用　　　　　　　240 000
　　贷：银行存款　　　　　　　　　　　　　　　240 000

预算会计账务处理如下：

借：事业支出——科研支出　　　　　　　　　240 000
　　贷：资金结存——货币资金　　　　　　　　　240 000

第五节　科研经费支出

一、科研经费支出范围

高等学校要依法依规使用科研经费，遵守财经纪律和财务制度。科研经费使用范围主要是与科研活动相关的设备材料费、测试化验加工费、燃料动力费、差

第十三章 科研经费管理

旅费、会议费、国际合作与交流费、出版/文献/信息传播/知识产权事务费、劳务费、专家咨询费、管理费、绩效奖励及其他支出，且支出额度按项目预算执行，各项支出执行相应的审批程序，票据真实、合法、有效和规范。

1. 设备费是指在项目实施过程中购置或试制专用仪器设备，对现有仪器设备进行升级改造，以及租赁外单位仪器设备而发生的费用。

2. 材料费是指在项目实施过程中消耗的各种原材料、辅助材料、低值易耗品等的采购及运输、装卸、整理等费用。

3. 测试化验加工费是指在项目实施过程中支付给外单位（包括学校内部独立经济核算单位）的检验、测试、化验及加工等费用。

4. 燃料动力费是指在项目实施过程中直接使用的相关仪器设备、科学装置等运行发生的水、电、气、燃料消耗费用等。

5. 差旅/会议/国际合作与交流费是指在项目（课题）实施过程中发生的会议费、差旅费和国际合作与交流费。

6. 出版/文献/信息传播/知识产权事务费是指在项目实施过程中，需要支付的资料翻译、复印费、装订费、印刷费、出版费、资料费、专用软件购买费、文献检索费、查新费、专业通信费、专利申请及其他知识产权事务等费用。

7. 劳务费是指在项目实施过程中支付给参与项目的研究生、博士后、访问学者以及项目聘用的研究人员、科研辅助人员等的劳务性费用，以及项目聘用人员的社会保险补助费用；横向项目可列支劳务费的人员还包括参与项目研究的研究人员。

8. 专家咨询费是指在项目实施过程中支付给临时聘请的咨询专家的费用。

9. 管理费主要包括学校为项目研究提供的房屋占用，日常水、电、气、暖消耗等有关管理费用的补助支出。

10. 绩效奖励是指为激励科研人员按时完成研究内容、产出预期科技成果而发放的奖励支出。

11. 其他支出是指符合国家规定的其他支出。主要是指横向项目除上述支出外，还包括办公费、业务招待费、科研活动用车费（不含车辆保险费）、成果配套费、项目税款等。

二、科研经费使用负面清单

因近年高等学校科研经费腐败案的频发，国家各级主管部门和高等学校出台了一系列政策，规范科研经费的管理，建立了科研经费使用负面清单制度，杜绝出现违规报账。科研经费使用负面清单是指与科研活动无关，故意扩大支出范围、提高支出金额，以及不符合相关财经或采购规定等行为的支出。具体包括：

1. 不按预算执行或无预算安排支出。
2. 借科研协作之名，编造虚假外协合同，以测试费、合作费等名义违规将科研经费转拨、转移到利益相关的单位或个人，或层层转拨，变相转拨经费。
3. 虚构测试化验内容，提高测试化验支出标准等方式违规开支测试化验加工费。
4. 通过编造虚假合同、虚构人员名单等方式，虚报冒领科研绩效、劳务费和专家咨询费，或一次发放数月劳务费，纵向课题给有工资性收入的课题参加人员发放劳务费。
5. 报销没有真实经济业务发生、从其他渠道取得的发票或虚假发票。如无明细清单的大额书费、打印费、办公用品费，大量连号出租车车票，发票内容和开票单位经营范围不符的发票。
6. 虚构会议、培训，列支、转移科研经费。
7. 用科研经费购买购物卡、礼品和各类有价消费券。
8. 用科研经费开支娱乐场所消费费用、旅游费用，用于支付各种罚款、赔偿款、违约金、滞纳金、捐款、赞助、投资等支出。
9. 列支与科研无关差旅费，如用科研经费开支因私出国或旅游费用等。
10. 支出与项目无关的设备、材料、办公用品、个人用品、家庭消费等，如与科研无关的交通用车、服装、生活用品、健身、医疗、培训等费用。
11. 违规采购科研仪器设备材料等，与供应商搞不正当交易，接受供应商的宴请，收取供应商回扣、佣金和其他任何形式的好处等。
12. 将同一笔业务进行拆分审批或财务报销，以规避审查监督。
13. 常规支出科研经费使用不合理问题，如测试化验加工费用远高于市场价，特别是通过中介公司高价代写代发论文、代办专利申请。
14. 专家咨询费不得支付给参与项目研究及其管理的相关人员。
15. 纵向、校内项目任务合同书未列明外协方的不得外协。
16. 按国家规定不得列支的其他费用。

三、科研支出账务处理

高等学校发生科学研究支出，财务会计借记"业务活动费用——科研费用""固定资产""在建工程"等科目，贷记"零余额账户用款额度""银行存款"等科目。预算会计借记"事业支出——科研支出"等科目，贷记"资金结存——零余额账户用款额度""资金结存——货币资金"等科目，财政直接支付方式支付，贷记"财政拨款预算收入"科目。

高等学校因科研活动预付专用材料费时，财务会计借记"预付账款"科目，贷记"银行存款"科目。同时，预算会计借记"事业支出"科目，贷记"资金

第十三章 科研经费管理

结存——货币资金"科目。科研材料款报销冲账时,需区分以下情况处理:

(1) 同项目、当年冲账、无差价。财务会计借记"业务活动费用"科目,贷记"预付账款"科目。预算会计不进行账务处理。

(2) 不同项目、无差价。财务会计借记"业务活动费用"科目,贷记"预付账款"科目。如果涉及冲销以前年度预付账款,需使用"财政拨款结转——年初余额调整"科目。

(3) 同项目、涉及退款。财务会计借记"业务活动费用""银行存款"科目,贷记"预付账款"科目。如果涉及冲销以前年度预付账款,需贷记"财政拨款结转——年初余额调整"科目。

(4) 同项目、涉及补款。财务会计借记"业务活动费用"科目,贷记"预付账款""银行存款"科目。预算会计借记"事业支出"科目,贷记"资金结存——货币资金"科目。

【例13-4】2×19年5月,东方矿业大学教师王涛从纵向科研项目A购入不需安装的设备,金额为57 000元,财政授权支付结算。另发生运杂费3 000元,以银行存款支付。该固定资产使用年限为10年,采用年限平均法,每月计提折旧500元。假设不考虑税收因素,该高等学校会计账务处理如下:

(1) 采购固定资产时,财务会计账务处理:

借:固定资产 60 000
　　贷:零余额账户用款额度 57 000
　　　　银行存款 3 000

同时预算会计账务处理:

借:事业支出——科研支出 60 000
　　贷:资金结存——零余额账户用款额度 57 000
　　　　　　　　——货币资金 3 000

(2) 按月计提折旧时,财务会计账务处理:

借:业务活动费用——科研费用 500
　　贷:固定资产累计折旧 500

预算会计不进行会计处理。

【例13-5】2×19年5月,东方矿业大学教师赵强从横向科研项目C支付研究生劳务费800元,支付临时聘用人员社保费2 000元。

支付劳务费和社保费时,财务会计账务处理如下:

借:业务活动费用——科研费用 2 800
　　贷:银行存款 2 800

预算会计账务处理:

借:事业支出——科研支出 2 800
　　贷:资金结存——货币资金 2 800

高等学校会计实务

【例 13-6】 2×19 年 9 月,东方矿业大学教师赵强从横向科研项目 C 支付专家咨询费 4 000 元,代扣代缴个人所得税 640 元。

(1) 支付咨询费并代扣代缴个人所得税时,财务会计账务处理:

借:业务活动费用——科研费用　　　　　　　　　　4 000
　　贷:银行存款　　　　　　　　　　　　　　　　　　3 360
　　　　其他应交税费——应交个人所得税　　　　　　　　640

预算会计账务处理:

借:事业支出——科研支出　　　　　　　　　　　　3 360
　　贷:资金结存——货币资金　　　　　　　　　　　　3 360

(2) 实际缴纳代扣个人所得税时,财务会计账务处理:

借:其他应交税费——应交个人所得税　　　　　　　640
　　贷:银行存款　　　　　　　　　　　　　　　　　　640

预算会计账务处理:

借:事业支出——科研支出　　　　　　　　　　　　640
　　贷:资金结存——货币资金　　　　　　　　　　　　640

【例 13-7】 2×19 年 10 月,东方矿业大学教师李俊从横向科研项目 C 支付校内实验室测试费 2 000 元,与学校实验测试中心结算。

财务会计账务处理:

借:业务活动费用——科研费用　　　　　　　　　　2 000
　　贷:其他收入　　　　　　　　　　　　　　　　　　2 000

预算会计账务处理:

借:事业支出——科研支出　　　　　　　　　　　　2 000
　　贷:其他预算收入　　　　　　　　　　　　　　　　2 000

第十四章 学生培养

第一节 高等学校学生培养概述

高等学校承担着人才培养、科学研究、社会服务和文化传承的主要职责。

高等学校学生培养成本有两种解释,一种是广义的培养成本,主要指在培养学生的过程中,国家、社会及家庭支出的总和。既包括社会劳动力投资,也包括教育机构使用的土地、设备等。而狭义的培养成本主要指高等学校的总耗费,学校并非营利性企业,但是,要培养学生也需要一定的成本投入,这与企业生产原理相似。在高等学校培养学生的过程中,会耗费一定的物质劳动和人力劳动,这些资源耗费用货币来计量,除了与培养学生无关的资源耗费外,各项费用的总和即为学生培养成本。

高等学校学生培养成本按照经济内容划分主要包括:人员经费、公用经费、固定资产折旧及对家庭和个人的补助。其中人员经费主要指工资、社会保障费、奖金等,而公用经费主要指劳务费、租赁费、办公费、材料费、水电取暖费等公用耗费总和。固定资产折旧主要指高等学校所利用的房屋建筑、设备的折旧。对家庭、个人的补助支出主要指住房补贴、助学金、抚恤金等内容。

第二节 教育事业收入

高等学校教育事业收入包括通过学历和非学历教育向学生个人或单位收取的学费、住宿费、委托培养费、函大电大夜大及短训班培训费、考试考务费等。高等学校应采用财政专户返还方式管理教育事业收入,在收到学生或单位交纳的款项时确认为应缴财政款,并按规定定期上缴财政专户;学校收到从财政专户返还的款项时确认为教育事业收入。

高等学校收到学费、住宿费等时,财务会计借记"银行存款"科目,贷记"应缴财政款——应缴财政专户款"科目。预算会计不进行账务处理。

高等学校向财政专户上缴教育收费款项时。财务会计借记"应缴财政款——

应缴财政专户款"科目，贷记"银行存款"科目。预算会计不进行账务处理。

高等学校收到财政专户返还的款项时，财务会计借记"银行存款"科目，贷记"事业收入——教育事业收入"科目。预算会计借记"资金结存——货币资金"科目，贷记"事业预算收入——教育事业预算收入"科目。

第三节 招生就业经费

招生就业作为高等学校重要的"进口"和"出口"工作，对高等学校履行人才培养宗旨，促进事业发展具有重要意义。高等学校设立招生就业工作项目经费，主要用于招生调研、招生改革、营销策划、宣传咨询、招生录取、目标管理等环节，为优化专业结构，保证生源数量，改善生源质量，提高办学质量、办学效益和学校可持续发展提供重要的基础保障，奠定学校"进口"关；同时，用于就业宣传、营销策划、就业指导、就业推荐、校企合作、毕业生跟踪、企业回访、创业基地建设、创业项目扶持、就业创业目标管理等环节，为做好就业创业品牌宣传，提供充足的就业需求信息，搭建校企合作互动平台，建立扶持大学生创业基地，为提高毕业生就业质量提供坚实保障，打好学校"出口"关。

高等学校发生招生就业经费支出，财务会计借记"业务活动费用——教育费用"科目，贷记"零余额账户用款额度""银行存款"等科目。预算会计借记"事业支出——教育支出"科目，贷记"资金结存——零余额账户用款额度""资金结存——货币资金"科目。财政直接支付的，贷记"财政拨款预算收入"科目。

【例14-1】2×19年6月，东方矿业大学为做好招生宣传工作，在报刊媒体刊发学校宣传材料，介绍学校特色和招生就业情况，支付广告费50 000元，通过财政授权支付结算。

支付广告宣传费时，财务会计进行账务处理：

借：业务活动费用——教育费用　　　　　　　　　　50 000
　　贷：零余额账户用款额度　　　　　　　　　　　　　　50 000

同时，预算会计进行账务处理：

借：事业支出——教育支出　　　　　　　　　　　　50 000
　　贷：资金结存——零余额账户用款额度　　　　　　　　50 000

【例14-2】2×19年6月，东方矿业大学组织毕业生就业双选会，吸引用人单位到学校招聘毕业生，发生场地费3 000元，资料费4 000元，招待食宿费6 000元。上述费用均通过学校基本户结算支付。

财务会计进行账务处理：

借：业务活动费用——教育费用　　　　　　　　　　13 000
　　贷：银行存款　　　　　　　　　　　　　　　　　　　13 000

第十四章 学生培养

同时,预算会计进行账务处理:

借:事业支出——教育支出　　　　　　　　　　　　　13 000
　　贷:资金结存——零余额账户用款额度　　　　　　　　　13 000

【例14-3】2×19年9月,东方矿业大学2×19级新生录取5 000人,按照35元/生标准上交考试院录取费175 000元,通过财政授权支付结算。

财务会计进行账务处理:

借:业务活动费用——教育费用　　　　　　　　　　　175 000
　　贷:零余额账户用款额度　　　　　　　　　　　　　　175 000

同时,预算会计进行账务处理:

借:事业支出——教育支出　　　　　　　　　　　　　175 000
　　贷:资金结存——零余额账户用款额度　　　　　　　　175 000

第四节　学生资助经费

在扩大高等教育规模和推进高等学校收费改革的过程中,为解决好高等学校中家庭经济困难学生的问题,教育部、财政部等有关部门和高等学校结合实际情况,建立起一种比较完善的资助困难学生的政策体系,其主要内容包括"奖、贷、助、补、减"五个方面。

奖,是指在学校设立各种形式的奖学金,支持家庭经济困难、学习优秀的学生和学习农林、师范、体育、航海、民族等特殊专业的学生。

贷,是指由金融机构针对高等学校学生开展的各种助学贷款。

助,是指在学校的教学、科研、管理及校园环境维护等方面,为经济困难学生设立一些勤工助学岗位,让他们通过从事一定时间的劳动,获取一定的报酬,贴补其在学习期间的一些开支。

补,是指困难补助。每年中央和地方政府,都拨出一定的专款,对经济困难学生进行补助。国家还规定高等学校每年都要从所收取的学费中提取10%左右的资金,用于对困难学生的补助。

减,是指减收或免收学费。国家已经作出规定,对学习农林、师范、体育、航海、民族等特殊专业的学生,减免学费。同时还要求学校对家庭经济困难的学生,区别情况减收或免收学费。

为保证刚考入大学的新生能够顺利入学,教育部明文规定各高等学校都必须建立"绿色通道"制度,即对被录取入学、家庭经济困难的新生,一律先办理入学手续,然后再根据核实后的情况,分别采取上述"奖、贷、助、补、减"等不同的措施,确保每一位新生都不因家庭经济困难而无法入学。与此同时,各级政府部门和高等学校也出台了一系列资助经济困难学生的政策和措施。社会各有关方面，也通过各种渠道筹集资金，开展形式多样的资助经济困难大学生的活动。

高等学校从事业收入中提取助学基金时，财务会计借记"业务活动费用——教育费用"科目，贷记"专用基金——学生助学基金"科目；预算会计不做账务处理。

高等学校收到企业捐赠的学生奖助金，财务会计借记"银行存款"科目，贷记"捐赠收入"科目。预算会计借记"资金结存——货币资金"科目，贷记"捐赠预算收入"科目。

高等学校发放奖助学金，财务会计借记"业务活动费用——教育费用"科目，贷记"零余额账户用款额度""银行存款"等科目。预算会计借记"事业支出——教育支出"科目，贷记"资金结存——零余额账户用款额度""资金结存——货币资金"等科目。

【例14-4】2×19年9月，东方矿业大学收到国家助学金财政拨款800万元。收到企业捐赠助学金10万元，指定用于特定专业困难学生补助。

收到上述款项时，财务会计进行账务处理：

借：零余额账户用款额度	8 000 000
银行存款	100 000
贷：财政拨款收入	8 000 000
捐赠收入	100 000

同时，预算会计进行账务处理：

借：资金结存——零余额账户用款额度	8 000 000
货币资金	100 000
贷：财政拨款预算收入	8 000 000
捐赠预算收入	100 000

【例14-5】2×19年10月，东方矿业大学发放企业指定专业困难学生补助10万元。

财务会计进行账务处理：

借：业务活动费用——教育费用	100 000
贷：银行存款	100 000

同时，预算会计进行账务处理：

借：事业支出——教育支出	100 000
贷：资金结存——货币资金	100 000

【例14-6】为了提高人才培养质量，促进国际化交流合作，东方矿业大学选拔10名优秀学生赴海外高等学校交流学习，通过财政授权支付方式结算15万元出国培训费，在学生助学金中列支。

财务会计进行账务处理：

借：专用基金——学生助学基金	150 000

第十四章 学生培养

  贷：零余额账户用款额度   150 000
同时，预算会计进行账务处理：
  借：事业支出——教育支出   150 000
    贷：资金结存——零余额账户用款额度   150 000

第五节　学生活动经费

  学生活动经费是指高等学校为组织管理学生事务、丰富学生课余生活、拓宽视野、增长知识所开展的文化、体育、艺术、社会实践等有益于学生健康发展的各项活动所发生的费用。包括：学生管理部门和二级学院的学生管理费用，组织各类党团活动、志愿服务、文化交流、艺术演出等校园文化建设费用，以及开展的社会实践、体育比赛、各类竞赛、素质拓展等费用。

  高等学校发生学生活动经费支出，财务会计借记"业务活动费用——教育费用"科目，贷记"零余额账户用款额度""银行存款"等科目。预算会计借记"事业支出——教育支出"科目，贷记"资金结存——零余额账户用款额度""资金结存——货币资金"科目。财政直接支付的，贷记"财政拨款预算收入"科目。

  【例14-7】2×19年12月，东方矿业大学参加省大学生运动会荣获佳绩，按照学校体育竞赛奖励规定，发放学生竞赛奖励7 000元，指导教练费1 000元（含个人所得税40元），从财政拨款账户支付到学生及教练银行卡。
  （1）学校发放奖励时，财务会计进行账务处理：
  借：业务活动费用——教育费用   8 000
    贷：零余额账户用款额度   7 960
      其他应交税费——应交个人所得税   40
同时预算会计进行账务处理：
  借：事业支出——教育支出   7 960
    贷：资金结存——零余额账户用款额度   7 960
  （2）学校代缴教练员个人所得税时：
财务会计进行账务处理：
  借：其他应交税费——应交个人所得税   40
    贷：零余额账户用款额度   40
同时预算会计进行账务处理：
  借：事业支出——教育支出   40
    贷：资金结存——零余额账户用款额度   40

第十五章 财务报表

第一节 财务报表概述

一、财务报表体系

随着我国教育体制和经济体制改革的不断深入，高等学校正在逐步转变成为面向社会，自主办学的法人实体，而不再单纯是政府机关的附属单位。因此高等学校势必要在与政府机关、公司企业、银行、社会团体等社会经济组织，或与个人的经济交往活动中自行承担有关的经济责任，并有义务向有关各方提供必要的会计信息，以便对方制定合理的经济决策。由于有关各方对高等学校的会计信息具有不同的要求，高等学校需要建立由若干张会计报表组成的完整的报表体系，以便满足不同的报表使用者对会计信息的不同需要。

根据《政府会计制度》的有关规定，高等学校的报表体系由资产负债表、收入费用表、净资产变动表和报表附注组成。报表附注是对在会计报表中列示的项目所作的进一步说明，以及对未能在会计报表中列示项目的说明。附注是财务报表的重要组成部分。凡对报表使用者的决策有重要影响的会计信息，不论制度是否有明确规定，单位均应当充分披露。高等学校可根据实际情况自行选择编制现金流量表。

二、财务报表的性质与作用

高等学校财务报表是反映高等学校某一特定日期的财务状况和某一会计期间的收入费用和结余结转等会计信息的书面文件。财务报表是高等学校提供会计信息的一种重要手段，它是财政、教育等各级行政主管部门、利益相关单位与学校各级管理者了解情况、掌握政策、指导预算工作、进行经济决策和制定管理措施的依据，也是编制下年度财务收支计划的基础。

根据各种不同的报表使用者对会计信息的不同用途，高等学校所编制的财务

第十五章 财务报表

报表，一般可以起到如下作用：

1. 为政府教育主管部门和财政部门提供宏观经济管理所需要的信息。高等学校不仅是执行高等教育事业发展计划的具体单位，也是执行国家预算的单位，必须接受政府教育主管部门和财政部门的宏观指导与管理。高等学校按照规定格式和内容编制并报送的财务报表可以使教育主管部门和财政部门了解其国家预算执行情况，督促高等学校按照国家有关财务规章制度的规定和事业发展需要合理有效地使用资金，促进学校加强财务管理。同时，国家宏观管理部门通过汇总分析高等学校财务报表，还可以分析和考核国家对高等教育事业的经费投入程度，有利于加强对教育经费投入的财政监督，帮助国家制定促进高等教育发展的政策。同时，会计报表还是上级主管部门和财政部门制定、修订各项政策和规章制度的依据。

2. 为高等学校管理者提供有关高等学校财务状况、收入费用情况及预算执行结果的会计信息，以便于其分析、考核和评价高等学校财务计划或预算的执行情况，总结管理工作的成绩和存在的问题，提出进一步改进的措施。国家财政对国有高等学校的拨款和高等学校自筹资金均为有限资源，如何用有限的资金办好高等学校，不仅是国家对高等学校的要求，也是高等学校内部管理的要求。为此高等学校必须加强业务和财务管理，提高资金的使用效益；同时必须直接面向市场，开展对外服务，筹集必要的资金以支持学校教育、科研事业的发展。财务报表通过一定的格式和财务指标体系为高等学校内部了解、检查和分析各项事业发展计划和财务收支预算执行情况提供必要的资料，便于学校管理层及时发现问题，采取有效措施，改善和加强业务管理和财务管理，确保事业计划和财务收支预算的圆满完成。同时，财务报表也是高等学校制定未来事业发展计划和财务收支预算的重要依据。

3. 为高等学校的其他资源提供者和社会各界提供有关高等学校办学质量、管理水平及偿债能力等方面的会计信息，以便于其做出相应的决策。在国家对国有高等学校的财政拨款有限的情况下，为了确保各项教育、科研事业任务的圆满完成，高等学校必须多渠道地积极筹集事业发展资金，包括争取各方联办、共建以及海内外友人的捐赠，必要时还可以向银行等金融机构及其他单位借款。无论这些资金提供者所提供的资金是有偿的还是无偿的，他们都需要了解高等学校对他们所提供资金的使用情况和使用效益，据以评价高等学校的办学质量和管理水平，以便做出相应的决策。

4. 为物价部门和税务部门提供会计信息。物价部门和税务部门需要高等学校提供会计资料，以便检查高等学校对相关法规的遵守情况和税金的缴纳情况。

5. 为高等学校内部职工及学生团体提供会计信息。高等学校职工与学生通常与高等学校存在长久、持续的关系。工作岗位的稳定性及高等学校的发展情况是他们关注的核心问题，因此他们需要利用会计信息预测高等学校未来的发展前景，同时关注高等学校资金使用的合理性。

6. 为相关审计机构提供会计信息。为减少审计风险，审计机构可以通过对财务报表的分析评估高等学校的财务状况、收入费用及预算执行情况。

三、财务报表的分类及编制要求

（一）会计报表的分类

高等学校的会计报表可按报表所反映的经济内容、编制时间及所体现的状态等不同的标准进行分类。

按财务报表所反映的经济内容分类，《政府会计制度》所规定的财务报表可分为：反映某一特定时点财务状况的资产负债表；反映一定时期内收入、费用、结余情况的收入费用表；反映一定时期内净资产项目变动情况的净资产变动表。这些报表在内容上相互联系、相互补充，通过反映高等学校各种经济信息，构成财务报表体系。

按财务报表所体现的状态分类，高等学校的财务报表可分为：反映某一特定日期（或时点）财务状况的静态财务报表，如资产负债表；反映某一特定时期内（或两个特定时点之间）财务状况变化情况的收入费用表、净资产变动表、现金流量表。从静态财务报表与动态财务报表所反映的信息关系看，前者反映高等学校财务状况发生变化的结果，而后者反映高等学校的财务状况变化过程及其原因。

按报表指标编报期间不同，可分为年度财务报表和中期财务报表。以短于一个完整的会计年度的期间（如半年度、季度和月度）编制的财务报表称为中期财务报表。年度财务报表是以整个会计年度为基础编制的财务报表。

了解财务报表的不同分类方法，明确编制财务报表的目的与作用，有利于掌握高等学校财务报表体系中不同财务报表的内在联系，充分发挥财务报表应有的作用。

（二）财务报表的编制要求

高等学校财务报表要根据登记完整、核对无误的账簿记录和其他有关资料编制，做到数字真实、内容完整、报送及时、信息可比。财务报表必须经单位负责人、主管会计工作的负责人、会计机构负责人（会计主管人员）签名并盖章。

1. 内容完整。财务报表应按照统一的报表种类、格式和内容编制。对不同会计期间（年、季、月）应当编报的会计报表都必须编报齐全，每张财务报表的表首要清晰地标明高等学校的确切名称、报表的名称以及日期，各报表内的有关指标不得少列少报和漏编漏报。对于应当填报的指标，不论是表内项目还是补充资料，都必须填列齐全，对于财务报表没有包括而又需报表使用者所必须了解的情况，应以财务报表附注予以说明。

2. 数字真实。为保证财务报表的真实性，财务报表必须以审核无误的账簿记录为依据，不能弄虚作假，提供虚假信息。同时还应该进行账账核对和财产清查，做到账账相符、账实相符。财务报表编制结束后，还应该认真复核、检查账簿记录与会计报表数字的正确性。

3. 编制及时。财务报表提供的信息具有较强的时效性，如不及时报送给相关使用者，就会使相关性减弱，甚至会变得毫无价值。因此，为保证财务报表的有用性，高等学校应按规定期限及时编制和报送。

4. 信息可比。编制财务报表时，会计处理方法和报表填报方法应前后期一致，以保证财务会计信息具有可比性。高等学校的会计核算，其会计处理应按规定进行并保持前后期一致，不得随意变更，如存货计价方法、资产折旧方法等。如确有必要变更，应将变更的情况、原因和对高等学校财务收支情况及其结果的影响在财务报表附注中予以披露。在财务报表填报方法上，各会计指标的含义也应保持前后期一致，各财务报表之间、报表各项目之间凡有对应关系的，应保持一致。如有变更，也应在财务报表附注中予以披露。

四、财务报表的保管

高等学校财务报表是对特定会计期间财务会计工作的总结。与会计凭证和会计账簿一样，财务报表是非常重要的会计档案，因此高等学校应建立严密的保管制度，妥善管理，不得丢失、损坏、抽换或任意销毁。按照《会计档案管理办法》规定，中期财务报表保管的最低限为3年，保管期满应按规定销毁。而年度财务报表（决算）则是永久保存，不得销毁。

第二节 资产负债表

一、资产负债表的概念和作用

高等学校资产负债表是总括反映高等学校在某一特定日期（如月末、季末和年末）财务状况的报表。它是根据"资产 = 负债 + 净资产"的会计等式，并按照会计要素的类别和一定的顺序排列其项目，经过对会计记录的加工整理编制而成，该表能反映高等学校某一特定日期（如月末、季末和年末）所掌握的经济资源，应偿付的债务以及净资产情况。从其指标所体现的状态来看，资产负债表是一张静态报表或时点报表。

通过对资产负债表揭示的会计信息进行分析，可以了解高等学校拥有的资产数量及其分布状况和结构；可以了解高等学校负债情况及其短期支付能力及长期偿债能力；可以了解高等学校净资产的规模及分布情况。因此，资产负债表能为高等学校的主管部门、内部管理人员及其他有关方面了解学校财务状况、财务实力和发展潜力提供大量的会计信息。

二、资产负债表格式与结构

（一）资产负债表格式

根据《政府会计制度》的规定，高等学校通用的资产负债表格式如表12-1所示。

表15-1　　　　　　　　　　　　　资产负债表

编制单位：××高等学校　　　　　年　月　日　　　　　　　　会政财01表
　　　　　　　　　　　　　　　　　　　　　　　　　　　　　　单位：元

资产	期末余额	年初余额	负债和净资产	期末余额	年初余额
流动资产：			流动负债：		
货币资金			短期借款		
短期投资			应交增值税		
财政应返还额度			其他应交税费		
应收票据			应缴财政款		
应收账款净额			应付职工薪酬		
预付账款			应付票据		
应收股利			应付账款		
应收利息			应付政府补贴款		
其他应收款净额			应付利息		
存货			预收账款		
待摊费用			其他应付款		
一年内到期的非流动资产			预提费用		

第十五章 财务报表

续表

资产	期末余额	年初余额	负债和净资产	期末余额	年初余额
其他流动资产			一年内到期的非流动负债		
流动资产合计			其他流动负债		
非流动资产：			流动负债合计		
长期股权投资			非流动负债：		
长期债券投资			长期借款		
固定资产原值			长期应付款		
减：固定资产累计折旧			预计负债		
固定资产净值			其他非流动负债		
工程物资			非流动负债合计		
在建工程			受托代理负债		
无形资产原值			负债合计		
减：无形资产累计摊销					
无形资产净值					
研发支出					
公共基础设施原值					
减：公共基础设施累计折旧（摊销）					
公共基础设施净值					
政府储备物资					
文物文化资产					
保障性住房原值					
减：保障性住房累计折旧			净资产：		
保障性住房净值			累计盈余		
长期待摊费用			专用基金		
待处理财产损溢			权益法调整		
其他非流动资产			无偿调拨净资产*		—
非流动资产合计			本期盈余*		—
受托代理资产			净资产合计		
资产总计			负债和净资产总计		

(二) 资产负债表结构

高等学校是根据资产、负债、净资产之间的相互关系，按照一定分类标准和顺序，把高等学校在一定日期的资产、负债、净资产各项目予以适当排列后编制而成的。

资产负债表的基本结构分表首、正表和附注三个部分。

表首部分主要内容是列出编制单位、编报日期、货币单位等。

正表是资产负债表的主体，其基本结构由资产、负债、净资产等三项会计要素组成，并根据"资产＝负债＋净资产"的会计等式排列。其结构为账户式结构，正表左方列示资产项目，反映高等学校资产数量及结构；右方列示负债与净资产项目，反映高等学校会计期末资金来源及结构。在我国账户式资产负债表应用较为广泛，原因主要是账户式资产负债表反映的资产、负债和净资产之间关系比较直观，提供的会计信息清晰明了。

附注部分是对资产负债表中的项目所做的解释及对未列示的项目所作的情况说明。

在资产负债表中，资产应按其流动性大小，即资产变现能力的强弱，分为流动资产、对外投资、固定资产、无形资产和待处理财产损溢等五类，并分项列示；负债类项目按其偿还时间的长短，分流动负债和非流动负债两类，并分项列示。流动负债项目包括短期借款、应缴非税收入、应付职工薪酬、应交增值税、其他应交税费、应付票据、应付账款、预收账款、其他应收款等。非流动负债项目主要包括长期借款、长期应付款、预计负债、其他非流动负债等；净资产项目按其来源划分，分为累积盈余和专用基金。

上述资产类项目金额合计数与负债和净资产类项目金额合计数必须相等。

三、资产负债表的编制方法

(一) 资产负债表各项目的填列

高等学校资产负债表的各项目都设有两栏，即"年初数"和"期末数"。其中，"年初数"应按学校上年末资产负债表期末数填列，与各会计科目的上年结转的本年年初数相一致。"期末数"一般应根据各总账科目的期末余额分别填列在相应的各项目中，对于各合计数和总计数还应通过计算后填列。其填列方法与企业资产负债表基本相同。各项目的内容及填列方法如下：

1. "货币资金"项目。该项目反映高等学校库存现金、银行存款等货币资金的合计数，应根据"库存现金""银行存款"账户期末余额合计数填列。

2. "短期投资"项目。反映高等学校期末持有短期投资的成本。本项目应当

第十五章 财务报表

根据"短期投资"科目的期末余额填列。

3. "财政应返还额度"项目。反映高等学校期末财政应返还额度的金额。本项目应当根据"财政应返还额度"科目的期末余额填列。

4. "应收票据"项目。核算高等学校因开展业务活动而收到的商业汇票,包括银行承兑汇票和商业承兑汇票。该项目应根据"应收票据"账户期末借方余额填列。

5. "应收账款净额"项目。核算高等学校因开展业务活动尚未收回的应收账款减去已计提的坏账准备后的净额。本项目应当根据"应收账款"科目的期末余额,减去"坏账准备"科目中对应收账款计提的坏账准备的期末余额后的金额填列。

6. "预付账款"项目。反映高等学校按照购货、劳务合同或协议规定预付给供应单位的款项。该项目应当根据"预付账款"科目的期末余额填列。

7. "应收股利"项目。反映高等学校期末因股权投资而应收取的现金股利或应当分得的利润。本项目应当根据"应收股利"科目的期末余额填列。

8. "应收利息"项目。反映高等学校期末因债券投资等而应收取的利息。高等学校购入的到期一次还本付息的长期债券投资持有期间应收的利息,不包括在本项目内。本项目应当根据"应收利息"科目的期末余额填列。

9. "其他应收款净额"项目。反映高等学校期末尚未收回的其他应收款减去已计提的坏账准备后的净额。本项目应当根据"其他应收款"科目的期末余额减去"坏账准备"科目中对其他应收款计提的坏账准备的期末余额后的金额填列。

10. "存货"项目。反映高等学校期末存储的存货的实际成本。本项目应当根据"在途物品""库存物品""加工物品"科目的期末余额的合计数填列。

11. "待摊费用"项目。反映高等学校期末已经支出,但应当由本期和以后各期负担的分摊期在1年以内(含1年)的各项费用。本项目应当根据"待摊费用"科目的期末余额填列。

12. "一年内到期的非流动资产"项目。反映高等学校期末非流动资产项目中将在1年内(含1年)到期的金额,如高等学校将在1年内(含1年)到期的长期债券投资金额。本项目应当根据"长期债券投资"等科目的明细科目的期末余额分析填列。

13. "其他流动资产"项目。反映高等学校期末除本表中上述各项之外的其他流动资产的合计金额。本项目应当根据有关科目期末余额的合计数填列。

14. "流动资产合计"项目。反映高等学校期末流动资产的合计数。本项目应当根据本表中"货币资金""短期投资""财政应返还额度""应收票据""应收账款净额""预付账款""应收股利""应收利息""其他应收款净额""存货""待摊费用""一年内到期的非流动资产""其他流动资产"项目金额的合计数填列。

15."长期股权投资"项目。反映高等学校期末持有的长期股权投资的账面余额。本项目应当根据"长期股权投资"科目的期末余额填列。

16."长期债券投资"项目。反映高等学校期末持有的长期债券投资的账面余额。本项目应当根据"长期债券投资"科目的期末余额减去其中将于1年内（含1年）到期的长期债券投资余额后的金额填列。

17."固定资产原值"项目。反映高等学校期末固定资产的原值。本项目应当根据"固定资产"科目的期末余额填列。

"固定资产累计折旧"项目。反映高等学校期末固定资产已计提的累计折旧金额。本项目应当根据"固定资产累计折旧"科目的期末余额填列。

"固定资产净值"项目。反映高等学校期末固定资产的账面价值。本项目应当根据"固定资产"科目期末余额减去"固定资产累计折旧"科目期末余额后的金额填列。

18."工程物资"项目。反映高等学校期末为在建工程准备的各种物资的实际成本。本项目应当根据"工程物资"科目的期末余额填列。

19."在建工程"项目。反映高等学校期末所有的建设项目工程的实际成本。本项目应当根据"在建工程"科目的期末余额填列。

20."无形资产原值"项目。反映高等学校期末无形资产的原值。本项目应当根据"无形资产"科目的期末余额填列。

"无形资产累计摊销"项目。反映高等学校期末无形资产已计提的累计摊销金额。本项目应当根据"无形资产累计摊销"科目的期末余额填列。

"无形资产净值"项目。反映高等学校期末无形资产的账面价值。本项目应当根据"无形资产"科目期末余额减去"无形资产累计摊销"科目期末余额后的金额填列。

21."研发支出"项目。反映高等学校期末正在进行的无形资产开发项目开发阶段发生的累计支出数。本项目应当根据"研发支出"科目的期末余额填列。

22."公共基础设施原值"项目。反映高等学校期末控制的公共基础设施的原值。本项目应当根据"公共基础设施"科目的期末余额填列。

"公共基础设施累计折旧（摊销）"项目。反映高等学校期末控制的公共基础设施已计提的累计折旧和累计摊销金额。本项目应当根据"公共基础设施累计折旧（摊销）"科目的期末余额填列。

"公共基础设施净值"项目。反映高等学校期末控制的公共基础设施的账面价值。本项目应当根据"公共基础设施"科目期末余额减去"公共基础设施累计折旧（摊销）"科目期末余额后的金额填列。

23."政府储备物资"项目。反映高等学校期末控制的政府储备物资的实际成本。本项目应当根据"政府储备物资"科目的期末余额填列。

24."文物文化资产"项目。反映高等学校期末控制的文物文化资产的成本。

第十五章 财务报表

本项目应当根据"文物文化资产"科目的期末余额填列。

25. "保障性住房原值"项目。反映高等学校期末控制的保障性住房的原值。本项目应当根据"保障性住房"科目的期末余额填列。

"保障性住房累计折旧"项目。反映高等学校期末控制的保障性住房已计提的累计折旧金额。本项目应当根据"保障性住房累计折旧"科目的期末余额填列。

"保障性住房净值"项目。反映高等学校期末控制的保障性住房的账面价值。本项目应当根据"保障性住房"科目期末余额减去"保障性住房累计折旧"科目期末余额后的金额填列。

26. "长期待摊费用"项目。反映高等学校期末已经支出,但应由本期和以后各期负担的、分摊期限在1年以上(不含1年)的各项费用。本项目应当根据"长期待摊费用"科目的期末余额填列。

27. "待处理财产损溢"项目。反映高等学校期末尚未处理完毕的各种资产的净损失或净溢余。本项目应当根据"待处理财产损溢"科目的期末借方余额填列;如"待处理财产损溢"科目期末为贷方余额,以"-"号填列。

28. "其他非流动资产"项目。反映高等学校期末除本表中上述各项之外的其他非流动资产的合计数。本项目应当根据有关科目的期末余额合计数填列。

29. "非流动资产合计"项目。反映高等学校期末非流动资产的合计数。本项目应当根据本表中"长期股权投资""长期债券投资""固定资产净值""工程物资""在建工程""无形资产净值""研发支出""公共基础设施净值""文物文化资产""保障性住房净值""长期待摊费用""待处理财产损溢""其他非流动资产"项目金额的合计数填列。

30. "受托代理资产"项目。反映高等学校期末受托代理资产的价值。本项目应当根据"受托代理资产"科目的期末余额与"库存现金""银行存款"科目下"受托代理资产"明细科目的期末余额的合计数填列。

31. "资产总计"项目。反映高等学校期末资产的合计数。本项目应当根据本表中"流动资产合计""非流动资产合计""受托代理资产"项目金额的合计数填列。

32. "短期借款"项目。反映高等学校期末短期借款的余额。本项目应当根据"短期借款"科目的期末余额填列。

33. "应交增值税"项目。反映高等学校期末应缴未缴的增值税税额。本项目应当根据"应交增值税"科目的期末余额填列;如"应交增值税"科目期末为借方余额,以"-"号填列。

34. "其他应交税费"项目。反映高等学校期末应缴未缴的除增值税以外的税费金额。本项目应当根据"其他应交税费"科目的期末余额填列;如"其他应交税费"科目期末为借方余额,以"-"号填列。

35. "应缴财政款"项目。反映高等学校期末应当上缴财政但尚未缴纳的款项。本项目应当根据"应缴财政款"科目的期末余额填列。

36. "应付职工薪酬"项目。反映高等学校期末按有关规定应付给职工及为职工支付的各种薪酬。本项目应当根据"应付职工薪酬"科目的期末余额填列。

37. "应付票据"项目。反映高等学校期末应付票据的金额。本项目应当根据"应付票据"科目的期末余额填列。

38. "应付账款"项目。反映高等学校期末应当支付但尚未支付的偿还期限在1年以内(含1年)的应付账款的金额。本项目应当根据"应付账款"科目的期末余额填列。

39. "应付政府补贴款"项目。反映负责发放政府补贴的高等学校期末按照规定应当支付给政府补贴接受者的各种政府补贴款余额。本项目应当根据"应付政府补贴款"科目的期末余额填列。

40. "应付利息"项目。反映高等学校期末按照合同约定应支付的借款利息。事业单位到期一次还本付息的长期借款利息不包括在本项目内。本项目应当根据"应付利息"科目的期末余额填列。

41. "预收账款"项目。反映高等学校期末预先收取但尚未确认收入和实际结算的款项余额。本项目应当根据"预收账款"科目的期末余额填列。

42. "其他应付款"项目。反映高等学校期末其他各项偿还期限在1年内(含1年)的应付及暂收款项余额。本项目应当根据"其他应付款"科目的期末余额填列。

43. "预提费用"项目。反映高等学校期末已预先提取的已经发生但尚未支付的各项费用。本项目应当根据"预提费用"科目的期末余额填列。

44. "一年内到期的非流动负债"项目。反映高等学校期末将于1年内(含1年)偿还的非流动负债的余额。本项目应当根据"长期应付款""长期借款"等科目的明细科目的期末余额分析填列。

45. "其他流动负债"项目。反映高等学校期末除本表中上述各项之外的其他流动负债的合计数。本项目应当根据有关科目的期末余额的合计数填列。

46. "流动负债合计"项目。反映高等学校期末流动负债合计数。本项目应当根据本表"短期借款""应交增值税""其他应交税费""应缴财政款""应付职工薪酬""应付票据""应付账款""应付政府补贴款""应付利息""预收账款""其他应付款""预提费用""一年内到期的非流动负债""其他流动负债"项目金额的合计数填列。

47. "长期借款"项目。反映高等学校期末长期借款的余额。本项目应当根据"长期借款"科目的期末余额减去其中将于1年内(含1年)到期的长期借款余额后的金额填列。

48. "长期应付款"项目。反映高等学校期末长期应付款的余额。本项目应

第十五章 财务报表

当根据"长期应付款"科目的期末余额减去其中将于1年内(含1年)到期的长期应付款余额后的金额填列。

49. "预计负债"项目。反映高等学校期末已确认但尚未偿付的预计负债的余额。本项目应当根据"预计负债"科目的期末余额填列。

50. "其他非流动负债"项目。反映高等学校期末除本表中上述各项之外的其他非流动负债的合计数。本项目应当根据有关科目的期末余额合计数填列。

51. "非流动负债合计"项目。反映高等学校期末非流动负债合计数。本项目应当根据本表中"长期借款""长期应付款""预计负债""其他非流动负债"项目金额的合计数填列。

52. "受托代理负债"项目。反映高等学校期末受托代理负债的金额。本项目应当根据"受托代理负债"科目的期末余额填列。

53. "负债合计"项目。反映高等学校期末负债的合计数。本项目应当根据本表中"流动负债合计""非流动负债合计""受托代理负债"项目金额的合计数填列。

54. "累计盈余"项目。反映高等学校期末未分配盈余(或未弥补亏损)以及无偿调拨净资产变动的累计数。本项目应当根据"累计盈余"科目的期末余额填列。

55. "专用基金"项目。反映高等学校期末累计提取或设置但尚未使用的专用基金余额。本项目应当根据"专用基金"科目的期末余额填列。

56. "权益法调整"项目。反映高等学校期末在被投资单位除净损益和利润分配以外的所有者权益变动中累积享有的份额。本项目应当根据"权益法调整"科目的期末余额填列。如"权益法调整"科目期末为借方余额,以"-"号填列。

57. "无偿调拨净资产"项目。反映高等学校本年度截至报告期期末无偿调入的非现金资产价值扣减无偿调出的非现金资产价值后的净值。本项目仅在月度报表中列示,年度报表中不列示。月度报表中本项目应当根据"无偿调拨净资产"科目的期末余额填列;"无偿调拨净资产"科目期末为借方余额时,以"-"号填列。

58. "本期盈余"项目。反映高等学校本年度截至报告期期末实现的累计盈余或亏损。本项目仅在月度报表中列示,年度报表中不列示。月度报表中本项目应当根据"本期盈余"科目的期末余额填列;"本期盈余"科目期末为借方余额时,以"-"号填列。

59. "净资产合计"项目。反映高等学校期末净资产合计数。本项目应当根据本表中"累计盈余""专用基金""权益法调整""无偿调拨净资产"[月度报表]、"本期盈余"[月度报表]项目金额的合计数填列。

60. "负债和净资产总计"项目。应当按照本表中"负债合计""净资产合计"项目金额的合计数填列。

(二) 资产负债表具体项目的填列方法

通过对上述资产负债表具体项目填列方法的分析,可归纳为以下几种:

1. 直接根据总分类账户余额填列。这种方法适用于报表项目与总账会计科目的含义相同并且内容一致的情况。大多数报表项目都可以根据总账余额直接填列,如"固定资产""累计折旧""应付职工薪酬""应交税费"等项目。

2. 根据若干个总分类账户余额加总填列。这种方法适用于报表项目内容包括多个总账科目内容的情况。如货币资金项目等于"现金"和"银行存款"两个总账科目余额之和。

3. 根据若干个总分类账户余额相减填列。这种方法适用于报表项目等于两个互为抵减账户的总账科目之差的情况。如固定资产净值项目等于"固定资产"总账科目余额减"累计折旧"总账科目余额。

4. 根据报表有关项目计算填列。如表中的合计或总计项目。

通过上述资产负债表编制方法的分析表明,要很好地理解和掌握资产负债表的编制方法,必须正确地理解每个报表项目的含义及其具体核算账户。

【例15-1】东方矿业大学2×19年12月31日结账后各科目余额(部分余额为零科目已省略)如表15-2所示,据此编制的该高等学校资产负债表如表15-3所示。

表15-2   2×19年12月31日科目余额表

科目名称	借方金额	科目名称	借方金额
库存现金	6 000	短期借款	20 000 000
银行存款	31 730 226.28	应缴财政款	0.00
应收票据	0.00	应付职工薪酬	0.00
应收账款	3 489 199.60	应交增值税	0.00
预付账款	800 000.00	应付票据	0.00
其他应收款	361 000.00	应付账款	1 200 000.00
库存物品	2 582 034.94	预收账款	0.00
长期股权投资	0.00	其他应付款	2 150 919.21
长期债权投资	881 742.40	长期借款	137 000 000.00
固定资产	297 026 038.39	长期应付款	0.00
累计折旧	-495 976.00	受托代理负债	11 565 447.55
在建工程	91 890 258.31	累计盈余	244 602 581.24

第十五章 财务报表

续表

科目名称	借方金额	科目名称	借方金额
无形资产	260 000.00	专用基金	12 417 575.92
累计摊销	-13 000.00	本年盈余分配	0
待处理财产损溢	420 000.00	权益法调整	1 000
总计	428 937 523.92	总计	428 937 523.92

注：本年有关资料：(1) 该校固定资产按直线法计提折旧；无形资产按规定摊销。(2) 该校当年所有非税收入已全部上缴财政专户。(3) 在建工程为未完工基建项目。

根据上述资料编制的资产负债表（年报）如表15-3所示。

表15-3　　　　　　　　　　　资产负债表

编制单位：＿＿＿＿＿＿　　　2×19年12月31日　　　　　　　单位：元

资产	期末余额	负债和净资产	期末余额
流动资产：		流动负债：	
货币资金	31 736 226.28	短期借款	20 000 000.00
短期投资	0.00	其他应交税费	
财政应返还额度	0.00	应缴财政款	
应收票据	0.00		
应收账款	3 489 199.60	应付职工薪酬	
预付账款	800 000.00	应付票据	
其他应收款	361 000.00	应付账款	1 200 000.00
存货	2 582 034.94	预收账款	
其他流动资产		其他应付款	2 150 919.21
流动资产合计	38 968 460.82	其他流动负债	
非流动资产：		流动负债合计	23 350 919.21
长期投资	881 742.40	非流动负债：	
固定资产	296 530 062.39	长期借款	137 000 000.00
固定资产原价	297 026 038.49	长期应付款代管款项	
减：累计折旧	495 976.00	受托代理负债	11 565 447.55
在建工程	91 890 258.31	非流动负债合计	148 565 447.55
无形资产	247 000.00	负债合计	171 916 366.76
无形资产原价	260 000.00	净资产：	

续表

资产	期末余额	负债和净资产	期末余额
减：累计摊销	13 000.00	累计盈余	244 602 581.24
待处理财产损溢	420 000.00	专用基金	12 417 575.92
非流动资产合计	389 969 063.1	权益法调整	1 000
		无偿调拨净资产	
		本期盈余	
		净资产合计	257 021 157.16
资产总计	428 937 523.92	负债和净资产总计	428 937 523.92

第三节 收入费用表

一、收入费用表的概念与作用

高等学校收入费用表是反映高等学校在一定时期内（月、季、年）收入、费用及盈余总体情况的财务报表。它是反映高等学校收入、费用及盈余情况的书面文件，是高等学校的主表之一。

收入费用表是一个动态时期的报表，反映的是高等学校某一个会计期间的盈余情况，不是时点概念。它全面列示高等学校办学资金收入费用情况，集中揭示高等学校办学经费的来源和费用去向。具体而言，收入费用表的作用主要体现在以下几个方面：

1. 通过收入费用表，可以了解高等学校在报告期内所实际发生的各项收入、各项费用以及资金的结余情况，有利于评价高等学校的管理情况与盈余能力。通过分析高等学校的收入、费用、盈余等构成情况来评价高等学校在过去的管理成果与盈余能力。比较同一高等学校在不同时期，或同一行业中的不同高等学校在相同时期的有关指标，了解高等学校盈余能力的强弱。

2. 通过收入费用表可以了解和考核高等学校年度收支计划的执行与完成情况，有助于高等学校管理人员作出管理决策。通过分析、比较收入支出表中的各项构成因素，并与以前各期相比较，可以了解高等学校各项收入、费用和盈余的升降趋势及其变化幅度，分析其产生的原因，发现高等学校管理中存在的问题，及时采取相应措施，改善管理。同时，还可以分析高等学校盈余的形成结构，为高等学校的管理决策提供依据。

3. 有助于预测高等学校未来的资金盈余能力和发展趋势。收入费用表比较

第十五章 财务报表

完整地提供了高等学校在一定时期的收入、费用的构成情况,是高等学校进行财务分析的主要资料来源。通过分析前后会计期间高等学校的收入、费用及盈余的增减变动情况,可以预测高等学校未来的盈余能力和发展趋势。

二、收入费用表的格式与结构

高等学校收入费用表是依据"收入－费用＝盈余"这一恒等式为报表的设置基础。收入支出表分项列示了高等学校在一定会计期间所取得的各种收入与费用,并计算出当期的盈余。其目的是为了衡量高等学校在某一特定时期或某一特定业务中所取得的管理成果,以及为取得这些成果所付出的经济资源,为考核管理效益和办学能力提供数据。

收入费用表分为表首、表体和补充资料三部分。表首部分主要内容是列出表名、编制单位名称、编报期间、货币单位和报表编号等。表体部分采用单步式,结构基本上体现了利润的计算过程,其格式如表15－4所示。补充资料部分是对表内数据所做的相关说明。

表15－4　　　　　　　　　高等学校收入费用表

编制单位：＿＿＿＿＿＿　　　　＿＿年＿＿月　　　　　单位：元

项目	本月数	本年累计数
一、本期收入		
（一）财政拨款收入		
其中：政府性基金收入		
（二）事业收入		
其中：教育事业收入		
科研事业收入		
（三）上级补助收入		
（四）附属单位上缴收入		
（五）经营收入		
（六）非同级财政拨款收入		
（七）投资收益		
（八）捐赠收入		
（九）利息收入		
（十）租金收入		
（十一）其他收入		

续表

项目	本月数	本年累计数
其中：后勤保障单位净收入		
二、本期费用		
（一）业务活动费用		
其中：教育费用		
科研费用		
（二）单位管理费用		
其中：行政管理费用		
后勤保障费用		
离退休费用		
单位统一负担的其他管理费用		
（三）经营费用		
（四）资产处置费用		
（五）上缴上级费用		
（六）对附属单位补助费用		
（七）所得税费用		
（八）其他费用		
三、本期盈余		

三、收入费用表的编制方法

（一）"上期金额"栏的填列

本表中期报表中的"上期金额"栏反映各项目自年初起至本期之前一会计期间的累计实际发生数，应根据前期累计数填列。

本表年度报表中的"上期金额"栏反映各项目的上年实际发生数，应根据收入支出表上年年末数填列。

如果本月或本年度收入费用表规定的各项目的名称和数字内容同上月、上年度不相一致，应对上月或上年年末收入费用表各项目的名称和数字按本月、本年度的规定进行调整，填入本表"上期金额"栏内。

（二）"本期金额"栏的填列

由于可以按月、季或半年结转，本表"本期金额"栏应根据有关收入、费用

第十五章 财务报表

总账科目或明细科目的发生额或余额填列。

中期报表中，收入费用表中的"本期金额"栏反映各项目的本期实际发生数，应根据收入类和费用类等账户的本期发生额填列，或根据结账前的余额填列。

年度报表中，收入费用表中的"本期金额"栏反映各项目的本年实际发生数，应根据收入类和费用类等账户的本年发生额填列，或根据结账前的余额填列。具体表内各项目填列方法如下：

1. 本期收入。

（1）"本期收入"项目。反映高等学校本期收入总额。本项目应当根据本表中"财政拨款收入""事业收入""上级补助收入""附属单位上缴收入""经营收入""非同级财政拨款收入""投资收益""捐赠收入""利息收入""租金收入""其他收入"项目金额的合计数填列。

（2）"财政拨款收入"项目。反映高等学校本期从同级政府财政部门取得的各类财政拨款。本项目应当根据"财政拨款收入"科目的本期发生额填列。

（3）"政府性基金收入"项目。反映高等学校本期取得的财政拨款收入中属于政府性基金预算拨款的金额。本项目应当根据"财政拨款收入"相关明细科目的本期发生额填列。

（4）"事业收入"项目。反映高等学校本期开展专业业务活动及其辅助活动实现的收入。本项目应当根据"事业收入"科目的本期发生额填列。

（5）"上级补助收入"项目。反映高等学校本期从主管部门和上级单位收到或应收的非财政拨款收入。本项目应当根据"上级补助收入"科目的本期发生额填列。

（6）"附属单位上缴收入"项目。反映高等学校本期收到或应收的独立核算的附属单位按照有关规定上缴的收入。本项目应当根据"附属单位上缴收入"科目的本期发生额填列。

（7）"经营收入"项目。反映高等学校本期在专业业务活动及其辅助活动之外开展非独立核算经营活动实现的收入。本项目应当根据"经营收入"科目的本期发生额填列。

（8）"非同级财政拨款收入"项目。反映高等学校本期从非同级政府财政部门取得的财政拨款，不包括高等学校因开展科研及其辅助活动从非同级财政部门取得的经费拨款。本项目应当根据"非同级财政拨款收入"科目的本期发生额填列。

（9）"投资收益"项目。反映高等学校本期股权投资和债券投资所实现的收益或发生的损失。本项目应当根据"投资收益"科目的本期发生额填列；如为投资净损失，以"－"号填列。

（10）"捐赠收入"项目。反映高等学校本期接受捐赠取得的收入。本项目应当根据"捐赠收入"科目的本期发生额填列。

（11）"利息收入"项目。反映高等学校本期取得的银行存款利息收入。本项目应当根据"利息收入"科目的本期发生额填列。

（12）"租金收入"项目。反映高等学校本期经批准利用国有资产出租取得并按规定纳入本校预算管理的租金收入。本项目应当根据"租金收入"科目的本期发生额填列。

（13）"其他收入"项目。反映高等学校本期取得的除以上收入项目外的其他收入的总额。本项目应当根据"其他收入"科目的本期发生额填列。

2. 本期费用。

（14）"本期费用"项目。反映高等学校本期费用总额。本项目应当根据本表中"业务活动费用""单位管理费用""经营费用""资产处置费用""上缴上级费用""对附属单位补助费用""所得税费用"和"其他费用"项目金额的合计数填列。

（15）"业务活动费用"项目。反映高等学校本期为实现其职能目标，依法履职或开展专业业务活动及其辅助活动所发生的各项费用。本项目应当根据"业务活动费用"科目本期发生额填列。

（16）"单位管理费用"项目。反映高等学校本期本级行政及后勤管理部门开展管理活动发生的各项费用，以及由单位统一负担的离退休人员经费、工会经费、诉讼费、中介费等。本项目应当根据"单位管理费用"科目的本期发生额填列。

（17）"经营费用"项目。反映高等学校本期在专业业务活动及其辅助活动之外开展非独立核算经营活动发生的各项费用。本项目应当根据"经营费用"科目的本期发生额填列。

（18）"资产处置费用"项目。反映高等学校本期经批准处置资产时转销的资产价值以及在处置过程中发生的相关费用或者处置收入小于处置费用形成的净支出。本项目应当根据"资产处置费用"科目的本期发生额填列。

（19）"上缴上级费用"项目。反映高等学校按照规定上缴上级单位款项发生的费用。本项目应当根据"上缴上级费用"科目的本期发生额填列。

（20）"对附属单位补助费用"项目。反映高等学校用财政拨款收入之外的收入对附属单位补助发生的费用。本项目应当根据"对附属单位补助费用"科目的本期发生额填列。

（21）"所得税费用"项目。反映具有企业所得税缴纳义务的高等学校本期计算应交纳的企业所得税。本项目应当根据"所得税费用"科目的本期发生额填列。

（22）"其他费用"项目。反映高等学校本期发生的除以上费用项目外的其他费用的总额。本项目应当根据"其他费用"科目的本期发生额填列。

第十五章 财务报表

3. 本期盈余。

（23）"本期盈余"项目。反映高等学校本期收入扣除本期费用后的净额。本项目应当根据本表中"本期收入"项目金额减去"本期费用"项目金额后的金额填列；如为负数，以"-"号填列。

【例15-2】 东方矿业大学2×19年12月31日结账前各总账科目的余额、有关明细科目的余额及有关会计资料如表15-5所示。

表15-5　　　　　　2×19年12月31日各科目余额表

科目名称	借方余额	科目名称	贷方余额
库存现金	0.00	短期借款	20 000 000.00
银行存款	31 736 226.28	应交增值税	0.00
应收票据	0.00	应付职工薪酬	0.00
应收账款	3 489 199.60	其他应交税费	0.00
预付账款	800 000.00	应付票据	0.00
其他应收款	361 000.00	应付账款	1 200 000.00
存货	2 582 034.94	预收账款	0.00
长期股权投资	0.00	其他应付款	2 150 919.21
长期债权投资	881 742.40	长期借款	137 000 000.00
固定资产原价	296 866 038.39	长期应付款	0.00
文物文化资产	160 000.00	代管款项	11 565 447.55
基建工程	91 890 258.31	累计盈余	221 100 328.10
无形资产	260 000.00	专用基金	12 417 575.92
累计折旧	-495 976.00	财政拨款	45 291 000.00
累计摊销	-13 000.00	其中：教育经费拨款	39 293 000.00
待处理财产损溢	120 000.00	科研经费拨款	0.00
固定资产清理	300 000.00	其他经费拨款	5 998 000.00
教学支出	71 971 468.53	基建拨款	0.00
科研支出	1 600 000.00	上级补助收入	12 000.00
其他业务支出	1 291 181.84	其中：上级教育补助	0.00
后勤支出	5 600 000.00	上级科研补助	12 000.00
行政支出	300 000.00	上级其他补助	0.00
资产折耗	508 976.00	财政返还教育收入	68 873 849.06
财务费用	9 300 000.00	科研业务收入	0.00

高等学校会计实务

续表

科目名称	借方余额	科目名称	贷方余额
其他费用	690 000.00	其他业务收入	0.00
所得税费用	400 000	后勤收入	100 000.00
		其他收入	484 030.45
总计	520 199 150.29	总计	520 199 150.29

说明：本年有关资料：(1) 该学院固定资产按直线法计提折旧；无形资产按规定摊销。(2) 该学院当年所有非税收入已全部上缴财政专户。(3) 基建工程为未完工基建项目。(4) 各收入、费用科目余额为全年余额。(5)"资产折耗"余额全部由教学支出分摊。

根据上述资料，编制的 2×19 年收入支出表如表 15-6 所示。

表 15-6　　　　　　　　　　收入费用表
编制单位：　　　　　　　2×19 年 12 月 31 日　　　　　　　　单位：元

项目	本期金额
一、本期收入	114 760 879.51
（一）财政拨款收入	45 291 000.00
1. 教育补助收入	39 293 000.00
2. 科研补助收入	0.00
3. 其他补助收入	5 998 000.00
（二）事业收入	68 873 849.06
（三）上级补助收入	12 000.00
（四）附属单位上缴收入	0.00
（五）经营收入	0.00
（六）非同级财政拨款收入	0.00
（七）捐赠收入	0.00
（八）其他收入	584 030.45
后勤保障单位净收入	100 000.00
二、本期费用	91 661 626.37
（一）业务活动费用	74 080 444.53
（二）单位管理费用	5 900 000.00
（三）经营费用	1 291 181.84
（四）上缴上级支出	0.00

第十五章 财务报表

续表

项目	本期金额
（五）对附属单位补助支出	0.00
（六）所得税费用	400 000.00
（七）其他费用	9 990 000.00
三、本期盈余	23 099 253.14

第四节 净资产变动表

一、净资产变动表的概念

净资产变动表反映高等学校在某一会计年度内净资产项目的变动情况，属于期间报表。

二、净资产变动表的格式与结构

净资产变动表"本年数"栏反映本年度各项目的实际变动数。本表"上年数"栏反映上年度各项目的实际变动数，应当根据上年度净资产变动表中"本年数"栏内所列数字填列。

如果上年度净资产变动表规定的项目的名称和内容与本年度不一致，应对上年度净资产变动表项目的名称和数字按照本年度的规定进行调整，将调整后金额填入本年度净资产变动表"上年数"栏内。其格式如表15-7所示：

表15-7　　　　　　　　净资产变动表

编制单位：　　　　　　　　年　月　日　　　　　　　　单位：元

项目	本年数				上年数			
	累计盈余	专用基金	权益法调整	净资产合计	累计盈余	专用基金	权益法调整	净资产合计
一、上年年末余额								
二、以前年度盈余调整（减少以"-"号填列）		—	—			—	—	

续表

项目	本年数				上年数			
	累计盈余	专用基金	权益法调整	净资产合计	累计盈余	专用基金	权益法调整	净资产合计
三、本年年初余额								
四、本年变动金额（减少以"－"号填列）								
（一）本年盈余		－	－			－	－	
（二）无偿调拨净资产		－	－			－	－	
（三）归集调整预算结转结余		－	－			－	－	
（四）提取或设置专用基金			－				－	
其中：从预算收入中提取	－		－		－		－	
从预算结余中提取			－				－	
设置的专用基金	－		－		－		－	
（五）使用专用基金			－				－	
（六）权益法调整								
五、本年年末余额								

注："－"标识单元格不需填列。

三、编制方法

1."上年年末余额"行，反映高等学校净资产各项目上年年末的余额。本行各项目应当根据"累计盈余""专用基金""权益法调整"科目上年年末余额填列。

2."以前年度盈余调整"行，反映高等学校本年度调整以前年度盈余的事项对累计盈余进行调整的金额。本行"累计盈余"项目应当根据本年度"以前年度盈余调整"科目转入"累计盈余"科目的金额填列；如调整减少累计盈余，以"－"号填列。

3."本年年初余额"行，反映经过以前年度盈余调整后，高等学校净资产各项目的本年年初余额。本行"累计盈余""专用基金""权益法调整"项目应当根据其各自在"上年年末余额"和"以前年度盈余调整"行对应项目金额的合计数填列。

4."本年变动金额"行，反映高等学校净资产各项目本年变动总金额。本行

第十五章　财务报表

"累计盈余""专用基金""权益法调整"项目应当根据其各自在"本年盈余""无偿调拨净资产""归集调整预算结转结余""提取或设置专用基金""使用专用基金""权益法调整"行对应项目金额的合计数填列。

5."本年盈余"行,反映高等学校本年发生的收入、费用对净资产的影响。本行"累计盈余"项目应当根据年末由"本期盈余"科目转入"本年盈余分配"科目的金额填列;如转入时借记"本年盈余分配"科目,则以"-"号填列。

6."无偿调拨净资产"行,反映高等学校本年无偿调入、调出非现金资产事项对净资产的影响。本行"累计盈余"项目应当根据年末由"无偿调拨净资产"科目转入"累计盈余"科目的金额填列;如转入时借记"累计盈余"科目,则以"-"号填列。

7."归集调整预算结转结余"行,反映高等学校本年财政拨款结转结余资金归集调入、上缴或调出,以及非财政拨款结转资金缴回对净资产的影响。本行"累计盈余"项目应当根据"累计盈余"科目明细账记录分析填列;如归集调整减少预算结转结余,则以"-"号填列。

8."提取或设置专用基金"行,反映高等学校本年提取或设置专用基金对净资产的影响。本行"累计盈余"项目应当根据"从预算结余中提取"行"累计盈余"项目的金额填列。本行"专用基金"项目应当根据"从预算收入中提取""从预算结余中提取""设置的专用基金"行"专用基金"项目金额的合计数填列。

"从预算收入中提取"行,反映高等学校本年从预算收入中提取专用基金对净资产的影响。本行"专用基金"项目应当通过对"专用基金"科目明细账记录的分析,根据本年按有关规定从预算收入中提取基金的金额填列。

"从预算结余中提取"行,反映高等学校本年根据有关规定从本年度非财政拨款结余或经营结余中提取专用基金对净资产的影响。本行"累计盈余""专用基金"项目应当通过对"专用基金"科目明细账记录的分析,根据本年按有关规定从本年度非财政拨款结余或经营结余中提取专用基金的金额填列;本行"累计盈余"项目以"-"号填列。

"设置的专用基金"行,反映高等学校本年根据有关规定设置的其他专用基金对净资产的影响。本行"专用基金"项目应当通过对"专用基金"科目明细账记录的分析,根据本年按有关规定设置的其他专用基金的金额填列。

9."使用专用基金"行,反映高等学校本年按规定使用专用基金对净资产的影响。本行"累计盈余""专用基金"项目应当通过对"专用基金"科目明细账记录的分析,根据本年按规定使用专用基金的金额填列;本行"专用基金"项目以"-"号填列。

10."权益法调整"行,反映高等学校本年按照被投资单位除净损益和利润分配以外的所有者权益变动份额而调整长期股权投资账面余额对净资产的影响。

本行"权益法调整"项目应当根据"权益法调整"科目本年发生额填列；若本年净发生额为借方时，以"－"号填列。

11. "本年年末余额"行，反映高等学校本年各净资产项目的年末余额。本行"累计盈余""专用基金""权益法调整"项目应当根据其各自在"本年年初余额""本年变动金额"行对应项目金额的合计数填列。

12. 本表各行"净资产合计"项目，应当根据所在行"累计盈余""专用基金""权益法调整"项目金额的合计数填列。

第五节　现金流量表

一、现金流量表的概念

现金流量表反映高等学校在某一会计年度内现金流入和流出的信息，属于期间报表，高等学校可根据实际情况，选择是否编制现金流量表。

二、现金流量表的格式与结构

本表所指的现金，是指高等学校的库存现金以及其他可以随时用于支付的款项，包括库存现金、可以随时用于支付的银行存款、其他货币资金、零余额账户用款额度、财政应返还额度以及通过财政直接支付方式支付的款项。

现金流量表应当按照日常活动、投资活动、筹资活动的现金流量分别反映。本表所指的现金流量，是指现金的流入和流出。

本表"本年金额"栏反映各项目的本年实际发生数。本表"上年金额"栏反映各项目的上年实际发生数，应当根据上年现金流量表中"本年金额"栏内所列数字填列。其格式如表 15－8 所示：

表 15－8　　　　　　　　　　现金流量表

编制单位：　　　　　　　　　　　年　　　　　　　　　　　　单位：元

项目	本年金额	上年金额
一、日常活动产生的现金流量：		
财政基本支出拨款收到的现金		
财政非资本性项目拨款收到的现金		
事业活动收到的除财政拨款以外的现金		

第十五章 财务报表

续表

项目	本年金额	上年金额
收到的其他与日常活动有关的现金		
日常活动的现金流入小计		
购买商品、接受劳务支付的现金		
支付给职工以及为职工支付的现金		
支付的各项税费		
支付的其他与日常活动有关的现金		
日常活动的现金流出小计		
日常活动产生的现金流量净额		
二、投资活动产生的现金流量：		
收回投资收到的现金		
取得投资收益收到的现金		
处置固定资产、无形资产、公共基础设施等收回的现金净额		
收到的其他与投资活动有关的现金		
投资活动的现金流入小计		
购建固定资产、无形资产、公共基础设施等支付的现金		
对外投资支付的现金		
上缴处置固定资产、无形资产、公共基础设施等净收入支付的现金		
支付的其他与投资活动有关的现金		
投资活动的现金流出小计		
投资活动产生的现金流量净额		
三、筹资活动产生的现金流量：		
财政资本性项目拨款收到的现金		
取得借款收到的现金		
收到的其他与筹资活动有关的现金		
筹资活动的现金流入小计		
偿还借款支付的现金		
偿还利息支付的现金		
支付的其他与筹资活动有关的现金		
筹资活动的现金流出小计		
筹资活动产生的现金流量净额		
四、汇率变动对现金的影响额		
五、现金净增加额		

三、编制方法

高等学校应当采用直接法编制现金流量表。

1. 日常活动产生的现金流量。

（1）"财政基本支出拨款收到的现金"项目。反映高等学校本年接受财政基本支出拨款取得的现金。本项目应当根据"零余额账户用款额度""财政拨款收入""银行存款"等科目及其所属明细科目的记录分析填列。

（2）"财政非资本性项目拨款收到的现金"项目。反映高等学校本年接受除用于购建固定资产、无形资产、公共基础设施等资本性项目以外的财政项目拨款取得的现金。本项目应当根据"银行存款""零余额账户用款额度""财政拨款收入"等科目及其所属明细科目的记录分析填列。

（3）"事业活动收到的除财政拨款以外的现金"项目。反映高等学校本年开展专业业务活动及其辅助活动取得的除财政拨款以外的现金。本项目应当根据"库存现金""银行存款""其他货币资金""应收账款""应收票据""预收账款""事业收入"等科目及其所属明细科目的记录分析填列。

（4）"收到的其他与日常活动有关的现金"项目。反映高等学校本年收到的除以上项目之外的与日常活动有关的现金。本项目应当根据"库存现金""银行存款""其他货币资金""上级补助收入""附属单位上缴收入""经营收入""非同级财政拨款收入""捐赠收入""利息收入""租金收入""其他收入"等科目及其所属明细科目的记录分析填列。

（5）"日常活动的现金流入小计"项目。反映高等学校本年日常活动产生的现金流入的合计数。本项目应当根据本表中"财政基本支出拨款收到的现金""财政非资本性项目拨款收到的现金""事业活动收到的除财政拨款以外的现金""收到的其他与日常活动有关的现金"项目金额的合计数填列。

（6）"购买商品、接受劳务支付的现金"项目。反映高等学校本年在日常活动中用于购买商品、接受劳务支付的现金。本项目应当根据"库存现金""银行存款""财政拨款收入""零余额账户用款额度""预付账款""在途物品""库存物品""应付账款""应付票据""业务活动费用""单位管理费用""经营费用"等科目及其所属明细科目的记录分析填列。

（7）"支付给职工以及为职工支付的现金"项目。反映高等学校本年支付给职工以及为职工支付的现金。本项目应当根据"库存现金""银行存款""零余额账户用款额度""财政拨款收入""应付职工薪酬""业务活动费用""单位管理费用""经营费用"等科目及其所属明细科目的记录分析填列。

（8）"支付的各项税费"项目。反映高等学校本年用于缴纳日常活动相关税费而支付的现金。本项目应当根据"库存现金""银行存款""零余额账户用款

第十五章 财务报表

额度""应交增值税""其他应交税费""业务活动费用""单位管理费用""经营费用""所得税费用"等科目及其所属明细科目的记录分析填列。

(9)"支付的其他与日常活动有关的现金"项目。反映高等学校本年支付的除上述项目之外与日常活动有关的现金。本项目应当根据"库存现金""银行存款""零余额账户用款额度""财政拨款收入""其他应付款""业务活动费用""单位管理费用""经营费用""其他费用"等科目及其所属明细科目的记录分析填列。

(10)"日常活动的现金流出小计"项目。反映高等学校本年日常活动产生的现金流出的合计数。本项目应当根据本表中"购买商品、接受劳务支付的现金""支付给职工以及为职工支付的现金""支付的各项税费""支付的其他与日常活动有关的现金"项目金额的合计数填列。

(11)"日常活动产生的现金流量净额"项目。应当按照本表中"日常活动的现金流入小计"项目金额减去"日常活动的现金流出小计"项目金额后的金额填列;如为负数,以"-"号填列。

2. 投资活动产生的现金流量。

(12)"收回投资收到的现金"项目。反映高等学校本年出售、转让或者收回投资收到的现金。本项目应该根据"库存现金""银行存款""短期投资""长期股权投资""长期债券投资"等科目的记录分析填列。

(13)"取得投资收益收到的现金"项目。反映高等学校本年因对外投资而收到被投资单位分配的股利或利润,以及收到投资利息而取得的现金。本项目应当根据"库存现金""银行存款""应收股利""应收利息""投资收益"等科目的记录分析填列。

(14)"处置固定资产、无形资产、公共基础设施等收回的现金净额"项目。反映高等学校本年处置固定资产、无形资产、公共基础设施等非流动资产所取得的现金,减去为处置这些资产而支付的有关费用之后的净额。由于自然灾害所造成的固定资产等长期资产损失而收到的保险赔款收入,也在本项目反映。本项目应当根据"库存现金""银行存款""待处理财产损溢"等科目的记录分析填列。

(15)"收到的其他与投资活动有关的现金"项目。反映高等学校本年收到的除上述项目之外与投资活动有关的现金。对于金额较大的现金流入,应当单列项目反映。本项目应当根据"库存现金""银行存款"等有关科目的记录分析填列。

(16)"投资活动的现金流入小计"项目。反映高等学校本年投资活动产生的现金流入的合计数。本项目应当根据本表中"收回投资收到的现金""取得投资收益收到的现金""处置固定资产、无形资产、公共基础设施等收回的现金净额""收到的其他与投资活动有关的现金"项目金额的合计数填列。

（17）"购建固定资产、无形资产、公共基础设施等支付的现金"项目。反映高等学校本年购买和建造固定资产、无形资产、公共基础设施等非流动资产所支付的现金；融资租入固定资产支付的租赁费不在本项目反映，在筹资活动的现金流量中反映。本项目应当根据"库存现金""银行存款""固定资产""工程物资""在建工程""无形资产""研发支出""公共基础设施""保障性住房"等科目的记录分析填列。

（18）"对外投资支付的现金"项目。反映高等学校本年为取得短期投资、长期股权投资、长期债券投资而支付的现金。本项目应当根据"库存现金""银行存款""短期投资""长期股权投资""长期债券投资"等科目的记录分析填列。

（19）"上缴处置固定资产、无形资产、公共基础设施等净收入支付的现金"项目。反映本年高等学校将处置固定资产、无形资产、公共基础设施等非流动资产所收回的现金净额予以上缴财政所支付的现金。本项目应当根据"库存现金""银行存款""应缴财政款"等科目的记录分析填列。

（20）"支付的其他与投资活动有关的现金"项目。反映高等学校本年支付的除上述项目之外与投资活动有关的现金。对于金额较大的现金流出，应当单列项目反映。本项目应当根据"库存现金""银行存款"等有关科目的记录分析填列。

（21）"投资活动的现金流出小计"项目。反映高等学校本年投资活动产生的现金流出的合计数。本项目应当根据本表中"购建固定资产、无形资产、公共基础设施等支付的现金""对外投资支付的现金""上缴处置固定资产、无形资产、公共基础设施等净收入支付的现金""支付的其他与投资活动有关的现金"项目金额的合计数填列。

（22）"投资活动产生的现金流量净额"项目。应当按照本表中"投资活动的现金流入小计"项目金额减去"投资活动的现金流出小计"项目金额后的金额填列；如为负数，以"－"号填列。

3. 筹资活动产生的现金流量。

（23）"财政资本性项目拨款收到的现金"项目。反映高等学校本年接受用于购建固定资产、无形资产、公共基础设施等资本性项目的财政项目拨款取得的现金。本项目应当根据"银行存款""零余额账户用款额度""财政拨款收入"等科目及其所属明细科目的记录分析填列。

（24）"取得借款收到的现金"项目。反映高等学校本年举借短期、长期借款所收到的现金。本项目应当根据"库存现金""银行存款""短期借款""长期借款"等科目记录分析填列。

（25）"收到的其他与筹资活动有关的现金"项目。反映高等学校本年收到的除上述项目之外与筹资活动有关的现金。对于金额较大的现金流入，应当单列项目反映。本项目应当根据"库存现金""银行存款"等有关科目的记录分析填列。

（26）"筹资活动的现金流入小计"项目。反映高等学校本年筹资活动产生的现金流入的合计数。本项目应当根据本表中"财政资本性项目拨款收到的现金""取得借款收到的现金""收到的其他与筹资活动有关的现金"项目金额的合计数填列。

（27）"偿还借款支付的现金"项目。反映高等学校本年偿还借款本金所支付的现金。本项目应当根据"库存现金""银行存款""短期借款""长期借款"等科目的记录分析填列。

（28）"偿付利息支付的现金"项目。反映高等学校本年支付的借款利息等。本项目应当根据"库存现金""银行存款""应付利息""长期借款"等科目的记录分析填列。

（29）"支付的其他与筹资活动有关的现金"项目。反映高等学校本年支付的除上述项目之外与筹资活动有关的现金，如融资租入固定资产所支付的租赁费。本项目应当根据"库存现金""银行存款""长期应付款"等科目的记录分析填列。

（30）"筹资活动的现金流出小计"项目。反映高等学校本年筹资活动产生的现金流出的合计数。本项目应当根据本表中"偿还借款支付的现金""偿付利息支付的现金""支付的其他与筹资活动有关的现金"项目金额的合计数填列。

（31）"筹资活动产生的现金流量净额"项目。应当按照本表中"筹资活动的现金流入小计"项目金额减去"筹资活动的现金流出小计"金额后的数额填列；如为负数，以"-"号填列。

（32）"汇率变动对现金的影响额"项目。反映高等学校本年外币现金流量折算为人民币时，所采用的现金流量发生日的汇率折算的人民币金额与外币现金流量净额按期末汇率折算的人民币金额之间的差额。

（33）"现金净增加额"项目。反映单位本年现金变动的净额。本项目应当根据本表中"日常活动产生的现金流量净额""投资活动产生的现金流量净额""筹资活动产生的现金流量净额"和"汇率变动对现金的影响额"项目金额的合计数填列；如为负数，以"-"号填列。

第六节　财务报表附注

一、附注概述

会计报表附注是为了便于会计报表使用者理解会计报表的内容，而对会计报表的编制基础、编制依据、编制原则和方法及主要项目等所作的解释，是对在资产负债表、收入费用表、财政补助收入支出表等报表中列示项目的文字描述或明细资料，以及对未能在这些报表中列示项目的说明等。会计报表附注是年度财务会计报表的重要组成部分，是充分披露会计信息的手段。

二、报表附注的作用

1. 有利于高等学校的主管部门对财务报告进行认真审核。通过报表附注说明书，主管部门可以检查各高等学校的财务活动是否符合党和国家的方针、政策、法规，可以深入考核高等学校事业计划的完成情况、取得的成果和存在的问题，为高等学校的财务工作进行宏观指导和管理，也为主管部门合理制定政策提供依据。

2. 有利于高等学校进一步改善财务管理。通过报表附注说明书，弥补财务报表数字上所不能表达的内容，使高等学校和有关职能部门可以通过报表附注说明书的文字内容进一步了解学校财务工作的成绩和问题，便于提出改进建议，从而使高等学校自身的财务管理状况得到改善。

3. 为其他相关信息使用者提供决策所需要的信息资料。通过报表附注说明书，高等学校的债权人（包括潜在的债权人）能充分了解有关高等学校短期偿债能力、长期偿债能力等方面的相关会计信息，以便于其进行正确的信贷决策；相关审计机构能充分了解更多会计信息，为审计机构减少审计风险提供有力保障。

三、编报财务报表附注所需要的准备工作

编报财务报表附注说明书要收集各方面的资料包括会计核算、统计核算、财务管理的有关文件、制度、报告等材料，本年度各项计划执行情况，在预算执行过程中一些突出的事业成果，各类人员的基本情况等基本资料。在充分掌握了资料的基础上，运用财务分析方法，全面分析高等学校财务工作的全貌。

四、财务报表附注内容

高等学校财务报表附注是财务报表的重要组成部分。附注至少应当披露以下内容：

（一）学校基本情况的说明

高等学校财务报表附注需要说明高等学校主要职能、主要业务活动、所在

第十五章 财务报表

地、预算管理关系等。

（二）会计报表编制基础

（三）遵循《政府会计制度》的声明

高等学校应当明确说明编制的财务报表符合政府会计制度的要求，真实、准确地反映了高等学校某一特定日期的财务状况和某一会计期间的收入费用及预算执行结果等会计信息，以此明确高等学校编制财务报表所依据的制度基础。如果高等学校编制的财务报表只是部分地遵循了会计准则，附注中不得做出这种表述。

（四）重要会计政策和会计估计

高等学校应当采用与其业务特点相适应的具体会计政策，并充分披露报告期内采用的重要会计政策和会计估计。主要包括以下内容：

1. 会计期间。
2. 记账本位币、外币折算汇率。
3. 坏账准备的计提方法。
4. 存货类别、发出存货的计价方法、存货的盘存制度，以及低值易耗品和包装物的摊销方法。
5. 长期股权投资的核算方法。
6. 固定资产分类、折旧方法、折旧年限和年折旧率；融资租入固定资产的计价和折旧方法。
7. 无形资产的计价方法；使用寿命有限的无形资产，其使用寿命估计情况；使用寿命不确定的无形资产，其使用寿命不确定的判断依据；单位内部研究开发项目划分研究阶段和开发阶段的具体标准。
8. 其他重要的会计政策和会计估计。
9. 本期发生重要会计政策和会计估计变更的，变更的内容和原因、受其重要影响的报表项目名称和金额、相关审批程序，以及会计估计变更开始适用的时点。

（五）会计报表重要项目说明

高等学校应当按照资产负债表和收入费用表项目列示顺序，采用文字和数据描述相结合的方式披露重要项目的明细信息。报表重要项目的明细金额合计应当与报表项目金额相衔接。报表重要项目说明应包括但不限于下列内容：

高等学校会计实务

1. 货币资金的披露格式。

项目	期末余额	年初余额
库存现金		
银行存款		
其他货币资金		
合计		

2. 应收账款按照债务人类别的披露格式。

债务人类别	期末余额	年初余额
高等学校：		
部门内部单位		
单位1		
……		
部门外部单位		
单位1		
……		
其他：		
单位1		
……		
合计		

注："部门内部单位"是指纳入单位所属部门财务报告合并范围的单位（下同）。有应收票据、预付账款、其他应收款的，可比照应收账款进行披露。

3. 存货的披露格式。

存货种类	期末余额	年初余额
1.		
……		
合计		

第十五章 财 务 报 表

4. 其他流动资产的披露格式。

项目	期末余额	年初余额
1.		
……		
合计		

注：有长期待摊费用、其他非流动资产的，可比照其他流动资产进行披露。

5. 长期投资。

（1）长期债券投资的披露格式如下：

债券发行主体	年初余额	本期增加额	本期减少额	期末余额
1.				
……				
合计				

注：有短期投资的，可比照长期债券投资进行披露。

（2）长期股权投资的披露格式如下：

被投资单位	核算方法	年初余额	本期增加额	本期减少额	期末余额
1.					
……					
合计					

（3）当期发生的重大投资净损益项目、金额及原因。

6. 固定资产。

（1）固定资产的披露格式如下：

项目	年初余额	本期增加额	本期减少额	期末余额
一、原值合计				
其中：房屋及构筑物				

高等学校会计实务

续表

项目	年初余额	本期增加额	本期减少额	期末余额
通用设备				
专用设备				
文物和陈列品				
图书、档案				
家具、用具、装具及动植物				
二、累计折旧合计				
其中：房屋及构筑物				
通用设备				
专用设备				
家具、用具、装具				
三、账面价值合计				
其中：房屋及构筑物				
通用设备				
专用设备				
文物和陈列品				
图书、档案				
家具、用具、装具及动植物				

（2）已提足折旧的固定资产名称、数量等情况。

（3）出租、出借固定资产以及固定资产对外投资等情况。

7. 在建工程的披露格式。

项目	年初余额	本期增加额	本期减少额	期末余额
1.				
……				
合计				

8. 无形资产。

（1）各类无形资产的披露格式如下：

第十五章 财务报表

项目	年初余额	本期增加额	本期减少额	期末余额
一、原值合计				
1.				
……				
二、累计摊销合计				
1.				
……				
三、账面价值合计				
1.				
……				

（2）计入当期损益的研发支出金额、确认为无形资产的研发支出金额。

（3）无形资产出售、对外投资等处置情况。

9. 受托代理资产的披露格式。

资产类别	年初余额	本期增加额	本期减少额	期末余额
货币资金				
受托转赠物资				
受托存储保管物资				
罚没物资				
其他				
合计				

10. 应付账款按照债权人类别的披露格式。

债权人类别	期末余额	年初余额
高等学校：		
部门内部单位		
单位1		
……		
部门外部单位		
单位1		

续表

债权人类别	期末余额	年初余额
……		
其他:		
单位1		
……		
合计		

注：有应付票据、预收账款、其他应付款、长期应付款的，可比照应付账款进行披露。

11. 其他流动负债的披露格式。

项目	期末余额	年初余额
1.		
……		
合计		

注：有预计负债、其他非流动负债的，可比照其他流动负债进行披露。

12. 长期借款。

（1）长期借款按照债权人的披露格式如下：

债权人	期末余额	年初余额
1.		
……		
合计		

注：有短期借款的，可比照长期借款进行披露。

（2）单位有基建借款的，应当分基建项目披露长期借款年初数、本年变动数、年末数及到期期限。

13. 事业收入按照收入来源的披露格式。

收入来源	本期发生额	上期发生额
来自财政专户管理资金		

第十五章 财务报表

续表

收入来源	本期发生额	上期发生额
本部门内部单位		
单位1		
……		
本部门以外同级政府单位		
单位1		
……		
其他		
单位1		
……		
合计		

14. 非同级财政拨款收入按收入来源的披露格式。

收入来源	本期发生额	上期发生额
本部门以外同级政府单位		
单位1		
……		
本部门以外非同级政府单位		
单位1		
……		
合计		

15. 其他收入按照收入来源的披露格式。

收入来源	本期发生额	上期发生额
本部门内部单位		
单位1		
……		
本部门以外同级政府单位		
单位1		
……		

续表

收入来源	本期发生额	上期发生额
本部门以外非同级政府单位		
单位1		
……		
其他		
单位1		
……		
合计		

16. 业务活动费用。

（1）按经济分类的披露格式如下：

项目	本期发生额	上期发生额
工资福利费用		
商品和服务费用		
对个人和家庭的补助费用		
对企业补助费用		
固定资产折旧费		
无形资产摊销费		
公共基础设施折旧（摊销）费		
保障性住房折旧费		
计提专用基金		
……		
合计		

注：有单位管理费用、经营费用的，可比照（业务活动费用）此表进行披露。

（2）按支付对象的披露格式如下：

支付对象	本期发生额	上期发生额
本部门内部单位		
单位1		

第十五章 财务报表

续表

支付对象	本期发生额	上期发生额
……		
本部门以外同级政府单位		
单位1		
……		
其他		
单位1		
……		
合计		

注：有单位管理费用、经营费用的，可比照（业务活动费用）此表进行披露。

17. 其他费用按照类别的披露格式。

费用类别	本期发生额	上期发生额
利息费用		
坏账损失		
罚没支出		
……		
合计		

18. 本期费用按照经济分类的披露格式。

项目	本年数	上年数
工资福利费用		
商品和服务费用		
对个人和家庭的补助费用		
对企业补助费用		
固定资产折旧费		
无形资产摊销费		
计提专用基金		
所得税费用		

续表

项目	本年数	上年数
资产处置费用		
上缴上级费用		
对附属单位补助费用		
其他费用		
本期费用合计		

注：单位在按照本制度规定编制收入费用表的基础上，可以根据需要按照此表披露的内容编制收入费用表。

（六）本年盈余与预算结余的差异情况说明

为了反映高等学校财务会计和预算会计因核算基础和核算范围不同所产生的本年盈余数与本年预算结余数之间的差异，高等学校应当按照重要性原则，对本年度发生的各类影响收入（预算收入）和费用（预算支出）的业务进行适度归并和分析，披露将年度预算收入支出表中"本年预算收支差额"调节为年度收入费用表中"本期盈余"的信息。有关披露格式如下：

项目	金额
一、本年预算结余（本年预算收支差额）	
二、差异调节	—
（一）重要事项的差异	
加：1. 当期确认为收入但没有确认为预算收入	
（1）应收款项、预收账款确认的收入	
（2）接受非货币性资产捐赠确认的收入	
2. 当期确认为预算支出但没有确认为费用	
（1）支付应付款项、预付账款的支出	
（2）为取得存货、政府储备物资等计入物资成本的支出	
（3）为购建固定资产等的资本性支出	
（4）偿还借款本息支出	
减：1. 当期确认为预算收入但没有确认为收入	
（1）收到应收款项、预收账款确认的预算收入	
（2）取得借款确认的预算收入	

第十五章 财务报表

续表

项目	金额
2. 当期确认为费用但没有确认为预算支出	
（1）发出存货、政府储备物资等确认的费用	
（2）计提的折旧费用和摊销费用	
（3）确认的资产处置费用（处置资产价值）	
（4）应付款项、预付账款确认的费用	
（二）其他事项差异	
三、本年盈余（本年收入与费用的差额）	

（七）其他重要事项说明

1. 资产负债表日存在的重要或有事项说明。没有重要或有事项的，也应说明。

2. 以名义金额计量的资产名称、数量等情况，以及以名义金额计量理由的说明。

3. 通过债务资金形成的固定资产等资产的账面价值、使用情况、收益情况及与此相关的债务偿还情况等的说明。

4. 重要资产置换、无偿调入（出）、捐入（出）、报废、重大毁损等情况的说明。

5. 高等学校将内部独立核算单位的会计信息纳入本高等学校财务报表情况的说明。

6. 政府会计具体准则中要求附注披露的其他内容。

7. 有助于理解和分析高等学校财务报表需要说明的其他事项。

第十六章 预算会计报表

第一节 预算收支表

一、预算收支表的性质和作用

预算收支表,又称预算执行情况表,是高等学校用于反映预算收支情况的报表。根据需要分为月报、季报和年报。根据高等学校实际情况及编制报表的便利性,高等学校一般编制预算收支表年报。

月报用于反映从年初至本月末止的预算收支完成情况;季报用于反映从年初至本季末止的预算收支完成情况;年报是高等学校会计年终编制的、反映高等学校全年预算收支及结余情况的报表;年度预算收支表是高等学校年报中非常重要的会计报表,它主要反映高等学校各类预算收入、支出的完成情况和结余的总括情况,同时也能提供预算管理需要的预算收支信息。年度各种收支明细表应按《国家预算收支科目》分"类"、分"款"、分"项"填列反映。

高等学校通过会计分录将与预算管理有关的业务登记入账并编制预算收支报表,从会计核算体系上为强化预算管理提供了可靠的保证。主要体现在以下两个方面:

1. 为评估预算执行情况提供了完整的数据。高等学校将年度资金预算记入账务系统。就收入而言,高等学校依据"预算收入－实际收入＝未实现收入"的关系,通过比较"预算收入"科目借方余额与收入类贷方余额的差异,可随时掌握当年收入预算的执行情况;就费用(支出)而言,高等学校依据"预算支出－实际费用(支出)＝预算余额"的关系,通过比较"预算支出"科目贷方余额与相关科目借方余额的差异,既可随时掌握当年支出预算的执行情况,又可随时审查各单位或各类经费(如教学支出、行政支出、后勤支出等)有无支出预算可供使用。

2. 全面反映年度预算调整情况,有利于发现问题并明确预算管理的责任。由于采用复式记账,并且会计记账均要求有原始凭证作依据,而预算收支表依据

第十六章 预算会计报表

预算会计科目余额来编制,因此通过分析报表及有关会计分录,高等学校可以掌握年度预算的调整情况及原因,并能通过相关凭据,查明每笔预算追加资金的来龙去脉,从而有利于"一支笔"审批制度的落实,防止预算失控。

二、预算收支表的审核

为了保证会计报表数字正确、内容完整,客观地反映高等学校年度预算执行情况,高等学校对编制出来的报表须认真审核。

(一) 政策性审核

政策性审核是审核会计报表反映的预算收支执行情况及其结果是否符合有关政策、法律法规。

1. 预算收入的审核。对预算收入应主要审核以下内容。

(1) 审核本年度的预算收入是否按国家政策、预算管理体制的规定,是否及时足额地缴入国库,有无故截留、挪用预算收入的情况,有无将应缴的收入以暂存款挂在往来账上的现象。

(2) 审核预算收入的划分是否符合财政管理体制的规定。

(3) 审核收入退库是否符合国家规定范围,有无办理不符合规定的收入退库情况。

(4) 审核年终决算的收入数和预算收支表中的本年数是否一致,如有较大出入,应查明具体原因。

2. 预算支出的审核。对预算支出应主要审核以下内容。

(1) 审核列入本年的预算支出是否符合规定,有无错列预算支出情况。

(2) 审核预算支出是否按规定的列报口径列支。

(3) 审核预算支出是否编列齐全,有无漏报的现象。

(4) 审核年终决算支出数和预算收支表中的本年数是否一致,查明超支和增支中有无违反财经纪律的现象。

(二) 技术性审核

技术性审核是从会计报表的数字关系、数字计算的准确程度等方面,对会计报表反映的各项预算收支情况进行审核。主要包括以下内容:

1. 审核决算报表之间的有关数字是否一致。
2. 审核上下年度之间的有关数字是否一致。
3. 审核会计报表的正确性与完整性。

三、预算收支表的内容与结构

高等学校预算收支表是依据"上年结转+本期预算收入-本期预算支出-结余上缴=结转下年"这一平衡关系为报表的设置基础。预算收入表分项列示了高等学校在一定会计期间所取得的各种预算收入与各种预算支出,并计算出当期的预算结余。其目的是为了衡量高等学校在某一特定时期或某一特定业务中预算执行情况,为考核管理效益和效果提供数据。

预算收支表分为表首、表体和补充资料三部分。表首部分主要内容是列出表名、编制单位名称、编报期间、货币单位和报表编号等。表体部分采用单步式,并按资金来源的级次先后分项列示,按收支配比要求,预算支出项目列示顺序同预算收入列示顺序对应,其格式如表16-1所示。补充资料部分是对表内数据所做的相关说明。

表 16-1　　　　　　　　　预算收入支出表

编制单位:　　　　　　　　　＿＿年　　　　　　　　　单位:元

项目	本年数	上年数
一、本年预算收入		
(一)财政拨款预算收入		
其中:政府性基金收入		
(二)事业预算收入		
(三)上级补助预算收入		
(四)附属单位上缴预算收入		
(五)经营预算收入		
(六)债务预算收入		
(七)非同级财政拨款预算收入		
(八)投资预算收益		
(九)其他预算收入		
其中:利息预算收入		
捐赠预算收入		
租金预算收入		
二、本年预算支出		
(一)行政支出		
(二)事业支出		

第十六章 预算会计报表

续表

项目	本年数	上年数
（三）经营支出		
（四）上缴上级支出		
（五）对附属单位补助支出		
（六）投资支出		
（七）债务还本支出		
（八）其他支出		
其中：利息支出		
捐赠支出		
三、本年预算收支差额		

说明：该表根据预算会计科目有关发生额填列。

四、预算收支表的编制方法

本表"本年数"栏反映各项目的本年实际发生数。本表"上年数"栏反映各项目上年度的实际发生数，应当根据上年度预算收入支出表中"本年数"栏内所列数字填列。

如果本年度预算收入支出表规定的项目的名称和内容同上年度不一致，应当对上年度预算收入支出表项目的名称和数字按照本年度的规定进行调整，将调整后金额填入本年度预算收入支出表的"上年数"栏。其内容填列如下：

1. 本年预算收入。

（1）"本年预算收入"项目。反映高等学校本年预算收入总额。本项目应当根据本表中"财政拨款预算收入""事业预算收入""上级补助预算收入""附属单位上缴预算收入""经营预算收入""债务预算收入""非同级财政拨款预算收入""投资预算收益""其他预算收入"项目金额的合计数填列。

（2）"财政拨款预算收入"项目。反映高等学校本年从同级政府财政部门取得的各类财政拨款。本项目应当根据"财政拨款预算收入"科目的本年发生额填列。

"政府性基金收入"项目，反映高等学校本年取得的财政拨款收入中属于政府性基金预算拨款的金额。本项目应当根据"财政拨款预算收入"相关明细科目的本年发生额填列。

（3）"事业预算收入"项目。反映高等学校本年开展专业业务活动及其辅助活动取得的预算收入。本项目应当根据"事业预算收入"科目的本年发生额填列。

（4）"上级补助预算收入"项目。反映高等学校本年从主管部门和上级单位取得的非财政补助预算收入。本项目应当根据"上级补助预算收入"科目的本年发生额填列。

（5）"附属单位上缴预算收入"项目。反映高等学校本年收到的独立核算的附属单位按照有关规定上缴的预算收入。本项目应当根据"附属单位上缴预算收入"科目的本年发生额填列。

（6）"经营预算收入"项目。反映高等学校本年在专业业务活动及其辅助活动之外开展非独立核算经营活动取得的预算收入。本项目应当根据"经营预算收入"科目的本年发生额填列。

（7）"债务预算收入"项目。反映高等学校本年按照规定从金融机构等借入的、纳入部门预算管理的债务预算收入。本项目应当根据"债务预算收入"的本年发生额填列。

（8）"非同级财政拨款预算收入"项目。反映高等学校本年从非同级政府财政部门取得的财政拨款。本项目应当根据"非同级财政拨款预算收入"科目的本年发生额填列。

（9）"投资预算收益"项目。反映高等学校本年取得的按规定纳入单位预算管理的投资收益。本项目应当根据"投资预算收益"科目的本年发生额填列。

（10）"其他预算收入"项目。反映高等学校本年取得的除上述收入以外的纳入单位预算管理的各项预算收入。本项目应当根据"其他预算收入"科目的本年发生额填列。

"利息预算收入"项目。反映高等学校本年取得的利息预算收入。本项目应当根据"其他预算收入"科目的明细记录分析填列。单位单设"利息预算收入"科目的，应当根据"利息预算收入"科目的本年发生额填列。

"捐赠预算收入"项目。反映高等学校本年取得的捐赠预算收入。本项目应当根据"其他预算收入"科目明细账记录分析填列。高等学校单设"捐赠预算收入"科目的，应当根据"捐赠预算收入"科目的本年发生额填列。

"租金预算收入"项目。反映高等学校本年取得的租金预算收入。本项目应当根据"其他预算收入"科目明细账记录分析填列。高等学校单设"租金预算收入"科目的，应当根据"租金预算收入"科目的本年发生额填列。

2. 本年预算支出。

（11）"本年预算支出"项目。反映高等学校本年预算支出总额。本项目应当根据本表中"行政支出""事业支出""经营支出""上缴上级支出""对附属单位补助支出""投资支出""债务还本支出"和"其他支出"项目金额的合计数填列。

（12）"事业支出"项目。反映高等学校本年开展专业业务活动及其辅助活动发生的支出。本项目应当根据"事业支出"科目的本年发生额填列。

（13）"经营支出"项目。反映高等学校本年在专业业务活动及其辅助活动之外开展非独立核算经营活动发生的支出。本项目应当根据"经营支出"科目的本年发生额填列。

（14）"上缴上级支出"项目。反映高等学校本年按照财政部门和主管部门的规定上缴上级单位的支出。本项目应当根据"上缴上级支出"科目的本年发生额填列。

（15）"对附属单位补助支出"项目。反映高等学校本年用财政拨款收入之外的收入对附属单位补助发生的支出。本项目应当根据"对附属单位补助支出"科目的本年发生额填列。

（16）"投资支出"项目。反映高等学校本年以货币资金对外投资发生的支出。本项目应当根据"投资支出"科目的本年发生额填列。

（17）"债务还本支出"项目。反映高等学校本年偿还自身承担的纳入预算管理的从金融机构举借的债务本金的支出。本项目应当根据"债务还本支出"科目的本年发生额填列。

（18）"其他支出"项目。反映高等学校本年除以上支出以外的各项支出。本项目应当根据"其他支出"科目的本年发生额填列。

"利息支出"项目。反映高等学校本年发生的利息支出。本项目应当根据"其他支出"科目明细账记录分析填列。单位单设"利息支出"科目的，应当根据"利息支出"科目的本年发生额填列。

"捐赠支出"项目。反映高等学校本年发生的捐赠支出。本项目应当根据"其他支出"科目明细账记录分析填列。单位单设"捐赠支出"科目的，应当根据"捐赠支出"科目的本年发生额填列。

3. 本年预算收支差额。

（19）"本年预算收支差额"项目。反映高等学校本年各项预算收支相抵后的差额。本项目应当根据本表中"本期预算收入"项目金额减去"本期预算支出"项目金额后的金额填列；如相减后金额为负数，以"－"号填列。

第二节　预算结转结余变动表

一、预算结转结余变动表的概念

预算结转结余变动表反映高等学校在某一会计年度内预算结转结余的变动情况。

二、预算结转结余变动表的结构与格式

预算结转结余变动表"本年数"栏反映各项目的本年实际发生数。本表"上年数"栏反映各项目的上年实际发生数,应当根据上年度预算结转结余变动表中"本年数"栏内所列数字填列。

如果本年度预算结转结余变动表规定的项目的名称和内容同上年度不一致,应当对上年度预算结转结余变动表项目的名称和数字按照本年度的规定进行调整,将调整后金额填入本年度预算结转结余变动表的"上年数"栏。

本表中"年末预算结转结余"项目金额等于"年初预算结转结余""年初余额调整""本年变动金额"三个项目的合计数。其具体格式如表16-2所示。

表16-2　　　　　　　　　预算结转结余变动表

编制单位：　　　　　　　　　　年　　　　　　　　　　　　单位：元

项目	本年数	上年数
一、年初预算结转结余		
（一）财政拨款结转结余		
（二）其他资金结转结余		
二、年初余额调整（减少以"-"号填列）		
（一）财政拨款结转结余		
（二）其他资金结转结余		
三、本年变动金额（减少以"-"号填列）		
（一）财政拨款结转结余		
1. 本年收支差额		
2. 归集调入		
3. 归集上缴或调出		
（二）其他资金结转结余		
1. 本年收支差额		
2. 缴回资金		
3. 使用专用结余		
4. 支付所得税		
四、年末预算结转结余		
（一）财政拨款结转结余		
1. 财政拨款结转		

第十六章 预算会计报表

续表

项目	本年数	上年数
2. 财政拨款结余		
(二) 其他资金结转结余		
1. 非财政拨款结转		
2. 非财政拨款结余		
3. 专用结余		
4. 经营结余（如有余额，以"-"号填列）		

三、编制方法

1. "年初预算结转结余"项目。反映高等学校本年预算结转结余的年初余额。本项目应当根据本项目下"财政拨款结转结余""其他资金结转结余"项目金额的合计数填列。

(1) "财政拨款结转结余"项目。反映高等学校本年财政拨款结转结余资金的年初余额。本项目应当根据"财政拨款结转""财政拨款结余"科目本年年初余额合计数填列。

(2) "其他资金结转结余"项目。反映高等学校本年其他资金结转结余的年初余额。本项目应当根据"非财政拨款结转""非财政拨款结余""专用结余""经营结余"科目本年年初余额的合计数填列。

2. "年初余额调整"项目。反映高等学校本年预算结转结余年初余额调整的金额。本项目应当根据本项目下"财政拨款结转结余""其他资金结转结余"项目金额的合计数填列。

(1) "财政拨款结转结余"项目。反映高等学校本年财政拨款结转结余资金的年初余额调整金额。本项目应当根据"财政拨款结转""财政拨款结余"科目下"年初余额调整"明细科目的本年发生额的合计数填列；如调整减少年初财政拨款结转结余，以"-"号填列。

(2) "其他资金结转结余"项目。反映高等学校本年其他资金结转结余的年初余额调整金额。本项目应当根据"非财政拨款结转""非财政拨款结余"科目下"年初余额调整"明细科目的本年发生额的合计数填列；如调整减少年初其他资金结转结余，以"-"号填列。

3. "本年变动金额"项目。反映高等学校本年预算结转结余变动的金额。本项目应当根据本项目下"财政拨款结转结余""其他资金结转结余"项目金额的合计数填列。

(1) "财政拨款结转结余"项目。反映高等学校本年财政拨款结转结余资金的变动。本项目应当根据本项目下"本年收支差额""归集调入""归集上缴或调出"项目金额的合计数填列。

①"本年收支差额"项目。反映高等学校本年财政拨款资金收支相抵后的差额。本项目应当根据"财政拨款结转"科目下"本年收支结转"明细科目本年转入的预算收入与预算支出的差额填列；差额为负数的，以"－"号填列。

②"归集调入"项目。反映高等学校本年按照规定从其他单位归集调入的财政拨款结转资金。本项目应当根据"财政拨款结转"科目下"归集调入"明细科目的本年发生额填列。

③"归集上缴或调出"项目。反映高等学校本年按照规定上缴的财政拨款结转结余资金及按照规定向其他单位调出的财政拨款结转资金。本项目应当根据"财政拨款结转""财政拨款结余"科目下"归集上缴"明细科目，以及"财政拨款结转"科目下"归集调出"明细科目本年发生额的合计数填列，以"－"号填列。

（2）"其他资金结转结余"项目。反映高等学校本年其他资金结转结余的变动。本项目应当根据本项目下"本年收支差额""缴回资金""使用专用结余""支付所得税"项目金额的合计数填列。

①"本年收支差额"项目。反映高等学校本年除财政拨款外的其他资金收支相抵后的差额。本项目应当根据"非财政拨款结转"科目下"本年收支结转"明细科目、"其他结余""经营结余"科目本年转入的预算收入与预算支出的差额的合计数填列；如为负数，以"－"号填列。

②"缴回资金"项目。反映高等学校本年按照规定缴回的非财政拨款结转资金。本项目应当根据"非财政拨款结转"科目下"缴回资金"明细科目本年发生额的合计数填列，以"－"号填列。

③"使用专用结余"项目。反映本年高等学校根据规定使用从非财政拨款结余或经营结余中提取的专用基金的金额。本项目应当根据"专用结余"科目明细账中本年使用专用结余业务的发生额填列，以"－"号填列。

④"支付所得税"项目。反映有企业所得税缴纳义务的高等学校本年实际缴纳的企业所得税金额。本项目应当根据"非财政拨款结余"明细账中本年实际缴纳企业所得税业务的发生额填列，以"－"号填列。

4."年末预算结转结余"项目。反映高等学校本年预算结转结余的年末余额。本项目应当根据本项目下"财政拨款结转结余""其他资金结转结余"项目金额的合计数填列。

（1）"财政拨款结转结余"项目。反映高等学校本年财政拨款结转结余的年末余额。本项目应当根据本项目下"财政拨款结转""财政拨款结余"项目金额的合计数填列。

本项目下"财政拨款结转""财政拨款结余"项目，应当分别根据"财政拨

第十六章 预算会计报表

款结转""财政拨款结余"科目的本年年末余额填列。

(2)"其他资金结转结余"项目。反映高等学校本年其他资金结转结余的年末余额。本项目应当根据本项目下"非财政拨款结转""非财政拨款结余""专用结余""经营结余"项目金额的合计数填列。

本项目下"非财政拨款结转""非财政拨款结余""专用结余""经营结余"项目,应当分别根据"非财政拨款结转""非财政拨款结余""专用结余""经营结余"科目的本年年末余额填列。

第三节 财政拨款预算收入支出表

一、财政拨款预算收入支出表的概述

财政拨款预算收入支出表反映高等学校本年财政拨款预算资金收入、支出及相关变动的具体情况。通过对高等学校财政拨款预算收入支出的全面列示,集中揭示高等学校财政拨款预算收入的来源、支出去向以及财政拨款预算执行情况。

二、财政拨款预算收入支出表的结构与格式

本表反映高等学校本年财政拨款预算资金收入、支出及相关变动的具体情况。

本表"项目"栏内各项目,应当根据高等学校取得的财政拨款种类分项设置。其中"项目支出"项目下,根据每个项目设置;高等学校取得除一般公共财政预算拨款和政府性基金预算拨款以外的其他财政拨款的,应当按照财政拨款种类增加相应的资金项目及其明细项目。具体格式如表 16-3 所示。

表 16-3   财政拨款预算收入支出表

编制单位:_____   _____年   单位:元

项目	年初财政拨款结转结余		调整年初财政拨款结转结余	本年归集调入	本年归集上缴或调出	单位内部调剂		本年财政拨款收入	本年财政拨款支出	年末财政拨款结转结余	
	结转	结余				结转	结余			结转	结余
一、一般公共预算财政拨款											
(一)基本支出											

续表

项目	年初财政拨款结转结余		调整年初财政拨款结转结余	本年归集调入	本年归集上缴或调出	单位内部调剂		本年财政拨款收入	本年财政拨款支出	年末财政拨款结转结余	
	结转	结余				结转	结余			结转	结余
1. 人员经费											
2. 日常公用经费											
（二）项目支出											
1. ××项目											
2. ××项目											
……											
二、政府性基金预算财政拨款											
（一）基本支出											
1. 人员经费											
2. 日常公用经费											
（二）项目支出											
1. ××项目											
2. ××项目											
……											
总计											

三、编制方法

1. "年初财政拨款结转结余"栏中各项目。反映高等学校年初各项财政拨款结转结余的金额。各项目应当根据"财政拨款结转""财政拨款结余"及其明细科目的年初余额填列。本栏中各项目的数额应当与上年度财政拨款预算收入支出表中"年末财政拨款结转结余"栏中各项目的数额相等。

2. "调整年初财政拨款结转结余"栏中各项目。反映高等学校对年初财政拨款结转结余的调整金额。各项目应当根据"财政拨款结转""财政拨款结余"科目下"年初余额调整"明细科目及其所属明细科目的本年发生额填列；如调整减少年初财政拨款结转结余，以"－"号填列。

3. "本年归集调入"栏中各项目。反映高等学校本年按规定从其他单位调入的财政拨款结转资金金额。各项目应当根据"财政拨款结转"科目下"归集调

第十六章　预算会计报表

入"明细科目及其所属明细科目的本年发生额填列。

4. "本年归集上缴或调出"栏中各项目。反映高等学校本年按规定实际上缴的财政拨款结转结余资金，及按照规定向其他单位调出的财政拨款结转资金金额。各项目应当根据"财政拨款结转""财政拨款结余"科目下"归集上缴"科目和"财政拨款结转"科目下"归集调出"明细科目，及其所属明细科目的本年发生额填列，以"－"号填列。

5. "单位内部调剂"栏中各项目。反映高等学校本年财政拨款结转结余资金在单位内部不同项目之间的调剂金额。各项目应当根据"财政拨款结转"和"财政拨款结余"科目下的"单位内部调剂"明细科目及其所属明细科目的本年发生额填列；对单位内部调剂减少的财政拨款结余金额，以"－"号填列。

6. "本年财政拨款收入"栏中各项目。反映高等学校本年从同级财政部门取得的各类财政预算拨款金额。各项目应当根据"财政拨款预算收入"科目及其所属明细科目的本年发生额填列。

7. "本年财政拨款支出"栏中各项目。反映高等学校本年发生的财政拨款支出金额。各项目应当根据"行政支出""事业支出"等科目及其所属明细科目本年发生额中的财政拨款支出数的合计数填列。

8. "年末财政拨款结转结余"栏中各项目。反映高等学校年末财政拨款结转结余的金额。各项目应当根据"财政拨款结转""财政拨款结余"科目及其所属明细科目的年末余额填列。

第十七章　高等学校新旧制度衔接

为了确保高等学校新旧会计制度顺利过渡，财政部印发了《关于印发高等学校执行〈政府会计制度——行政事业单位会计科目和报表〉的补充规定和衔接规定的通知》（财会〔2018〕19号），为各高等学校做好新旧制度衔接提供了权威性的操作指南。

第一节　高等学校新旧制度衔接要求

自2019年1月1日起，高等学校应当严格按照新制度及补充规定进行会计核算、编制财务报表和预算会计表。

高等学校应当按照本规定做好新旧制度衔接的相关工作，主要包括以下几个方面：

1. 根据原账编制2018年12月31日的科目余额表，并按照本规定要求，编制原账的部分科目余额明细表（如表17-1、表17-2所示）。

表17-1　　　　　　　高等学校原会计科目余额明细表一

总账科目	明细分类	金额	备注
库存现金	库存现金		
	其中：受托代理现金		
银行存款	银行存款		
	其中：受托代理银行存款		
	其他货币资金		
预付账款	使用受托代理资金预付		
	其他		
其他应收款	在途物品		已经付款或已开出商业汇票，尚未收到物资
	使用受托代理资金应收		
	其他		

第十七章 高等学校新旧制度衔接

续表

总账科目	明细分类	金额	备注
存货	在加工存货		
	非在加工存货		
	受托代理资产		
长期投资	长期股权投资		
	其中：对企业法人单位的投资		
	长期债券投资		
固定资产	固定资产		
	受托代理固定资产		
累计折旧	固定资产累计折旧		
	受托代理固定资产累计折旧		
在建工程	在建工程		
	工程物资		
	预付工程款、预付备料款		
应缴税费	应缴增值税		
	其他应缴税费		
其他应付款	其他应付款		
	受托代理负债		
代管款项	受托代理负债		
	其他应付款		
	长期应付款		

表17-2　　　　　高等学校原会计科目余额明细表二

总账科目	明细分类	金额	备注
应收票据、应收账款	发生时不计入收入		如转让资产的应收票据、应收账款
	发生时计入收入		
	其中：专项收入		
	其他		
预付账款（扣除属于受托代理资产的预付款）	财政补助资金预付		
	非财政补助专项资金预付		
	非财政补助非专项资金预付		

续表

总账科目	明细分类	金额	备注
其他应收款（扣除属于受托代理资产的应收款）	预付款项		如职工预借的差旅费等
	其中：财政补助资金预付		
	非财政补助专项资金预付		
	非财政补助非专项资金预付		
	需要收回及其他		如支付的押金、应收为职工垫付的款项等
存货（扣除属于受托代理资产的存货）	购入存货		
	其中：使用财政补助资金购入		
	使用非财政补助专项资金购入		
	使用非财政补助非专项资金购入		
	非购入存货		如无偿调入、接受捐赠的存货等
长期投资（扣除对非企业法人股权投资）	长期股权投资		
	其中：用现金资产取得		
	用非现金资产或其他方式取得		
	长期债券投资		
应付票据、应付账款	发生时不计入支出		
	发生时计入支出		
	其中：财政补助资金应付		
	非财政补助专项资金应付		
	非财政补助非专项资金应付		
预收账款	预收专项资金		
	预收非专项资金		
应缴税费——应缴增值税	非财政补助专项资金应交		
	非财政补助非专项资金应交		
应缴税费——应缴其他税费	财政补助资金应交		
	非财政补助专项资金应交		
	非财政补助非专项资金应交		

第十七章　高等学校新旧制度衔接

续表

总账科目	明细分类	金额	备注
其他应付款（扣除属于受托代理负债的金额）	支出类		确认其他应付款时确认了支出
	其中：财政补助资金应付		
	非财政补助专项资金应付		
	非财政补助非专项资金应付		
	周转类		如收取的押金、保证金等
专用基金	从非财政补助结余分配中提取		
	从收入中列支提取		
	其他		

2. 按照新制度及补充规定设立2019年1月1日的新账。

3. 按照本规定要求，登记新账的财务会计科目余额和预算结余科目余额，包括将原账科目余额转入新账财务会计科目、按照原账科目余额登记新账预算结余科目（高等学校新旧会计制度转账、登记新账科目对照表如表17－3所示），将未入账事项登记新账科目，并对相关新账科目余额进行调整。原账科目是指按照原制度规定设置的会计科目。

表17－3　　高等学校新旧会计制度转账、登记新账科目对照表

序号	新制度会计科目		原制度会计科目	
	编号	名称	编号	名称
一、资产类				
1	1001	库存现金	1001	库存现金
2	1002	银行存款	1002	银行存款
3	1021	其他货币资金		
4	1101	短期投资	1101	短期投资
5	1201	财政应返还额度	1201	财政应返还额度
6	1211	应收票据	1211	应收票据
7	1212	应收账款	1212	应收账款
8	1214	预付账款	1213	预付账款
9	1891	受托代理资产		

续表

序号	新制度会计科目		原制度会计科目	
	编号	名称	编号	名称
一、资产类				
10	1218	其他应收款	1215	其他应收款
11	1301	在途物品		
12	1891	受托代理资产		
13	1302	库存物品	1301	存货
14	1303	加工物品		
15	1891	受托代理资产		
16	1501	长期股权投资	1401	长期投资
17	1502	长期债券投资		
18	1601	固定资产	1501	固定资产
19	1891	受托代理资产		
20	1602	固定资产累计折旧	1502	累计折旧
21	3001	累计盈余		
22	1611	工程物资	1511	在建工程
23	1613	在建工程		
24	1214	预付账款		
25	1701	无形资产	1601	无形资产
26	1702	无形资产累计摊销	1602	累计摊销
27	1902	待处理财产损溢	1701	待处置资产损溢
二、负债类				
28	2001	短期借款	2001	短期借款
29	2101	应交增值税	2101	应缴税费
30	2102	其他应交税费		
31	2103	应缴财政款	2102	应缴国库款
32			2103	应缴财政专户款
33	2201	应付职工薪酬	2201	应付职工薪酬
34	2301	应付票据	2301	应付票据
35	2302	应付账款	2302	应付账款
36	2305	预收账款	2303	预收账款

第十七章 高等学校新旧制度衔接

续表

序号	新制度会计科目		原制度会计科目	
	编号	名称	编号	名称
二、负债类				
37	2307	其他应付款	2305	其他应付款
38	2901	受托代理负债	3101	非流动资产基金
39	2501	长期借款	2401	长期借款
40	2502	长期应付款	2402	长期应付款
41	2901	受托代理负债	2501	代管款项
42	2307	其他应付款		
43	2502	长期应付款		
三、净资产类				
44	3001	累计盈余	3001	事业基金
45			3101	非流动资产基金
46	3101	专用基金	3201	专用基金
47	3001	累计盈余	3301	财政补助结转
48			3302	财政补助结余
49			3401	非财政补助结转
50	3001	累计盈余（借方）	3403	经营结余（借方）
四、预算结余类				
51	8101	财政拨款结转	3301	财政补助结转
52	8102	财政拨款结余	3302	财政补助结余
53	8201	非财政拨款结转	3401	非财政补助结转
54	8202	非财政拨款结余	3001	事业基金
55	8301	专用结余	3201	专用基金
56	8401	经营结余	3403	经营结余
57	8001	资金结存（借方）	3301	财政补助结转
			3302	财政补助结余
			3401	非财政补助结转
			3001	事业基金
			3201	专用基金
			3403	经营结余

4. 按照登记及调整后新账的各会计科目余额，编制 2019 年 1 月 1 日的科目余额表，作为新账各会计科目的期初余额。

5. 根据新账各会计科目期初余额，按照新制度编制 2019 年 1 月 1 日资产负债表。

及时调整会计信息系统。高等学校应当按照新制度及补充规定要求对原有会计信息系统进行及时更新和调试，实现数据正确转换，确保新旧账套的有序衔接。

第二节　高等学校财务会计科目的新旧衔接

（一）将 2018 年 12 月 31 日原账会计科目余额转入新账财务会计科目

1. 资产类。

（1）"库存现金""财政应返还额度""短期投资""应收票据""应收账款""无形资产"科目

新制度设置了"库存现金""财政应返还额度""短期投资""应收票据""应收账款""无形资产"科目，其核算内容与原账的上述相应科目的核算内容基本相同。转账时，应当将原账的上述科目余额直接转入新账的相应科目。其中，还应当将原账的"库存现金"科目余额中属于新制度规定受托代理资产的金额转入新账的"库存现金"科目下"受托代理资产"明细科目。

（2）"银行存款"科目。新制度设置了"银行存款"和"其他货币资金"科目，原制度设置了"银行存款"科目。转账时，高等学校应当将原账"银行存款"科目中核算的属于新制度规定的其他货币资金的金额，转入新账的"其他货币资金"科目；将原账"银行存款"科目余额减去其中属于其他货币资金余额后的差额，转入新账的"银行存款"科目。其中，还应当将原账的"银行存款"科目余额中属于新制度规定受托代理资产的金额，转入新账"银行存款"科目下的"受托代理资产"明细科目。

（3）"预付账款"科目。新制度设置了"预付账款"科目，该科目的核算内容与原账"预付账款"科目的核算内容基本相同。转账时，高等学校应当将原账的"预付账款"科目余额转入新账的"预付账款"科目。

新制度设置了"受托代理资产"科目，高等学校在原账的"预付账款"科目中核算了使用受托代理资金的预付账款的，应当将原账的"预付账款"科目余额中使用受托代理资金的金额转入新账的"受托代理资产——应收及暂付款"科目。

第十七章　高等学校新旧制度衔接

（4）"其他应收款"科目。新制度设置了"其他应收款"科目，该科目的核算内容与原账的"其他应收款"科目的核算内容基本相同。转账时，高等学校应当将原账的"其他应收款"科目余额转入新账的"其他应收款"科目。

新制度设置了"在途物品"科目，高等学校如果有在原账"其他应收款"科目中核算已经付款或开出商业汇票、尚未收到物资的款项，应当将原账的"其他应收款"科目余额中已经付款或开出商业汇票、尚未收到物资的款项金额转入新账的"在途物品"科目。

新制度设置了"受托代理资产"科目，高等学校如果有使用受托代理资金支付其他应收款的，应当将原账的"其他应收款"科目余额中使用受托代理资金的金额转入新账的"受托代理资产——应收及暂付款"科目。

（5）"存货"科目。新制度设置了"库存物品"和"加工物品"科目，原制度设置了"存货"科目。转账时，高等学校应当将原账的"存货"科目余额中属于在加工存货的金额，转入新账的"加工物品"科目；将原账的"存货"科目余额减去属于在加工存货的金额后的差额，转入新账的"库存物品"科目。

高等学校在原账的"存货"科目中核算了属于新制度规定的受托代理物资的，应当将原账的"存货"科目余额中属于受托代理物资的金额，转入新账的"受托代理资产"科目。

（6）"长期投资"科目。新制度设置了"长期股权投资"和"长期债券投资"科目，原制度设置了"长期投资"科目。转账时，高等学校应当将原账的"长期投资"科目余额中属于股权投资的金额转入新账的"长期股权投资"科目及其明细科目；将原账的"长期投资"科目余额中属于债券投资的金额，转入新账的"长期债券投资"科目及其明细科目。

高等学校原账的"长期投资"科目核算的内容中，如果有被投资单位属于非企业法人单位的，应当在转账时先将对非企业法人单位出资的金额从原账的"长期投资"科目余额转出，借记原账的"非流动资产基金——长期投资"科目，贷记原账的"长期投资"科目。

（7）"固定资产"科目。新制度设置了"固定资产"科目，该科目的核算内容与原账"固定资产"科目的核算内容基本相同。转账时，高等学校应当将原账的"固定资产"科目余额转入新账的"固定资产"科目。

高等学校有使用受托代理资金购买的固定资产的，当将原账的"固定资产"科目余额中使用受托代理资金购买固定资产的金额转入新账的"受托代理资产——固定资产"科目借方。

（8）"累计折旧"科目。新制度设置了"固定资产累计折旧"科目，该科目的核算内容与原账"累计折旧"科目的核算内容基本相同。转账时，高等学校已经计提了固定资产折旧的，应当将原账的"累计折旧"科目余额，转入新账的

"固定资产累计折旧"科目。

高等学校有使用受托代理资金购买的固定资产并计提了折旧的,应当将原账的"累计折旧"科目余额中对使用受托代理资金购买固定资产计提折旧的金额转入新账的"累计盈余"科目。

(9)"在建工程"科目。新制度设置了"在建工程"和"预付账款——预付备料款、预付工程款"科目,原制度设置了"在建工程"科目。转账时,高等学校应当将原账的"在建工程"科目余额(基建"并账"后的金额,下同)中属于预付备料款、预付工程款的金额,转入新账的"预付账款"科目相关明细科目;将原账的"在建工程"科目余额减去预付备料款、预付工程款金额后的差额,转入新账的"在建工程"科目。

高等学校在原账"在建工程"科目中核算了按照新制度规定应当记入"工程物资"科目内容的,应当将原账"在建工程"科目余额中属于工程物资的金额,转入新账的"工程物资"科目。

(10)"累计摊销"科目。新制度设置了"无形资产累计摊销"科目,该科目的核算内容与原账"累计摊销"科目的核算内容基本相同。转账时,高等学校已经计提了无形资产摊销的,应当将原账的"累计摊销"科目余额,转入新账的"无形资产累计摊销"科目。

(11)"待处置资产损溢"科目。新制度设置了"待处理财产损溢"科目,该科目的核算内容与原账的"待处置资产损溢"科目的核算内容基本相同。转账时,高等学校应当将原账的"待处置资产损溢"科目余额,转入新账的"待处理财产损溢"科目。

(12)"零余额账户用款额度"科目。由于原账的"零余额账户用款额度"科目年末无余额,无需进行转账处理。

2. 负债类。

(1)"短期借款""应付职工薪酬""应付票据""应付账款""预收账款""长期借款""长期应付款"科目。这些科目的核算内容与原账的上述相应科目的核算内容基本相同。转账时,高等学校应当将原账的上述科目余额直接转入新账的相应科目。

(2)"应缴税费"科目。新制度设置了"应交增值税"和"其他应交税费"科目,原制度设置了"应缴税费"科目。转账时,高等学校应当将原账的"应缴税费——应缴增值税"科目余额,转入新账"应交增值税"科目中的相关明细科目;将原账的"应缴税费"科目余额减去属于应缴增值税余额后的差额,转入新账的"其他应交税费"科目。

(3)"应缴国库款""应缴财政专户款"科目。新制度设置了"应缴财政款"科目,原制度设置了"应缴国库款""应缴财政专户款"科目。转账时,高等学校应当将原账的"应缴国库款""应缴财政专户款"科目余额转入新账的

第十七章　高等学校新旧制度衔接

"应缴财政款"科目。

（4）"其他应付款"科目。新制度设置了"其他应付款"科目，该科目的核算内容与原账"其他应付款"科目的核算内容基本相同。转账时，高等学校应当将原账的"其他应付款"科目余额，转入新账的"其他应付款"科目。其中，高等学校在原账的"其他应付款"科目中核算了属于新制度规定的受托代理负债的，应当将原账的"其他应付款"科目余额中属于受托代理负债的余额，转入新账的"受托代理负债"科目。

（5）"代管款项"科目。新制度设置了"受托代理负债"科目，原账的"代管款项"科目的核算内容包括了受托代理负债的内容。转账时，高等学校应当对原账中"代管款项"科目余额进行分析，将其中属于新制度规定受托代理负债的余额转入新账的"受托代理负债"科目；将不属于受托代理负债的余额，根据偿还期限分别转入新账的"其他应付款"和"长期应付款"科目。

3. 净资产类。

（1）"事业基金"科目。新制度设置了"累计盈余"科目。该科目核算内容包含了原账"事业基金"科目的核算内容。转账时，高等学校应当将原账的"事业基金"科目余额，转入新账的"累计盈余"科目。

（2）"非流动资产基金"科目。依据新制度，无需对原制度中"非流动资产基金"科目对应内容进行核算。转账时，高等学校应当将原账的"非流动资产基金"科目余额转入新账的"累计盈余"科目。

高等学校有使用受托代理资金购买固定资产的，转账时，应当将"非流动资产基金——固定资产"科目余额中属于受托代理固定资产原值的金额转入新账的"受托代理负债"科目。

（3）"专用基金"科目。新制度设置了"专用基金"科目，该科目的核算内容与原账"专用基金"科目的核算内容基本相同。转账时，高等学校应当将原账的"专用基金"科目余额转入新账的"专用基金"科目。

（4）"财政补助结转""财政补助结余""非财政补助结转"科目。新制度设置了"累计盈余"科目，该科目的余额包含了原账的"财政补助结转""财政补助结余""非财政补助结转"科目的余额内容。转账时，高等学校应当将原账的"财政补助结转""财政补助结余""非财政补助结转"科目余额，转入新账的"累计盈余"科目。

（5）"经营结余"科目。新制度设置了"本期盈余"科目，该科目的核算内容包含了原账"经营结余"科目的核算内容。新制度规定"本期盈余"科目余额最终转入"累计盈余"科目，如果原账的"经营结余"科目有借方余额，转账时，高等学校应当将原账的"经营结余"科目借方余额转入新账的"累计盈余"科目借方。

（6）"事业结余""非财政补助结余分配"科目。由于原账的"事业结余"

"非财政补助结余分配"科目年末无余额，这两个科目无须进行转账处理。

4. 收入类、支出类。

由于原账中收入类、支出类科目年末无余额，无须进行转账处理。自2019年1月1日起，高等学校应当按照新制度设置收入、费用类科目并进行账务处理。

高等学校存在其他本规定未列举的原账科目余额的，应当比照本规定转入新账的相应科目。新账的科目设有明细科目的，应将原账中对应科目的余额加以分析，分别转入新账中相应科目的相关明细科目。

高等学校在进行新旧衔接的转账时，应当编制转账的工作分录，作为转账的工作底稿，并将转入新账的对应原科目余额及分拆原科目余额的依据作为原始凭证。

（二）将原未入账事项登记新账财务会计科目

1. 应收股利。

高等学校在新旧制度转换时，应当将2018年12月31日前未入账的应收股利按照新制度规定记入新账。登记新账时，按照确定的应收股利金额，借记"应收股利"科目，贷记"累计盈余"科目。

2. 研发支出。

高等学校在新旧制度转换时，应当将2018年12月31日前未入账的自行研究开发项目开发阶段的费用按照新制度规定记入新账。登记新账时，按照确定的开发阶段费用金额，借记"研发支出"科目，贷记"累计盈余"科目。

3. 受托代理资产。

高等学校在新旧制度转换时，应当将2018年12月31日前未入账的受托代理资产按照新制度规定记入新账。登记新账时，按照确定的受托代理资产金额，借记"受托代理资产"科目，贷记"受托代理负债"科目。

4. 盘盈资产。

高等学校在新旧制度转换时，应当将2018年12月31日前未入账的盘盈资产按照新制度规定记入新账。登记新账时，按照确定的盘盈资产及其成本，借记有关资产科目，按照盘盈资产成本的合计金额，贷记"累计盈余"科目。

5. 应付质量保证金。

高等学校在新旧制度转换时，应当将2018年12月31日前未入账的应付质量保证金按照新制度规定记入新账。登记新账时，按照确定未入账的应付质量保证金金额，借记"累计盈余"科目，贷记"其他应付款"科目［扣留期在1年以内（含1年）］、"长期应付款"科目［扣留期超过1年］。

6. 预计负债。

高等学校在新旧制度转换时，应当将2018年12月31日按照新制度规定确认的预计负债记入新账。登记新账时，按照确定的预计负债金额，借记"累计盈余"科目,贷记"预计负债"科目。

高等学校存在 2018 年 12 月 31 日前未入账的其他事项,应当比照本规定登记新账的相应科目。

高等学校对新账的财务会计科目补记未入账事项时,应当编制记账凭证,并将补充登记事项的确认依据作为原始凭证。

(三) 对新账的相关财务会计科目余额按照新制度规定的会计核算基础进行调整

1. 计提坏账准备。

新制度要求对单位收回后无须上缴财政的应收账款和其他应收款提取坏账准备。在新旧制度转换时,高等学校应当按照 2018 年 12 月 31 日无须上缴财政的应收账款和其他应收款的余额计算应计提的坏账准备金额,借记"累计盈余"科目,贷记"坏账准备"科目。

2. 按照权益法调整长期股权投资账面余额。

对按照新制度规定应当采用权益法核算的长期股权投资,在新旧制度转换时,单位应当在"长期股权投资"科目下设置"新旧制度转换调整"明细科目,依据被投资单位 2018 年 12 月 31 日财务报表的所有者权益账面余额,以及单位持有被投资单位的股权比例,计算应享有或应分担的被投资单位所有者权益的份额,调整长期股权投资的账面余额,借记或贷记"长期股权投资——新旧制度转换调整"科目,贷记或借记"累计盈余"科目。

高等学校对已经持有且处于停产、半停产、连年亏损、资不抵债、主要靠政府补贴和学校续贷维持经营的被投资单位的投资,在新旧制度转换时可继续采用成本法进行核算。

3. 确认长期债券投资期末应收利息。

高等学校应当按照新制度规定于 2019 年 1 月 1 日补记长期债券投资应收利息,按照长期债券投资的应收利息金额,借记"长期债券投资"科目[到期一次还本付息]或"应收利息"科目[分期付息、到期还本],贷记"累计盈余"科目。

4. 补提折旧。

高等学校在原账中尚未计提固定资产折旧的,应当全面核查截至 2018 年 12 月 31 日的固定资产的预计使用年限、已使用年限、尚可使用年限等,并于 2019 年 1 月 1 日对尚未计提折旧的固定资产补提折旧,按照应计提的折旧金额,借记"累计盈余"科目,贷记"固定资产累计折旧"科目。

5. 补提摊销。

高等学校在原账中尚未计提无形资产摊销的,应当全面核查截至 2018 年 12 月 31 日无形资产的预计使用年限、已使用年限、尚可使用年限等,并于 2019 年

1月1日对前期尚未计提摊销的无形资产补提摊销，按照应计提的摊销金额，借记"累计盈余"科目，贷记"无形资产累计摊销"科目。

6. 确认长期借款期末应付利息。

高等学校应当按照新制度规定于2019年1月1日补记长期借款的应付利息金额，对其中资本化的部分，借记"在建工程"科目，对其中费用化的部分，借记"累计盈余"科目，按照全部长期借款应付利息金额，贷记"长期借款"科目［到期一次还本付息］或"应付利息"科目［分期付息、到期还本］。

高等学校对新账的财务会计科目期初余额进行调整时，应当编制记账凭证，并将调整事项的确认依据作为原始凭证。

第三节　高等学校预算会计科目的新旧衔接

（一）"财政拨款结转"和"财政拨款结余"科目及对应的"资金结存"科目余额

新制度设置了"财政拨款结转""财政拨款结余"科目及对应的"资金结存"科目。在新旧制度转换时，高等学校应当对原账的"财政补助结转"科目及对应科目余额进行逐项分析，加上已经计入支出尚未支付财政资金（如发生时列支的应付票据、应付账款、应缴税费、应付职工薪酬等）的金额，减去已经支付财政资金尚未计入支出（如购入的存货、预付账款、其他应收款等）的金额，按照增减后的金额，登记新账的"财政拨款结转"科目及其明细科目贷方；按照原账"财政补助结余"科目余额，登记新账的"财政拨款结余"科目及其明细科目贷方。

按照原账"财政应返还额度"科目余额登记新账的"资金结存——财政应返还额度"科目借方。按照新账的"财政拨款结转"和"财政拨款结余"科目贷方余额合计数，减去新账的"资金结存——财政应返还额度"科目借方余额后的差额，登记新账的"资金结存——货币资金"科目借方。

（二）"非财政拨款结转"科目及对应的"资金结存"科目余额

新制度设置了"非财政拨款结转"科目及对应的"资金结存"科目。在新旧制度转换时，高等学校应当对原账的"非财政补助结转"及对应科目余额进行逐项分析，加上已经计入支出尚未支付非财政补助专项资金（如发生时列支的应付票据、应付账款、应缴税费、应付职工薪酬等）的金额，减去已经支付非财政补助专项资金尚未计入支出（如购入的存货、预付账款等）的金额，加上已经收到非财政补助专项资金尚未计入预算收入（如预收账款等）的金额，减去已经计入预算收入

第十七章 高等学校新旧制度衔接

尚未收到非财政补助专项资金（如应收票据、应收账款、其他应收款等）的金额，按照增减后的金额，登记新账的"非财政拨款结转"科目及其明细科目贷方；同时，按照相同的金额，登记新账"资金结存——货币资金"科目的借方。

（三）"专用结余"科目及对应的"资金结存"科目余额

新制度设置了"专用结余"科目及对应的"资金结存"科目。在新旧制度转换时，高等学校应当按照原账"专用基金"科目余额中通过非财政补助结余分配形成的金额，借记新账的"资金结存——货币资金"科目，贷记新账的"专用结余"科目。

（四）"经营结余"科目及对应的"资金结存"科目余额

新制度设置了"经营结余"科目。如果原账的"经营结余"科目期末有借方余额，在新旧制度转换时，按照原账的"经营结余"科目余额，借记新账的"经营结余"科目，贷记新账的"资金结存——货币资金"科目。

（五）"非财政拨款结余"科目及对应的"资金结存"科目余额

1. 登记"非财政拨款结余"科目余额。

新制度设置了"非财政拨款结余"科目及对应的"资金结存"科目。在新旧制度转换时，高等学校应当按照原账的"事业基金"科目余额，借记新账的"资金结存——货币资金"科目，贷记新账的"非财政拨款结余"科目。

2. 对新账"非财政拨款结余"科目及"资金结存"科目余额进行调整。

（1）调整短期投资对非财政拨款结余的影响。高等学校应当按照原账的"短期投资"科目余额，借记"非财政拨款结余"科目，贷记"资金结存——货币资金"科目。

（2）调整应收票据、应收账款对非财政拨款结余的影响。高等学校应当对原账的"应收票据""应收账款"科目余额进行分析，区分计入专项资金收入的金额和计入非专项资金收入的金额，按照计入非专项资金收入的金额借记"非财政拨款结余"科目，贷记"资金结存——货币资金"科目。

（3）调整预付账款对非财政拨款结余的影响。高等学校应当对原账的"预付账款"科目余额进行分析，区分其中由财政补助资金预付的金额、非财政补助专项资金预付的金额和非财政补助非专项资金预付的金额，按照非财政补助非专项资金预付的金额，借记"非财政拨款结余"科目，贷记"资金结存——货币资金"科目。

（4）调整其他应收款对非财政拨款结余的影响。高等学校按照新制度规定将原账其他应收款中的预付款项计入支出的，应当对原账的"其他应收款"科目余额进行分析，区分其中预付款项的金额（将来很可能列支）和非预付款项的金额，并对预付款项的金额划分为财政补助资金预付的金额、非财政补助专项资金预付的金额和非财政补助非专项资金预付的金额，按照非财政补助非专项资金预付的金额，借记"非财政拨款结余"科目，贷记"资金结存——货币资金"科目。

（5）调整存货对非财政拨款结余的影响。高等学校应当对原账的"存货"科目余额进行分析，区分购入的存货金额和非购入的存货金额。对购入的存货金额划分出其中使用财政补助资金购入的金额、使用非财政补助专项资金购入的金额和使用非财政补助非专项资金购入的金额，按照使用非财政补助非专项资金购入的金额，借记"非财政拨款结余"科目，贷记"资金结存——货币资金"科目。

（6）调整长期股权投资对非财政拨款结余的影响。高等学校应当对原账的"长期投资"科目余额中属于股权投资的余额（不含对非企业法人投资）进行分析，区分其中用现金资产取得的金额和用非现金资产及其他方式取得的金额，按照用现金资产取得的金额，借记"非财政拨款结余"科目，贷记"资金结存——货币资金"科目。

按照原制度核算长期投资，而且对应科目为"非流动资产基金——长期投资"的，不做此项调整。

（7）调整长期债券投资对非财政拨款结余的影响。高等学校应当按照原账的"长期投资"科目余额中属于债券投资的余额，借记"非财政拨款结余"科目，贷记"资金结存——货币资金"科目。

按照原制度核算长期投资，而且对应科目为"非流动资产基金——长期投资"的，不做此项调整。

（8）调整短期借款、长期借款对非财政拨款结余的影响。高等学校应当按照原账的"短期借款""长期借款"科目余额，借记"资金结存——货币资金"科目，贷记"非财政拨款结余"科目。

（9）调整应付票据、应付账款对非财政拨款结余的影响。高等学校应当对原账的"应付票据""应付账款"科目余额进行分析，区分财政补助应付的金额、非财政补助专项资金应付的金额和非财政补助非专项资金应付的金额，按照非财政补助非专项资金应付的金额借记"资金结存——货币资金"科目，贷记"非财政拨款结余"科目。

（10）调整应缴增值税对非财政拨款结余的影响。高等学校应当对原账"应缴税费——应缴增值税"科目余额进行分析，划分出与非财政补助专项资金相关的金额和与非财政补助非专项资金相关的金额。按照与非财政补助非专项资金相关的金额，计算应调整非财政拨款结余的金额。

应调整金额如为正数，按照该金额借记"资金结存——货币资金"科目，贷记"非财政拨款结余"科目；如为负数，按照该金额借记"非财政拨款结余"

科目，贷记"资金结存——货币资金"科目。

（11）调整其他应缴税费对非财政拨款结余的影响。高等学校应当对原账"应缴税费"科目余额中非增值税的其他应缴税费金额进行分析，划分出财政补助应交金额、非财政补助专项资金应交金额和非财政补助非专项资金应交金额，按照非财政补助非专项资金应交金额，借记"资金结存——货币资金"科目，贷记"非财政拨款结余"科目。

（12）调整预收账款对非财政拨款结余的影响。高等学校应当按照原账的"预收账款"科目余额中预收非财政非专项资金的金额，借记"资金结存——货币资金"科目，贷记"非财政拨款结余"科目。

（13）调整其他应付款对非财政拨款结余的影响。高等学校应当对原账的"其他应付款"科目余额（扣除属于受托代理负债的金额）进行分析，区分其中支出类的金额（确认其他应付款时计入了支出）和周转类的金额（如收取的押金、保证金等），并对支出类的金额划分为财政补助资金列支的金额、非财政补助专项资金列支的金额和非财政补助非专项资金列支的金额，按照非财政补助非专项资金列支的金额，借记"资金结存——货币资金"科目，贷记"非财政拨款结余"科目。

（14）调整专用基金对非财政拨款结余的影响。高等学校应当对原账的"专用基金"科目余额进行分析，划分出按照收入比例列支提取的专用基金（如列支提取的职工福利基金、列支提取的学生奖助基金等），按照列支提取的专用基金的金额，借记"资金结存——货币资金"科目，贷记"非财政拨款结余"科目。

3. 高等学校按照前述1、2两个步骤难以准确调整出"非财政拨款结余"科目及对应的"资金结存"科目余额的，在新旧制度转换时，可以在新账的"库存现金""银行存款""其他货币资金""财政应返还额度"科目借方余额合计数基础上，对不纳入单位预算管理的资金进行调整（如减去新账中货币资金形式的受托代理资产、应缴财政款、已收取将来需要退回资金的其他应付款，加上已支付将来需要收回资金的其他应收款），按照调整后的金额减去新账的"财政拨款结转""财政拨款结余""非财政拨款结转""专用结余"科目贷方余额合计数，加上"经营结余"科目借方余额后的金额，登记新账的"非财政拨款结余"科目贷方；同时，按照相同的金额登记新账的"资金结存——货币资金"科目借方。

（六）"其他结余""非财政拨款结余分配"科目

新制度设置了"其他结余"和"非财政拨款结余分配"科目。由于这两个科目年初无余额，在新旧制度转换时，无需对"其他结余"和"非财政拨款结余分配"科目进行新账年初余额登记。

（七）预算收入类、预算支出类会计科目

由于预算收入类、预算支出类会计科目年初无余额，在新旧制度转换时，高等学校无需对预算收入类、预算支出类会计科目进行新账年初余额登记。

高等学校自 2019 年 1 月 1 日起，应当按照新制度设置预算收入类、预算支出类科目并进行账务处理。

高等学校存在 2018 年 12 月 31 日需要按照新制度预算会计核算基础调整预算会计科目期初余额的其他事项的，应当比照本规定调整新账的相应预算会计科目期初余额。

高等学校对预算会计科目期初余额登记和调整，应当编制记账凭证，并将期初余额登记和调整的依据作为原始凭证。

第四节 财务报表和预算会计报表的新旧衔接

高等学校要按要求做好财务报表和预算会计报表的新旧衔接工作。

（一）编制 2019 年 1 月 1 日资产负债表

高等学校应当根据 2019 年 1 月 1 日新账的财务会计科目余额，按照政府会计制度要求编制 2019 年 1 月 1 日资产负债表（仅要求填列各项目"年初余额"）。

（二）2019 年度财务报表和预算会计报表的编制

高等学校应当按照政府会计制度及补充规定编制 2019 年财务报表和预算会计报表。在编制 2019 年度收入费用表、净资产变动表、现金流量表和预算收入支出表、预算结转结余变动表时，不要求填列上年比较数。

高等学校应当根据 2019 年 1 月 1 日新账财务会计科目余额，填列 2019 年净资产变动表各项目的"上年年末余额"；根据 2019 年 1 月 1 日新账预算会计科目余额，填列 2019 年预算结转结余变动表的"年初预算结转结余"项目和财政拨款预算收入支出表的"年初财政拨款结转结余"项目。

第十八章　高等学校会计核算体系构建

第一节　高等学校项目、部门编码设置规则

《政府会计制度》的实施，对高等学校财务信息化水平提出了更高的要求。高等学校必须借助专业财务软件，构建科学的会计核算体系，以确保政府会计制度的顺利实施，提高学校治理能力，提升管理效率和水平，促进业务与财务融合发展。

科目、项目和部门是构成高等学校会计核算体系的重要组成部分，为会计核算精细化、科学化提供条件。由于各高等学校管理方式不同、财务信息系统设置不同、会计工作基础不同、核算习惯不同，因此，对于项目编码规则和部门编码规则，仅作为建议和指引内容，供各高等学校参考使用。

落实《政府会计制度》的关键是实现平行记账，高等学校在构建会计核算体系过程中应以实现平行记账为基础，考虑科目、项目的设置。由于高等学校在实际工作中使用的财务系统不同，本书中项目编码规则和部门编码规则不作为强制内容，仅作为建议和指引内容。各高等学校可参照本规则，根据本校实际情况自主设置。

一、项目编码基本要求

（1）高等学校财务部门可以参照本书，建立本校统一的项目管理体系。规范项目编码规则，对项目编码的位数、含义、使用权限等进行规定，形成项目编码集，做好项目编码系统的维护和管理。学校项目信息应当适应管理和分析需求的变化，具有一定的可扩展性。

（2）项目作为高等学校内部会计主体分类标识之一，通过项目编码实现分级分类。项目编码的设置分为显示信息和控制信息两个部分。显示信息包括项目编码和项目名称，是项目的最直观反映。项目编码由一定位数的数字组成，项目名称则根据项目批复文件、合同以及管理需求等设置完成。控制信息是对项目特征的定义，反映为项目编码实施过程中所设置的属性。控制信息在会计信息系统中进行设置，不在项目编码中直接反映。

(3) 项目设置的基本原则是在会计核算中，为了达到既按照《政府会计制度》有关规定提供必要的会计信息，又减少不必要的会计科目数量与层次的目的，借助于现代化信息技术手段，通过设置项目的显示信息和控制信息，获得资金的来源渠道（具体资金来源）、资金性质（财政拨款/非财政拨款）、预算类别（基本支出/项目支出）、拨付方式（国库直接/国库授权/实拨）等信息。其中，资金的来源渠道属性一般以显示信息的方式编入项目编码，其他属性则以控制信息的方式进行定义，不在项目编码中直接反映。

(4) 政府会计制度下的项目设置采用两套科目体系：一套项目设置的思路，以财务会计的会计要素分类来区分项目编码设置的规则。预算会计的项目编码设置规则，按照纳入部门预算的资金来源分类，与财务会计的收入类的项目编码相同。

二、项目编码显示信息的设置规则

(1) 高等学校的资金来源信息，在项目显示信息中进行反映。项目编码的设置主要分为以下几类：资产类、负债类、专用基金类、财政拨款收入类和非财政拨款收入类。

(2) 项目编码一般用9位阿拉伯数字表示。其中，前两位数字为第一级，代表项目类型；第3、4位数字为第二级，用来反映经费性质和来源；第5、6、7、8、9位为第三级，代表具体项目的序列号，由高等学校财务部门根据具体排序情况编制。

1	2	3	4	5	6	7	8	9
项目类型		经费性质和来源		序列号				

定义项目类型后，在实际核算过程中项目前4位数字仍不能精确反映资金来源渠道的，可增设隐性编码进一步区分。

(3) 项目的分类编码规则。资产类项目类型编码以01开头，负债类项目类型编码以02开头，专用基金类项目类型编码以03开头，科研事业收入中非财政拨款类的各类科研拨款以04开头。学校取得的科技开发和科技咨询等科研事业收入以07开头。学校取得的未列入主管部门项目结转结余管理的其他资金，项目类型编码以1开头，其中属于学校内部专项管理的项目前两位编码为10，其他为11。构成学校综合预算（校级预算）内容的财政拨款收入科研类基本拨款以14开头，其他类基本拨款以15开头，教育类基本拨款以16开头。财政拨款收入教育类的专项拨款以5开头，科研类以6开头，财政拨款收入其他类项目以7开头。

基建项目按照不同的经费来源在不同的项目类型下设置控制信息，核算基建

第十八章 高等学校会计核算体系构建

项目的收入、支出、在建工程等。

财政类拨款项目为体现拨款年份,可以在不改变9位项目代码的基础上,通过增设2位年份信息以示区分。

(4) 设置项目编码与会计科目的对应关系。高等学校对每类项目编码对应的会计科目进行事先设定,确定项目所关联的会计科目,通过核算软件的系统设置赋值到具体项目。高等学校在考虑项目与科目的对应关系时,应区分财务会计和预算会计分别设置。项目类型编码建议表如表18-1所示。

表18-1   项目类型编码建议表

序号	项目类型编码	项目类型名称
一	01	资产类
1	0101	短期投资
2	0102	长期股权投资
3	0103	长期债券投资
4	0104	待处理财产损溢
二	02	负债类
1	0201	短期借款
2	0202	应交增值税
3	0203	其他应交税费
	01	应交个人所得税
	02	应交房产税
	03	应交企业所得税
4	0204	应缴财政款
5	0205	应付职工薪酬
6	0206	应付票据
7	0207	应付账款
8	0208	应付利息
9	0209	其他应付款
10	0210	预提费用
11	0211	长期借款
12	0212	长期应付款
13	0213	预计负债
14	0214	受托代理负债
三	03	专用基金类

续表

序号	项目类型编码	项目类型名称
1	0301	职工福利基金
2	0302	学生奖助基金
3	0303	留本基金
4	0304	住房基金
5	0399	其他基金
四	04，07	科研事业收入类
1	041	非同级财政科研拨款（中央级）
	0411	自然科学基金拨款
	0412	国家科技重大专项
	0413	国家重点研发计划
	0414	技术创新引导专项基金
	0415	基地和人才专项
2	042	非同级财政科研拨款（地方级）
3	07	其他科研事业收入类
	01	科技开发与协作
	02	科技咨询
	04	其他科研事业收入
五	1	财政拨款收入基本拨款及未纳入部门项目结转结余管理的其他资金
1	10	学校内部作为专项项目管理的项目
2	11	学校内部作为非专项管理的项目
3	14	财政拨款收入科研类基本
4	15	财政拨款收入其他类基本
5	16	财政拨款收入教育类基本
六	5，6，7	财政拨款收入专项
1	5	财政拨款收入教育类项目
	59	财政拨款收入教育类基建项目
2	6	财政拨款收入科研类项目
	69	财政拨款收入科研类基建项目
3	70~79	财政拨款收入其他类项目

三、项目编码控制信息的设置规则

（1）高等学校应当通过核算软件的系统设置，对各类经费预算属性和功能分

第十八章 高等学校会计核算体系构建

类进行划分,满足财政管理、预决算管理、成本管理、绩效评价、决策信息提供等工作需求。

(2) 项目编码控制信息的内容和数量,由各高等学校自主决定,但至少应该包括资金性质和预算类别。

(3) 资金性质。"1"代表财政支出,"2"代表非财政支出。

(4) 预算类别。"1"代表基本支出,"2"代表项目支出;基本支出和项目支出下再进行经费功能的分类,如高等教育、来华留学生教育、机构运行、住房公积金等。经费属性和功能分类建议表如表18-2所示。

表18-2 经费属性和功能分类建议表

资金性质		预算类别		功能分类	
1	财政支出				
		1	基本支出		
				2050205	高等教育
				2060201	机构运行
				……	……
		2	项目支出		
				2050205	高等教育
				2050602	来华留学生教育
				2050801	教师进修
				……	……
2	非财政支出				
		1	基本支出		
				2050205	高等教育
				……	……
		2	项目支出		
				2050205	高等教育
				……	……

四、部门编码的设置

高等学校应当根据自身机构设置和财务管理体制情况,在会计核算系统内设置按照部门(单位)核算经费的功能。

1. 高等学校的部门编码应当能够反映部门的分类信息,即应当能够区分部门的性质如教学科研、教学辅助、行政管理、后勤服务等以满足成本核算的要求。

2. 高等学校的部门编码应当能够反映部门的分级信息。比如：校内各单位可在学校统一部门编码的基础上，自行编制本单位内部明细机构的编码，并报财务部门备案、执行。对于学校校级管理的经费，设置一个"学校"的部门编码，如999；需要区分学校、院系及其下属单位的财力状况时，可以对学校和院系一级可支配的经费单独设立统一的专用编码，如校级财力部门编码统一为999000，院系一级财力的部门编码统一为***000。

第二节 高等学校会计科目设置

一、高等学校会计科目设置依据和原则

1. 高等学校应按照《政府会计制度》《政府收支分类科目》和《补充规定》的规定设置会计科目。
2. 高等学校在设置会计科目时，应兼顾对外信息报告和对内加强管理，以及成本核算的需要，将统一性和特殊性有机结合，尽可能便于掌握和使用。
3. 高等学校关于基本支出和项目支出、财政支出和非财政支出以及功能分类等信息的反映，主要通过设置项目编码和项目属性来实现。
4. 会计科目的设置应在财务会计和预算会计核算体系下考虑是否进行项目核算。一般情况下，预算会计下的所有科目实行项目核算，财务会计下的绝大多数科目也需要采用项目核算，以便于通过财务软件实现预算会计科目的对应生成。

二、会计总账科目设置和说明

高等学校会计总账科目编号由4位数字组成。按照《政府会计制度》财务会计和预算会计5+3会计要素的要求，第一位数字代表科目的类别或会计要素类型，其中，"1"代表资产类科目，"2"代表负债类科目，"3"代表净资产类科目，"4"代表收入类科目，"5"代表费用类科目。"6"代表预算收入类科目，"7"代表预算支出类科目，"8"代表预算结余类科目。后三位数字代表会计科目的序号。

高等学校会计总账科目的设置、编码和使用说明如表18-3所示。

第十八章 高等学校会计核算体系构建

表18-3 高等学校会计总账科目的设置编码和使用说明

序号	总账科目	明细科目	科目名称	核算内容	核算要求
一、资产类					
1	1001		库存现金	本科目核算高等学校的库存现金。本科目期末借方余额，反映高等学校实际持有的库存现金	(1) 高等学校应当严格按照国家有关现金管理的规定收支现金，并按照《政府会计制度》规定核算现金收支业务。本科目应当设置"受托代理各项收入的现金"明细科目，核算高等学校受托代理、代管的现金。 (2) 现金收入业务繁多、单独设有收款员的高等学校，收款部门的收款员应当将每天所收现款连同收款凭据一并交财务部门核对记账；或者将每天所收现款直接送存开户银行，将收款凭据及向银行送存现金直接送存开户银行，将收款凭据及向银行送存现金凭证一并交财务部门核收记账。 (3) 高等学校有外币现金的，应当分别按照人民币、外币种类设置"库存现金日记账"进行明细核算
		01	现金	本科目核算高等学校除受托代理、代管的现金之外的库存现金	
		02	受托代理资产	本科目核算高等学校受托代理、代管的现金	
2	1002		银行存款	本科目核算高等学校存入银行或者其他金融机构的各种存款。本科目期末借方余额，反映高等学校实际存放在银行或其他金融机构的款项	(1) 高等学校应当按照国家有关支付结算办法的规定办理银行收支业务，并按照《政府会计制度》规定核算银行存款的各项收支业务。 (2) 本科目应当设置"受托代理资产"明细科目，核算高等学校受托代理、代管的银行存款。 (3) 高等学校应当按种类分别开户"银行存款"或其他金融机构存款，分别设置"银行存款日记账"，由出纳人员根据收付款凭证，按照"银行业务发生顺序逐笔登记，每日终了应结出余额。"银行存款日记账"应当定期

续表

序号	总账科目	明细科目	科目名称	核算内容	核算要求
2	1002		银行存款	本科目核算高等学校除受托代理、代管的银行存款之外存入银行或者其他金融机构的各种存款	与"银行对账单"核对,至少每月月核对一次。月度终了,高等学校银行存款日记账账面余额与银行对账单余额之间如有差额,应当逐笔查明原因并进行处理,按月编制"银行存款余额调节表",调节相符
		01	银行存款	本科目核算高等学校受托代理、代管的银行存款	
		02	受托代理资产		
3	1011		零余额账户用款额度	本科目核算高等学校执行国库集中支付的用款计划中支付的和支用的零余额账户用款额度。本科目期末借方余额,反映高等学校尚未支用的零余额账户用款额度。年末注销零余额账户用款额度后,本科目应无余额	
4	1021		其他货币资金	本科目核算高等学校的外埠存款、银行本票存款、银行汇票存款、信用卡存款等其他货币资金。本科目期末借方余额,反映高等学校实际持有的其他货币资金	本科目应当设置"外埠存款""银行本票存款""银行汇票存款""信用卡存款"等明细科目,进行明细核算
		01	外埠存款	本科目核算高等学校在异地开立银行账户存入的款项	
		02	银行本票存款	本科目核算高等学校为取得银行本票按照规定存入银行的款项	
		03	银行汇票存款	本科目核算高等学校为取得银行汇票按照规定存入银行的款项	

第十八章 高等学校会计核算体系构建

续表

序号	总账科目	明细科目	科目名称	核算内容	核算要求
一、资产类					
5	1101	04	信用卡存款	本科目核算高等学校为取得信用卡按照规定存入银行的款项	
6	1201		短期投资	本科目核算高等学校按照取得的、持有时间不超过1年（含1年）的投资。本科目期末借方余额，反映高等学校持有短期投资的成本	本科目应当按照投资的种类等进行明细核算
			财政应返还额度	本科目核算高等学校应收财政返还的直接支付和财政授权支付资金额度，包括可以使用的以前年度财政直接支付资金额度和财政授权支付资金额度。本科目期末借方余额，反映应收财政返还的资金额度	本科目应当设置"财政直接支付"、"财政授权支付"两个明细科目进行明细核算
		01	财政直接支付	本科目核算财政直接支付下高等学校应收财政返还的资金额度	
		02	财政授权支付	本科目核算财政授权支付下高等学校应收财政返还的资金额度	
7	1211		应收票据	本科目核算高等学校因开展经营活动销售产品、提供有偿服务等而收到的商业汇票，包括银行承兑汇票和商业承兑汇票。本科目期末借方余额，反映高等学校持有的商业汇票面金额	(1) 本科目可以按照开出、承兑商业汇票的单位等进行明细核算。 (2) 高等学校应当设置"应收票据备查簿"，逐笔登记每一应收票据的种类、号数、出票日期、到期日、票面金额、交易合同名称、背书人、承兑人、背书人姓名或单位名称、收款日期、贴现日期、贴现率和贴现净额、收回金额和退票情况等。应收票据到期结清票款或退票后，应当在备查簿内逐笔注销

续表

序号	总账科目	明细科目	科目名称	核算内容	核算要求
一、资产类					
8	1212		应收账款	本科目核算高等学校提供服务、销售产品等应收取的款项，以及高等学校因出租资产、出售物资等应收取的款项。本科目期末借方余额，反映高等学校尚未收回的应收账款	(1) 本科目应当按照债务单位（或个人）进行明细核算。 (2) 高等学校可根据财务系统实现平行记账的实际需要下设明细科目。 (3) 高等学校应当于每年年末，对收回后不需上缴财政的应收账款进行全面检查，如发生不能收回的迹象，应当计提坏账准备。 (4) 高等学校应当于每年年末，对收回后应当上缴财政的应收账款进行全面检查
		01	一般应收账款	本科目核算收回后不需要上缴财政的应收账款	
		02	应收应缴款	本科目核算收回后需要上缴财政的应收账款	
9	1214		预付账款	本科目核算高等学校按照购货、服务合同或协议规定预付给供应单位（或个人）的款项，以及按照合同规定向承包工程的施工企业预付的备料款和工程款。本科目期末借方余额，反映高等学校实际预付但期末尚未结算的款项	(1) 本科目应当按照供货单位（或个人）及具体项目进行明细核算；对于基本建设项目发生的预付账款，还可以在本科目所属基建项目明细科目下设置"预付备料款""预付工程款""其他预付款"等明细科目，进行明细核算。 (2) 高等学校应当于每年年末，对预付账款不再符合预付款性质，或者因供应单位破产、撤销等原因可能无法收到所购货物、服务的，应当先将其转入其他应收款，再按照规定进行处理。 (3) 高等学校可根据实际财务信息系统实现平行记账下级明细科目，比如按照费用科目等进行明细核算
10	1215		应收股利	本科目核算高等学校持有长期股权投资应收取的现金股利或应当分得的利润。本科目期末借方余额，反映高等学校应当分得但尚未收到的现金股利或利润	本科目应当按照被投资单位等进行明细核算

第十八章 高等学校会计核算体系构建

续表

序号	总账科目	明细科目	科目名称	核算内容	核算要求
一、资产类					
11	1216		应收利息	本科目核算高等学校长期债券投资应收取的利息。高等学校持有期间购入的到期一次还本付息的长期债券投资应收取的利息，应当通过"长期债券投资——应计利息"科目核算，不通过本科目核算。本科目期末借方余额，反映高等学校应收未收的长期债券投资利息	本科目应当按照被投资单位等进行明细核算
12	1218		其他应收款	本科目核算高等学校除财政应返还额度、应收票据、应收账款、预付账款、应收股利、应收利息以外的其他各项应收及暂付款项，如职工预借的差旅费、已经偿还各项应付款尚未报销的本校公务卡天款、拨付给内部有关部门的备用金、应收取的职工收取的各种押金、支付的可以收回的上缴款项等。本科目期末借方余额，反映高等学校尚未收回的其他应收款	(1) 本科目应当按照其他应收款的类别以及债务单位(或个人)进行明细核算。 (2) 高等学校应当于每年年末，对其他应收款进行全面检查，如发生不能收回的迹象，应当计提坏账准备，确认坏账损失。 (3) 高等学校可根据实际财务信息系统实现平行记账的方式设置下级明细科目，比如按照坏账准备、应收款周转款三类明细设置下级
13	1219		坏账准备	本科目核算高等学校对收回后不需上缴财政的应收账款和其他应收款提取的坏账准备。本科目期末贷方余额，反映高等学校提取的坏账准备金额	(1) 本科目应分别应收账款和其他应收款进行明细核算。 (2) 高等学校和其他应收款应当于每年年末，对收回可能产生的坏账损失等计提坏账准备，分析可能产生的坏账损失，确认坏账损失。 (3) 高等学校计提坏账准备可以采用应收款项余额百分比法、账龄分析法、个别认定法等方法计提坏账准备。坏账准备的计提方法一经确定，不得随意变更。如需变更，应当按照规定经报表批准，并在财务报表附注中予以说明。 (4) 当期应补提或冲减的坏账准备金额 = 按照期末应收账款和其他应收款应计提的坏账准备金额 - 本科目期末贷方余额（或 + 本科目期末借方余额）

续表

序号	总账科目	明细科目	科目名称	核算内容	核算要求
		01	应收账款	本科目核算高等学校对收回后不需上缴财政的应收账款提取的坏账准备	
		02	其他应收款	本科目核算高等学校对收回后不需上缴财政的其他应收款提取的坏账准备	
一、资产类					
14	1301		在途物品	本科目核算高等学校采购材料等物品货款已付或已开出商业汇票但尚未验收入库的在途物品的采购成本。本科目期末借方余额，反映高等学校在途物品的采购成本	本科目可按照供应单位和物品种类进行明细核算
15	1302		库存物品	本科目核算高等学校在开展业务活动及其他活动中为耗用或出售而储存的各种材料、产品、低值易耗品、包装物、动植物等物品，以及达不到固定资产标准的用具、装具、地质勘察、测绘、设计成果等物品的成本。已完成的植物等物品，也通过本科目核算。高等学校随时购进的零星办公用品，可以在购进时直接列作费用，不通过本科目核算。高等学校受托代管的物资和受托转赠的物资，应当通过"受托代理资产"科目核算，不通过本科目核算。高等学校为在建工程购买的物资，应当通过"工程物资"科目核算，不通过本科目核算。本科目期末借方余额，反映高等学校库存物品的实际成本	(1) 本科目应当按照库存物品的种类、规格、保管地点等进行明细核算。高等学校储存的低值易耗品（包装物较多的，可以在本科目"在库"、"在用"和"摊销"等进行明细核算。 (2) 高等学校应当定期对库存物品进行清查盘点，每年至少盘点一次。对于发生的库存物品盘盈、盘亏或者报废、毁损，应先行计入"待处理财产损溢"科目，按照规定报经批准后及时进行后续账务处理

第十八章 高等学校会计核算体系构建

续表

序号	总账科目	明细科目	科目名称	核算内容	核算要求
一、资产类					
16	1303		加工物品	本科目核算高等学校自制、委托外单位加工等的各种物品的实际成本，设计成果的测绘、地质勘察，也通过本科目核算。本科目期末借方余额，反映高等学校自制、委托外单位加工、接受外单位委托代为加工但尚未完工等的各种物品的实际成本	本科目应当设置"自制物品""委托加工物品""受托加工物品"等一级明细账，并按照物品类别、品种、项目等设置明细科目，进行明细核算。本科目"自制物品"一级明细科目下应设置"直接材料""直接人工""其他直接费用""间接费用"等二级明细科目（专门从事自制物品归集自制物品发生的直接费用、直接人工费）。对于自制物品一级明细科目"直接人工"二级明细科目予以归集；物品制造人员发生的人工费用，应当在本科目"自制物品"一级明细科目下单独设置"间接费用"二级明细科目予以归集，期末，再按照一定的分配标准和方法，分配计入有关物品的成本
		01	自制物品	本科目核算高等学校自制的各种物品的实际成本	
		02	委托加工物品	本科目核算高等学校委托外单位加工的各种物品的实际成本	
		03	受托加工物品	本科目核算高等学校对受托加工物品进行加工时，消耗的料、工、费等	
17	1401		待摊费用	本科目核算高等学校已经支付，但应当由本期和以后各期分别负担的分摊期在1年以内（含1年）的各项费用，如摊销期限在1年以内的租入固定资产改良支出和其他费用，不通过本科目核算。本科目期末借方余额，反映高等学校各种已支付但尚未摊销的分摊期在1年以内（含1年）的费用	（1）待摊费用应当在其受益期限内分期平均摊销，如预付航空保险费应当在保险期的有效期内，预付租金应当在租赁期内分期平均摊销，计入当期费用。（2）本科目应当按照待摊费用种类进行明细核算

续表

序号	总账科目	明细科目	科目名称	核算内容	核算要求
18	1501		长期股权投资	本科目核算高等学校按照规定取得的、持有时间超过1年（不含1年）的股权性质的投资。本科目期末借方余额，反映高等学校持有的长期股权投资的价值	本科目应当按照被投资单位和长期股权投资取得方式等进行明细核算。长期股权投资采用权益法核算的，还应当按照"损益调整""成本""其他权益变动"设置明细科目，进行明细核算
		01	成本法	本科目核算高等学校采用成本法核算的长期股权投资	
		02	权益法	本科目核算高等学校采用权益法核算的长期股权投资	
		0200	新旧制度转换调整	本明细科目核算高等学校在新旧制度转换时对采用权益法核算的长期股权投资，按照规定转换的长期股权投资金额。高等学校在新旧制度转换时，依据被投资单位2018年12月31日财务报表的所有者权益账面余额，以及单位持有或应分担的被投资单位所有者权益的份额，计算高等学校应享有或应分担的被投资单位所有者权益的份额，调整长期股权投资的账面余额	
		0201	成本	本科目核算高等学校采用权益法核算的长期股权投资的初始投资成本	
		0202	损益调整	本科目核算被投资单位实现净利润或发生净亏损，被投资在投资单位宣告分派现金股利或利润时，按照应享有或分担的份额进行的账面价值的调整	

一、资产类

续表

序号	总账科目	明细科目	科目名称	核算内容	核算要求
一、资产类					
		0203	其他权益变动	本科目核算高等学校采用权益法核算的长期股权投资按被投资单位发生除净损益和利润分配以外的所有者权益变动应享有或应分担的份额	
19	1502		长期债券投资	本科目核算高等学校按照规定取得的、持有时间超过1年（不含1年）的债券投资。本科目期末借方余额，反映高等学校持有的长期债券投资的价值	本科目应当设置"成本""应计利息"明细科目，并按照高等学校投资的种类进行明细核算
		01	成本	本科目核算高等学校取得长期债券投资时确定的投资成本	
		02	应计利息	本科目核算到期一次还本付息的债券投资持有期间，按期以债券票面金额与票面利率计算确认的利息收入	
20	1601		固定资产	本科目核算高等学校固定资产的原值。本科目期末借方余额，反映高等学校固定资产的原值	(1) 本科目应当按照固定资产类别和项目进行明细核算。固定资产一般分为六类：房屋及构筑物；专用设备；通用设备；文物和陈列品；图书、档案；家具、用具、装具及动植物。 (2) 固定资产核算时，应当先考虑以下情况：①购入需要安装的固定资产，安装完毕交付使用时再转入本科目核算。②以借入方式取得的固定资产，应当设置备查簿进行登记。③采用融资租入方式取得的固定资产，通过本科目核算，并在本科目下设置"融资租入固定资产"明细科目，通过本科目核算；高等学校应当在本科目下设置"境外固定资产"明细科目核算。④经批准在境外购买具有所有权的土地，作为固定资产"境外土地"科目核算；高等学校应当在本科目下设置"境外土地"明细科目，进行相应明细核算。

续表

序号	总账科目	明细科目	科目名称	核算内容	核算要求
一、资产类					
20	1601		固定资产		(3) 高等学校应当定期对固定资产进行清查盘点，每年至少盘点一次。对于发生的固定资产盘盈、盘亏或毁损、报废，应当先记入"待处理财产损溢"科目，按照规定程序经批准后及时进行后续账务处理。 (4) 本科目核算的以名义金额计量的固定资产不计提折旧
		01	房屋及构筑物	本科目核算高等学校房屋及构筑物的原值	
		02	专用设备	本科目核算高等学校专用设备的原值	
		03	通用设备	本科目核算高等学校通用设备的原值	本科目核算的固定资产不计提折旧
		04	文物和陈列品	本科目核算高等学校文物和陈列品的原值	本科目核算的固定资产不计提折旧
		05	图书、档案	本科目核算高等学校图书、档案的原值	本科目核算的固定资产不计提折旧
		06	家具、用具、装具	本科目核算高等学校家具、用具、装具的原值	
		07	动植物	本科目核算高等学校动植物的原值	本科目核算的固定资产不计提折旧
21	1602		固定资产累计折旧	本科目核算高等学校计提的固定资产累计折旧。本科目期末贷方余额，反映高等学校计提的固定资产折旧累计数	(1) 本科目应当按照所对应固定资产的明细分类进行明细核算。 (2) 高等学校计提融资租入固定资产折旧时，应当采用与自有固定资产相一致的折旧政策。能够合理确定租赁期届满时将会取得租入固定资产所有权的，应当在租入固定资产尚可使用年限内计提折旧；无法合理确定租赁期届满时与租入固定资产所有权的，应当在租赁期与租入固定资产尚可使用年限两者中较短的期间内计提折旧

第十八章 高等学校会计核算体系构建

续表

序号	总账科目	明细科目	科目名称	核算内容	核算要求
			一、资产类		
		01	房屋及构筑物	本科目核算高等学校房屋及构筑物计提的累计折旧	
		02	专用设备	本科目核算高等学校专用设备计提的累计折旧	
		03	通用设备	本科目核算高等学校通用设备计提的累计折旧	
		04	家具、用具、装具	本科目核算高等学校家具、用具、装具计提的累计折旧	
22	1611		工程物资	本科目核算高等学校为在建工程准备的各种物资的成本,包括工程用材料、设备等。本科目期末借方余额,反映高等学校为在建工程准备的各种物资的成本	本科目可按照"库存材料""库存设备"等工程物资类别进行明细核算
		01	库存材料	本科目核算高等学校为在建工程准备的工程用材料等成本	
		02	库存设备	本科目核算高等学校为在建工程准备的设备等成本	
23	1613		在建工程	本科目核算高等学校在建的建设项目工程项目工程和安装工程、信息系统项目工程等的实际成本。本科目期末借方余额,反映高等学校尚未完工的建设项目工程发生的实际成本	本科目应当设置"建筑安装工程投资""设备投资""待摊投资""其他投资"等明细科目,并按照具体项目进行明细核算
		01	基建工程	本科目核算高等学校在建的基本建设工程项目的实际成本	
		0101	建筑安装工程投资	本科目支出的构成基本建设工程项目实际支出的建筑工程和安装工程成本,不包括被安装设备本身的价值以及按照合同规定支付给施工单位的预付备料款和预付工程款	本明细科目应当设置"建筑工程"和"安装工程"两个明细科目进行明细核算

续表

序号	总账科目	明细科目	科目名称	核算内容	核算要求
一、资产类					
		010101	建筑工程	本科目核算高等学校发生的构成基本建设工程项目实际支出的构筑工程的实际成本	
		010102	安装工程	本科目核算高等学校发生的构成基本建设工程项目实际支出的安装工程的实际成本	
		0102	设备投资	本科目核算高等学校发生的构成基本建设工程项目实际支出的各种设备的实际成本	
		0103	待摊投资	本科目核算高等学校发生的构成基本建设工程项目实际支出的,按照规定应当分摊计人有关工程成本和设备成本的各项间接费用和税费支出	
		0104	其他投资	本科目核算高等学校发生的构成基本建设工程项目实际支出的房屋购置支出,办公生活用家具、器具购置支出,培育支出,飞播造林、补助群众造林、水土保持、航道清淤、城市绿化、取消项目的可行性研究费以及项目整体报废等不能形成资产部分的基建投资支出、基本畜禽购置支出,软件研发和不能计人设备投资的软件购置支出。高等学校为取得土地使用权支付的土地出让金,也通过本明细科目核算	本明细科目应当设置"房屋购置""基本畜禽支出""林木支出""办公生活用家具、器具购置""可行性研究固定资产购置""无形资产"等明细科目
		0105	待核销基建支出	本科目核算高等学校基本建设工程项目发生的江河清障、航道清淤、飞播造林、补助群众造林、水土保持、城市绿化、取消项目的可行性研究费以及项目整体报废等不能形成资产部分的基建投资支出	本明细科目应按照待核销基建支出的类别进行明细核算
		0106	基建转出投资	本科目核算高等学校为基本建设工程项目配套而建成的、产权不归属本校的专用设施的实际成本	本明细科目应按照转出投资的类别进行明细核算

第十八章 高等学校会计核算体系构建

续表

序号	总账科目	明细科目	科目名称	核算内容	核算要求
一、资产类					
		02	其他在建工程	本科目核算高等学校除基本建设工程项目以外的其他在建工程项目的实际成本。主要包括：单位在建的信息系统项目工程、维修缮工程等	
		0201	建筑安装工程投资	本科目实际支出的建筑工程和安装工程的实际成本，不包括被安装设备本身的价值以及按照合同规定支付给施工单位的预付备料款和预付工程款	本明细科目应当设置"建筑工程"和"安装工程"两个明细科目进行明细核算
		020101	建筑工程	本科目核算高等学校发生的构成其他建在工程项目实际支出的建筑工程的实际成本	
		020102	安装工程	本科目核算高等学校发生的构成其他建在工程项目实际支出的安装工程的实际成本	
		0202	设备投资	本科目核算高等学校发生的构成其他建在工程项目实际支出的各种设备的实际成本	
		0203	待摊投资	本科目核算高等学校发生的构成其他建在工程项目实际支出的，按照规定应当分摊计入有关工程成本和设备成本的各项间接费用和税费支出	
		0204	其他投资	本科目核算高等学校发生的构成其他建在工程项目实际支出的除上述支出以外的实际支出	
		0205	待核销基建支出	本科目核算高等学校其他在建工程项目发生的不能形成资产部分的支出	

续表

序号	总账科目	明细科目	科目名称	核算内容	核算要求
		0206	基建转出投资	本科目核算高等学校为其他在建工程项目配套而建成的、产权不归属本校的专用设施的实际成本	本明细科目应按照转出投资的类别进行明细核算
24	1701		无形资产	本科目核算高等学校无形资产的原值。非大批量购入、单价小于1000元的无形资产，可以于购买的当期将其成本直接计入当期费用。本科目期末借方余额，反映高等学校无形资产的成本	（1）本科目应当按照无形资产的类别、项目等进行明细核算。 （2）高等学校应当定期对无形资产进行清查盘点，每年至少盘点一次。高等学校清查盘点过程中发现的无形资产盘盈、盘亏等，参照"固定资产"科目相关规定进行账务处理
		01	土地使用权	本科目核算高等学校土地使用权的原值	
		02	专利权	本科目核算高等学校专利权的原值	
		03	著作权	本科目核算高等学校著作权的原值	
		04	商标权	本科目核算高等学校商标权的原值	
		05	非专利技术	本科目核算高等学校非专利技术的原值	
		06	软件	本科目核算高等学校软件的原值	
		07	其他无形资产	本科目核算高等学校其他使用年限有限的无形资产的原值	
25	1702		无形资产累计摊销	本科目核算高等学校无形资产累计摊销。本科目期末贷方余额，反映高等学校计提的无形资产摊销累计数	本科目应当按照所对应无形资产的明细分类进行明细核算
		01	土地使用权	本科目核算高等学校土地使用权计提的累计摊销	
		02	专利权	本科目核算高等学校专利权计提的累计摊销	
		03	著作权	本科目核算高等学校著作权计提的累计摊销	

第十八章 高等学校会计核算体系构建

续表

序号	总账科目	明细科目	科目名称	核算内容	核算要求
一、资产类					
		04	商标权	本科目核算高等学校商标权计提的累计摊销	
		05	非专利技术	本科目核算高等学校非专利技术计提的累计摊销	
		06	软件	本科目核算高等学校软件计提的累计摊销	
		07	其他无形资产	本科目核算高等学校其他无形资产计提的累计摊销	
26	1703		研发支出	本科目核算高等学校自行研究开发项目研究阶段和开发阶段发生的各项研发支出。应当通过"在建工程"科目核算,不通过本科目核算。本科目期末借方余额,反映高等学校预计能达到预定用途的研究开发项目在开发阶段发生的累计支出数	本科目应当按照自行研究开发项目,分别"研究支出""开发支出"进行明细核算
		01	研究支出	本科目核算高等学校自行研究开发项目研究阶段发生的各项支出	
		02	开发支出	本科目核算高等学校自行研究开发项目开发阶段发生的各项支出	
28	1891		受托代理资产	本科目核算高等学校接受委托方委托管理的各项资产,包括受托指定转赠管的物资、受托存储保管的物资、使用受托代理资金购置的受托代理资产、资产等购置成本。高等学校收到的受托代理资产为现金的,不通过本科目核算,通过"库存现金""银行存款"科目进行核算。本科目期末借方余额,反映高等学校受托代理资产的成本	本科目应当按照资产的种类和委托人进行明细核算;属于转赠资产的,还应当按照受赠人进行明细核算

续表

序号	总账科目	明细科目	科目名称	核算内容	核算要求
一、资产类					
29	1901	01	应收及暂付款	本科目核算高等学校使用受托代理资金发生的各种应收及暂付款项	
		02	固定资产	本科目核算高等学校接受委托方委托管理或使用受托代理资金购置的固定资产的成本	
		03	无形资产	本科目核算高等学校接受委托方委托管理或使用受托代理资金购置的无形资产的成本	
		04	库存货品	本科目核算高等学校接受委托方委托管理或使用受托代理资金购置的存货的成本	
			长期待摊费用	本科目核算高等学校已经支出，但应由本期和以后各期负担的分摊期限在1年以上（不含1年）的各项费用，如以经营租赁方式租入的固定资产发生的改良支出等。本科目期末借方余额，反映高等学校尚未摊销完毕的长期待摊费用	本科目应当按照费用项目进行明细核算
30	1902		待处理财产损溢	本科目核算高等学校在资产清查过程中查明的各种资产盘盈、盘亏和报废、毁损的价值。本科目期末如为借方余额，反映尚未处理完毕的各种资产的净损失；期末如为贷方余额，反映尚未处理完毕的各种资产净溢余。年末，经批准处理完毕后，本科目一般应无余额	（1）本科目应当按照待处理的资产项目进行明细核算，对于在资产处理过程中取得收入或发生相关费用的项目，还应当设置"待处理财产价值""处理净收入"明细科目，进行明细核算。 （2）高等学校资产清查中查明的资产盘盈、盘亏、报废和毁损，一般应当先记入本科目，按照规定报经批准后及时进行账务处理。年末结账前一般应处理完毕
		01	现金资产	本科目核算高等学校账款核对时发现的库存现金短缺或溢余	

第十八章 高等学校会计核算体系构建

续表

序号	总账科目	明细科目	科目名称	核算内容	核算要求
一、资产类					
		02	非现金资产	本科目核算高等学校在资产清查过程中发现的非现金资产的盘盈、盘亏和报废、毁损的价值	
		0201	待处理资产价值	本科目核算高等学校待处理非现金资产的账面价值	
		0202	处理净收入	本科目核算高等学校在处理非现金资产过程中取得的相关收入、发生的相关费用	
二、负债类					
31	2001		短期借款	本科目核算高等学校经批准向银行或其他金融机构借入的期限在1年内（含1年）的各种借款。本科目期末贷方余额，反映高等学校尚未偿还的短期借款本金	本科目应当按照债权人和借款种类进行明细核算
32	2101		应交增值税	本科目核算高等学校按照税法规定计算应交纳的增值税。本科目期末贷方余额，反映高等学校尚未交纳的增值税；期末如为借方余额，反映高等学校尚未抵扣或多交的增值税	属于增值税一般纳税人的高等学校，应当在本科目下设置"应交税金""未交税金""预交税金""待抵扣进项税额""待认证进项税额""待转销项税额""简易计税""转让金融商品应交增值税""代扣代交增值税"等明细科目。属于增值税小规模纳税人的单位只需在本科目下设置"应交税金""转让金融商品应交增值税""代扣代交增值税"等明细科目。本科目下应当设置"进项税额""销项税款""销项税额""已交税金""转出未交增值税""减免税款""销项税额""进项税额转出""转出多交增值税"等明细科目
		01	应交增值税	本科目核算高等学校按照税法规定发生的计提、扣减等增值税业务	

续表

序号	总账科目	明细科目	科目名称	核算内容	核算要求
二、负债类					
		0101	进项税额	本科目核算高等学校购进货物、加工修理修配劳务、服务、无形资产或不动产而支付或负担的，准予从当期销项税额中抵扣的增值税额	
		0102	已交税金	本科目核算高等学校当月已交纳的应交增值税额	
		0103	转出未交增值税	本科目核算高等学校当月月度终了转出未交纳的增值税额	
		0104	减免税款	本科目核算高等学校按照现行增值税制度规定予减免的增值税额	
		0105	销项税额	本科目核算高等学校销售货物、加工修理修配劳务、服务、无形资产或不动产应收取的增值税额	
		0106	进项税额转出	本科目核算高等学校购进货物、加工修理修配劳务、服务、无形资产或不动产发生非正常损失以及其他原因而不应从销项税额中抵扣、按照规定转出的进项税额	
		0107	转出多交增值税	本科目核算高等学校当月月度终了转出当月多交的增值税额	
	02		未交税金	本科目核算高等学校月度终了转入当月未交、少交或预交的增值税额，以及当月交纳以前期间未交的增值税额 从"应交税金"明细科目	

第十八章 高等学校会计核算体系构建

续表

序号	总账科目	明细科目	科目名称	核算内容	核算要求
二、负债类					
		03	预交税金	本科目核算高等学校转让不动产、提供不动产经营租赁服务等,以及其他按照现行增值税制度规定应预缴的增值税额	
		04	待抵扣进项税额	本科目核算高等学校已取得增值税扣税凭证并经税务机关认证,按照现行增值税制度规定准予以后期间从销项税额中抵扣的进项税额	
		05	待认证进项税额	本科目核算高等学校由于未取得增值税扣税凭证或未经税务机关认证而不得从当期销项税额中抵扣的进项税额。包括:一般纳税人已取得增值税扣税凭证并按规定准予从销项税额中抵扣,但尚未经税务机关稽核比对未取得稽核相符结果的海关缴款书进项税额	
		06	待转销项税额	本科目核算高等学校销售货物、加工修理修配劳务、服务、无形资产或不动产,已确认相关收入(或利得)但尚未发生增值税纳税义务而需于以后期间确认为销项税额的增值税额	
		07	简易计税	本科目核算高等学校采用简易计税方法发生的增值税计提、扣减、预缴、缴纳等业务	
		08	转让金融商品应交增值税	本科目核算高等学校转让金融商品发生的增值税额	
		09	代扣代交增值税	本科目核算高等学校购进在境内未设经营机构的境外单位或者个人在境内的应税行为代扣代缴的增值税	

续表

序号	总账科目	明细科目	科目名称	核算内容	核算要求
				二、负债类	
33	2102		其他应交税费	本科目核算高等学校按照税法等规定计算应交纳的除增值税以外的各种税费，包括城市维护建设税、教育费附加、地方教育附加、车船税、房产税、城镇土地使用税和企业所得税、高等学校代扣代缴的个人所得税，也通过本科目核算。高等学校交纳的印花税不需要预提应交税费，直接通过"业务活动费用"、"单位管理费用"、"经营费用"等科目核算，不通过本科目核算。本科目期末贷方余额，反映高等学校未交纳的除增值税以外的税费金额；期末如为借方余额，反映高等学校多交纳的除增值税以外的税费金额	本科目应当按照应交纳的税费种类进行明细核算
		01	个人所得税	本科目核算高等学校按照税法等规定代扣代缴的个人所得税款	本科目可以按个税申报明细设置明细科目
		02	增值税附加	本科目核算高等学校按照税法等规定计算应交纳的城建税及教育费附加	
		03	车船税	本科目核算高等学校按照税法等规定计算应交纳的公车车船税	
		04	房产税	本科目核算高等学校按照税法等规定计算应交纳的房产税	
		05	城镇土地使用税	本科目核算高等学校按照税法等规定计算应交纳的城镇土地使用税	

第十八章 高等学校会计核算体系构建

续表

序号	总账科目	明细科目	科目名称	核算内容	核算要求
		06	企业所得税	本科目核算高等学校按照税法等规定计算应交纳的所得税	
34	2103		应缴财政款	本科目核算高等学校按规定应当缴纳的各种税费，通过"应交增值税"、"其他应交税费"科目核算，不通过本科目核算。本科目贷方余额，反映高等学校应上缴财政但尚未缴纳的款项。年终清缴后，本科目一般应无余额	本科目应当按照应缴财政款项的类别进行明细核算
		01	应缴国库款	本科目核算高等学校按规定应缴入国库的款项（应缴税费除外）。本科目期末贷方余额，反映高等学校应缴入国库但尚未缴纳的款项	
		0101	国有资产处置收入	本科目核算高等学校按规定应缴入国库的国有资产处置净收入	
		02	应缴财政专户款	本科目核算高等学校按规定应缴入财政专户的款项。本科目期末贷方余额，反映高等学校应缴入财政专户但尚未缴纳的款项	
		0201	学费	本科目核算高等学校按规定应缴入财政专户的本科生和研究生的学费	
		0202	住宿费	本科目核算高等学校按规定应缴入财政专户的本科生和研究生的住宿费	

二、负债类

续表

序号	总账科目	明细科目	科目名称	核算内容	核算要求
二、负债类					
		0203	委托培养费	本科目核算高等学校按规定应缴入财政专户的研究生委托培养费	
		0204	函大、夜大学费及短训班培训费	本科目核算高等学校按规定应缴入财政专户的函大、夜大学费及短训班培训费	
		0205	考试考务费	本科目核算高等学校应缴入财政专户的考试考务费	
		0299	其他	本科目核算高等学校应缴入财政专户除上述明细以外的应缴款项	
35	2201		应付职工薪酬	本科目核算高等学校按照有关规定应付给职工（含长期聘用人员）及为职工支付的各种薪酬，包括基本工资、国家统一规定的津贴补贴、规范津贴补贴（如长江学者津贴）、改革性补贴、社会保险费（如职工基本养老保险费、职业年金、基本医疗保险费、住房公积金等）等。本科目期末贷方余额，反映高等学校应付未付的职工薪酬	本科目应当根据国家有关规定按照"基本工资"（含离退休费）、"国家统一规定的津贴补贴"、"规范津贴补贴"（绩效工资）、"改革性补贴"、"社会保险费"、"住房公积金"、"其他个人收入"等进行明细核算。其中，"社会保险费"、"住房公积金"明细科目核算内容包括高等学校从职工工资中代扣代缴的社会保险的社会保险金、住房公积金，以及高等学校为职工计算缴纳的社会保险费、住房公积金
		01	工资（离退休费）	本科目核算高等学校按照国家统一规定发放给在职人员的岗位工资、薪级工资、绩效工资，由高等学校发放给离退休人员的离退休费等支出，以及经过国务院或人事部、财政部批准设立的津贴补贴	
		0101	在职人员		
		0102	离休人员		

第十八章 高等学校会计核算体系构建

续表

序号	总账科目	明细科目	科目名称	核算内容	核算要求
二、负债类					
		0103	退休人员		
		02	津贴补贴	本科目核算高等学校根据政策发放的津贴补贴。按照人员类型分为在职人员、离休人员和退休人员三个明细科目	
		0201	在职人员		
		0202	离休人员		
		0203	退休人员		
		03	其他个人收入	本科目核算高等学校按照国家规定发放给个人除上述以外的其他收入，包括误餐费、夜餐费、出差人员伙食补助费、出差交通补助、出国人员伙食费、公杂费，发放给个人的一次性奖励等。按照人员类型分为在职人员、离休人员和退休人员三个明细科目	
		0301	在职人员		
		0302	离休人员		
		0303	退休人员		
		04	社会保险费	本科目核算高等学校从在职职工工资中代扣职工个人应缴纳的社会保险费，以及单位下设失业保险、养老保险、医疗保险、工伤保险、生育保险和职业年金六个明细科目	

续表

序号	总账科目	明细科目	科目名称	核算内容	核算要求
	二、负债类				
		0401	失业保险	本科目核算高等学校从职工工资中代扣代缴的失业保险，以及单位为职工计算缴纳的失业保险	
		0402	养老保险	本科目核算高等学校从职工工资中代扣代缴的养老保险，以及单位为职工计算缴纳的养老保险	
		0403	医疗保险	本科目核算高等学校从职工工资中代扣代缴的医疗保险，以及单位为职工计算缴纳的医疗保险	
		0404	工伤保险	本科目核算高等学校在职人员单位负担部分的工伤保险缴费	
		0405	生育保险	本科目核算高等学校在职人员单位负担的生育保险缴费	
		0409	职业年金	本科目核算高等学校从职工工资中代扣代缴的职业年金，以及单位为职工计算缴纳的职业年金	
		05	住房公积金	本科目核算高等学校从职工工资中代扣代缴的住房公积金，以及单位为职工计算缴纳的住房公积金	
36	2301		应付票据	本科目核算高等学校因购买材料、物资等而开出、承兑的商业汇票，包括银行承兑汇票和商业承兑汇票。本科目期末贷方余额，反映高等学校开出、承兑的尚未到期的应付票据金额	本科目应当按照债权人进行明细核算

第十八章　高等学校会计核算体系构建

续表

序号	总账科目	明细科目	科目名称	核算内容	核算要求
二、负债类					
37	2302		应付账款	本科目核算高等学校因购买物资、接受服务、开展工程建设等而应付的款项。本科目期末贷方余额，反映高等学校尚未支付的应付账款金额	本科目应当按照债权人进行明细核算。对于建设项目，还应设置"应付器材款""应付工程款"等明细科目，并按照具体项目进行明细核算
38	2304		应付利息	本科目核算高等学校按照合同约定应支付的借款利息，包括短期借款、分期付息到期还本的长期借款等应支付的利息。本科目期末贷方余额，反映高等学校应付未付的利息金额	本科目应当按照债权人等进行明细核算
39	2305		预收账款	本科目核算高等学校预收取但尚未结算的款项。本科目期末贷方余额，反映高等学校预收收到但尚未结算款项的金额	高等学校应当通过财务信息系统实现对债权人的明细核算。为准确核算各类预算收入，可在预收账款科目下按照预算收入的明细进行一级明细核算
40	2307		其他应付款	本科目核算高等学校除应交增值税、应付职工薪酬、其他应交税费、应交财政款、应付利息、预收账款以外，还期限在1年内（含1年）的应付及暂收款项，如收取的押金、存入保证金、应付报销但尚未偿还银行的本单位公务卡欠款等，同级政府财政部门预拨的下期预算款和没有纳入预算方式通过本单位转付款项，以及采用实拨资金方式拨付给本属单位的财政拨款，也通过本科目核算。本科目期末贷方余额，反映高等学校尚未支付的其他应付款金额	本科目应当按其他应付款的类别以及债权人等进行明细核算。也可根据实际明细科目的方式设置下级明细科目，比如按照应付类、暂收类、转拨款等三类明细设置下级
		01	押金	本科目核算高等学校因业务需要而收取的押金	

续表

序号	总账科目	明细科目	科目名称	核算内容	核算要求
二、负债类					
41	2401	02	保证金	本科目核算高等学校因业务需要而收取的保证金	
		99	其他	本科目核算高等学校除上述明细科目以外其他各项偿还期限在1年内（含1年）的应付及暂收款项	
			预提费用	本科目核算高等学校预先提取的已经发生但尚未支付的费用，如预提租金费用等。高等学校按规定从科研项目收入中提取的项目间接费用或管理费，也通过本科目核算。高等学校计提的借款利息费用，通过"应付利息""长期借款"科目核算，不通过本科目核算。本科目期末贷方余额，反映高等学校已预提但尚未支付的各项费用	本科目应当按照预提费用的种类进行明细核算。对于提取的项目间接费用或管理费，应当在本科目下设置"项目间接费用或管理费"明细科目，并按项目进行明细核算
		01	项目间接费用或管理费	本科目核算高等学校根据国家相关政策规定和学校经济管理办法，从科研项目收入中提取的项目间接费用或管理费	
		99	其他	本科目核算高等学校除项目间接费用或管理费之外的、提取的已经发生但尚未支付的费用等	
42	2501		长期借款	本科目核算高等学校经批准向银行或其他金融机构举借的期限超过1年（不含1年）的各种借款本息。本科目期末贷方余额，反映高等学校尚未偿还的长期借款本息金额	本科目应当设置"本金"和"应计利息"明细科目，并按照贷款单位和贷款种类进行明细核算。对于建设项目借款，还应按照具体项目进行明细核算
		01	本金		
		02	应计利息		

第十八章 高等学校会计核算体系构建

续表

序号	总账科目	明细科目	科目名称	核算内容	核算要求
二、负债类					
43	2502		长期应付款	本科目核算高等学校发生的偿还期限超过1年（不含1年）的应付款项，如以融资租赁方式取得固定资产应付的租赁费等。本科目期末贷方余额，反映高等学校尚未支付的长期应付款金额	本科目应当按照长期应付款的类别以及债权人进行明细核算
44	2601		预计负债	本科目核算高等学校对因或有事项所产生的现时义务而确认的负债，如未决诉讼等确认的负债。本科目期末贷方余额，反映高等学校已确认但尚未支付的预计负债金额	本科目应当按照预计负债的项目进行明细核算
45	2901		受托代理负债	本科目核算高等学校接受委托取得受托代理资产时形成的负债。本科目期末贷方余额，反映高等学校尚未支付或发出受托代理资产形成的受托代理负债金额	本科目应当按照受托代理的类别、项目等进行明细核算
		01	团费	本科目核算高等学校代为管理的团费	
		02	党费	本科目核算高等学校代为管理的党费	
		03	学会（协会）会费	本科目核算高等学校接受各类学会（协会）委托代为管理的会费	高等学校收取受托代理项目的款项需开具学校增值税票的业务不在此科目核算，在高等学校其他收入科目中核算
		04	个人公共维修基金	本科目核算高等学校代为管理的个人交纳的住房维修基金	
		99	其他受托代理负债	本科目核算高等学校接受委托代为管理的除上述明细以外的资产时形成的负债	

续表

序号	总账科目	明细科目	科目名称	核算内容	核算要求
三、净资产类					
46	3001		累计盈余	本科目核算高等学校历年实现的盈余扣除盈余分配后滚存的金额，以及因无偿调入资产产生的净资产变动额。按照规定上缴、缴回、单位同调剂结转结余盈余资产的净资产变动额，以及对以前年度盈余的调整余额，也通过本科目核算。本科目期末余额，反映高等学校未分配盈余（或未弥补亏损）的累计数以及截至上年末无偿调拨净资产变动额的累计数。本科目年末余额，反映高等学校未分配盈余（或未弥补亏损）以及无偿调拨净资产变动的累计数	
		01	一般盈余		
		02	上缴	核算高等学校按规定上缴财政拨款结转结余及专项结余的资金	
		03	归集调入	核算高等学校按规定从其他单位调入的财政拨款结转结余资金	
		04	归集调出	核算高等学校按规定调出转入其他单位的财政拨款结转结余资金	
		05	单位内部调剂	核算高等学校经财政部门批准对财政拨款结转结余资金改变用途，调整用于本单位其他未完项目等的调整金额	

第十八章 高等学校会计核算体系构建

续表

序号	总账科目	明细科目	科目名称	核算内容	核算要求
三、净资产类					
47	3101		专用基金	本科目核算高等学校按照规定提取或设置的具有专门用途的净资产，主要包括职工福利基金、科技成果转换基金等。本科目期末贷方余额，反映高等学校累计提取或设置的尚未使用的专用基金	本科目应当按照专用基金的类别进行明细核算
		01	职工福利基金	本科目核算高等学校按规定提取和使用的职工福利基金	
		02	学生奖助基金	本科目核算高等学校按规定提取和使用的学生奖助基金	
		03	留本基金	本科目核算高等学校使用捐赠资金建立的具有永久性保留本金或一定时期内保留本金的限定性基金	本科目应按照每个留本基金设置明细科目进行核算。在每个留本基金明细科目下还应当设置"本金"和"收益"明细科目
		0301	本金	本科目核算高等学校收到具有永久性保留本金或一定时期内保留本金的限定性基金	本科目下应当设置"已投资"和"未投资"明细科目
		030101	未投资	本科目核算高等学校暂未转出进行投资的留本基金	
		030102	已投资	本科目核算高等学校已转出进行投资的留本基金	
		0302	收益	本科目核算高等学校使用限定性留本基金取得的收益	
		04	住房基金	本科目核算高等学校住房基金的收支情况	
		99	其他专用基金	本科目核算高等学校除上述专用基金以外的其他专用基金	

续表

序号	总账科目	明细科目	科目名称	核算内容	核算要求
三、净资产类					
48	3201		权益法调整	本科目核算高等学校持有的长期股权投资采用权益法核算时，按照被投资单位净损益和利润分配以外的所有者权益变动份额调整长期股权投资账面余额而计入净资产的金额。本科目期末余额，反映高等学校在被投资单位除净损益和利润分配以外的所有者权益变动中累积享有（或分担）的份额	本科目应当按照被投资单位进行明细核算
49	3301		本期盈余	本科目核算高等学校本期各项收入、费用相抵后的余额。本科目期末如为贷方余额，反映高等学校实现的盈余；如为借方余额，反映高等学校自年初至本期期末累计发生的亏损。本科目期末累计自年初至当期期末余额，年末结账后，本科目应无余额	
50	3302		本年盈余分配	本科目核算高等学校本年度盈余分配的情况和结果。年末结账后，本科目应无余额	
51	3401		无偿调拨净资产	本科目核算高等学校无偿调入或调出非现金资产所引起的净资产变动的金额。年末结账后，本科目应无余额	
52	3501		以前年度盈余调整	本科目核算高等学校本年度发生的调整以前年度盈余的事项，包括本年度发生的重要前期差错更正涉及调整以前年度盈余的事项。本科目结转后应无余额	

第十八章 高等学校会计核算体系构建

续表

序号	总账科目	明细科目	科目名称	核算内容	核算要求
三、净资产类					
		01	以前年度收支调整	本科目核算本年度发生的重要前期收入、支出差错更正涉及调整以前年度盈余的事项	
		02	盘盈非流动资产	本科目核算盘盈的属于以前年度取得的非流动资产的价值	
四、收入类					
53	4001		财政拨款收入	本科目核算高等学校从同级政府财政部门取得的各类财政拨款。期末结转后，本科目应无余额	（1）本科目可按照一般公共预算财政拨款、政府性基金预算财政拨款等拨款种类进行明细核算。 （2）财政直接支付方式下，收到"财政直接支付入账通知书"及相关原始凭证时确认收入；财政授权支付方式下，收到"财政授权支付到额度到账通知书"时确认收入。其他方式下收到财政拨款收入时，按照实际收到金额确认收入
		01	教育拨款收入	本科目核算高等学校从同级财政拨款，包括教育经费拨款和教育基本支出拨款项目支出拨款	
		02	科研拨款收入	本科目核算高等学校从同级财政拨款，包括科研经费拨款和科研基本支出拨款项目支出拨款	
		03	其他拨款收入	本科目核算高等学校从同级财政拨款收入，包括其他财政拨款收入，包括其他经费拨款和其他经费项目支出拨款	

续表

四、收入类

序号	总账科目	明细科目	科目名称	核算内容	核算要求
54	4101		事业收入	本科目核算高等学校开展专业业务活动及其辅助活动实现的收入。期末结转后，本科目应无余额	本科目应当按照事业收入的类别、来源等进行明细核算。对于因开展科研及其辅助活动从非同级政府财政部门取得的经费拨款，应当在本科目下单设"非同级财政拨款"明细科目进行核算
55	4101	01	教育事业收入	本科目核算高等学校开展教学活动及其辅助活动取得的收入，包括通过学历教育和非学历教育向学生个人或者单位收取的学费、住宿费、委托培养费、函授夜大学学费、短训班培训费、考试考务费和其他教育事业收入	本科目应当按照教育事业收入类别、项目等进行明细核算。教育事业收入中如有专项资金收入，还应按具体项目进行明细核算
		0101	学费		
		0102	住宿费		
		0103	委托培养费		
		0104	函大、夜大学费及短训班培训费		
		0105	考试考务费		
		0199	其他教育事业收入		
56	4101	02	科研事业收入	本科目核算高等学校开展科研活动及其辅助活动取得的收入，包括科技咨询等承接科研项目、开展科研协作，进行科技咨询等取得的收入。高等学校因开展科研及其辅助活动从非同级财政部门取得的经费拨款，通过本科目核算	本科目应当按照科研事业收入的类别、项目等进行明细核算。对于高等学校因开展科研及其辅助活动从非同级财政部门取得的经费拨款及其辅助科费拨款，应单设"非同级财政拨款"明细科目进行核算

第十八章 高等学校会计核算体系构建

续表

序号	总账科目	明细科目	科目名称	核算内容	核算要求
四、收入类					
		0201	非同级财政拨款	本科目核算高等学校取得的除同级财政部门以外的中央及地方部门拨付的科研经费拨款	
		0202	其他科研事业收入	本科目核算高等学校开展科研及其辅助活动取得的横向经费收入，包括科技开发与协作收入、科技咨询收入、实验室开放服务收入等	
57	4201		上级补助收入	本科目核算高等学校从主管部门和上级单位取得的非财政补助收入。期末结转后，本科目应无余额	本科目应当按照发放补助单位、补助项目等进行明细核算
58	4301		附属单位上缴收入	本科目核算高等学校取得的附属独立核算单位按照有关规定上缴的收入。期末结转后，本科目应无余额	本科目应当按照附属单位、缴款项目等进行明细核算
59	4401		经营收入	本科目核算高等学校在教学、科研及其辅助活动之外开展非独立核算经营活动取得的收入。期末结转后，本科目应无余额	本科目应当按照经营活动类别、项目和收入来源等进行明细核算
60	4601		非同级财政拨款收入	本科目核算高等学校从非同级政府财政部门取得的经费拨款，包括从同级政府其他部门取得的横向转拨财政款，从上级或下级政府财政部门取得的经费拨款等。因开展科研及其辅助活动从非同级政府财政部门取得的经费拨款，应当通过"事业收入——非同级财政拨款"科目核算，不通过本科目核算。期末结转后，本科目应无余额	本科目应当按照同级横向转拨财政款和非同级财政拨款进行明细核算，并按照收入来源进行明细核算

343

续表

序号	总账科目	明细科目	科目名称	核算内容	核算要求
四、收入类					
61	4602	01	同级横向转拨财政款	本科目核算高等学校从非同级财政部门取得的不属于科研事业收入的中央级经费拨款	
		02	非同级财政拨款	本科目核算高等学校从非同级财政部门取得的经费拨款,如公费医疗拨款等	
			投资收益	本科目核算高等学校股权投资和债券投资所实现的收益或发生的损失。期末结转后,本科目应无余额	本科目应当按照投资的种类等进行明细核算
		01	股权投资收益	本科目核算高等学校股权投资所实现的收益或发生的损失	
		02	债券投资收益	本科目核算高等学校债券投资所实现的收益或发生的损失	
62	4603		捐赠收入	本科目核算高等学校接受其他单位或者个人捐赠取得的收入。期末结转后,本科目应无余额	本科目应当按照捐赠资产的用途和捐赠单位等进行明细核算
		01	货币资金捐赠	本科目核算高等学校收到的奖学金货币资金捐赠款	
		0101	奖学金	本科目核算高等学校收到的奖学金捐赠款	
		0102	奖教金	本科目核算高等学校收到的奖励用于教职工的奖教金捐赠款	
		0103	基建捐赠	本科目核算高等学校收到的用于基本建设方面的捐赠款	

第十八章 高等学校会计核算体系构建

续表

序号	总账科目	明细科目	科目名称	核算内容	核算要求
四、收入类					
		0199	其他	本科目核算高等学校收到除上述明细科目以外的其他捐赠款项	
		02	非货币资金捐赠	本科目核算高等学校收到的存货、固定资产等非货币资产捐赠	
63	4604		利息收入	本科目核算高等学校取得的银行存款利息收入。期末结转后，本科目应无余额	
64	4605		租金收入	本科目核算高等学校经批准利用国有资产出租取得并按照规定纳入本单位预算管理的租金收入。期末结转后，本科目应无余额	本科目应当按照出租国有资产类别和收入来源等进行明细核算
		01	房屋租金		
		02	设备租金		
		99	其他		
65	4609		其他收入	本科目核算高等学校取得的除财政拨款收入、事业收入、上级补助收入、附属单位上缴收入、经营收入、非同级财政拨款收入、投资收益、捐赠收入、利息收入、租金收入以外的各项收入，包括现金盘盈收入，按照规定纳入高等学校收回已核销的应付及预付款项、置换换出科技成果转化收入，无法偿付的应付及预付款项、置换换出资产评估增值等。期末结转后，本科目应无余额	本科目应当按照其他收入的类别、来源等进行明细核算

345

续表

序号	总账科目	明细科目	科目名称	核算内容	核算要求
四、收入类					
		01	现金盘盈收入	本科目核算高等学校现金盘盈收入	
		02	科技成果转化收入	本科目核算高等学校按照规定纳入单位预算管理的科技成果转化收入	
		99	其他	本科目核算高等学校取得的除上述收入以外的其他收入	
五、费用类					
66	5001		业务活动费用	本科目核算高等学校开展教育科研及其辅助活动所发生的各项费用。期末结转后，本科目应无余额	
		01	教育费用	本科目核算高等学校开展教学及其辅助活动、学生事务活动所发生的，能够直接计入或采用一定方法计算后计入的各项费用	
		02	科研费用	本科目核算高等学校开展科研及其辅助活动所发生的，能够直接计入或采用一定方法计算后计入的各项费用	
67	5101		单位管理费用	本科目核算高等学校本级行政及后勤管理活动发生的各项费用，包括管理部门发生的人员经费、公用经费、资产折旧（摊销）等费用，以及由单位统一负担的离退休人员经费、工会经费、诉讼费、中介费等。期末结转后，本科目应无余额	

第十八章 高等学校会计核算体系构建

续表

序号	总账科目	明细科目	科目名称	核算内容	核算要求
五、费用类					
		01	行政管理费用	本科目核算高等学校本期开展行政管理活动所发生的各项费用	
		02	后勤保障费用	本科目核算高等学校统一负担的开展后勤保障活动所发生的各项费用	
		03	离退休费用	本科目核算高等学校统一负担的离退休人员工资、补助、活动经费等各项费用	
		09	单位统一负担的其他管理费用	本科目核算由高等学校统一负担的除行政管理费用、后勤保障费用、离退休费用之外的其他各项管理费用,如工会经费、诉讼费、中介费等	
68	5201		经营费用	本科目核算高等学校在专业业务活动及其辅助活动之外开展非独立核算经营活动发生的各项费用。期末结转后,本科目应无余额	
69	5301		资产处置费用	本科目核算高等学校经批准处置资产时发生的费用,包括转销的被处置资产价值,以及在处置过程中发生的相关费用或者处置收入小于相关费用形成的净支出。期末结转后,本科目应无余额	(1) 本科目应当进行明细核算,资产处置的形式等按照处置资产的类别、资产处置的形式按照规定包括无偿调拨、出售、出让、转让、置换、对外捐赠、报废、毁损以及货币性资产损失核销等 (2) 资产处置的形式按照规定包括无偿调拨、出售、出让、转让、置换、对外捐赠、报废、毁损以及货币性资产损失核销等
70	5401		上缴上级费用	本科目核算高等学校按照财政部门和主管部门规定上缴上级单位款项所发生的费用。期末结转后,本科目应无余额	本科目应当按照收缴款单位、缴款项目等进行明细核算

347

续表

序号	总账科目	明细科目	科目名称	核算内容	核算要求
五、费用类					
71	5501		对附属单位补助费用	本科目核算高等学校用财政拨款收入之外的收入对附属单位补助所发生的费用。期末结转后，本科目应无余额	本科目应当按照接受补助单位、补助项目等进行明细核算
72	5801		所得税费用	本科目核算有企业所得税缴纳义务的高等学校按规定缴纳企业所得税所形成的费用。年末结转后，本科目应无余额	
73	5901		其他费用	本科目核算高等学校发生的除业务活动费用、单位管理费用、经营费用、资产处置费用、上缴上级费用、附属单位补助费用、所得税费用以外的各项费用，包括利息费用、坏账损失、相关税费、运输费、现金资产捐赠支出以及罚没支出等。期末结转后，本科目应无余额	本科目应当按照其他费用的类别等进行明细核算
		01	利息费用		
		02	坏账损失		
		99	其他费用		
六、预算收入类					
74	6001		财政拨款预算收入	本科目核算高等学校从同级政府财政部门取得的各类财政拨款。年末结转后，本科目应无余额	本科目应当按照"基本支出""项目支出"中"支出功能分类科目"进行明细核算，并按照《政府收支分类科目》的项级财政拨款，政府性基金预算财政拨款的项目等进行明细核算。有一般公共预算两种以上财政拨款等两种或两种以上财政拨款的高等学校，还应当按照财政拨款的种类进行明细核算

第十八章 高等学校会计核算体系构建

续表

序号	总账科目	明细科目	科目名称	核算内容	核算要求
六、预算收入类					
		01	教育拨款预算收入	本科目核算高等学校从同级财政部门取得的教育经费拨款,包括教育基本支出和教育项目支出拨款	
		02	科研拨款预算收入	本科目核算高等学校从同级财政部门取得的科研经费拨款,包括科研基本支出和科研项目支出拨款	
		03	其他拨款预算收入	本科目核算高等学校从同级财政部门取得的除教育拨款预算收入、科研拨款预算收入以外的其他拨款和其他基本支出拨款	
75	6101		事业预算收入	本科目核算高等学校开展专业业务活动及其辅助活动取得的现金流入。高等学校因开展科研活动从非同级政府财政部门取得的经费拨款,也通过本科目核算。年末结转后,本科目应无余额	本科目应当按照事业预算收入类别、项目、来源,《政府预算收支分类科目》中"支出功能分类科目"项级资金收入,等进行明细核算。事业预算收入如有专项资金收入,还应按照具体项目进行明细核算
		01	教育事业预算收入	本科目核算高等学校开展教学业务活动及其辅助活动取得的现金流入	
		0101	学费		
		0102	住宿费		
		0103	委托培养费		
		0104	函大、夜大学费及短训班培训费		

349

续表

序号	总账科目	明细科目	科目名称	核算内容	核算要求
六、预算收入类					
		0105	考试考务费		
		0199	其他教育事业收入		
		02	科研事业预算收入	本科目核算高等学校开展科研业务活动及其辅助活动取得的现金流入	
		0201	非同级财政拨款		
		0202	其他科研事业收入		
76	6201		上级补助预算收入	本科目核算高等学校从主管部门和上级单位取得的非财政补助现金流入。年末结转后，本科目应无余额	本科目应当按照发放补助单位、补助项目、《政府收支分类科目》中"支出功能分类科目"的项级科目等进行明细核算。上级补助预算收入中如有专项资金收入，还应按照具体项目进行明细核算
77	6301		附属单位上缴预算收入	本科目核算高等学校取得附属独立核算单位根据有关规定上缴的现金流入。年末结转后，本科目应无余额	本科目应当按照附属单位、缴款项目、《政府收支分类科目》中"支出功能分类科目"的项级科目等进行明细核算。附属单位上缴预算收入中如有专项资金收入，还应按照具体项目进行明细核算
78	6401		经营预算收入	本科目核算高等学校在专业业务活动及其辅助活动之外开展非独立核算经营活动取得的现金流入。年末结转后，本科目应无余额。	本科目应该能按照经营活动类别、项目、《政府收支分类科目》中"支出功能分类科目"的项级科目等进行明细核算

第十八章　高等学校会计核算体系构建

续表

序号	总账科目	明细科目	科目名称	核算内容	核算要求
六、预算收入类					
79	6501		债务预算收入	本科目核算高等学校按照规定从银行和其他金融机构等合作为融资金作为借入的，纳入部门预算管理的，不以财政资金作为偿还来源的债务本金。年末结转后，本科目应无余额	本科目应当按照贷款单位、贷款种类、《政府收支分类科目》中"支出功能分类科目"的项目种类等进行明细核算。债务预算收入中如有专项资金收入，还应按照具体项目进行明细核算
		01	短期借款		
		02	长期借款		
80	6601		非同级财政拨款预算收入	本科目核算高等学校从非同级政府财政部门取得的财政拨款，包括本级政府财政横向转拨财政拨款和非本级财政拨款。对于因开展科研及其辅助活动从非同级政府财政部门取得的经费拨款，应当通过"事业预算收入——非同级财政拨款"科目核算。年末结转后，本科目应无余额	本科目应该能按照非同级财政拨款预算收入的类别、来源，《政府收支分类科目》中"支出功能分类科目"的项目种类等进行明细核算。非同级财政拨款预算收入中如有专项资金收入，还应按照具体项目进行明细核算
		01	同级横向转拨财政拨款	本科目核算高等学校从非同级政府财政部门取得的同级横向转拨财政拨款	
		02	非同级财政拨款	本科目核算高等学校从非同级政府财政部门取得的非本级财政拨款	
81	6602		投资预算收益	本科目核算高等学校取得的按照规定纳入部门预算管理的属于投资收益性质的现金流入，包括股权投资收益、出售或收回债券投资所取得的收益和债券投资利息收入。年末结转后，本科目应无余额	本科目应当按照《政府收支分类科目》中"支出功能分类科目"的项目种类等进行明细核算

续表

序号	总账科目	明细科目	科目名称	核算内容	核算要求
		01	股权投资预算收益		
		02	债券投资预算收益		
82	6603		捐赠预算收入	本科目核算高等学校取得的按照规定纳入部门预算管理的捐赠收入。年末结转后，本科目应无余额	本科目应当按照捐赠收入类别，《政府收支分类科目》中"支出功能分类科目"的项级科目等进行明细核算。捐赠预算收入中如有专项资金收入，还应按照具体项目进行明细核算。接受捐赠固定资产、无形资产等非流动资产，不通过本科目核算
		01	货币资金捐赠	本科目核算高等学校收到的奖学金等货币资金捐赠款	
		0101	奖学金	本科目核算高等学校收到的奖学金捐赠款	
		0102	奖教金	本科目核算高等学校收到的单位或个人对教职工的奖励捐赠款	
		0103	基建捐赠	本科目核算高等学校收到的用于基本建设方面的捐赠款	
		0199	其他	本科目核算高等学校收到除上述明细科目以外的其他捐赠收入	

六、预算收入类

第十八章 高等学校会计核算体系构建

续表

序号	总账科目	明细科目	科目名称	核算内容	核算要求
六、预算收入类					
83	6605		租金预算收入	本科目核算高等学校取得的按照规定纳入部门预算管理的租金收入。年末结转后，本科目应无余额	本科目应当按照租金收入类别、《政府收支分类科目》中"支出功能分类科目"的项级科目等进行明细核算。租金预算收入中如有专项资金收入，还应按照具体项目进行明细核算。
		01	房屋租金		
		02	设备租金		
		99	其他		
84	6609		其他预算收入	本科目核算高等学校除财政拨款预算收入、上级补助预算收入、事业预算收入、经营预算收入、附属单位上缴收入、非同级财政拨款预算收入、投资预算收益之外的纳入部门预算管理的现金流入，包括捐赠预算收入、利息预算收入、租金预算收入、现金盘盈预算收入等。年末结转后，本科目应无余额	本科目应当按照其他收入类别、《政府收支分类科目》中"支出功能分类科目"的项级科目等进行明细核算。其他预算收入中如有专项资金收入，还应按照具体项目进行明细核算。
		01	现金盘盈预算收入	本科目核算高等学校现金盘盈收入	
		02	科技成果转化预算收入	本科目核算高等学校科技成果转化收入	
		03	利息预算收入	本科目核算高等学校取得的纳入学校预算管理的银行存款利息收入	
		99	其他	本科目核算高等学校取得的除上述收入以外的其他收入	

续表

序号	总账科目	明细科目	科目名称	核算内容	核算要求
七、预算支出类					
85	7201		事业支出	本科目核算高等学校开展专业业务活动及其辅助活动实际发生的各项现金流出	(1)本科目应当分别按照"财政拨款支出""非财政专项资金支出"和"其他资金支出","基本支出"和"项目支出"等进行明细核算。 (2)有一般公共预算两种以上财政拨款的高等学校,还应当在"财政拨款支出"明细科目下按照财政拨款的种类进行明细核算。 (3)高等学校根据自身情况下设明细科目,应当按照《政府收支分类科目》中的"支出经济分类"的款级科目进行明细核算。 (4)高等学校根据实际需要,在"7201事业支出"科目下设置"720101教育支出""720102科研支出""720103行政管理支出""720104后勤保障支出""720105离退休支出""720109其他事业支出"明细科目
		01	教育支出		
		02	科研支出		
		03	行政管理支出		
		04	后勤保障支出		
		05	离退休支出		
		09	其他事业支出		
86	7301		经营支出	本科目核算高等学校在专业业务活动之外开展非独立核算经营活动实际发生的各项现金流出。年末结转后,本科目应无余额	本科目应当按照经营活动类别、项目,《政府收支分类科目》中"支出功能分类科目"的项级科目和"部门预算支出经济分类科目"的款级科目等进行明细核算

第十八章 高等学校会计核算体系构建

续表

序号	总账科目	明细科目	科目名称	核算内容	核算要求
七、预算支出类					
87	7401		上缴上级支出	本科目核算高等学校按照财政部门和主管部门的规定上缴上级单位款项发生的现金流出。年末结转后，本科目应无余额	本科目应当按照上缴项目、缴款单位、《政府收支分类科目》中"支出功能分类科目"的项级科目和"部门预算支出经济分类科目"的款级科目等进行明细核算
88	7501		对附属单位补助支出	本科目核算高等学校用财政拨款预算收入之外收入对附属单位补助发生的现金流出。年末结转后，本科目应无余额	本科目应当按照接受补助单位、补助项目、《政府收支分类科目》中"支出功能分类科目"的项级科目和"部门预算支出经济分类科目"的款级科目等进行明细核算
89	7601		投资支出	本科目核算高等学校以货币资金对外投资发生的现金流出。年末结转后，本科目应无余额	本科目应当按照投资类型、投资对象、《政府收支分类科目》中"支出功能分类科目"的项级科目和"部门预算支出经济分类科目"的款级科目等进行明细核算
90	7701		债务还本支出	本科目核算高等学校偿还自身承担的纳入预算管理的从金融机构举借的债务本金的现金流出。年末结转后，本科目应无余额	本科目应当按照贷款单位、贷款种类、《政府收支分类科目》中"支出功能分类科目"的项级科目和"部门预算支出经济分类科目"的款级科目等进行明细核算
91	7901		其他支出	本科目核算高等学校除事业支出、经营支出、上缴上级支出、对附属单位补助支出、投资支出、债务还本支出以外的各项支出，包括利息支出、对外捐赠现金支出、现金盘亏损失、接受捐赠（调入）和对外捐赠、非现金资产发生的税费支出、资产置换过程中发生的相关税费支出、罚没支出等	(1) 本科目应当按照其他支出的类别、"财政拨款专项资金支出"和"其他资金支出"，《政府收支分类科目》中"支出功能分类科目"和"部门预算支出经济分类科目"的款级科目等进行明细核算。其他支出中如有专项资金支出的具体项目进行明细核算。 (2) 有一般公共预算财政拨款、政府性基金预算财政拨款两种以上财政拨款的事业单位，还应当在"财政拨款支出"明细科目下按照财政拨款的种类进行明细核算

续表

序号	总账科目	明细科目	科目名称	核算内容	核算要求
七、预算支出类					
		01	利息支出		
		02	现金盘亏损失		
		99	其他支出		
八、预算结余类					
92	8001		资金结存	本科目核算高等学校纳入部门预算管理的资金的流入、流出，调整和滚存等情况	
		01	库存现金	本明细科目核算高等学校以库存现金形态存在的资金。本明细科目年末借方余额，反映高等学校尚未使用的货币资金	
		02	银行存款	本明细科目核算高等学校以银行存款形态存在的资金。本明细科目年末借方余额，反映高等学校尚未使用的货币资金	
		03	零余额账户用款额度	本明细科目核算高等学校实行国库集中支付的高等学校根据财政部门批复的用款计划收到和支用的零余额账户用款额度。年末结账后，本明细科目应无余额	
		04	其他货币资金	本明细科目核算高等学校以其他货币资金形态存在的资金。本明细科目年末借方余额，反映高等学校尚未使用的其他货币资金	

第十八章 高等学校会计核算体系构建

续表

序号	总账科目	明细科目	科目名称	核算内容	核算要求
八、预算结余类					
		05	财政应返还额度	本明细科目核算实行国库集中支付的高等学校可以使用的以前年度财政授权支付资金额度和财政直接支付资金额度。本明细科目年末借方余额,反映高等学校应收财政返还的资金额度	
		0501	财政直接支付	本明细科目核算实行国库集中支付的高等学校可以使用的以前年度财政直接支付资金额度	本明细科目下可设置"财政直接支付""财政授权支付"两个明细科目进行明细核算
		0502	财政授权支付	本明细科目核算实行国库集中支付的高等学校可以使用的以前年度财政授权支付的资金额度	
93	8101		财政拨款结转	本科目核算高等学校取得的同级财政拨款结转资金的调整、结转和滚存情况	
		01	年初余额调整	本明细科目核算高等学校因发生会计差错更正,以前年度支出收回等原因,需要调整财政拨款结转的金额	
		02	归集调入	本明细科目核算高等学校按照规定从其他单位调入财政拨款结转资金时,实际调增的额度数额或调入的资金数额	
		03	归集调出	本明细科目核算高等学校按照规定向其他单位调出财政拨款结转资金时,实际调减的额度数额或调出的资金数额	

续表

序号	总账科目	明细科目	科目名称	核算内容	核算要求
		04	归集上缴	本明细科目核算高等学校按照规定上缴财政拨款结转资金时，实际核销的额度数额或上缴的资金数额	
		05	单位内部调剂	本明细科目核算高等学校经财政部门批准对财政拨款结余资金改变用途，调整用于本校其他未完成项目等的调整金额	
		05	本年收支结转	本明细科目核算高等学校本年度财政拨款收支相抵后的余额。本明细科目应无余额，年末结转账后	
		09	累计结转	本明细科目核算高等学校年末贷方余额，反映高等学校财政拨款滚存的结转资金数额	
94	8102		财政拨款结余	本科目核算高等学校取得的同级财政拨款结转资金支出余资金后的结余额，结转和滚存情况	
		01	年初余额调整	本明细科目核算高等学校因发生会计差错更正、以前年度支出收回等原因，需要调整财政拨款结余的金额	
		02	归集上缴	本明细科目核算高等学校按照规定上缴财政拨款结余资金时，实际核销的额度数额或上缴的资金数额。年末结转后，本明细科目应无余额	

八、预算结余类

第十八章 高等学校会计核算体系构建

续表

序号	总账科目	明细科目	科目名称	核算内容	核算要求
		\ 八、预算结余类			
		03	单位内部调剂	本明细科目核算高等学校经财政部门批准对财政拨款结余资金改变用途、调整用于本校其他未完成项目等的调整金额。	年末结账后，本明细科目应无余额
		04	结转转入	本明细科目核算高等学校按照规定转入财政拨款结余的财政结转资金。	年末结账后，本明细科目应无余额
		09	累计结余	本明细科目核算高等学校年末贷方余额，反映高等学校滚存的结余资金数额	
95	8201		非财政拨款结转	本科目核算高等学校除财政拨款收支、经营收支以外各非同级财政拨款专项资金的结转和滚存情况	
		01	年初余额调整	本明细科目核算高等学校因发生会计差错更正、以前年度支出收回等原因，需要调整非财政拨款结转的资金。	年末结账后，本明细科目应无余额
		02	缴回资金	本明细科目核算高等学校按照规定缴回非财政拨款结转资金时，实际缴回的资金数额	年末结账后，本明细科目应无余额

续表

序号	总账科目	明细科目	科目名称	核算内容	核算要求
八、预算结余类					
		03	项目间接费用或管理费	本明细科目核算高等学校取得的科研项目预算收入中，按照规定计提项目间接费用或管理费的数额	年末结账后，本明细科目应无余额
		04	本年收支结转	本明细科目核算高等学校本年度非同级财政拨款专项收支相抵后的余额	年末结账后，本明细科目应无余额
		09	累计结转	本明细科目核算高等学校年末贷方余额，反映高等学校非同级财政拨款滚存的专项结转资金数额	
96	8202		非财政拨款结余	本科目核算高等学校历年滚存的非限定用途的非同级财政拨款结余资金，主要为非财政拨款结余扣除结余分配后滚存的金额	
		01	年初余额调整	本明细科目核算高等学校因发生会计差错更正、以前年度支出收回等原因，需要调整年初余额结余的资金	年末结账后，本明细科目应无余额
		02	项目间接费用或管理费	本明细科目核算高等学校取得的项目间接费用或管理费收入中，按照规定计提的项目间接费用或管理费的数额	年末结账后，本明细科目应无余额

第十八章 高等学校会计核算体系构建

续表

序号	总账科目	明细科目	科目名称	核算内容	核算要求
八、预算结余类					
		03	结转转入	本明细科目核算高等学校按照规定留归高等学校使用，由高等学校统筹调配，纳入本校非财政拨款结余的非财政拨款财政拨款非财政拨款资金。本明细科目应无余额	
		09	累计结余	本明细科目核算高等学校历年滚存的非同级财政拨款、非专项结余资金。本明细科目年末贷方余额，反映高等学校非同级财政拨款滚存的非专项结余资金数额	
97	8301		专用结余	本科目核算高等学校按照规定从非财政拨款结余中提取的具有专门用途的资金的变动和滚存情况	本科目应当按照专用结余的类别进行明细核算
98	8401		经营结余	本科目核算高等学校本年度经营活动收支相抵后余额弥补以前年度经营亏损后的余额。本科目一般无余额，如为借方余额，反映高等学校累计发生的经营亏损	本科目可以按照经营活动类别进行明细核算
99	8501		其他结余	本科目核算高等学校本年度除财政拨款收支、非同级财政专项资金收支和经营收支以外各项收支相抵后的余额。年末结账后，本科目应无余额	
100	8701		非财政拨款结余分配	本科目核算高等学校本年度非财政拨款结余的情况和结果。年末结账后，本科目应无余额	

三、部门预算支出经济分类科目设置

1. 支出经济分类科目反映了高等学校经费使用的具体用途。支出经济分类科目的设置规则是，在财政部每年制定的《政府收支分类科目》中"部门预算支出经济分类科目"设置的基础上，结合具体业务特点，高等学校可以自行增加支出经济分类科目或增设下级明细科目；高等学校日常核算中不涉及的部分会计科目可自行删减，但部门预算和部门决算明确要求的支出经济分类科目不得删减。

2. 实行政府会计制度后，考虑财务会计和预算会计的触发关系，财务会计的费用类明细科目和预算会计的支出类科目都应按支出经济分类科目核算。财务会计下的资产类科目和负债类科目如果涉及触发生成预算会计的支出科目，也要考虑按支出经济分类科目核算。各高等学校可以结合财务信息系统的核算模式，自行设置。

3. 高等学校经济分类按照每类资金的用途，分为工资福利支出、商品和服务支出、对个人和家庭的补助、债务利息及费用支出、基本建设类的资本性支出和其他资本性支出，每类支出根据具体用途分别下设不同的经济分类明细科目。各高等学校可参照财政部规定的同类款项进行设置。